OLDENBOURG
GRUNDRISS DER
GESCHICHTE

OLDENBOURG
GRUNDRISS DER
GESCHICHTE

HERAUSGEGEBEN
VON
LOTHAR GALL
KARL-JOACHIM HÖLKESKAMP
HERMANN JAKOBS

BAND 33

RUSSISCHE GESCHICHTE 1547–1917

VON
CHRISTOPH SCHMIDT

2. Auflage

R. OLDENBOURG VERLAG
MÜNCHEN 2009

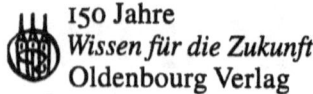

150 Jahre
Wissen für die Zukunft
Oldenbourg Verlag

Bibliografische Information der Deutschen Nationalbibliothek
Die Deutsche Nationalbibliothek verzeichnet diese Publikation in der
Deutschen Nationalbibliografie; detaillierte bibliografische Daten sind
im Internet über <http://dnb.d-nb.de> abrufbar.

© 2009 Oldenbourg Wissenschaftsverlag GmbH, München
Rosenheimer Straße 145, D-81671 München
Internet: oldenbourg.de

Das Werk einschließlich aller Abbildungen ist urheberrechtlich geschützt. Jede Verwertung außerhalb der Grenzen des Urheberrechtsgesetzes ist ohne Zustimmung des Verlages unzulässig und strafbar. Dies gilt insbesondere für Vervielfältigungen, Übersetzungen, Mikroverfilmungen und die Einspeicherung und Bearbeitung in elektronischen Systemen.

Umschlaggestaltung: Dieter Vollendorf, München
Gedruckt auf säurefreiem, alterungsbeständigem Papier (chlorfrei gebleicht).

Satz: primustype R. Hurler GmbH, Notzingen
Druck: MB Verlagsdruck Ballas, Schrobenhausen
Bindung: Thomas Buchbinderei, Augsburg

ISBN 978-3-486-58721-0

VORWORT DER HERAUSGEBER

Die Reihe verfolgt mehrere Ziele, unter ihnen auch solche, die von vergleichbaren Unternehmungen in Deutschland bislang nicht angestrebt wurden. Einmal will sie – und dies teilt sie mit anderen Reihen – eine gut lesbare Darstellung des historischen Geschehens liefern, die, von qualifizierten Fachgelehrten geschrieben, gleichzeitig eine Summe des heutigen Forschungsstandes bietet. Die Reihe umfasst die alte, mittlere und neuere Geschichte und behandelt durchgängig nicht nur die deutsche Geschichte, obwohl sie sinngemäß in manchem Band im Vordergrund steht, schließt vielmehr den europäischen und, in den späteren Bänden, den weltpolitischen Vergleich immer ein. In einer Reihe von Zusatzbänden wird die Geschichte einiger außereuropäischer Länder behandelt. Weitere Zusatzbände erweitern die Geschichte Europas und des Nahen Ostens um Byzanz und die Islamische Welt und die ältere Geschichte, die in der Grundreihe nur die griechisch-römische Zeit umfasst, um den Alten Orient und die Europäische Bronzezeit. Unsere Reihe hebt sich von andern jedoch vor allem dadurch ab, dass sie in gesonderten Abschnitten, die in der Regel ein Drittel des Gesamtumfangs ausmachen, den Forschungsstand ausführlich bespricht. Die Herausgeber gingen davon aus, dass dem nacharbeitenden Historiker, insbesondere dem Studenten und Lehrer, ein Hilfsmittel fehlt, das ihn unmittelbar an die Forschungsprobleme heranführt. Diesem Mangel kann in einem zusammenfassenden Werk, das sich an einen breiten Leserkreis wendet, weder durch erläuternde Anmerkungen noch durch eine kommentierende Bibliographie abgeholfen werden, sondern nur durch eine Darstellung und Erörterung der Forschungslage. Es versteht sich, dass dabei – schon um der wünschenswerten Vertiefung willen – jeweils nur die wichtigsten Probleme vorgestellt werden können, weniger bedeutsame Fragen hintangestellt werden müssen. Schließlich erschien es den Herausgebern sinnvoll und erforderlich, dem Leser ein nicht zu knapp bemessenes Literaturverzeichnis an die Hand zu geben, durch das er, von dem Forschungsteil geleitet, tiefer in die Materie eindringen kann.

Mit ihrem Ziel, sowohl Wissen zu vermitteln als auch zu selbständigen Studien und zu eigenen Arbeiten anzuleiten, wendet sich die Reihe in erster Linie an Studenten und Lehrer der Geschichte. Die Autoren der Bände haben sich darüber hinaus bemüht, ihre Darstellung so zu gestalten, dass auch der Nichtfachmann, etwa der Germanist, Jurist oder Wirtschaftswissenschaftler, sie mit Gewinn benutzen kann.

Die Herausgeber beabsichtigen, die Reihe stets auf dem laufenden Forschungsstand zu halten und so die Brauchbarkeit als Arbeitsinstrument über eine längere Zeit zu sichern. Deshalb sollen die einzelnen Bände von ihrem Autor oder einem anderen Fachgelehrten in gewissen Abständen überarbeitet werden. Der Zeitpunkt der Überarbeitung hängt davon ab, in welchem Ausmaß sich die allgemeine Situation der Forschung gewandelt hat.

Lothar Gall   Karl-Joachim Hölkeskamp   Hermann Jakobs

INHALT

Vorwort XI
Vorwort zur zweiten Auflage XII

I. Darstellung 1

   Einleitung: Die Epoche des Zarenreiches 1547–1917 1

   A. Umbruch und Ausklang der Moskauer Rus' 3
      1. Ivan Groznyj und das Monströse der Macht 3
      2. Die Smuta 13
      3. Ringen um Restauration 18
      4. Öffnung nach außen 25

   B. Die Reise nach Westen 31
      1. Peter der Große oder Fortschritt auf Befehl 31
      2. Kulturen im Wandel 40
      3. Die Reformen Katharinas II. 44
      4. Das Ende Polens 53

   C. Russlands Sendung in der Krise Europas 60
      1. Visionen vom Rechtsstaat 60
      2. Moskau 1812 66
      3. Revolte und Reaktion 71
      4. Was Russland denn sei 76

   D. Strukturkrisen des Zarenstaats 83
      1. Sozialer Umbruch 83
      2. Politik der Gegensätze 90
      3. Erste Revolution und Reichsduma 98
      4. Weltkrieg als Weltsturz 109

II. Grundprobleme und Tendenzen der Forschung 115

   A. Kernfragen 115
      1. Geographie 115
      2. Ethnologie 120
      3. Orthodoxie 124
      4. Autokratie 129

   B. Frühe Neuzeit 136
      1. Die Opričnina 136
      2. Wurzeln der Leibeigenschaft 141

3. Spaltung der Kirche 145
4. Absolutismus in Russland? 150
5. Stimmen der Aufklärung 156

C. 19. und frühes 20. Jahrhundert 164
   1. Wege zur Stadt 164
   2. Geschlechterrollen 170
   3. Russischer Nationalismus und Nationalitäten 173
   4. Juden im Zarenreich 182
   5. Demokratie in Sicht? 188
   6. Modernisierung als Problem 192

III. Quellen und Literatur 197

   A. Grundlagen und einzelne Epochen 197
      1. Gesamtdarstellungen 197
      2. Nachschlagewerke 198
      3. Bibliographien 198
      4. Zeitschriften 200
      5. Quellen zur Frühen Neuzeit 200
      6. Quellen zum 19. und frühen 20. Jahrhundert 202
      7. Anfänge des Zarenreiches 203
      8. Das 17. Jahrhundert 205
      9. Das 18. Jahrhundert 207
     10. Von 1800 bis 1861 211
     11. Von 1861 bis 1905 212
     12. Von 1905 bis 1917 214

   B. Historische Teilbereiche 218
      1. Historische Geographie 218
      2. Historische Ethnologie 218
      3. Kirchengeschichte 220
      4. Altgläubige 222
      5. Rechts- und Verfassungsgeschichte 223
      6. Sozial- und Wirtschaftsgeschichte 224
      7. Agrargeschichte 227
      8. Alltag und Mentalität 229
      9. Geschlechtergeschichte 230
     10. Kulturgeschichte 231
     11. Geistes- und Ideengeschichte 234
     12. Geschichte der Geschichtsschreibung 236
     13. Nationalitäten 237

14. Jüdische Geschichte 239
15. Lokalstudien 241
16. Vergleiche 242

Anhang 245

    Abkürzungen 245
    Zeittafel 246
    Register 251
    Karte 261

VORWORT

Was die Geschichte lebendig erhält, ist ihre Deutung durch die Nachwelt. Dabei fällt, um Überliefertes zu prüfen, dem Umdenken und Umdeuten eine besondere Aufgabe zu. Ganz beträchtlich ist dieser Meinungsraum dann, wenn eine Trübung der fremden, etwa der russischen Geschichte dazu herhalten muss, das Selbstbild zu verklären, so im Fall der deutschen vor 1914, nach 1933 oder während des Kalten Krieges. Hier vollzieht sich ein Wandel. Mit der Abnahme politischer Spannungen seit dem Ende der Sowjetunion geht eine Abnahme politisierender Interpretationen russischer Vergangenheit einher.

Vor diesem Hintergrund orientiert sich die folgende Skizze an fünf Zielen: Ziele dieser Arbeit Erstens unternimmt sie den Versuch, die im Westen lange Zeit übliche Abwertung russischer Geschichte als peripher, als rückständig oder als staatsbedingt zu meiden. Daraus ergibt sich zweitens die Frage nach Spezifika russischer Geschichte innerhalb der europäischen (s. Einleitung), eine Frage, die den Blick bisweilen eher auf das innere Schicksal als auf die Außenpolitik lenkt, auch wenn sich beide zu allen Zeiten verflechten. Da die Faszination durch die Vorgeschichte der Revolution von 1917 langsam abklingt, liegt es drittens nahe, alle Epochen annähernd gleichrangig zu behandeln.

Dies berührt viertens ein Verhältnis zwischen Kultur- und Sozialgeschichte, das von westlichen deutlich abweicht. Quantitative Quellen größeren Umfangs, wie die moderne Sozialgeschichte sie benötigt, brachte Russland erst seit dem 18. Jahrhundert hervor. Obschon auch hier unersetzbar, steht die russische Sozialgeschichte daher auf keinem so erhabenen Podest wie anderswo; aus kulturhistorischer Sicht lässt sich der Übergang von der Moskauer Rus' zum Reich Peters des Großen weitaus näher verfolgen (I.B.2). Hiermit eng verbunden ist fünftens wiederum die Frage nach der Gültigkeit von Theorien, wie sie Edward Keenan, Ju. M. Lotman oder V. Ja. Propp über den Gang der russischen Geschichte aufgestellt haben. Herzlichen Dank für Korrekturen und Kommentare schulde ich Angelika Schmähling, Alexander Kraus, Dr. Andreas Renner, Prof. M. Hildermeier und Prof. A. Kappeler.

VORWORT ZUR ZWEITEN AUFLAGE

Russlands Vergangenheit wird neu gesichtet. Dabei ragen vier Ursachen hervor, allesamt begründet in der Zeitgeschichte. Im Vordergrund steht der Eindruck, dass die im Kalten Krieg betriebene Politisierung allmählich abnimmt. Hier suchten die einen nach Vorvätern der Revolution, die anderen nach einer liberalen Alternative, während die Dritten bemüht waren, Stalin durch Peter den Großen zu erklären.

Zweitens hat Russland mit dem Zusammenbruch der Sowjetunion die Zugewinne des 17. und 18. Jahrhunderts eingebüßt, insbesondere die Ukraine und das Baltikum. Durch diese beträchtliche Grenzverschiebung ist das gegenwärtige Russland vom Westen zwangsläufig abgerückt. Ihm verblieben ist allein Petersburg, das seine Rolle als Schwungrad der Erneuerung aber längst an Moskau verloren hat.

Drittens begann auch 2001 eine neue Ära, denn Russland, das insbesondere für Deutschland seit dem 19. Jahrhundert die Rolle eines zuverlässigen Bedrohungslieferanten spielte, hat diese Funktion an Teile des Islams verloren. Womöglich bietet dieser Umbruch in Deutschland sogar die Voraussetzung für eine nüchterne Sicht auf die russische Geschichte, in der Feindbildassoziationen, die aus der Gegenwart in die Geschichte verlagert werden, weniger um sich greifen als während des Kalten Krieges.

Viertens und letztens resultiert aus dieser Distanzierung auch die Frage nach den Leitideen, unter denen die russische Geschichte zu betrachten sei. Hier zeigt sich in Ost und West ein Abwarten, ein In-sich-Gehen, ein Nachdenken. Das zunächst von dem polnischstämmigen Ideenhistoriker Andrzej Walicki wieder aufgegriffene Theorem der „Rückständigkeit" hat wenig Anklang gefunden; diese Abwertung fiel allzu tendenziös aus.

Gerade für Russland ließen sich auch nichtwestliche Vergleichssysteme finden, etwa mit dem Osmanischen Reich. In diesem Fall steht das Zarenreich keineswegs als notorischer Nachzügler da, sondern als Gewinner: Im jahrhundertelangen Kampf um die nördliche Schwarzmeerküste erwies sich Russland 1774 als siegreich, und auch in der Anwendung westlicher Technik und Wissenschaft schlug Russland die Osmanen um Längen. 1755 entstand in Moskau die erste Universität auf russischem Boden, genau 90 Jahre vor der ersten auf türkischem.

Das Indigene ist wieder gefragt

Auch die russischen Historiker sind derzeit unschlüssig, welche Elle sie anlegen sollen. Eindeutig auf dem Rückzug ist die Überfremdung der russischen Geschichte. Das Indigene ist wieder gefragt; die 1917 aussortierte Kirchengeschichte erlebt einen klaren Aufschwung.

I. Darstellung

EINLEITUNG: DIE EPOCHE DES ZARENREICHES 1547–1917

Zwischen der Krönung des ersten Zaren 1547 und der Abdankung des letzten 1917 scheinen auf den ersten Blick eher Bruch- als Verbindungslinien zu verlaufen. Unverkennbar sind derartige Umbrüche zwischen dem Ende der Rurikiden 1598 und dem Anfang der Romanov 1613 oder zwischen der Moskauer und der Petersburger Epoche, ganz zu schweigen vom Einschnitt nach Abschaffung der Leibeigenschaft 1861 und dem Beginn der beschleunigten Modernisierung. Noch dazu hat sich das Zarenreich vom 16. bis frühen 20. Jahrhundert schon äußerlich krass verändert: 1547 verlor sich des Zaren Herrschaft irgendwo in den Wäldern zwischen Moskau und Kazan', seit dem 18. Jahrhundert jedoch erstreckte sie sich von der Ostsee zum Schwarzen Meer – und zum Pazifik. Im Zuge dieser Expansion verwandelte sich das ursprüngliche Reich der Moskowiter nicht nur in ein Reich vieler Völker – 1897 wurden mehr als 130 Sprachen gezählt –, sondern auch vieler Religionen, so von Christen und Juden, Muslime (Tataren), Buddhisten (Kalmücken) oder Animisten (Samojeden).

Wo aber ist die innere Einheit der Epoche von 1547 bis 1917 zu suchen? Hier zeichnet sich ein Faktorengefüge ab, das wohl mit klimatisch-geographischen Voraussetzungen beginnt; Land und Landschaft hielten die Menschen weitaus stärker in ihrem Bann als an den Küsten Westeuropas. Mitbedingt durch dünne Besiedlung wie geringe Urbanisierung vermochte zudem die russische Schriftkultur lange Zeit kaum Wirksamkeit zu entfalten. Daraus ergab sich, weil die Geschichtsschreibung westlicher Prägung historische Quellen und schriftliche Überlieferung oftmals gleichzusetzen pflegte, das Vorurteil der „Quellenarmut" russischer Geschichte. In der Tat belief sich die deutsche Buchproduktion des 18. Jahrhunderts auf ca. 500000 Titel, die russische auf etwa 9000. An den Voraussetzungen russischer Geschichte gehen derartige Vergleiche aber vorbei, denn das Dorf brauchte die Schriftkultur nicht, ja versuchte sich ihr zu entziehen. Hier brach das Reich der Mündlichkeit an, der Sagen und Märchen, der Bräuche und Feiertage. Recht war Gewohnheit und Glaube schien spürbar – ob in der Kirche oder im Wald. Auch dort liegen Monumente Russlands verborgen; wer nur nach Gedrucktem fragt, findet sie nicht. Allein Ikonen verbanden Schrift und Bild, Stadt

Einheit der Epoche

und Dorf, Obrigkeit und Volk, Kirche und Welt, Christentum und Naturreligion wie Feste und Alltag. Das Beispiel der Ikone verdeutlicht daher, dass der Mangel an Schriftlichkeit – wie jeder Mangel – an anderer Stelle Reichtum und Vielfalt provoziert hat. Obwohl es kaum eine zweite Quellengattung gibt, die so alt, so zentral und so vielfältig ist wie die Ikone, hat die nach 1917 betriebene Politisierung der Russlandhistoriographie dieses Medium doch lange missachtet. Erst unlängst setzte ein Umschwung ein.

Nach Geographie, Ethnologie und Orthodoxie schuf dem Reich auch die Autokratie ein Gehäuse (II.A). Zwar betonten Konservative immer wieder, Russland sei zu Autokratie synonym; tatsächlich häufte sich die Anrede der Großfürsten als „Selbstherrscher" jedoch erst nach 1453. Zudem erwies sich diese Institution als durchaus anpassungsfähig, bevor nach 1825 eine Verhärtung eintrat, die jedweden Verfassungswandel zu durchkreuzen versuchte. Schließlich

Russlands Eigenzeit fällt der Blick auf Russlands Eigenzeit (II.C.6). „Langsame", da modernitätsabgewandte Bereiche wie Kirche und Dorf übten hier größere Schwerkraft aus als modernitätszugewandte wie Stadt und Bürokratie. Dieser Eigenrhythmus macht sich auch in der Epochengliederung geltend: Während die Schwelle zwischen lateinischem Mittelalter und Früher Neuzeit zumeist um 1500 angesetzt wird, diskutierten Russlandhistoriker über die Bedeutung des Jahres 1667 als Durchbruch der Neuzeit. Für die Versetzung der Zeit liefert auch deren Berechnung ein Beispiel: Blieb der julianische, von Peter am 1. Januar 1700 eingeführte Kalender hinter dem gregorianischen im 19. Jahrhundert um zwölf Tage bzw. im 20. um dreizehn Tage zurück, brach die Sowjetmacht auch damit und dekretierte am 24. Januar 1918 die Einführung des gregorianischen Kalenders zum 14. Februar. Russlands Eigenzeit lief aus.

A. UMBRUCH UND AUSKLANG DER MOSKAUER RUS'

1. Ivan Groznyj und das Monströse der Macht

Als sich Ivan IV. am 16. Januar 1547 in der Moskauer Mariä-Himmelfahrts-Kathedrale durch den Metropoliten Makarij zum Zaren krönen ließ, geschah dies in Anlehnung sowohl an byzantinische als auch an russische Traditionen. 1472 hatte sich der Moskauer Großfürst Ivan III. mit Sophia Paläolog vermählt, der Nichte des letzten byzantinischen Kaisers. Die nicht zuletzt ihrer Leibesfülle wegen auch im Westen zu Prominenz gelangte Prinzessin, die aus Rom kommend Moskau über Lübeck und Dorpat erreichte, bot eine historische Rechtfertigung dafür, dass sich Ivan III. zum einzigen rechtgläubigen (das heißt orthodoxen) Herrscher nach dem Beispiel des byzantinischen Kaisers erklärte. Im Verkehr mit geringeren ausländischen Mächten ließ sich Ivan III. auch als „Zar" (von Caesar) titulieren, etwa vom livländischen Ordensmeister. Zudem begann Moskau seit 1480 die Tatarenherrschaft abzuschütteln, so dass der Großfürst in der Tat zu einem *Autokrator* oder Selbstherrscher wurde.

Die byzantinischen Anleihen nahmen nun zu: Seinen Enkel Dmitrij ließ Ivan III. nach byzantinischen Vorbildern 1498 zum Mitregenten und Nachfolger krönen; vor allem aber schickte sich der Metropolit Zosima 1492 an, Moskau als erneuertes Byzanz zu begreifen – ein Gedanke, den der Pleskauer Mönch Filofej nach 1510 in mehreren Sendschreiben zur Auffassung von Moskau als drittem Rom ausgeformt hat. Anderseits lagen der Krönung Ivans IV. aber auch autochthone Elemente zugrunde, so mit Berufung auf den Kiever Großfürsten Vladimir Monomach. Auf ihn ging die Bezeichnung der Krone als *šapka* (Kopfbedeckung) des Monomach ebenso zurück wie der Anspruch, die ganze Rus' als Vatererbe zu beherrschen. Im festen Glauben, das gottbegründete Zarentum habe in seinem Geschlecht seit mehr als 500 Jahren Bestand, fühlte sich der Herrscher kraft seiner Allgewalt den gewählten oder ständisch beschränkten Monarchen weit überlegen. Offenbar konnte das Neue zu dieser Zeit nur im Gewand des Alten auftreten – ein Zustand, mit dem erst Peter der Große brach.

Da Ivan IV. bei seiner Krönung erst sechzehn Jahre alt war, ist die Initiative dazu wohl auf anderer Seite zu suchen. Hier haben russische Forscher wie A. A. Zimin oder R. G. Skrynnikov die Vermutung geäußert, der Anstoß sei von den Regenten des Reiches ausgegangen, Ivans Großmutter Anna Glinskaja und seinem Onkel Michail Vasilevič Glinskij. Zwar ließ Anna ihre Familie in dieser Zeit mit umfangreichen Ländereien ausstatten, doch ist ein persönliches Motiv im Falle der Glinskijs fraglich. Dagegen sah G. Stökl eher den Metropoliten Makarij als treibende Kraft. Im Falle Makarijs ist in der Tat ein klares Interesse an der Zarenkrönung erkennbar, strebte die Kirchenführung doch an, die Regierung des Zaren dem Leitbild des ökumenischen Kaisertums zu unterwerfen, um religiöse Vorstellungen als solche des Herrschers darzustellen. Damit war es die

Krönung des ersten Zaren

Initiative zur Krönung

Kirche, die den neuen Titel ideell zu füllen versuchte. Zunächst schien sich Ivan IV. dieser Maßgabe auch zu fügen; die Glinskijs ließ er alsbald fallen und berief einen neuen Kreis von Ratgebern *(izbrannaja rada)*, bestehend aus seinem Beichtvater, dem Protopopen Sil'vestr oder dem Provinzadligen Aleksej Adašev, der sich längere Zeit in Istanbul aufgehalten hatte. Dieser Kreis um den jungen Zaren sah sich einer gewaltigen Aufgabe gegenüber: Der Integration des Reiches.

Integration des Reiches

Durch den Anschluss zahlreicher Teilfürstentümer hatte das vormals kleine Moskau eine gewaltige geographische Ausweitung erlebt. 1478 nahm Ivan III. endgültig das – territorial größere – Novgorod ein, 1485 auch das unweit Moskaus liegende Tver'. Das allzu schnell gewachsene Moskauer Großfürstentum war durch die Annahme des Zarentitels aber nur äußerlich konsolidiert; das Zusammenfügen der ehemaligen Teilfürstentümer stand aus. Wie heterogen das Moskauer Reich blieb, zeigt ein Blick auf die Kirchenpolitik – neben den Rechts-, Verwaltungs- und Militärreformen einer von vier Schwerpunkten der Regierungstätigkeit Ivans IV. In den Jahren 1547 und 1549 machten sich zwei Moskauer Synoden daran, dem Zarenstaat einen einheitlichen Kirchenkalender zu geben; 39 Heilige zumeist Moskauer Herkunft wurden nun zu gesamtrussischen erklärt. Auch wenn die Kirche ihren vormodern-kleinräumigen Zuschnitt noch lange bewahren sollte, war damit doch ein Schritt zum Abbau der bisherigen Zersplitterung getan. Dem Höhepunkt der Reformen strebte die „Hundertkapitelsynode" von 1551 zu, die im *Stoglav* die bedeutendste Kirchenordnung der Moskauer Epoche erließ. Fast alle Fragen christlichen Lebens sprach dieses Kirchengesetzbuch an, beginnend mit der Ikonenverehrung über die Armenfürsorge bis hin zur Verdammung von Teufel und Hexen. Ivan IV., der wie ein byzantinischer Basileus vor die Synodalen trat, legte dem Gremium dabei auch Fragen zur Klöstersäkularisation vor, vermochte mehr als eine Beschränkung des klösterlichen Grundbesitzes aber nicht zu erreichen. Lediglich darauf einigte man sich, bei kirchlichen Missständen Abhilfe zu schaffen. Zugleich stellte der Metropolit in den „Großen Lesemenäen" einen zwölfbändigen Kanon kirchlicher Erbauungslektüre zusammen. Wie mit dem *Stoglav* hat sich die intakte, noch durch keinerlei Spaltung belastete Orthodoxie hiermit ein großartiges Denkmal gesetzt.

Bojarenduma

Nach dem Zaren wies das Moskauer Reich auf zentraler Ebene drei wesentliche Institutionen auf. Dies war zunächst die im Kern auf das 10. Jahrhundert zurückgehende Bojarenduma, die sich mit der Bildung des Moskauer Einheitsstaates zu einem dauerhaften Organ verwandelte. Unter dem Vorsitz des Zaren gehörten ihr die Angehörigen der verschiedenen Dumaränge an, zunächst also die Bojaren und diesen nachgeordnet die *okol'ničie* (ernannte Bojaren), seit dem frühen 16. Jahrhundert auch die Dumaadligen sowie die höheren Dienstleute. Obwohl das Gerichtsbuch von 1550 in Artikel 98 den Zaren dazu anhielt, die Bojaren am Zustandekommen einer Gesetzesnovelle zu beteiligen, setzte sich Ivan IV. doch immer wieder darüber hinweg, so indem er die Bojarenduma während des Terrors der Opričnina (II.B.1) kurzerhand zur Regierung der

Zemščina erklärte. Nicht selten traten Duma und Zar allerdings als einheitliche Gewalt auf, etwa durch Erlass der Formel „Der Zar befahl und die Bojaren stimmten zu". Umfasste die Bojarenduma noch bis zur Mitte des 17. Jahrhunderts bestenfalls zwei Dutzend Angehörige, zählte die Landesversammlung *(sobor)* als zweite Zentralinstitution deutlich mehr Deputierte. Als Ivan noch im Jahr seiner Krönung 1547 den ersten Sobor berief, dachte er ihm gleichfalls eine integrative Rolle zu. Ausgelöst durch Reformvorhaben oder bevorstehende Feldzüge nutzte die Regierung dabei die Anwesenheit von Provinzvertretern in Moskau, um sich über deren Anliegen, aber auch über die Steuermoral in Kenntnis zu setzen. V. O. Ključevskij hat deshalb Recht, wenn er die Duma bis zur Smuta als Versammlung von Zar, Duma, Synode und insbesondere den in Moskau befindlichen Dienstleuten ansah. 1566 allerdings zog man auch Kaufleute hinzu, als es um die weitere Finanzierung des livländischen Krieges ging. Noch in der Entwicklung befanden sich um 1550 schließlich die Zentralämter, seit dem frühen 16. Jahrhundert als *Prikaze* bezeichnet. Teilweise gingen sie auf neue Bedürfnisse zurück, so das bislang am besten erforschte Außenamt für die Beziehungen mit den Nachbarn, teilweise beruhten diese Ämter auf bestehenden Einrichtungen bei Hofe (Dienstlistenamt), teilweise jedoch wurden sie im Zuge des Anschlusses der Teilfürstentümer an Moskau aus der Provinz in die Hauptstadt verpflanzt (Kriminalamt). Insgesamt lag die Zahl dieser Behörden vor 1600 bei etwa 22.

 Gleichfalls zur Förderung des inneren Ausgleichs berief der Zar 1549 eine weitere Landesversammlung, bestehend aus dem höheren Klerus, der Boja- Sobor renduma sowie Vertretern des niederen Adels und der Kaufleute. Bauern werden nicht ausdrücklich als Teilnehmer genannt, gehörten den Versammlungen mitunter aber ebenfalls an. Dieser Sobor billigte ein Gerichtsbuch, das 1550 erschien und den zunehmenden Regelungsanspruch Moskaus bekräftigte. Abzielend auf eine stärkere Zentralisierung und Vereinheitlichung des russischen Rechtswesens, nahm sich der Kodex erstmals eingehend der Amtsvergehen an. Den Räubern sollte es gleichfalls energisch an den Kragen gehen; gegenüber 1497 wurde das Strafmaß verschärft. Vor allem aber setzte das Gerichtsbuch bei der Provinzverwaltung den Hebel an, um die Statthalter *(namestniki)*, nicht selten Nachfolger der früheren Teilfürsten, mehr und mehr zurückzudrängen, auch indem Moskau die Kompetenz zur Aburteilung notorischer Straßenräuber an sich zog. Auf dieser Grundlage holte Ivan IV. 1555 zum Schlag gegen die Willkürherrschaft vieler Provinzstatthalter aus, indem er deren Entlohnung per Naturalien von Seiten der Bittsteller *(kormlenie)* durch Besoldung zu ersetzen versuchte und die Lokalverwaltung dem Dienstadel anvertraute. In Grenz- bzw. Frontnähe, also im Westen, Süden und Osten, hielt das Amt des von Moskau berufenen Voevoden Einzug, dem sowohl die Truppe als auch die Beamtenschaft unterstanden; im Zentrum des Landes wie im Norden konnten sich die Gemeinden „um ihrer großen Verluste willen" vom Regime des Statthalters freikaufen und zur Selbstverwaltung durch gewählte Vertreter übergehen *(zemskie starosty)*. Allein aus den Jahren 1555 und 1556 sind jeweils zwei solcher Privilegien überliefert. Zur Steigerung der Steuereinnahmen, die insbesondere dem Heeresausbau zuflossen, verspürte auch Moskau ein Interesse hieran. Es zählt zur Tragik der russischen Geschichte, dass die endlosen Kriege Ivans IV. diese Ansätze einer Gemeindeselbstverwaltung später wieder zuschanden machten.

Ämter   Auch die lokale Polizeigerichtsbarkeit baute der Zar aus *(gubnye starosty)*. Um die Provinzorgane schärfer zu beaufsichtigen, wurde zudem die Anzahl der Zentralämter vermehrt. Der generell erkennbar werdenden Maxime, den vom Zaren abhängigen Dienstadel zu stärken, die überkommene Macht der Bojaren und ehemaligen Teilfürstentümer aber allmählich zurückzudrängen, blieb die Regierung Ivans IV. auch in anderen Bereichen treu, so durch Einrichtung von Dienstgütern in der Umgebung Moskaus. Hier wurden allein im Herbst 1550 rund tausend Dienstleute angesiedelt. Auf der Grundlage einer Landvermessung schrieb die „Verordnung über den Dienst" 1555 pro hundert *četvert'* (165 ha) die Stellung eines Reiters mit voller Rüstung vor, bei längeren Feldzügen sogar von zwei. Dieser Vorgabe hatte sich auch der Erbadel zu unterwerfen. Gleichfalls 1550 stellte das russische Heer sechs Strelitzenkompanien auf, die, mit Handarkebusen und Streitäxten bewaffnet, zur Entstehung der Infanterie beitrugen. 1548 sprach der aus Goslar stammende Kaufmann Hans Schlitte auf dem Augsburger Reichstag vor, um im Namen des Zaren Doktoren und Magister der freien Künste, Glockengießer und Bergleute, Brunnenmeister oder Wundärzte zum Dienst in Russland anzuwerben. In der Tat brachte Schlitte 123 Fachleute zusammen, denen der lübische Rat aber die Weiterreise verwehrte. Schlitte fand sich sogar im Kerker wieder. Dennoch gelang es manchem Ausländer, sich bis Moskau durchzuschlagen. Insbesondere der Aufbau der Artillerie ging auf solche Spezialisten zurück; schon bei der Eroberung von Kazan' umfasste der russische Tross 150 Kanonen.

Ivan Peresvetov   Gedanklich vorbereitet hat den Gang der Reformen der Schriftsteller Ivan Peresvetov. Aus Litauen gebürtig, hatte Peresvetov als Offizier zunächst im Dienst der ungarischen Krone gestanden, bevor er 1538/39 nach Moskau gelangte. In Form von Sendschreiben an den Zaren entwarf Peresvetov ein tiefgreifendes Erneuerungsprogramm, dabei nicht unbeeinflusst von der Lektüre westlicher Schriftsteller, vielleicht auch von Machiavelli. So forderte Peresvetov den Zaren auf, das überlieferte Recht *(starina)* zu überwinden durch weise Gerechtigkeit des Herrschers *(pravda)*. Als Vorbild fasste Peresvetov dabei das Osmanenreich auf, habe der Sultan den Sieg über die Byzantiner doch seiner Autokratie zu verdanken. Auch in militärischer Sicht trat Peresvetov für einen Umbruch ein, um das alte Adelsaufgebot – ähnlich wie im Westen – durch ein stehendes Heer abzulösen. Dessen Schlagkraft empfahl Peresvetov zur Befreiung der von den „Ungläubigen" beherrschten Territorien einzusetzen und forderte insbesondere die Angliederung Kazans.

Dass sich Ivan dieses Ziel tatsächlich zu eigen machte, lag vordergründig am Sklavenraub, also einem Gewerbe, wie es die Kazaner und Krimtataren bei ihren

Einfällen in die Rus' nach Moskauer Auffassung betrieben. Auch die Hundertkapitelsynode von 1551 hatte sich vehement für den Loskauf der in Sklaverei geratenen Russen in die Bresche geschlagen. Vielleicht noch schwerer wog jedoch der Versuch, die tatarische Umklammerung zu durchbrechen. 1487 hatte Ivan III. es vermocht, einen Moskau genehmen Chan in Kazan' einzusetzen. Mit Rücksicht auf den Sultan kam es für Moskau daher darauf an, das Kazaner Chanat zwar weiterhin an sich zu binden, mit dem Osmanischen Reich darüber jedoch nicht in Konflikt zu geraten. Nachdem Moskau im Frühjahr 1545 ein imposantes Aufgebot gegen Kazan' entsandt hatte, brach dort Ende des Jahres ein Aufstand aus. Für kurze Zeit konnte sich ein moskaufreundlicher Chan behaupten. Von der Kirche unterstützt – und insbesondere vom Metropoliten Makarij, der den Feldzug zum heiligen Krieg gegen die Ungläubigen erklärte –, leitete der Zar seit 1547 nominell selbst die Angriffe. Tatsächlich lag das Kommando jedoch bei Aleksej Adašev. Erst nachdem eine Reihe von Fehlschlägen das russische Heer zu erheblicher Umrüstung veranlasst hatte, gelang im Oktober 1552 die Einnahme Kazans. Dem siegreich heimkehrenden Zaren wurde nun höchste Ehrung zuteil: So verglich ihn der Metropolit Makarij mit Konstantin dem Großen und Aleksander Nevskij, dem Bezwinger des Deutschen Ordens in der Schlacht auf dem Peipussee von 1242. *Einnahme Kazans*

Auch in kultureller Hinsicht hat Ivan IV. den Aufbruch zu neuen Ufern gesucht, deutlich erkennbar am Buchdruck. Dieser schuf eine Möglichkeit, die heiligen Bücher endlich in textgetreuen Zustand zu versetzen. Vermutlich 1553 hat ein anonymer Meister in Moskau daher ein Messritual auf französischem Papier angefertigt; außerdem stellte diese Werkstatt bis 1559 ein Evangeliar auf Papier aus Schweidnitz in Schlesien her. Wohl aus diesem Druckhaus ging Ivan Fedorov hervor, der seit April 1563 an einer Apostelgeschichte arbeitete. In deren Explizit hieß es: „Im dreißigsten Jahr seiner Herrschaft (d.i. 1563) befahl der rechtgläubige Zar, aus Mitteln seiner zarischen Kasse ein Gebäude zu errichten, in dem die Druckerkunst ausgeübt werden soll." Als zweite uns bekannte Hinterlassenschaft der Presse Ivan Fedorovs erschien 1565 ein Stundenbuch, das den Zaren anders als 1563 nicht mehr als Geldgeber erwähnte. Gut möglich, dass sich an dieser Stelle ein Konflikt mit der Obrigkeit andeutet, der Ivan Fedorov und dessen Mitarbeiter Petr Timofeev zur Flucht nach Litauen nötigte. Obwohl die schwarze Kunst der Kirchenführung nicht ganz geheuer war, hielt der Zar an der neuen, aus dem Westen importierten Technik fest: Noch während der Terrorzeit der Opričnina (1565–1572) betrieb Ivan IV. in seiner zeitweisen Residenz, der Aleksandrovskaja Sloboda, eine Druckerei. Dort erschien 1577 eine Ausgabe der Psalter. Auch als Büchersammler hat sich Ivan IV. offenbar betätigt. Ein Versuch, seine Bibliothek zu rekonstruieren, gelangte 1982 zu einer Angabe von mehreren hundert Büchern, darunter auch in hebräischer, griechischer, lateinischer, deutscher und tatarischer Sprache. *Buchdruck*

Wie sich Moskau gegenüber dem Westen zu öffnen begann, so auch der Westen gegenüber Moskau. Noch 1525 hatte Johann Fabers Abhandlung über die

"Moskauische Religion", entstanden aus Gesprächen mit der nach Toledo zu Karl V. entsandten russischen Delegation, Russland als *terra incognita* am Eismeer bezeichnet. Mit dem Erscheinen der "Moscovia" Sigismund von Herbersteins, 1549 in lateinischer, 1557 auch in deutscher Sprache herausgebracht, brach eine neue Epoche an: Erstmals war es ein weltoffener Humanist, der Russland und dessen Kirche mit Sympathie betrachtete. Vermutlich ergab sich diese Sinneswandlung aus der tiefen Krise, die mit der Reformation über die lateinische Kirche hereingebrochen war. Als kaiserlichem Gesandten musste Herberstein diese Anfechtung besonders zu schaffen machen. So zeichnete Herberstein die Volksverbundenheit des orthodoxen Christentums mit Hingabe nach, desgleichen das nicht einfache Amt der verheirateten, selbst hinter dem Pflug gehenden Dorfpopen. Zudem brachte Herberstein auch für die politischen Verhältnisse und den Hof weitaus mehr Interesse auf als Vorgänger wie Mathias von Miechow oder Paolo Giovio. Krönungszeremonie und Titel gibt der Diplomat Herberstein aufmerksam wieder, nimmt aber kein Blatt vor den Mund. So schreibt er über die Anfänge Ivans IV., dieser herrsche "gleich seinem Vater, wie man sagt wütherichisch." Auch von der Autokratie vermittelt Herberstein seinen Lesern einen lebhaften Eindruck: "Seine Gewalt gebraucht der Großfürst gleich sowohl über die Geistlichen als über die Weltlichen, über den Besitz und das Leben. Von seinen Räten hat keiner das Ansehen, um der Meinung des Herrn widersprechen zu dürfen. Sie bekennen durchaus, des Fürsten Wille sei Gottes Wille, also was der Fürst tut, das tut er aus dem Willen Gottes. Darum nennen sie ihren Fürsten Gottes Klutznick, das ist Schlüsselträger, soviel wie Kämmerer, und er sei nur ein Vollzieher von Gottes Willen" [94: 46].

So unübersehbar der neue Wind, der sich in Moskau zu regen begann, so unverkennbar aber auch der Widerstand auf Seiten der Bojaren, die sich durch die Tätigkeit der reformorientierten Aufsteiger um Ivan IV. zurückgedrängt sahen. 1553 spitzte sich diese Opposition zu: Als der Zar schwer erkrankte, verweigerten sich Teile des Hochadels um den Fürsten Semen Lobanov-Rostovskij dem Ansinnen Ivans IV., seinem im Vorjahr geborenen Sohn Dmitrij den Treueeid zu leisten. Vielmehr liebäugelte Lobanov-Rostovskij mit einer polnischen Kandidatur für den Zarenthron. Mit Ivans Genesung fand diese Krise zwar ein vorläufiges Ende; den nun zum Tode verurteilten Lobanov-Rostovskij vermochte jedoch nur der Metropolit Makarij zu retten. Gleichwohl zeigt sich an dieser Stelle, dass der Hochadel dem Zaren nicht durchweg zu folgen bereit war. Auch unter den Beratern der *izbrannaja rada* taten sich Risse auf. Während Sil'vestr und Adašev, ermutigt durch die Eroberung Kazans und Astrachans, für eine Wendung der Moskauer Außenpolitik nach Süden und Südosten eintraten, sprach sich der Leiter des Außenamtes, Ivan Viskovatyj, für eine Westorientierung aus, um Moskau einen Ostseezugang zu verschaffen. In der Tat schien die Krise des livländischen Ordensstaates dazu fast einzuladen; womit man in Moskau allerdings nicht zu rechnen schien, waren Ambitionen auch Polen-Litauens und Schwedens. Dass beide Mächte in Livland einmarschierten, sollte der bis dahin keineswegs erfolglosen Herrschaft Ivans IV. von Grund auf neuen Charakter verleihen.

Das am 22. Januar 1558 in Livland einfallende russische Heer drang zeitweise zwar bis in die Umgebung Rigas vor, war aber, wie sich bald zeigen sollte, zu einer dauerhaften Einnahme des Ordenslandes nicht in der Lage. Als die Livländer mit den benachbarten Mächten in Beistandsverhandlungen eintraten, zogen schwedische Truppen 1561 vor Reval auf und litauische an der Düna. Noch dazu war die Gefahr an der Südgrenze keineswegs völlig gebannt: Ende 1558 rückte ein Aufgebot der Krimtataren auf Tula vor, so dass russische Truppen im Frühjahr 1559 auch hier zum Gegenangriff blasen mussten. In unmittelbarer Reaktion auf die sich schürzende Krise zerfiel die *izbrannaja rada*: 1560 wurde Adašev als Voevode ins besetzte Fellin abkommandiert, und Sil'vestr suchte Zuflucht im nordrussischen Kirill-Kloster. Das Misstrauen Ivans IV., als Mensch ohnehin nicht der gemütlichste, spitzte sich zu und nahm in der Folgezeit Formen von Verfolgungswahn an. Als sich der livländische Oberkommandierende, Fürst Andrej Kurbskij, 1564 nach Litauen absetzte, suchte Ivan IV. sein Heil in einer Verzweiflungstat, verließ die Hauptstadt am 3. Dezember 1564 und zog sich in die Aleksandrovskaja Sloboda zurück (nördlich von Moskau). In Sendschreiben an Klerus und Adel sowie an die Einwohner Moskaus bezichtigte der Zar die Bojaren landesverräterischer Machenschaften, wusste sich aber eins mit dem Volke. Kurzum, der Umtriebe des Adels wegen entsage er der zarischen Herrschaft. Solcherart unter Druck gesetzt, entsandten die Moskauer eine Deputation, vor der Ivan erklärte, das selbst gewählte Exil nur dann aufzugeben, wenn er bei der Abstrafung von Verrätern freie Hand erhalte. Dies gestand man ihm zu. Daraufhin erließ der Zar eine Verfügung, die eine Neugliederung des gesamten Staatsterritoriums vorsah, oder mit den Worten des späteren Chronisten Ivan Timofeev: „Er zerschlug sein Land mit dem Beil in zwei Hälften."

Deren eine, die Opričnina (das ist das abgetrennte Erbteil bzw. Witwengut), unterstellte sich Ivan selbst, während die andere, als Zemščina bezeichnete Teil bei der Bojarenduma verblieb. Das immer größer werdende Territorium der Opričnina (II.B.1), das Ivan IV. bis 1572 in Schrecken hielt, bestand zunächst aus mehreren Landkreisen, die für den unmittelbaren Bedarf des Hofes zu sorgen hatten. Daneben dehnte Ivan die Opričnina auf einen Gutteil des russischen Nordens aus, der vornehmlich von freien Bauern besiedelt war. Sie führten einen Grundzins nach Moskau ab und waren für den Fiscus daher von erheblicher Bedeutung. Schließlich wies Ivan auch Teile der Zentralregion um Moskau der Opričnina zu, konzentrierte sich also auf Gebiete, die sich bislang im Besitz von Bojaren und Fürsten befanden. Viele der hochadligen Grundbesitzer wurden hier enteignet und in die Zemščina umgesiedelt. Das frei werdende Land gab man an Dienstleute aus. Dennoch ist die Frage, ob die Opričnina eher gegen die Aristokratie an sich oder gegen missliebige Aristokraten gerichtet war. Unstrittig jedoch ist, dass der Opričnina Ivans Vetter Vladimir Andreevič von Starica zum Opfer fiel, der während Ivans Erkrankung von 1553 als Thronkandidat galt.

Einfall in Livland

Die Opričnina

Auch den Eroberer von Kazan', Fürst Alexander Gorbaty, kostete die Opričnina das Leben. Zugleich schuf sich Ivan eine Leibgarde aus zunächst tausend, dann 1500 Opričniki, die schwarze Kutten anlegten und Besen nebst Hundekopf als Abzeichen führten – wie um keinerlei Zweifel an ihrer Absicht zu lassen, Verräter aus Russland herauszukehren. Während des Aufenthaltes in der Aleksandrovskaja Sloboda unterlagen die Opričniki mönchsähnlichen Regeln, die Ivan entworfen hatte. Wie unklösterlich, ja brutal und menschenverachtend die Opričniki vorgingen, hat etwa der aus Ahlen in Westfalen stammende Heinrich von Staden bezeugt, eine der wertvollsten Quellen dieser Zeit. Willkür und Selbstbereicherung der Opričniki treten in seiner Schilderung offen hervor.

Ein Elefant in Moskau Zudem hat uns Staden eine Episode überliefert, die etwas von der brodelnden Stimmung verrät, die um 1570 über Moskau lag: „Es wurde dem grosfürschten ein elephant sampt einem Arabier geschenket, der den elephanten regirete. Dieser Arabier bekam in der Moscauw viel geldes. Dieses vormerken die reussischen brasneck – das seind die lotterbuben, die in den heimlichen krügen doppeln und spilen –, ermorden des Arabers Weib heimlich des geldes halben. Dieser Arabier wart von den Reussen sampt dem elephanten vorclagt und angegeben, als keme die peste, die doch in der Moscaw nie gedacht, vom Arabier und dem elephanten. Da wart der Arabier in ungenaden mit dem elephanten na dem flecken Gorotky geschicket. Der Arabier starb, und der grosfürschte schickte einen boiaren mit einer instruktion, dass er den elephanten sollte totschlahen mit hilfe der bürger im flecken. Der elephant stund in einer stuben und umbher ging ein stacket, da lag der Arabier nicht weit vonne begraben. Der elephant brach sich hirdurch und legete sich auf das grap. Da wart er ganz totgeschlagen. Darnach wurde ihme die zehne ausgebrochen und dem grosfürschten gebracht zum wahrzeichen, dass er tot war" [121: 42–43].

Auch aus Moskau hatte sich Ivan ein Viertel herausgeschnitten und sowohl den Hof des Vladimir Andreevič von Starica als auch den des Metropoliten konfisziert. Aus Protest gegen die zarischen Machenschaften legte der Metropolit Afanasij 1566 sein Amt nieder; auch der von Ivan zum Nachfolger berufene Filipp II., zuvor Abt des Soloveckij-Klosters im Eismeer, hielt den Zaren öffentlich zu Umkehr an. Daraufhin wurde er seiner Würden entkleidet und bald darauf umgebracht. Das Zentrum der Verräter machte Ivan in Novgorod aus: Also wurde die Truppe der Opričniki 1570 dorthin beordert und richtete ein Massaker an. Sogar Bauern und Bettler, die mit fremden Mächten sicherlich nicht konspirierten, fielen dem Terror zum Opfer. Nach Moskau zurückgekehrt, verschonte der Zar nicht einmal die eigenen Leute, so den außenpolitischen Berater Ivan Viskovatyj. Zum inneren Terror kam die Bedrohung von außen. Im Mai 1571 verheerte ein Angriff der

Angriff der Krimtataren Krimtataren weite Gebiete Russlands; auch Moskau selbst wurde gebrandschatzt. Erst diese Katastrophe vermochte den Zaren zu einer schrittweisen Abkehr von der Landesteilung zu bewegen. Zemščina und Opričnina näherten sich an, und manche Bojaren durften aus der Verbannung zurückkehren, um ihre alten Besitztümer vor der Verwüstung zu retten. Einem gemeinsamen Heer von Zemščina und Opričnina gelang es 1572 zudem, einen weiteren Angriff der Krimtataren bei Molodi südlich von Moskau abzufangen und den Krimchan in die Steppe zurückzuschlagen.

Über die Stimmung der Bevölkerung während der Opričnina gibt der uns erhalten gebliebene Schlussakt des Sobors von 1566 gewissen Einblick. An dieser Zusammenkunft, vom Zaren durch eine Ansprache eröffnet, nahmen 374 Männer teil, die sieben Gruppen zugehörten: 1. dem höheren Klerus (32 Vertreter), 2. der Bojarenduma (30), 3. dem höheren Adel (97), 4. dem niederen Adel (90), wobei die Vertreter beider Gruppen der Hauptstadt entstammten, 5. Dienstgutbesitzern aus zwei Kreisen in der Provinz (9), 6. Sekretären der Moskauer Zentralämter (33) sowie 7. den reicheren Kaufleuten aus Moskau (75). Diesem Sobor legte der Zar die Frage vor, ob das Land den livländischen Krieg fortsetzen solle. Während der Klerus einen Friedensschluss ablehnte, da Livland zum Vatererbe des Zaren zähle, brachten die Bojaren politische Argumente vor, so die Forderung, Polen dürfe sich nicht in Livland festsetzen. Ebenso aufschlussreich fiel die Reaktion der Dienstleute aus, die sich überrascht gaben, überhaupt konsultiert zu werden. Es sei doch des Herrschers Sache, seinem Werk treu zu bleiben; sie aber säßen nur im Sattel. Zur Beurteilung eines Sobor ist dieses Votum besonders interessant, drückt sich hier doch die alte Meinung aus, nach der es dem Volke nicht anstehe, Vertreter in den Kreml zu entsenden; vielmehr sei es die von Gott berufene Regierung, die den Willen des Volkes verkörpere. Obschon der Sobor streng genommen nur die Eliten versammelte, konnte sich der Zar nach dieser Auffassung dennoch auf die Billigung des Volkes berufen. Ermutigt durch die Einmütigkeit des Sobor von 1566 setzte der Zar den livländischen Krieg fort; 1570 jedoch schloss er mit Polen einen Waffenstillstand, auch ohne einen Sobor zu berufen.

Obwohl das Moskauer Aufgebot von Jahr zu Jahr zusammenschmolz, bot sich eine letzte Möglichkeit, eine Kriegswende herbeizuführen. Die militärische Schwäche Polen-Litauens während eines Interregnums ausnutzend, nahmen die russischen Einheiten 1575/76 große Teile der livländischen Küste ein, nicht aber Riga und Reval. Ivans Ängste flackerten dennoch wieder auf, so dass der Zar die Herrschaft nominell an seinen tatarischen Vasallen Simeon Bekbulatovič abtrat und sich abermals auf ein Sonderterritorium zurückzog. Was sich zunächst als Posse anließ – beim Nahen des neuen Zaren rutschte Ivan untertänigst vom Pferd –, rief vielerorts blankes Entsetzen hervor, das Ivan gewaltsam zu ersticken befahl. Gut möglich, dass die fingierte Abdankung auch durch Ivans Kandidatur für den polnischen Thron motiviert war. Dort machte allerdings Stefan Bathory das Rennen, ein energischer und kriegserfahrener Mann, der sich umgehend anschickte, Livland zurückzuerobern. Im Juni 1579 erklärte Bathory Moskau den Krieg und nahm schon im August Polock ein; zur gleichen Zeit griffen die Schweden die Hafenstadt Narva an, die 1581 kapitulierte. Damit war Russland von der Ostsee abgeschnitten – Jahrzehnten des Krieges zum Trotz. Im Waffenstillstand von Jam Zapol'skij bei Pleskau vom 15. Januar 1582, unter vati-

Simeon Bekbulatovič

kanischer Vermittlung abgeschlossen, gestand Moskau die Niederlage dann ein. Den Schweden musste Ivan Groznyj am 10. August 1583 im Waffenstillstand an der Pljussa Estland und Ingermanland abtreten. Seine Psyche hat diese Belastung mit einem neuerlichen Gewaltausbruch quittiert, dem Ivan, der älteste Sohn und mutmaßliche Thronfolger 1582 zum Opfer fiel, vom Zaren selbst erschlagen.

Resümee   Ein Resümee der Herrschaft Ivan Groznyjs kann unter den Positiva daher nur dessen Anfänge aufführen, so das Bemühen um Integration der Territorien, die Stärkung der Zentralorgane oder das zunehmende Interesse am Westen. Wenn es dennoch der erste aller Zaren war, der als wahrhaft schrecklich in die Geschichte einging, dann wegen seiner Grausamkeit. Der historische Schatten Ivans IV. reicht über das 16. Jahrhundert weit hinaus, lag seine Tyrannis durch endloses Kriegen und Steuerdruck doch auch der entstehenden Leibeigenschaft zugrunde (II.B.2). Gerade in den nordwestlichen, vom Truppendurchzug besonders betroffenen Gebieten glaubten Moskauer Steuerschätzer zunächst an einen Irrtum, als ihnen stellenweise ein Rückgang der Bevölkerung um annähernd zwei Drittel gemeldet wurde. Da Land ohne Bauern für den Adel aber wertlos war, suchte sich dieser der abwandernden Bauern dauerhaft zu versichern – und drang auf endgültige Schollenbindung. Diese Versteinerung der russischen Agrarverfassung unbeschadet wieder aufzulösen, sollte noch den Reformern des Jahres 1861 misslingen.

Als Ivan IV. am 18. März 1584 im Alter von 53 Jahren starb, hinterließ er zwei Söhne: Aus seiner ersten Ehe den 1557 geborenen Fedor, ein *cretino*, und aus seiner siebten Ehe den erst 1583 geborenen Dmitrij. Bestimmenden Einfluss bei Hofe und auf den am 31. Mai 1584 gekrönten Fedor gewann jedoch nicht der Regentschaftsrat, den wohl noch Ivan IV. eingesetzt hatte, sondern Fedors Schwager Boris Godunov. Der aus dem Lüneburgischen stammende Konrad Bussow, zeitweise Godunovs Dienstmann, charakterisiert diesen als „zwar geringen Geschlechts, aber ein witziger und sehr verständiger Mann" [86: 203]. Seiner Widersacher entledigte sich Godunov daher zügig; Ivan Mstislavskij wurde schon 1585 gezwungen, ins Kloster zu gehen, und auch ein Versuch der Šujskijs, Godunov zu stürzen, schlug 1587 fehl; Godunov ließ Ivan Šujskij zum Mönch scheren und löste sogar den Metropoliten Dionisij ab, weil dieser auf Seiten Šujskijs stand. Dionisijs Nachfolger, der Erzbischof von Rostov namens Iov, konnte 1589 zum ersten Patriarchen von Moskau aufrücken. Formell von der Synode vorgeschlagen, gab Godunovs Votum auch hier den Ausschlag. Die Zustimmung der orientalischen Patriarchate, die im Gegensatz zu Moskau ja politischer Fremdherrschaft unterlagen, hatte die russische Seite nicht zuletzt durch Almosen eingeholt. So wie die Kirche 1547 eine Rangverbesserung für den Basileus durchsetzte, war es nun dieser, der seine Ekklesia erhöhte. Erst jetzt war die autokratische Herrschaft endgültig verankert, standen Zar und Patriarch Seite an Seite. Allerdings bedurfte es auch äußerer Faktoren, um diese Eintracht zu erreichen, machte sich das Geschrei der protestantischen Ketzer ja auch bei den Orthodoxen bemerkbar, so in Weißrussland und der Ukraine, wohin sich Täufergemeinden aus Polen geflüchtet hatten.

An die frühe Zeit Ivan Groznyjs in manchem anknüpfend, suchte Boris Boris Godunov
Godunov das städtische Steueraufkommen zu steigern, indem sich die Obrigkeit
nichtsteuerpflichtige Viertel aus ehemaligem Bojarenbesitz nun unmittelbar unterstellte. Angesichts der Wüstungen im Gefolge der Smuta war die Situation auf
dem Land jedoch weitaus dramatischer; hier kam ein allmählicher Wiederaufbau
in Gang, der die Interessen der Dienstleute in krasser Weise vor die der Bauern
stellte. Ein Ukaz vom 24. November 1597 dehnte die Suche nach entlaufenen
Bauern sogar auf eine Frist von fünf Jahren aus. Die Unbeirrbarkeit, mit der
sowohl Ivan IV. als auch Boris Godunov für den Dienstadel eintraten, lässt
sich wohl nur durch die außenpolitisch-militärischen Zwänge verstehen. So
nahm Godunov den Versuch wieder auf, an die Ostsee vorzudringen, und ließ
im Januar 1590 seine Regimenter auf Narva marschieren. Die Stadt selbst blieb
zwar schwedisch, das östlich angrenzende Ivangorod jedoch lieferte Schweden
aus, so dass der Durchbruch zumindest an dieser Stelle gelungen war. Der
schwedische König Johan III. Vasa konnte die Krimtataren 1591 und 1592 zwar
zu neuerlichen Angriffen auf Moskau bewegen, doch schlugen die russischen
Truppen den Vorstoß zurück. Im Frieden von Tensina (18. Mai 1595), der den
seit einem Vierteljahrhundert andauernden Krieg beider Mächte beendete, trat
Schweden die Feste Ivangorod dann neuerlich an Moskau ab.

2. Die Smuta

Schien die Restitution des Reiches unter Boris Godunov zunächst voran-
zukommen, sollte am 15. Mai 1591 der rätselhafte Tod Dmitrijs, des jüngsten
Sohnes Ivans IV., zum Vorzeichen neuerlicher Katastrophen werden. Im Spiel
mit anderen Kindern zog sich der Epileptiker Dmitrij eine tödliche Halswunde zu. Tod des Carevič
Die Vorstellung, Boris Godunov habe diesen neunjährigen Rivalen beseitigen
lassen, erhitzte die Gemüter derart, dass an Dmitrijs Sterbeort Uglič ein Aufstand losbrach. Eine Kommission, der mit Vasilij Šujskij kein Parteigänger
Godunovs vorstand, vernahm etwa 300 Zeugen, vermochte das Dunkel aber
kaum zu lichten. Gleichwohl schlug die Stimmung immer deutlicher gegen
Boris Godunov um; zwei Tage nach der Beisetzung des Carevič in Moskau
brach Feuer aus. Dennoch ist keineswegs gesagt, dass Dmitrijs Tod tatsächlich
auf Machenschaften Godunovs zurückging. Als zwangsläufiger Thronfolger
konnte Dmitrij schon deshalb nicht gelten, weil er der siebten und nach ka-
nonischem Recht ungültigen Ehe Ivans entstammte. Auch als Zar Fedor am
7. Januar 1598 verstarb, wurde wiederum getuschelt, es sei Boris Godunov, der
den Zaren habe vergiften lassen. Die Witwe des Zaren – und Godunovs Schwester
– empfing zwar die Huldigung des Patriarchen und der Stadt Moskau, zog sich
bald aber ins Novodevičij-Kloster zurück. Zugleich stellte der Patriarch einer
Landesversammlung Boris Godunov als alleinigen Thronanwärter vor. Nachdem
sich nicht nur der Sobor, sondern auch Volk und Heer zum neuen Herrscher

bekannt hatten, nahm dieser am 21. Februar die Wahl an. Die dreifache Akklamation schien offenbar erforderlich, um die niedere Herkunft Godunovs vergessen zu machen. Dennoch wollten Gerüchte nicht verstummen, der verstorbene Zar habe Fedor Romanov als nächsten Verwandten zum Thronfolger ausersehen. Kaum ein Jahr nach seiner Krönung ließ Godunov den Romanovs daher den Prozess wegen Zauberei machen, um Fedor ins Kloster abzuschieben.

Godunov als Zar Als Zar setzte Godunov die schon als Regent verfolgte Politik fort, Steuerprivilegien von Städtern zu beschneiden – auch dies ein Erbe der Teilfürstenzeit, ging die Steuerfreiheit der „weißen" Stadtviertel doch auf die Vorrechte von Bojaren und Kirche zurück. Allerdings ließ Godunov, gedrängt durch Missernten und Hungersnot, durch Ukaze von 1601 und 1602 den bäuerlichen Abzug erneut zu. Dass Godunovs Tätigkeit als Zar jedoch unter einem ganz anderem Stern als seine Regentschaft stand, zeigte sich 1601: Nun lief das Gerücht um, der Carevič Dmitrij sei wie durch ein Wunder davongekommen und halte sich in Polen auf. Bei diesem Prätendenten handelte es sich vermutlich um den entlaufenen Mönch Grigorij Otrep'ev, der unter bojarischen Widersachern Godunovs ebenso wie bei polnischen Magnaten Unterstützung fand. Als ihn sogar der polnische König Sigismund III. empfangen hatte, trat „Demetrius" zur katholischen Kirche über – im Grunde ein Schritt, der einen wahrhaftigen Carevič seiner Ziele nur entfremden konnte, dem Demetrius dafür aber polnische Beihilfe versprach. Sigismund selbst ging es wohl weniger darum, einen Angriff auf Moskau vorzubereiten, als seine Ambitionen auf den schwedischen Thron im Einvernehmen mit einem zukünftigen Zaren zu verbessern. Nachdem sich Demetrius durch die Ehe mit der Magnatentocher Maryna Mniszech weiteren Zulauf zu verschaffen suchte, setzte sich seine Truppe im August 1604 in Marsch, dabei den Weg über die Ukraine einschlagend, wo die Kosaken erwartungsgemäß zu Demetrius und seinen zumeist polnischen Anhängern stießen. Südwestliche Städte wie Černigov oder Kursk kapitulierten. Der Vorstoß nach Moskau gelang dem Prätendenten allerdings nicht, so dass er sich auf Propaganda verlegte und in Sendschreiben um Unterstützung der Bevölkerung warb. Auch als Boris Godunov am 13. April 1605 überraschend starb und der Thron an dessen sechzehnjährigen Sohn Fedor überging, sollte sich an der auffallend passiven Kriegsführung beider Seiten vorerst wenig ändern. Die Entscheidung fiel daher nicht auf militärischem Wege, sondern auf politischem: Angeführt von ihren Voevoden lief ein Großteil des Moskauer Heeres zu Demetrius über.

Demetrius Dass der polnische Prätendent kein Carevič war, daran bestand wohl kaum Zweifel. Vielmehr entschieden sich die Bojaren aus Eigeninteresse zum Abfall, erhofften sie sich vom neuen Thronkandidaten doch ebenso weitreichende Vorrechte, wie sie der polnische Adel innehatte. Derartig hochfliegenden Erwartungen nachzukommen, war Demetrius nach seiner Krönung am 21. Juli 1605 aber außerstande. Weit davon entfernt, allein den Bojaren zu Willen zu sein, musste er wie seine Vorgänger auch den Anliegen der Dienstleute Rechnung tragen, die ja den Großteil des Heeres stellten. Noch dazu sah sich Demetrius seiner zweifelhaften Herkunft wegen auch zu Rücksicht auf die Bauern genötigt. Sogar ein Zar konnte derart widersprüchliche Interessen nicht vereinen. Zudem sprach gegen den polnischen Günstling, dass sich die Konversion auf Dauer nicht verbergen ließ; auch sonst gebärdete sich Demetrius aber seltsam unmoskowitisch, so indem er sich mit einer Leibwache ausländischer Söldner umgab. Es dauerte daher nicht lange, bis eine Abkehr von Demetrius in Gang kam. Als einer der ersten wechselte Vasilij Šujskij die Seite. Unter Godunov hatte er den Tod des Carevič Dmitrij bezeugt, sich aber dennoch dem Demetrius angeschlossen. Nach dessen Krönung ließ Šujskij nun verlauten, er halte Demetrius für einen Scharlatan, der Moskau an die Polen verraten wolle. Šujskij wurde daraufhin zum Tode verurteilt, am Tage der geplanten Hinrichtung jedoch begnadigt. Unter diesen Umständen sollte sich die Ära des ersten Demetrius als kurzes Zwischenspiel erweisen. Kaum war Vasilij Šujskij aus der halbjährigen Verbannung nach Moskau zurückgekehrt, revoltierte er mit etwa 200 Gesinnungsgenossen am 17. März 1606. Demetrius kam bei diesem Aufstand ums Leben, mit ihm mehrere hundert Polen.

Der neue, am 1. Juni 1606 gekrönte Zar Šujskij war keineswegs unangefochten. *Vasilij Šujskij* So machte auch der von Boris Godunov verbannte Fedor Romanov als Gegenkandidat von sich reden, den ausgerechnet Demetrius zum Metropoliten von Rostov erhoben hatte. Šujskijs Legitimität blieb daher ebenso brüchig wie die seines Vorgängers: Ihn hatte kein Sobor auf den Thron erhoben, sondern nur eine Gruppe von Bojaren. Zugleich nötigte man ihm eine Wahlkapitulation ab, die ebenfalls den Bojaren zugute kam, der überlieferten Autorität eines Zaren aber keineswegs entsprach. In mancher Hinsicht lag diese erschütterte Rechtmäßigkeit, die Vasilij Šujskijs Herrschaft trotz dessen Abstammung von den Rurikiden zu schaffen machte, auch dem schwerwiegendsten Ereignis in Šujskijs Zeit zugrunde: Dem ersten großen Aufstand der russischen Geschichte. Wie die noch folgenden Rebellen Sten'ka Razin oder Emel'jan Pugačev profitierte dabei auch Ivan Bolotnikov von der Unterstützung der Kosaken. Zu ihnen war Bolotnikov in seiner *Aufstand des* Jugend entlaufen, fiel jedoch in Gefangenschaft der Tataren, die ihn an die *Bolotnikov* Osmanen als Galeerensklaven verkauften. Über Venedig kehrte er zu den Kosaken zurück. Bolotnikov war daher mit vielen Wassern gewaschen und dreist genug, den Zulauf zu den Kosaken als Reaktion auf die Schollenbindung auszunutzen und sich als Voevode des „echten" Zaren darzustellen. Während seines Marsches auf Moskau sicherte Bolotnikov vielen Bauern sogar zehnjährige Steuerbefreiung zu, die Šujskij prompt annullierte. Jahrzehnte der Bauernbedrückung und die alte Hoffnung auf einen „guten" Zaren trieben Bolotnikov eine Armee zu, die im Oktober 1606 sogar Moskau einschnürte. Erst als Šujskij Bolotnikovs Fronde durch Verhandlungen mit Vertretern der Dienstleute gespalten hatte, glückte es, den Belagerungsring am 4. Dezember zu durchbrechen. Bolotnikov zog sich nach Tula zurück, das einzunehmen den zarischen Truppen erst dann gelang, als man die Stadt durch Umleitung eines Flusses überschwemmte. Bolotnikov wurde ergriffen und 1608 in der Verbannung geblendet und ertränkt.

Des Bolotnikov hatte sich Šujskij zwar entledigt, der Careviči aber wurde er nicht mehr Herr. Von ihnen gelang es dem zweiten Demetrius, sich mit Hilfe polnischer Truppen in Tušino (bei Moskau) festzusetzen. Abermals kam unter den Bojaren ein Loyalitätswandel in Gang, auch weil sich Šujskij nach dem Angriff des zweiten Demetrius zu einer Internationalisierung des Konflikts gezwungen sah. Zwar misslang eine Verständigung mit der polnischen Krone im Juli 1608, der schwedische König Karl IX. aber sagte dem Zaren im Februar 1609 Militärhilfe zu.

Gleichzeitig begannen auch die polnischen Truppen des mit Karl IX. verfeindeten König Sigismund ihren Vormarsch und schlossen im September 1609 Smolensk ein. Hier schlugen sich die Gegner Šujskijs auf ihre Seite. Nachdem der polnische Hetman Stanisław Żółkiewski die Lage zugunsten Sigismunds entschieden und die Schweden aus Moskau vertrieben hatte, wurde Šujskij am 17. Juli 1610 gestürzt und ins Moskauer Čudov-Kloster verbannt. Die Regierung übernahm ein Bojarenrat, der Sigismunds Sohn Władysław am 27. August zum neuen Zaren bestimmte. Dabei hatte Sigismund zugesagt, die Rechte der orthodoxen Kirche ebensowenig anzutasten wie die von Duma und Oberschichten. Polen waren von Regierungsämtern ausgeschlossen.

Als einmalige Verstrickung von Herrschaftskrise, innerem Krieg und ausländischer Intervention trieb die Smuta („Zeit der Wirren") Ende 1610 ihrem Höhepunkt zu. Zunächst widerrief Sigismund III. die für seinen Sohn gemachten Wahlzusagen, hegte er doch selbst Ambitionen auf den Zarenthron. Noch dazu kam der zweite Demetrius am 11. Dezember bei der Jagd ums Leben. Das zarenlose Zarenland war somit endgültig zum willenlosen Objekt fremder Mächte herabgesunken. Gerade deshalb schloss sich seit März 1611 ein erstes Aufgebot patriotischer Kräfte unter Prokopij Ljapunov zusammen, dem Voevoden von Rjazan'. Noch lag die Initiative aber bei den Interventen, denn im Juli 1611 fiel Novgorod an Schweden. Kurz darauf wurde Ljapunov von Kosaken umgebracht. Jedem weiteren Aufgebot war somit die Einsicht mitgegeben, dass eine Integration der Kosaken zur Befreiung Moskaus unabdingbar war. Tatsächlich brachte der Fürst Dmitrij Požarskij als Kommandeur einer zweiten

Minin und Požarskij Sammlungsbewegung diesen Ausgleich zustande. Die Städter zeigten sich sogar bereit, eine von Kuz'ma Minin angeregte Sonderabgabe zur Unterstützung des russischen Heeres zu leisten. Minin, der selbst ein Städter war und aus Nižnij Novgorod stammte, verkörperte dabei die volkstümliche Seite der entstehenden Nationallegende – und der Feldherr Požarskij die aristokratische. Auf Grundlage dieser Koalition sozialer Kräfte wuchs dem zweiten Aufgebot eine solche Kraft zu, dass die polnische Besatzung im Moskauer Kreml am 27. Oktober 1612 kapitulierte.

Die zur Wahl eines neuen Zaren umgehend nach Moskau geladene Landesversammlung sprach sich einmütig dagegen aus, einen Fremden zu küren.

Požarskij galt manchem Deputierten als zu mächtig; andere Thronprätendenten unter den Bojaren hatten sich durch Zusammenarbeit mit Polen diskreditiert. Unter diesen Umständen sprach vieles für den erst sechzehnjährigen Sohn Michail des (noch in polnischer Gefangenschaft befindlichen) Metropoliten Filaret Romanov. Einerseits schien Michail nach innen und außen unabhängig zu sein, kam dem Ideal der Selbstherrschaft somit am nächsten; an Eigengewicht konnte er andererseits aber nicht allzuviel in die Waagschale werfen, so dass die Eliten von diesem Landesherrn keinen Abbau ihrer Privilegien zu befürchten hatten. Auch dass sich Michails Vater – wie so viele – mit den Interventen verbündet hatte, musste dem neuen Zaren nicht zum Nachteil gereichen, da andere Überläufer unter diesen Umständen wohl kaum mit Konsequenzen zu rechnen hatten. In dieser Situation wählte der Sobor, dem Abgesandte aus etwa 50 Städten angehörten, am 7. Februar 1613 Michail Romanov zum Zaren. Michail Romanov

Auf welche Weise lässt sich die Smuta bewerten? In einer umfassenden Darstellung der „Wirren" stellte S. F. Platonov 1899 zwei zentrale Ursachenstränge heraus, und zwar den Konflikt zwischen Regierung und Bojaren wie den bäuerlichen Widerstand gegen die Schollenbindung. Auf den ersten Blick schien V. O. Ključevskijs seit 1904 erschienene „Russische Geschichte" hieran deutlich anzuknüpfen, nur dass Ključevskij die Smuta mit Usurpation und Sozialkonflikt erklärte. Seine Analyse führt jedoch tiefer. Nicht zu Unrecht behauptete er, dass die tieferen Ursachen der Wirren erst dann offenbar werden, wenn man auch das soziale Gefüge betrachtet. Dabei treten drei Phasen hervor, jede dominiert von einer anderen Schicht. Zunächst waren es die Bojaren, die von Boris Godunov eine offizielle Einschränkung seiner Macht erwarteten, um kein zweites Mal zwischen die Mühlsteine der Autokratie zu geraten. Viele Bojaren stimmten daher nicht für Godunov, sondern liefen – die von Godunov verfolgten Romanovs an der Spitze – zu Prätendenten wie dem ersten Demetrius über. Auf einer Versammlung der Verschwörer am Vorabend des Aufstandes gegen den ersten Demetrius erklärte Vasilij Šujskij sogar ganz offen, den Pseudodemetrius habe er nur deshalb unterstützt, um sich Godunovs zu entledigen. Nach seiner Thronerhebung unterlag Šujskij daher einem Dilemma: Einerseits hatte der neue Herrscher eine Beschränkung seiner Macht durch die Bojaren bestätigen müssen; dadurch setzte er sich andererseits dem Vorwurf aus, er sei nichts als ein Bojarenzar, und machte daher den Versuch, die Bojarenduma durch den Sobor zu ersetzen. Phasen der Smuta

Damit erschienen im zweiten Schritt die Dienstleute auf dem Plan, die in Vasilij Šujskij ein Spielzeug der Bojaren erblickten. Sie folgten dem zweiten Demetrius, in dessen Lager bei Tušino der hohe Adel nahezu fehlte. Nach dem Tode des zweiten Demetrius schlossen die Bevollmächtigten von Tušino mit dem polnischen König am 4. Februar 1610 eine Thronkapitulation ab, in der die Rechte der Untertanen folgerichtig weitaus klarer vor herrscherlicher Willkür geschützt wurden als im Wahlversprechen des Zaren Vasilij Šujskij von 1606. Schließlich trat in der dritten Phase auch das Volk hervor, sammelten sich hinter Bolotnikov arme Städter und Kosaken ebenso wie flüchtige Bauern. Der Charakter der Smuta schlug um:

Bislang politischer Konflikt, nahmen die Wirren nunmehr Formen einer sozialen Auseinandersetzung an, da Bolotnikov die Cholopen ja dazu aufforderte, sich an den Herren schadlos zu halten.

Interpretation Ključevskijs Auffassung hat im Grunde bis heute Bestand, obwohl 2001 eine weitere eingehende Darstellung der Smuta von Chester Dunning erschienen ist. In deutlicher Wendung auch gegen sowjetische Historiker und deren Betonung der Klassenantagonismen stellt Dunning – nicht ganz überzeugend – den Charakter der Smuta als Erhebung von Bauern gegen die Leibeigenschaft in Frage. Vielmehr behauptet er, Demetrius' Anhänger hätten sich mehrheitlich aus Kosaken und niederen Dienstleuten rekrutiert. In mancher Hinsicht fällt Dunning hier allerdings seiner Perspektive zum Opfer, betrachtet er zum Beispiel den Aufstand des Ivan Bolotnikov nicht unter sozialgeschichtlichen Aspekten, sondern eher mit Blick auf die Kette der politisch-militärischen Ereignisse. Interessanter wäre es, ausgehend von Ključevskijs Schichtenmodell nach Strukturschwächen der autokratischen Verfassung zu fragen – und einer weiteren Ursache der Smuta. So wurde ein Zar nicht zuletzt daran gemessen, in welchem Ausmaß er Partikularinteressen überwand, um dem Ideal umfassender Gerechtigkeit zu entsprechen. Was aber sollte ohne Zar geschehen? Ein Zusammenbruch der politischen Ordnung löste daher, wie während der Smuta beobachtet, unter nahezu allen Schichten den Drang aus, selbst die Initiative zu übernehmen. Unter diesen Umständen folgte dem Ende der Autokratie nur der Anfang des Chaos.

3. Ringen um Restauration

Bleibende Folgen hat die Smuta auch dadurch hinterlassen, dass sie das Gewicht der Außenpolitik erheblich verstärkte und Russland in europäische Konflikte hineinzog. Dieser Umbruch gab dem jungen Zaren als erste Sorge die Sicherheit nach außen vor, getragen durch Stabilität im Innern. Michail und der ihn beratende Kreis, vor allem sein Vater Filaret, haben dieser Einsicht zunächst durch Rückgewinnung Novgorods zu entsprechen versucht. 1614 lebte der Krieg gegen Schweden wieder auf; zur Sicherung von Schifffahrt und Handel brachte der englische Unterhändler John Merrick am 27. Februar 1617 jedoch den Frie-
Vertrag von Stolbovo densvertrag von Stolbovo zustande. Ingermanland – und seinen Ostseezugang – trat Moskau an Schweden ab, blieb jedoch im Besitz der Weißmeerküste. Wie so oft wurde Frieden hier durch Verzicht erkauft, nur fiel dieser für Russland eindeutig schwerer aus als für Schweden. Auf dieser Grundlage errichtete Schweden im 17. Jahrhundert sein *dominium maris baltici*; erst Peter der Große brachte nicht nur das Abkommen von Stolbovo, sondern zugleich die schwedische Vorherrschaft zu Fall. Auch gegenüber der polnischen Krone musste Moskau Vorsicht walten lassen, doch hatte die Adelsrepublik den Zenit äußerer Stärke bereits durchschritten: Als der Kronprinz Władysław mit Unterstützung von Dneprkosaken im Herbst 1617 auf Moskau vorstieß, versagte ihm der Sejm

seine Unterstützung. Anders als Schweden vermochte Polen im Waffenstillstand von Deulino (bei Moskau) am 3. Januar 1619 daher nur die befristete Rückerlangung der ehemaligen Grenzgebiete von Smolensk bis Černigov durchzusetzen. Ermutigt durch das polnische Interregnum von 1632 erschien ein Moskauer Aufgebot abermals vor Smolensk, musste sich jedoch geschlagen geben und Smolensk im „ewigen Frieden" von Poljanovka (4. Juni 1634) ein weiteres Mal Polen-Litauen überlassen.

Wie sich während der Smuta mit schockierender Deutlichkeit gezeigt hatte, wurde die innere Stabilität als Voraussetzung der äußeren von mehreren Seiten bedroht: So durch den Konflikt zwischen Zar und Bojaren, zwischen Bojaren und Dienstadel sowie durch die Folgen der sich verhärtenden Leibeigenschaft. Vorrangig schien zunächst, der Herrschaft des neuen Zaren die alte Glaubwürdigkeit zu verschaffen. Hier lag es nahe, sich zunächst der Landesversammlung *(sobor)* zu bedienen. In der Tat trat dieses Gremium von 1613 bis 1621 nicht weniger als zwölfmal zusammen; die unteren Schichten jedoch, die Michail 1613 mit auf den Thron gehoben hatten, waren kaum noch vertreten. In aller Regel gehörten dem Sobor die jeweils in Moskau anwesenden Dienstleute sowie einige Provinzvertreter an. Um Moskaus zumeist eher dürftigen Kenntnisstand über die Provinz zu verbessern, waren deren Abgesandte in der Hauptstadt gern gesehen. Mitzureden, geschweige denn mitzubestimmen gab es für sie allerdings wenig. Aus diesem Grund bleibt offen, ob solche Treffen zur Schlichtung der Konflikte taugten, die das Reich während der Smuta fast zerrissen hätten. Zwischen Bojaren und Dienstleuten verlief ein unüberbrückbarer Graben und die Situation der Bauern und Kosaken wuchs sich während der Smuta zum Ursprung offener Rebellion aus. Obwohl die niederen Dienstleute den Kern des Heeres stellten und die Regierung schon deshalb zu Rücksicht genötigt schien, waren es die Bojaren, die umfassende Privilegien innehatten. Sie gehörten nicht nur der Duma an, sondern genossen auch ein Vorrecht auf Ämter bei Hofe. So ließ Ivan IV. ein Geschlechterbuch derjenigen Familien abfassen, die in Moskau bis zum frühen 16. Jahrhundert als Bojaren gedient hatten. Auch die darauf aufbauende Rangordnung des *mestničestvo* wies den Familien der Arrivierten eine bevorzugte Stellung zu. Wie Ivan Groznyj und Boris Godunov setzte der bis zu seinem Tod 1633 de facto für seinen Sohn regierende Patriarch Filaret aber die Politik einer stillen Abkehr von den Bojaren fort, indem er die Duma von den Beratungen zunächst auszuschließen pflegte. Energischen Protest der Bojaren rief Filaret auch dadurch hervor, dass er gegen die Institution der Selbstverpfändung vorging, mit deren Hilfe Steuerflüchter bei Bojaren Unterschlupf fanden. Aus fiskalischen Interessen war die Aufnahme derartiger *zakladčiki* 1584 verboten worden – eine Anordnung, die 1627 wiederholt werden musste.

Nicht zuletzt trugen die Kosaken zum Konfliktpotential der Smuta bei, so dass sich der neue Herrscher auch dieser Gruppe anzunehmen hatte. Ursprünglich als Reitertruppe zur Sicherung der russisch-tatarischen Grenze entstanden, löste der anhaltende Zuzug von Läuflingen in die Steppe erhebliche Unruhe aus. Nicht aus

Bedeutung des Sobor

Kosaken

Lust am Beutemachen, sondern aus Angst vor Hungersnot hatten Kosakenheere wiederholt Moskau angegriffen; auch die Aufstände von Bolotnikov, Razin und Pugačev wurden ganz erheblich von Kosaken getragen. Unberechenbar gaben sich die Donkosaken freilich auch nach Ende der Smuta: 1629 ließ sich der Patriarch Filaret daher dazu hinreißen, die Kosaken am Don als „Missetäter und Feinde Christi" zu bezeichnen. Dennoch waren die Kosakenheere der Regierung zum Schutze der Südgrenze hochwillkommen; nachdem die Donkosaken den türkischen Gesandten kurzerhand umgebracht hatten, stießen sie 1637 erstmals bis nach Azov vor. Überhaupt betrieb Moskau mit Fortschreiten der inneren Konsolidierung eine beeindruckende Expansion in das Gebiet der Schwarzen Erde. Gestützt auf den fortlaufenden Ausbau von Festungslinien, rückte das Moskauer Reich bis zum Ende des 17. Jahrhunderts an die Stromschnellen des Dnepr vor. Als die polnische Krone 1572 begann, einige der Kosaken in ihren Dienst aufzunehmen, brachte dies die Übrigen vehement gegen Warschau auf. Nicht zuletzt dieser Unmut war es, der die Zaporoger Kosaken 1648 zum Abfall von Polen bewog. Im Bündnis sowohl mit den Krimtataren als auch mit Moskau ließ der vom neuen Hetman Bogdan Chmel'nickij geführte Aufstand zum ersten Mal den Eigenständigkeitsanspruch der Ukraine erkennen.

Der Aufstand setzte auch dadurch ein neues Element in der Geschichte Osteuropas frei, dass er immer wieder in Pogrome umschlug. Ein Großteil der jüdischen Gemeinden fiel diesem Ausbruch zum Opfer. Rabbi Nathan Hanover, dessen Vater nach Vertreibung der Juden aus Hannover 1588 in die Ukraine eingewandert war, hat diese Massaker zum Gegenstand einer fast beispiellosen Chronik gemacht. Nachdem Hanover die Flucht zurück nach Deutschland gelungen war, wandte er sich zunächst nach Holland, dann aber nach Venedig, wo sein Bericht 1652 erschien. Einerseits fielen die ukrainischen Juden – wie viele Polen – dem Hass auf Fremde und Oberschichten zum Opfer, andererseits – ebenfalls wie mancher Pole – einem fehlgeleiteten orthodoxen Glaubenseifer. Nicht zuletzt kirchliche Beweggründe waren es auch, die Chmel'nickij dazu bewogen, auf Moskauer Seite Anschluss zu suchen. Im Gnadenbrief an die kosakischen Gesandten vom 17. März 1654 bestätigte der Zar daher den Kosaken die Vorrechte, die ihnen auch die polnische Krone eingeräumt hatte.

Nachdem Zar Michail Fedorovič am 12. Juli 1645 gestorben war, hatte Boris Morozov die Regentschaft für den sechzehnjährigen Thronfolger Aleksej Michajlovič übernommen. Daneben stand Morozov fünf Zentralämtern vor, kommandierte als Leiter des Strelitzenamtes die Moskauer Garnison und übersah als Vorsteher der „Großen Kasse" die Staatseinnahmen. Um diese zur Finanzierung der Südexpansion zu steigern, versuchte Morozov, direkte Steuern durch indirekte abzulösen. Zu diesem Zweck ordnete er am 9. Februar 1646 eine Salzabgabe an, die den ursprünglichen Preis verdreifachte. Damit nicht genug: Hohe Ämter hatte Morozov mit Vertrauten besetzt, die sich bei der Moskauer Bevölkerung schnell verhasst machten, weil sie, wie es im Reisebericht des Holsteiner Gesandten Adam Olearius sehr drastisch heißt, „sehr hungerig, sehr geitzig umb sich frassen."

Insonderheit einer mit Namen Levonti Steppanowitz Plesseov, welcher zum Oberrichter auff der Semische Dvor oder Rathauß gesetzet war. Dieser schindete und schabete über die Maße den gemeinen Mann, war mit Geschenken nicht zu ersättigen: Wenn die Parteyen vor ihm in die Canceley kamen, mergelte er ihnen gar das Marck aus den Beinen, daß sie beyde Betler wurden" [110: 253]. Dieser Unmut der Städter über die höchsten Moskauer Richter verband sich mit dem der Dienstleute. Diese beklagten, dass die großen Güter der Kirche und der Bojaren ihnen die Bauern abspenstig machten. Da Gutsherrn ihre Läuflinge nur fünf Jahre lang beanspruchen konnten, war der Dienstadel ohne ein zuverlässiges Gerichtswesen außerstande, sich vor Ablauf der Frist in erneuten Besitz seiner Leibeigenen zu bringen.

Schon 1637 waren die Dienstleute in einer Eingabe für die Abschaffung der Fünfjahresfrist und eine Gerichtsreform eingetreten. Daraufhin wurde die Rückholfrist auf neun Jahre verlängert. Der Ruf nach einer Gerichtsreform drang jedoch erst durch, als sich am 1. Juni 1648 in Moskau ein Aufstand entzündete. Morozov war an dessen Entstehung nicht ganz unbeteiligt, da er diejenigen einkerkern ließ, die sich beim Zaren über ihn und seinesgleichen beschweren wollten. Als die Strelitzen zu meutern begannen, zog am 3. Juni ein derart erboster Haufen vor dem Kreml auf, dass sich der Zar gezwungen sah, den für Moskau zuständigen Richter Leontij Pleščeev auszuliefern. „Wie ein Hund" wurde dieser auch bei Olearius Erwähnte daraufhin von der Menge erschlagen.

Der bislang vor allem vom Unmut der städtischen Unterschichten getragene Aufstand beschwor alsbald auch Forderungen der Dienstleute herauf, die am 10. Juni mit Moskauer Kaufleuten zu einer Beratung zusammentrafen. Dabei wurde der Ruf nach einer Landesversammlung laut. Eingeschüchtert, ja in die Enge getrieben, willigte der Zar ein, so dass Moskau am 16. Juli einen neuen Sobor erlebte. Dieser berief einen aus fünf Männern bestehenden Ausschuss zur Erarbeitung eines neuen Gesetzbuches – denn diese Frage lag den Dienstleuten ja besonders am Herzen. Unter dem Vorsitz des Bojaren Nikita Odoevskij, eines gebildeten und seiner Truppenkommandos wegen gerade unter Dienstleuten sehr angesehenen Mannes, unterzog das Redaktionskomitee die Ukazbücher einer gründlichen Prüfung. Neue Artikel sollte Odoevskij nur dann aufsetzen, wenn sich in den Rechtsquellen ein Präzedenzfall nicht finden ließ. Unter 967 Artikeln der Endfassung des Sobornoe Uloženie gelten daher nur wenige als gänzlich neu. Überarbeitet wurde dieser Entwurf sowohl von der Bojarenduma als auch von einem weiteren Sobor, dem je drei Vertreter der Großkaufleute, je zwei der Ränge des Moskauer Adels, der Dienstleute aus größeren Provinzstädten und der beiden Kaufmannshundertschaften angehörten. Die kleineren Städte konnten je einen Teilnehmer entsenden, so dass insgesamt 116 Städte auf dem Sobor vertreten waren. Dieser nahm seine Beratungen am 3. Oktober 1648 auf; am 29. Januar 1649 wurde das Gesetzbuch von den Deputierten unterzeichnet. Dass hier nicht nur in rechts-, sondern auch in kulturgeschichtlicher Hinsicht eine neue Ära

Sobor von 1648

anbrach, wird am Ukaz zur Drucklegung des Uloženie ersichtlich, der am 7. April 1649 erging. Obwohl der Preis dieses Gesetzbuches mit einem Rubel recht hoch bemessen war, stieß der Kodex auf erhebliches Interesse. So umfasste die Liste der Käufer der ersten Auflage Personen aus mehr als 800 Orten. Insgesamt gelangten von 1 173 Verkaufsexemplaren der ersten Auflage 453 in die Provinz. Eine zweite Auflage erschien im Januar 1651, war aber im August bereits wieder vergriffen.

Sobornoe Uloženie — Wenn das Uloženie von 1649 bisweilen mit dem Zwölftafelgesetz der römischen Geschichte verglichen wird, sind dafür eine ganze Reihe von Ursachen verantwortlich. Zunächst hat das Uloženie bis ins 19. Jahrhundert keine Entsprechung erlebt; es war und blieb das umfassendste Rechtsdenkmal des frühneuzeitlichen Zarenstaats, durch seine Freude am Konkreten aber auch eine beispiellose Quelle zur Alltagsgeschichte dieser Epoche. Daneben verschob es die Grenze zwischen Volk und Obrigkeit auf einschneidende Weise. Dies wird schon an der quantitativen Ausweitung des Regelungsanspruchs deutlich, hatte sich doch die Anzahl der Paragraphen gegenüber dem Gerichtsbuch von 1550 verzehnfacht. Qualitativ tat das Uloženie einen weiteren Schritt zur Entstehung der Amtsklage, derzufolge es nicht mehr vom Erscheinen eines Klägers abhing, ob ein Verfahren in Gang kam. Vielmehr wurde der Richter mehr und mehr dazu verpflichtet, den Prozess in jedem Fall zu eröffnen. Auch wenn dieser tief greifende Wandel erst im 18. Jahrhundert zum Abschluss gelangen sollte, kommt dem Uloženie doch grundlegende Bedeutung bei der allmählichen Herausbildung moderner Staatlichkeit zu. Schließlich hat das Uloženie auch in sozialgeschichtlicher Hinsicht fundamentale Bedeutung inne, fügte es doch den Schlussstein in die Mauer der Leibeigenschaft ein. Um die Schollenbindung als deren Kernvoraussetzung jedoch durchzusetzen, bedurfte es mehr als eines Paragraphen. Vielmehr reichen die Anfänge der Schollenbindung bis ins späte Mittelalter zurück.

Ursachen der Schollenbindung — Bis 1649 treten dabei zwei Hauptphasen hervor, die erste mit dem Gerichtsbuch von 1497 beginnend, das den Abzug der Bauern vom Herrenhof erstmals auf eine Woche vor und nach dem 26. November beschränkte. Wesentliche Ursache dieses Eingriffs in bisheriges Gewohnheitsrecht war wohl der spätmittelalterliche Bevölkerungsrückgang, der es dem Grundherrn nahelegte, sich der Person des Bauern dauerhaft zu versichern. Auch das Gesetzbuch Ivans IV. von 1550 bekräftigte die 1497 erlassene Einschränkung. Dann jedoch stürzte der Livländische Krieg die Rus' in eine Katastrophe von apokalyptischem Ausmaß, sowohl bedingt durch die Opričnina wie durch Seuchen, Missernten und Hungersnot. In den vom Krieg besonders heimgesuchten Westgebieten des Reiches traten derartig hohe Bevölkerungsverluste auf, dass die Regierung den eingehenden Meldungen anfangs nicht glauben wollte und die Grundbücher revidierte. Dabei stellte man in Šelon, einem der Fünftel des Novgoroder Landes, für 1571 eine Wüstung von mehr als der Hälfte aller Siedlungen fest; im Kreis Moskau lagen 1585 fast drei Viertel aller Höfe öd.

In Reaktion auf diese massiven demographischen Verluste – und hiermit beginnt die zweite Phase – hob die Regierung 1580/81 die Bewegungsfreiheit der Bauern durch Einführung der so genannten Verbotsjahre auf, in denen jeglicher Abzug untersagt war. Wie nicht ganz selten in der russischen Geschichte schlug diese Verzweiflungsmaßnahme jedoch in das Gegenteil des Bezweckten um, nahm die Läuflingsbewegung nur noch zu. Moskau sah sich daher gezwungen, den Dienstleuten eine Klagefrist von zunächst fünf Jahren einzuräumen, um den Anspruch auf einen Läufling geltend zu machen. Nach einer vorübergehenden Aufhebung der Verbotsjahre durch Boris Godunov 1601/02, erzwungen durch eine Hungersnot, verlängerte Moskau die Frist zur Läuflingssuche 1607 vorübergehend auf fünfzehn Jahre. Da die Existenz dieser „Fristjahre" aber dennoch die Möglichkeit bot, den Rechtsbruch der Hofflucht durch Verjährung zu legalisieren, brachte der kleine und mittlere Adel sein Anliegen immer wieder vor – nicht zuletzt während des Aufstands von 1648. Im Hinblick darauf hob das Gesetzbuch von 1649 die Fristjahre auf, um die Schollenbindung somit endgültig zu besiegeln. Artikel 11, 1 forderte lakonisch, flüchtige Bauern seien hinfort ohne Beschränkung durch Fristjahre aufzuspüren.

Deutlicher als zuvor bildet sich im Uloženie auch das Sozialgefüge ab. Dabei gliederte sich der Adel in die Dumaränge, den Moskauer Adel und die Dienstleute. In der ersten Reihe der Duma saßen die Bojaren, ursprünglich zumeist eigenständige Fürsten, die nun im Dienst des Zaren standen. Bis zur Abschaffung der Rangplatzordnung *(mestničestvo)* 1682 besetzten allein die Bojaren aufgrund Dienstalter und Vaterehre die höchsten Ämter bei Hofe, im Heer und in der Verwaltung. Den zweiten Rang stellten die ernannten Bojaren *(okol'ničie)*, zunächst aus kleineren Teilfürsten oder zarischen Quartiermeistern bestehend. Danach folgten die *d'jaki* als Spitze des Beamtenadels. Durch den Ausbau der Bürokratie nahm die Anzahl der Dumamitglieder sprunghaft zu und wuchs von 24 im Jahre 1640 auf 171 bis 1682. Dem politischen Gewicht der Duma – nach Ende der Smuta ohnehin kaum mehr als ein Verwaltungsorgan – kam dieser Wandel allerdings nicht zugute; von 618 Ukazen unter Aleksej Michajlovič gingen nur 49 auch auf Bojarenbeschluss zurück. Wurden die Bojaren mit 200 četvert' Land (330 ha) ausgestattet, standen dem Moskauer Adel nurmehr 100 četvert' zu bzw. den Dienstleuten je nach Stellung zwischen 10 und 50 četvert'.

Insgesamt wird die Bevölkerung des Zarenreiches für 1678 auf 6,5 Mio. geschätzt. Davon entfielen etwa vier Prozent auf Städter. Mit 3 628 steuerpflichtigen Höfen à sechs Einwohner stellte Moskau die größte Gemeinde, gefolgt von Jaroslavl' (3 042), Kostroma (2 086) und Nižnij Novgorod (1 874). Das vergleichsweise niedrige Ausmaß der Urbanisierung ergab sich vor allem aus dem Fehlen eines Stadt- und Marktrechts sowie aus der Schollenbindung, die Stadt und Land voneinander abriegelte. Auch die Existenz steuerbegünstigter Viertel *(slobody)* im Besitz kirchlicher wie weltlicher Herrn war den Städtern nicht eben gut bekommen. Unter dem Protest der Händler und Handwerker, der sich auch während des Moskauer Aufstands von 1648 entladen hatte, hob das Uloženie

Sozialgefüge

Urbanisierung

die Sloboden mit Ausnahme der zarischen jedoch auf. Reiche Kaufleute hatten die Steuern einzuziehen und Rückstände notfalls aus eigenem Säckel zu begleichen. Aufgrund derartiger Praktiken wirkt es nicht überraschend, dass die kaufmännische Oberschicht der *gosti* sogar in Moskau nur wenige Dutzend Familien umfasste. Eine vergleichsweise eigenständige Stellung räumte das Uloženie den „schwarzen" Bauern ein, die der Leibeigenschaft entgangen waren. Gegenüber etwa 52 Prozent Gutsbauern stellten die freien Bauern in der zweiten Hälfte des 17. Jahrhunderts rund acht Prozent der Bevölkerung (Klosterbauern sechzehn Prozent, Kronsbauern neun Prozent). Vor allem um Moskau waren sie dem Dienstgut zum Opfer gefallen, so dass sich die schwarzen Bauern seither allein in Nordrussland hielten. Da der lange Anmarschweg ein pünktliches Eintreffen der Dienstleute in Moskau vereitelte, drang die Leibeigenschaft hier kaum vor. Ein deutlicher Hinweis auf die bessere Stellung der schwarzen Bauern liegt wohl auch darin, dass der Anteil der landarmen bzw. landlosen Unterschicht (*bobyli*) bei ihnen etwa zehn Prozent umfasste, bei den Leibeigenen jedoch ein Drittel. Mehr und mehr einzuschränken suchte das Uloženie den Status der unfreien und daher auch steuerbefreiten Cholopen. War der Leibeigene an die Scholle gefesselt, sah sich der Cholop durch Erbschaft oder Verschuldung an eine Person gebunden. Beider Status näherte sich an, so in der Benachteilung vor Gericht. Das Ende dieser Verschmelzung hat jedoch erst Peter der Große vollzogen, als er die Gutsbesitzer 1722 anwies, für jeden männlichen Bauern und Cholopen in Zukunft Kopfsteuer abzuführen.

Politische Kultur
Aufbauend auf der sozialen Schichtung der Moskauer Rus' hat E. Keenan 1986 versucht, ein Gesamtbild der politischen Kultur Russlands zu entwerfen. Dorf, Behörden und Hof sah er dabei von vier Gemeinsamkeiten bestimmt: 1. dem Überwiegen informeller bzw. traditioneller Verfahren; 2. dem Vorherrschen einer Orientierung auf Gruppen, nicht auf Individuen; 3. der Tendenz, Risiken aus dem Wege zu gehen, die im Dorf aus der Subsistenzwirtschaft bzw. bei den Beamten aus der hierarchischen Ordnung resultiere, sowie 4. einer gewissen Zurückhaltung, sich mit Abstraktionen wie Gesetzen oder herrschaftsbegründenden Ideologien abzugeben. Hieraus leitet Keenan zwei unterschiedliche Formen sozialer Kontrolle ab. Während Normen etwa im protestantischen Schweden internalisiert worden seien und dem Individuum daher erhebliche Toleranz entgegengebracht wurde, konnte der Zarenstaat zu keiner derart tief reichenden Wertevermittlung vordringen und blieb auf Mechanismen externer Kontrolle angewiesen. Im Grunde sei dieses System, das Peter der Große durch eine Annäherung zwischen Bürokratie und Dynastie modernisiert habe, erst unter dem Ansturm der Industrialisierung zusammengebrochen, bis Stalin zu Moskauer Prinzipien zurückgekehrt sei.

Ganz zu schweigen vom Ausblick auf das 19. und 20. Jahrhundert, der sich eher den Geistern des Kalten Krieges als historischer Nüchternheit verschrieben hat, ergibt sich die Frage, ob Keenan schon dem 17. Jahrhundert gerecht wird. So hat Valerie Kivelson 1996 eine bemerkenswerte Studie zum Adel von Vladimir erarbeitet, die viele Annahmen Keenans widerlegt. Sie lässt keinen Zweifel daran, dass im 17. Jahrhundert auch in Vladimir ein Rechtsbewusstsein bestand; zudem veranschlagt Kivelson die Quote derjenigen, die sich dem Dienst notorisch zu entziehen suchten, auf ganze fünf Prozent, während mancher bislang einen weitaus höheren Anteil vermutete. Überschaut man „Klassiker" zur Geschichte des 17. Jahrhunderts wie B. N. Čičerin, K. N. Serbina oder Nada Boškovska, weichen auch sie von Keenans Thesen erheblich ab. Im Grunde waren es vor allem drei gegenläufige Prozesse, die für das soziale Leben zwischen Smuta und Peter dem Großen bestimmend waren. Zunächst erlebte das russische Sozialgefüge eine mehrfache Angleichung, so zwischen Dienst- und Erbadel oder zwischen Leibeigenen und Cholopen. Demgegenüber erfuhr Moskau eine Differenzierung der Gewerbe und Berufe: So beim Militär, nachdem der Zar 1631 Hugenotten zum Festungsbau anwerben ließ, um die Belgoroder Linie vor Angriffen aus der Steppe zu schützen, oder durch Fachleute aus Dänemark, die 1632 in Tula eine Waffenschmiede errichteten. Beide Prozesse gingen auf die Obrigkeit zurück. Als divergent erwiesen sich auch die demographischen Ströme, weil Adel und Kaufleute Moskau zustrebten, wo sich die größte Chance zum Aufstieg bot; die Läuflinge aber wandten sich der Peripherie des Reiches im Süden und Osten zu. Hier lockte Freiheit – die mit zunehmender Entfernung von Moskau immer realer zu werden schien. Diese Läuflingsbewegung hatte nicht nur als Form bäuerlichen Widerstands erhebliche Bedeutung, sondern vielleicht in noch stärkerem Maße als Form spontaner Kolonisation bislang dünn besiedelter Räume. 1670/71 bewies der Aufstand unter Sten'ka Razin entlang der Wolga, dass der Gegensatz zwischen Peripherie und Zentrum sogar in bewaffneten Konflikt umschlagen konnte, zumindest wenn sich die entflohenen Bauern und verarmten Kosaken einer Leitfigur anschlossen. Nicht zuletzt hatte das Spannungsverhältnis zwischen Hauptstadt und Provinzen im 17. Jahrhundert auch theologischen Charakter. Während sich die Oberschichten nach Anschluss der Ukraine 1654 bislang eher lateinischen Formen der Glaubensvermittlung wie der Predigt zuwandten, verweigerte sich der Norden, die Wolga oder der Süden im Zuge der Kirchenspaltung von 1667 nicht selten jeglicher Neuerung. Hier galt nur das Alte als echt.

Resümee

4. ÖFFNUNG NACH AUSSEN

In der Kulturgeschichte des Zarenreiches ist das 17. Jahrhundert in mancher Hinsicht das interessanteste: Alt und Neu, Ost und West überlagern sich auf bunte Weise, bevor Peter der Große einem kalten Schematismus zum Siege verhalf. In seinem Russlandbuch von 1656 hat Adam Olearius das Eindringen des Neuen an einem Beispiel besonders eindrücklich illustriert: „Es hat sich zugetragen, das vor wenig Jahren ein erfahrner Balbier mit Namen Quirinus, ein Holländer, ein Mensch von lustigem Gemühte, so in des Großfürsten Dienst

Der tanzende Knochenmann

gewesen, ein Sceleton oder Menschen Geribbe in der Kammer an der Wand hinter dem Tische auffgehänget gehabt. Als er einstmals wie Er denn offt im Gebrauch gehabt für dem Tische sitzend auff der Lauten gespielet, gehen die Strelitzen, welche auff des Deutschen Hoffe stets Wache hielten, nach dem Thon und kucken durch die Thür. Da diese die Menschen Knochen an der Wand gewar werden, erschrecken sie und desto mehr, weil sie sehen, das die Gebeine sich regen. Gehen deswegen und bringen aus, der deutsche Balbier hätte einen todten Cörper an der Wand hängen, und wenn er auff der Lauten spielte, so regte sich der Todte. Diß Geschrey kömpt für den Großfürsten und Patriarchen. Die schickten andere, mit Befehl fleissig zuzusehen, sonderlich wenn der Balbier wurde auf der Lauten schlagen. Diese bekräfftigen nicht alleine der Ersten Aussage, sondern sagen gar, der Todte hette an der Wand nach der Lauten getanzet." Nunmehr wegen Zauberei vor Gericht gestellt, brachte der Holländer zwar vor, es sei der Wind, der in des Toten Beine fuhr. Das Land verlassen musste er dennoch [110: 185–86]. Anatomische Studien wurden seither auch an der Moskva betrieben, zunächst aber von Ausländern, die den neuzeitlichen Rationalismus wie eine Seuche einschleppten. Wenn überhaupt, wurde derlei jedoch nur hinter verschlossenen Türen geduldet, so dass auf der Gasse die Furcht umlief, hier gehe es nicht mit rechten Dingen zu.

Die Spannung zwischen Alt und Neu, Eigenem und Fremdem nahm auch deshalb zu, weil sich Moskau in der zweiten Hälfte des 17. Jahrhunderts vor dem Westen nicht länger verstecken konnte. Zunächst galt dies für die Außenpolitik: Noch Michail war 1632/34 daran gescheitert, Smolensk an Moskau zu bringen. Seither hatte Moskau im Abkommen von Perejaslavl' 1654 durch den Anschluss der Ukraine Reputation wie Ressourcen erheblich gesteigert. Im selben Jahr setzte Aleksej daher drei Heeressäulen in Bewegung, um Smolensk und Weißrussland – wie zuvor Kiev und die Ukraine – an Moskau anzugliedern. In der Tat gelang es den russischen Truppen, bis zum Herbst 1654 sowohl Smolensk als auch Polock und Vitebsk einzunehmen. Trotz eines Gegenangriffs der mit Polen-Litauen verbündeten Krimtataren war Moskau im Sommer 1655 sogar imstande, nicht nur Weißrussland, sondern auch einen Großteil Litauens zu erobern, darunter so bedeutsame Städte wie Wilna und Minsk. Infolge der immer deutlicher werdenden Wehrlosigkeit Polens während des Krieges gegen Russen und Schweden, die 1655 sogar Warschau und Krakau besetzten, wagte es Moskau 1659, auch Schwedisch-Livland anzugreifen. Nach einem Abfall der Kosaken wurde das russische Heer von Polen, Kosaken und Tataren am 17. September bei Čudnov aber vernichtend geschlagen. Die Verständigung zwischen Polen und Schweden im Frieden von Oliva 1660 legte es Russland daher nahe, sich mit Schweden nun auch seinerseits zu einigen, wollte es nicht die Gefahr eines Zweifrontenkrieges heraufbeschwören. Im Frieden zu Kardis (bei Dorpat) leistete Moskau am 1. Juli 1661 daher Verzicht auf seine livländischen Eroberungen und büßte erneut seinen Ostseezugang ein. Im Grunde lief der Frieden von Kardis also auf eine Bestätigung des Friedens von Stolbovo 1617 hinaus.

Angriff auf Smolensk

Ganz anders stand Moskau gegenüber Polen da. Zwar gelang es der polnischen Krone, Litauen 1661 zurückzuerobern und 1663/64 mit tatarischer Hilfe in Richtung Moskau vorzustoßen; die inneren Konflikte der Adelsrepublik aber boten Moskau die Chance, in militärischer Bedrängnis die Wege der Diplomatie zu beschreiten. So vermochte der Zar im Waffenstillstand von Andrusovo 1667 Smolensk zu behaupten. Unter Teilung der Ukraine entlang des Dnepr setzte Aleksej sogar das polnische Einverständnis zur Zugehörigkeit des (rechtsufrigen) Kiev zu Moskau durch. Der Erfolg dieses auf zwanzig Jahre abgeschlossenen Waffenstillstands wog so schwer, dass sich im alten Ringen zwischen Polen und der Rus' die Waage immer klarer zu Ungunsten Polens neigte. Auch im Verhältnis zum Westen fiel dem Zarenreich eine neue Rolle zu: Bislang fast verschluckt vom Schatten des polnisch-litauischen Imperiums zwischen Ostsee und Schwarzem Meer, war es nun Moskau, das den Kampf um das Erbe des Kiever Reiches für sich entschied. Damit einhergehend wandelte sich die Moskauer Rus' immer klarer zum Plural *Rossija*, bestehend aus Groß-, Klein- und Weißrussland.

_{Waffenstillstand von Andrusovo}

Dem veränderten Gewicht ihres Reiches trugen die Zaren auch dadurch Rechnung, dass sie das Tor zum Westen aufstießen. Unmittelbarer Ausdruck dessen wurde die Post – gleichermaßen ein Symbol für Kommunikation und Verkehr wie eines neuen Umgangs mit Raum und Zeit. Einmal wöchentlich nahm 1665 eine Linie den Dienst zwischen Moskau und Riga auf, 1669 auch nach Wilna. Bis Riga war eine Sendung etwa zehn Tage unterwegs, von Moskau über Wilna nach Hamburg 21 Tage. Der erste Postmeister Johann van Sweeden, ein Holländer, der als Weinhändler nach Moskau gelangt war, hatte insbesondere die Verpflichtung, ausländische Zeitungen zu besorgen. Generell nahm das Moskauer Reich nun mehr und mehr Dienste von Ausländern in Anspruch, die, obschon zu allen Zeiten in Moskau vertreten, dort zu Ende des 17. Jahrhunderts mehrere Vorstädte bevölkerten. Laurentius Blumentrost, Leibarzt des Zaren, arbeitete 1678 für die evangelische St. Petri-Pauli-Gemeinde sogar eine Kirchenordnung aus. Auf gänzlich neue Bahnen hat auch der Moskauer Lutheraner Johann Gottfried Georgi die Kulturgeschichte Russlands gelenkt: Ausgerechnet dieser Pastor erhielt aus Anlass der Geburt des Carevič Peter 1672 den Auftrag, bei Hof ein Theater zu etablieren. Am 17. Oktober kam das erste Stück auf die Bühne und der Zar war begeistert – trotz oder wegen einer Spieldauer von zehn Stunden. Auch dass die Schauspieler Deutsch sprachen, tat dem Vergnügen keinen Abbruch. Seit Januar 1673 fanden Aufführungen sogar im Kreml statt, genauer gesagt in der Hofapotheke.

_{Die Post}

Wenn sich kulturelle Grundlagen erneuern, liegen politische Konsequenzen nahe. Es charakterisiert den „Durchbruch der Neuzeit" daher nachdrücklich, dass es gerade diese Epoche war, die in der Geschichte des Zarenreiches den Typus des Neuerers hervorbringen sollte. Ihm ließe sich der Zar Fedor zurechnen, der 1676 mit vierzehn Jahren die Nachfolge seines Vaters Aleksej Michajlovič antrat. Hatte sich Aleksej in vielem die Tradition zur Leitschnur erhoben – vom Theater einmal abgesehen –, brach Fedor mit der Überlieferung,

_{Zar Fedor}

indem er westliche Kleidung anlegte. Zugleich hielt ein neues, systematisches Denken Einzug, da für 1680 ein erster Staatshaushalt überliefert ist. Hiernach entfielen zwei Drittel der Ausgaben auf das Heer. Wie im 16. Jahrhundert erwies sich die Armee auch jetzt als Schrittmacher neuer Bräuche: Der allmähliche Übergang zum stehenden Heer, mit dem die Stunde der Spezialisten schlug, senkte die Zahl der Soldaten adliger Herkunft bald auf weniger als zehn Prozent. Die bisherige Verschachtelung der Verwaltungsbezirke, in der nicht selten Grenzen der Teilfürstentümer fortlebten, warf Fedor mit einem Schlag um, als er seine Truppen auf zunächst neun Militärbezirke verteilte (Moskau, Seversk, Vladimir, Novgorod, Kazan', Smolensk, Rjazan', Belgorod, Tambov). Mit welcher Entschlossenheit der neue Zar gegen Relikte des alten Moskau vorging, zeigt nicht zuletzt die Abschaffung der Rangplatzordnung *(mestničestvo)*, die 1681 Fedors Billigung fand. Ganz offenkundig, dass auch in sprachlicher Hinsicht eine neue Ära begann, ließ Fedor in seine Ansprache aus Anlass der Aufhebung der Rangplatzordnung Vokabeln wie das „Gemeinwohl" einfließen, wohl dem Naturrecht westlicher Herkunft entlehnt.

Wie alle Neuerer des Zarenstaats musste Fedor nicht zuletzt bei den Steuern tätig werden, so dass Moskau, um die Zahl der Steuerpflichtigen zu vermehren, im Anschluss an eine Schätzung die Besteuerung des Bodens durch die der Höfe ablöste. Dadurch wurden auch die landarmen Zwischengruppen wie die Hälftner *(polovniki)* zur Steuerleistung herangezogen, wenn sie einen Hof innehatten. Wie so oft hatte Moskau allerdings auch diesmal die Rechnung ohne den Wirt gemacht: Obwohl die Bevölkerung wuchs, nahm die Zahl der Höfe – durch Zusammenlegung als Form der Steuerflucht – in der Folgezeit deutlich ab. Es lag daher nahe, dass Peter der Große dieses Schlupfloch versperrte und 1724 den Übergang zur Kopfsteuer befahl. Alles in allem scheint die Regierungszeit des Zaren Fedor in manchem eher an das 18. als an das 17. Jahrhundert zu erinnern. Trotz der recht kurzen Amtszeit, die dem Zaren Fedor bis zu seinem Tod 1682 beschieden war, nahm dieser in manchem den kompromisslosen Stil Peters vorweg.

Fedors Tod riss eine Lücke auf, da die Frage der Nachfolge zunächst strittig war. Aus der ersten Ehe seines Vaters Aleksej Michajlovič mit Maria Miloslavskaja konnten der geistig minderbemittelte Sohn Ivan und dessen Schwester Sof'ia begründete Thronansprüche geltend machen. In einer improvisierten Versammlung vier Tage nach Fedors Tod hob die Opposition jedoch dessen zehnjährigen Halbbruder Peter aus Aleksejs zweiter Ehe mit Natal'ja Naryškina auf den Thron – eine Botschaft, die der Patriarch Ioakim auch unverzüglich unters Volk brachte. Klein beizugeben waren die Miloslavskijs allerdings nicht gewillt. Wohl unter Zutun Sof'ias erhoben sich nun die Strelitzen, erbittert durch die Bevorzugung der neuen Regimenter, gegen die Partei der Naryškins und fielen auf das Gerücht von der Ermordung Ivans in den Kreml ein. Erst eine zusammengerufene Reichsversammlung stellte den Frieden wieder her, indem sie am 23. Mai 1682 die Regierung beider Brüder proklamierte. Sechs Tage darauf erklärte sich Sof'ia zur Regentin für die beiden minderjährigen Zaren. Durch üppige

Geldgeschenke stellte sie die Strelitzen ruhig, ja gewährte ihnen die Umbenennung in „Hofinfanterie", wohl um die zum Makel gewordene Bezeichnung als Strelitzen zu tilgen. Dennoch trieb der Konflikt einem weiteren Höhepunkt zu: Als die Strelitzen nach kosakischem Vorbild auf der Wahl von Sprechern bestanden, deren Wort sogar den Zaren gebunden hätte, siedelte der Hof aus Moskau nach Kolomenskoe über. Schließlich wusste sich die Regentin nicht anders zu helfen, als Ivan Chovanskij, den Anführer der Strelitzen, aus Moskau herauszulocken und wegen Hochverrats hinzurichten. Erst jetzt unterwarfen sich die Strelitzen, so dass der Hof nach Moskau zurückkehren konnte. Es gibt Episoden, die tiefer liegende Strukturen enthüllen, und die Aburteilung Chovanskijs gehört wohl dazu, galten die oftmals altgläubigen Strelitzen doch als Inbegriff des Veralteten. Zugleich zeigt sich an dieser Stelle, dass Reformansätze von oben auf erbitterten Widerstand von unten stießen, und der Konflikt zwischen Alt und Neu noch keineswegs entschieden war. <small>Die Regentin Sof'ia</small>

Vasilij Golicyn (1643–1714), mit Sof'ia auch persönlich eng verbunden, unternahm es, den Bruch mit Altmoskau zu vertiefen. Seiner umfangreichen Büchersammlung nach scheint Golicyn ein Intellektueller gewesen zu sein, der eine Schwäche für den Westen hatte. Er liebte es, Projekte zu schmieden – zumindest überliefert dies der französische Gesandte Neuville. Danach erging sich Golicyn in Gedanken zur Ausbildung des Adels im Westen, zum Ausbau des Schulwesens, einer Gewährung religiöser Toleranz, ja – fast unglaublich – zur Bauernbefreiung. Woran es ihm gebrach, war der entschiedene Wille, derartig weitgesteckten Zielen gegen allen Widerstand die Bahn zu brechen. Hier nahm Golicyn das Schicksal so vieler Intelligenzler auf politischer Bühne vorweg – im Grunde sogar das Dilemma der Aufklärung. 1689 rief Golicyn Hugenotten nach Russland; desgleichen verwandte er sich für ausländische Manufakturbesitzer. Eingezwängt zwischen den verfehdeten Miloslavskijs und Naryškins, war Golicyn keineswegs in der Lage, rücksichtslos aufzutrumpfen. Infolge ihrer unsicheren Stellung unterlag die Regentin Sof'ia wie deren Kanzler Golicyn zudem latenter Erpressbarkeit durch den Dienstadel. Nicht nur durch Angleichung der Dienstgüter an die Erbgüter 1682 suchte Golicyn diesem Stand auch entgegenzukommen. Dass sich Peter in dieser Zeit am liebsten dem Segeln hingab, kam Sof'ja und ihrem Liebhaber Golicyn nicht ungelegen; 1686 legte sich die bisherige Regentin den Titel einer „Selbstherrscherin" bei. Erst als sie offenbar auch die Krönung anstrebte, erwachte das politische Interesse Peters. Seit 1688 nahm er an Sitzungen der Duma teil; als es im gleichen Jahr erneut unter den Strelitzen gärte, gelang es Peters Spielregimentern, diese Unruhe zu unterdrücken. Noch deutlicher begannen sich die Verhältnisse zugunsten Peters zu verschieben, als sich Golicyns Krimfeldzüge 1687 und 1689 zum Fiasko auswuchsen. Erneut waren es die Strelitzen, die eine Eskalation auslösten: Als Gerüchte von einem weiteren Strelitzenaufstand die Runde machten, setzte sich Peter ins Troica-Sergiev-Kloster bei Moskau ab. Da sich sowohl der Patriarch Ioakim als auch die ausländischen, mit Peter nicht selten befreundeten Generäle auf dessen Seite <small>Anfänge Peters</small>

stellten, hatte Peter freie Bahn: Den Strelitzenführer Fedor Šaklovityj ließ er verhaften und später wegen Zauberei hinrichten; Golicyn kam dank gewichtiger Fürsprache mit Verbannung und Vermögensentzug davon und Sof'ia trat in das Novodeviči-Kloster ein. Einerseits war Peter die Herrschaft damit fast in die Hände gefallen; andererseits – und dies mutet fast ironisch an – beruhte die Unterstützung durch Ioakim auf einem glatten Irrtum. Um Golicyns Westneigung als Quelle möglicher Häresie entgegenzutreten, hatte sich der Patriarch ausgerechnet für Peter entschieden, also für einen Menschen, der dem Westen geradezu manisch nachjagte – was bislang aber nicht offenkundig war.

B. DIE REISE NACH WESTEN

1. Peter der Grosse oder Fortschritt auf Befehl

Von März 1697 bis August 1698 hielt sich Peter während seiner ersten großen Auslandsreise in Holland und England auf; in Amsterdam besuchte der Zar nicht nur den botanischen Garten, sondern ließ sich auch die Leichen der dortigen Anatomie vorführen. Von besonderer Bedeutung erwies sich die Begegnung mit dem Bürgermeister Nicolaas Witsen, der 1664 seinerseits in Moskau gewesen war und Peter nun über Steuern und Behörden der holländischen Städte Aufschluss gab. Über Dresden und Wien nach Moskau zurückgekehrt, versuchte Peter Elemente dieser Stadtverfassung auf Russland zu übertragen. Damit begann das Problem; noch dazu fehlte jeglicher Plan, als sich der junge Zar an den Umbau, ja Umsturz des alten Russland und seiner Institutionen machte. Auf den ersten Blick nimmt sich der Gang der inneren Reformen daher wie ein kaum überschaubarer Strudel aus: Ansätze wurden abgebrochen, Neuansätze verworfen. Noch dazu hat dieses ruckhafte Hin und Her die Regierungszeit Peters in nahezu voller Länge begleitet. Allem übergeordnet war der Zweck, das Steueraufkommen zu steigern, um das Heer zu vergrößern und im Krieg gegen Schweden nicht unterzugehen. Folgerichtig begann Peter mit einer Reform der Steuerbehörden, musste jedoch bald in die überlieferte Sozialordnung eingreifen, damit sich Handel und Wirtschaft belebten. Als auch dies zu wünschen übrig ließ, nahm Peter zu einer so rücksichtslosen Steuerreform Zuflucht, dass Historiker wie P. N. Miljukov die These aufstellten, Russland habe die Schweden nur um den Preis eigener Verwüstung niedergerungen. Insgesamt lässt sich der Behördenumbau des größten aller russischen Reformer, der fast zum Reformator wurde, in drei Abschnitte gliedern: Der erste begann mit der Stadtreform 1699, der zweite mit der Gouvernementsreform von 1708/09 und der letzte mit dem neuerlichen Umbau der Gouvernements im Jahre 1719. Infolge radikaler Dezentralisierung schuf die zweite Phase zugleich die Voraussetzung für die Neuorganisation der Zentralbehörden und deren Umzug von Moskau nach Petersburg.

Ablauf der Reformen

In diplomatischer Hinsicht war die russische Kriegserklärung an Schweden vom 30. August 1700 weitaus besser vorbereitet als in finanzieller: Am 5. Juli 1699 hatten sich Russland und Dänemark gegen Schweden verbündet und am 13. Juli 1700 ging der Zarenstaat mit dem Osmanischen Reich den Frieden von Konstantinopel ein. Hinfort entfiel der Tribut Moskaus an die Krimtataren; zugleich gewann Peter Azov und Taganrog. Die Steuer- bzw. Ämterreform aber steckte noch in allerersten Anfängen. Um dem Machtmissbrauch der Voevoden entgegenzutreten, hatte Peter mit Ukazen seit dem 30. Januar 1699 die Gründung von Rathäusern verfügt. Von den Kaufleuten bestimmte Bürgermeister sollten alle Rechts- und Steuerfragen der Handeltreibenden an sich ziehen, um den Kaufleuten Rechtssicherheit zu gewährleisten, dem Staat aber ungeschmälerten

Gründung von Rathäusern

Steuerfluss. Mit der Realisierung jedoch haperte es gewaltig. Das allen Städten vorgesetzte Moskauer „Rathaus" führte erstmals 1702 Steuern ab, deren Umfang schon im Folgejahr wieder zurückging. Wegen rapider Vermehrung der Regimenter, deren Zahl sich zwischen 1701 und 1706 von 40 auf 78 erhöhte, konnte sich die Regierung mit dieser Steuereinbuße nicht abfinden. Nach den Berechnungen P. N. Miljukovs trat 1705 im russischen Haushalt, der zu vier Fünfteln aus Militärausgaben bestand, ein Defizit von zwanzig Prozent auf. Bislang hatte Peter versucht, mit den überlieferten Mitteln auszukommen, ihnen aber zu größerer Effizienz zu verhelfen. Dieser Maxime gab er nun den Abschied, nicht nur wegen des Misserfolgs nach Einrichtung des Rathauses, sondern auch wegen des bedrohlichen Kriegsverlaufs. Der russisch-sächsische Angriff war schnell verpufft: Schon in der Schlacht vor Narva fügte der Schwedenkönig Karl XII. den russischen Truppen am 30. November 1700 eine schwere Niederlage zu. Damit ging die Initiative mehr und mehr auf Karl XII. über, der im Juli 1708 den Marsch nach Russland antrat. Vor diesem Hintergrund teilte Peter mit Ukaz wohl vom Februar 1709 das Staatsterritorium in acht Gouvernements auf, deren Steueraufkommen dem jeweiligen Befehlshaber zur Truppenversorgung diente (Moskau, Smolensk, Petersburg, Kiev, Azov, Kazan', Archangel'sk und Sibirien). Hinter diesen Gouvernements zeichneten sich die Militärbezirke des 17. Jahrhunderts ab, die Moskau während der Kriege mit Schweden, Polen und den Krimtataren im Norden, Westen und Süden eingerichtet hatte.

Erste Gouvernementsreform   Warum leitete die erste der beiden Gouvernementsreformen eine so radikale Dezentralisierung ein? Zunächst bot die militärische und finanzielle Selbständigkeit der Gouvernements die Gewähr, dass zumindest Teile des Reiches verteidigungsfähig blieben, auch wenn der schwedische Vorstoß gelingen sollte. Zudem verbarg sich in der Gouvernementsreform von 1709 die Erwartung, es werde den Gouverneuren leichter fallen als der Hauptstadt, die Einnahmen den jeweiligen Erfordernissen „anzupassen". Im Grunde öffnete diese Anordnung, die das ganze Land dem Kriegsrecht unterwarf, der viel beklagten Willkürherrschaft der Provinzverwaltung neuerdings die Tür. Schließlich schien die neue Regelung aber auch dazu beizutragen, dass durch Ausschaltung aller Zentralbehörden weniger Geld als bisher im Beamtenapparat versickerte – und bot durch Entlastung der Moskauer Ämter zugleich die Möglichkeit zu einer grundlegenden Reform auch der Zentralverwaltung, arbeitete damit also dem Umzug nach Petersburg vor. Anordnungen zum Aufbau der acht Gouvernements und deren Ämter ergingen jedoch erst, als die russische Seite in der Schlacht von Poltava am 27. Juni 1709 den Sieg errungen hatte. Durch die Flucht Karls XII. auf osmanisches Territorium schien die größte Gefahr vorerst gebannt.

Jeder Gouverneur übte in seinem Territorium unbefristet die militärische, steuerliche, polizeilich-administrative und gerichtliche Herrschaft aus. Um den Gouverneuren dennoch ein vages Gefühl der Kontrolle zu suggerieren, ordnete ein Ukaz vom 24. April 1713 die Berufung eines Kollegiums von Landräten an. Hier hielt das Prinzip der Kollegialität Einzug, an dem sich die petrinischen

Reformen auch in anderen Bereichen orientierten. Aufgabe der Landräte sei, „alle Sachen gemeinsam mit dem Gouverneur abzumachen und abzuzeichnen, so daß der Gouverneur kein Herrscher wird, sondern ein Präsident. Er hat zwei Stimmen, sie jeweils eine." Zunächst war die Ernennung dieser Landräte – je nach Größe des Gouvernements zwischen acht und zwölf – durch den Senat vorgesehen; da dieser jedoch auf Vorschläge des Gouverneurs angewiesen war, schien es um das Kontrollmoment besser zu stehen, wenn der örtliche Adel die Räte entsandte. Innerhalb der Gouvernements richtete die Regierung Provinzen ein, innerhalb der Provinzen wiederum Kreise. Im Fortgang der Reformen wurde diese kleinste Verwaltungseinheit dann durch ein geradezu schematisches Ordnungsdenken aufgebrochen, da Peter 1710 die „Quote" *(dolja)* als Buchhaltergröße von 5 536 Höfen einführte, um den Steuereingang aus den Kreisen zu vereinheitlichen. Tatsächlich drang auch dieser Vorsatz nicht durch, schwankte die tatsächliche Größe der Kreise zwischen 3 000 und 11 000 Höfen. Als Vorsteher der Kreise sollten die Landräte dienen, so dass sich ein weiterer Widerspruch auftat: Für ihren Kreis waren sie dem Gouverneur nun einerseits rechenschaftspflichtig, hatten ihren Vorgesetzten andererseits aber zu überwachen.

Landräte

Als Zwischenbilanz dieser ersten Territorialreform Peters wird man unter den Positiva zwar den energischen Willen verbuchen, die Tradition überall dort zu überwinden, wo sie dem Aufbau einer leistungsfähigen Verwaltung im Wege stand. Bei der Ausführung aber stolperte die Regierung von Misere zu Misere. Vielen der neuen Ämter fehlte es an der Abgrenzung, und für eine landesweit einheitliche Durchsetzung mangelte es an geeignetem Personal. Da die erste Gouvernementsreform das erklärte Ziel einer Machtbündelung verfolgte, stellt sich vor allem die Frage, ob die neue Ordnung Amtsvergehen nicht zusätzlich begünstigt hat. Alles in allem misslang daher der Versuch, die Bevölkerung vor Übergriffen der Provinzbeamten besser als im 17. Jahrhundert zu schützen. Eine zweite Gouvernementsreform erschien unumgänglich, um das 1709 verhängte Kriegsregime durch eine Lokalverfassung abzulösen, die auf weitgehender Trennung militärischer, steuerlicher, administrativer und richterlicher Kompetenzen beruhte. Voraussetzung dessen war allerdings die Reorganisation der Zentralbehörden – und das hieß für Peter, mit der Enge des alten, verwinkelten Moskau zu brechen. Sollte der Aufbruch nach Westen gelingen, bedurfte es eines Schwungrads von gänzlich neuer Art.

Nachdem russische Truppen unter B. P. Šeremetev am 1. Mai 1703 bis zur Neva-Mündung vorgestoßen waren, ließ der Zar seit dem 16. Mai nach eigenem Plan die Peter-Pauls-Festung errichten. Im November traf das erste holländische Handelsschiff ein, zugleich entstand die erste russische Waren- und Wechselbörse. In den folgenden Jahren hat Peter den Ausbau der neuen Hauptstadt geradezu exzessiv vorangetrieben – aller Opfer ungeachtet. Seit 1704 beorderte Peter für die Sommermonate 24 000 Arbeitskräfte aus den inneren Gouvernements in die Nevasümpfe, seit 1708 bis zu 40 000. Erst 1718 wurde diese Arbeitspflicht in eine Steuer umgewandelt. Dass die Paläste an den Petersburger Magistralen mit

St. Petersburg

Moskaus Bretterbuden nichts gemein hatten, verkündete seit 1710 ein ganzer Schwall von Ukazen, der dem Adel den Bau steinerner Anwesen vorgab. 1712 schien damit der Boden bereitet, dass sich auch die Regierung nach Petersburg begab, wobei Peter keinen Zweifel an seiner Absicht ließ, die neuen Zentralbehörden ebenso geradlinig auszurichten wie die Paradestraßen der neuen Hauptstadt. Ab 1711 stand die Einrichtung des Senats als höchster Zentralbehörde im Mittelpunkt der Reformbemühungen, in einer zweiten, 1717 beginnenden Phase dann die Schaffung der Kollegien.

Senat   Dem Senat hatte Peter anfangs die Aufgabe einer Stellvertretung zugedacht; nicht durch Zufall erging der Ukaz zu dessen Gründung am 22. Februar 1711, mithin an demjenigen Tage, als Russland dem Osmanischen Reich den Krieg erklärte. Durch nun erforderliche Aufenthalte Peters im Hauptquartier schien diese Entscheidung eine neuerliche Periode häufiger Abwesenheit des Zaren von der Hauptstadt einzuleiten. Mit diesem Ukaz vom 22. Februar ernannte Peter neun Männer zu Senatoren, wobei zwischen der Leibkanzlei als Teil der alten Bojarenduma und dem neuen Senat auch personelle Kontinuitäten zutage traten, etwa in der Person des Bojaren und Gouverneurs von Moskau, Tichon Strešnev, der beiden Gremien angehörte. Während sich die Leibkanzlei als „Ministerkonsilium" noch auf dem Wege zu einer Bürokratisierung befand, war der Senat schon von Beginn als reguläre Behörde konzipiert: Sie hatte nicht nur das Justizwesen zu leiten, sondern überschaute das gesamte Feld der Innenpolitik. Dabei gab Peter dem Senat eine Struktur aus fünf Kanzleien vor, zuständig für Leitungs- und Ausländerfragen, Klöster bzw. Dienstgüter, die Gouvernements, das Militär und schließlich für die Fiskale. Letzteren war eine Aufgabe zugedacht, die in der russischen Geschichte keinerlei Vorbild kannte und wohl nur im Zusammenhang mit der ersten Gouvernementsreform bzw. der von ihr begünstigten Amtskriminalität zu begreifen ist.

So wies ein Ukaz vom 5. März 1711 die Senatoren an, „einen klugen und anständigen Manne zum Oberfiskal zu wählen, aus welchem Stande auch immer. Dieser soll alle Dinge geheim überwachen und ungerechte Richter sowie Übergriffe gegen die Staatskasse ausspähen." Eine Hälfte der verhängten Geld-
Fiskal strafe fiel der Obrigkeit zu, die andere verblieb dem Fiskal. So verständlich das Bemühen auch war, die Ämter zu ordnen, so zwiespältig fielen die Mittel aus, hatten die Fiskale bei ungerechtfertigten Anzeigen doch keinerlei Konsequenz zu befürchten. Da sich die Fiskale ihrer Verantwortung weder in Petersburg noch in der Provinz gewachsen zeigten – der Oberfiskal Aleksej Nesterov wurde der Erpressung und Bestechlichkeit in 69 Fällen angeklagt und 1724 hingerichtet –, hoben Peters Nachfolger dieses Amt 1729 wieder auf. Manche der Pflichten gingen auf den Prokuror über. Beruhte der Fiskal auf schwedischem Vorbild, scheint der Prokuror auf das französische zurückzugehen. Bei Entscheidungen des Senats verfügte er zwar nicht über Stimmrecht, vermochte dessen Tätigkeit als Vorsteher der Senatskanzlei aber dennoch zu steuern. Um die Macht des Senats nicht vor der Petersburger Stadtgrenze versickern zu lassen, sollte sich der Petersburger Ge-

neralprokuror auf weitere Prokuroren in der Provinz stützen. Anders als die Fiskale konnten die Prokurore Missstände nicht nur nach oben weitergeben, sondern vermochten auch selbständig einzuschreiten.

Verwaltungs- und Kontrolltätigkeit war die eine Seite der dem Senat zugewiesenen Pflichten; hinzu kam die Mitwirkung bei der Gesetzgebung. So entwarf der Senat die Rangtabelle, die 1722 alle Dienstgrade in Militär und Verwaltung in vierzehn Klassen aufteilte. Als Voraussetzung für Aufnahme und Aufstieg galt nicht die adlige Geburt (wie bei der 1682 abgeschafften Rangplatzordnung), sondern die Qualifikation des Bewerbers. Zur Aufwertung ihres Standes traten die Beamten mit dem vierzehnten Rang in den persönlichen Adel ein bzw. mit dem achten Rang in den erblichen Adel. In Heer und Flotte war schon der vierzehnte Rang mit dem Erbadel verbunden. Damit gab die Rangtabelle dem Aufstiegsprinzip zwar deutlichen Ausdruck; durch Verleihung des erblichen Adels ging der Leistungsanreiz in der zweiten Generation aber verloren. Noch dazu schränkte eine Reglementierung des Eintritts für Nichtadlige alsbald auch das Konkurrenzprinzip ein. Gleichfalls dem Senat übertrug Peter 1719 die Aufgabe, ein neues Uloženie zu entwerfen. Ob sich aufgrund dessen von einer gesetzgebenden Kompetenz des Senats sprechen lässt, ist allerdings umstritten. Nüchtern betrachtet gab es zu Zeiten Peters wohl nur wenige Gesetze, an deren Entstehung der Senat nicht beteiligt war, und keine, die er aus eigener Initiative beschloss. Legislative Tätigkeit konnte sich nur im Rahmen der vom Zaren gesteckten Grenzen bewegen. Was Peter unter Autokratie verstand, hat Absatz 20 des Kriegsartikels von 1716 denn auch in bleibende Form gegossen: „Denn Seine Majestät sind ein souverainer Monarch, der niemanden auf Erden von seinen Verrichtungen Rede und Antwort geben darf, sondern Macht und Gewalt haben, dero Reich und Länder als ein christlicher Potentat nach eigenem Willen und Gutdünken zu regieren" [101].

Rangtabelle

Die zweite Phase der Umgestaltung der Zentralbehörden leitete der Ukaz vom 15. Dezember 1717 ein, der neun Männer zu Präsidenten von Kollegien ernannte (Auswärtiges, Staatskontor, Admiralität, Kammer-, Kommerz-, Justiz-, Revisions-, Kriegs- sowie das Berg- und Manufakturkollegium). Laut Plan sollten die Kollegien ihre Tätigkeit am 1. Januar 1719 aufnehmen; mehrjährigem Vorlauf zum Trotz gelang es aber nicht, ihre Statuten bis zu diesem Zeitpunkt fertigzustellen.

Kollegien

Vier der neun Kollegien konnten sich allein auf das Generalreglement stützen, das innerhalb der petrinischen Gesetzgebung eine zentrale Stelle besetzt: Verabschiedet am 28. Februar 1720, ließen Peter und der Senat dieser Dienstanweisung außerordentliche Sorgfalt zukommen. Von zwölf erhaltenen Entwürfen brachte der Zar an sieben eigenhändige Korrekturen an. Dabei strebte das Generalreglement insbesondere danach, den russischen Beamten ein Dienstethos einzuhauchen, so durch die Forderung nach einem sechsstündigen Arbeitstag, nach Kollegialität als Ausdruck gegenseitiger Kontrolle, nach Regelmäßigkeit oder Archivierungspflicht.

Zweite Gouvernementsreform Damit schienen die Voraussetzungen geschaffen, im Zuge einer zweiten Gouvernementsreform Hauptstadt und flaches Land wieder miteinander zu verknüpfen. Der Befehl zur Neuordnung der Provinzen erging am 29. Mai 1719; am selben Tag wurden die Provinzvoevoden im Modellgouvernement St. Petersburg ernannt. Landesweit sah man den 1. Januar 1720 als Stichtag für die Neuordnung der Gouvernements vor – nur dass sich manche Adlige auf ihren Gütern zu verbergen suchten, um sich der Dienstpflicht zu entziehen. Durch den Vorsatz, das militärisch geprägte Einheitskommando der ersten Gouvernementsreform von 1708/09 durch eine Trennung der militärischen, steuerlichen, administrativen und richterlichen Gewalt abzulösen, wich die zweite Gouvernementsreform von der ersten vor allem in drei Punkten ab: Zunächst wurde der Gouverneur vieler Rechte entkleidet; so leitete nun der Voevode die Steuern aus seinem Sprengel unter Umgehung der Gouvernementsebene unmittelbar nach Petersburg weiter. Die nunmehr elf Gouverneure behielten vor allem ihre militärischen Kompetenzen. Zweitens wurde die Zahl der (von Voevoden geleiteten) Provinzen auf 50 vermehrt, so dass viele kleine Einheiten an die Stelle weniger großer Gouvernements traten – gleichfalls ein Beitrag zur feineren Machtverteilung. Anders als 1708/09 achtete man auch auf einen gleichmäßigeren geographischen Zuschnitt der Provinzen. Sogar die Bemessungsgrundlage für den Distrikt, anstelle der Quote von 1710 nun die kleinste Territorialeinheit, wurde de jure auf 2 000 Höfe herabgesetzt. Schließlich richtete Petersburg in der Lokalverwaltung eine Vielzahl neuer Ämter ein, um die Gewaltentrennung zu verankern. Im Unterschied zum 17. Jahrhundert, als man den ausrückenden Voevoden eine individuell angefertigte Dienstanweisung mitgab – für Historiker ein Glücksfall –, ging das 18. Jahrhundert diese Frage schematisch an, so indem der Senat eine für alle Voevoden geltende Instruktion abfasste, die den Provinzvorsteher zum Dienst an der Gemeinheit verpflichtete. Dieses Ziel umschloss vor allem den Policeygedanken nach zeitgenössischem Sinn, also die Sorge um das materielle, geistige und sittliche Wohl der Bevölkerung verbunden mit der Kriminalitätsbekämpfung. So dachte man im Senat. Draußen im Land hatten von einem derart ehrgeizigen Programm aber nur Fragmente Bestand, schon weil dem Voevoden höchst spärliche Mittel zu Gebote standen, um Schulen, Armen- oder Krankenhäuser zu errichten. M. M. Bogoslovskij stellte deshalb zu Recht fest, dass die petrinische Lokalverwaltung im Grunde dazu gezwungen war, viele der Petersburger Anstöße versanden zu lassen.

Gerichtswesen Nicht besser sah es im Gerichtswesen aus. Mit vier geplanten Instanzen von der Provinz über die Gouvernements zum Justizkollegium bzw. dem Senat hatte sich Russland glattweg übernommen. Es mangelte an Personal, es mangelte an Abgrenzung – vor allem aber mangelte es an Geduld. Mit Ukazen vom 12. März und 4. April 1722 schlug Peter das soeben Verfügte wieder in Stücke und hob die Provinzialgerichte auf. Nach seinem Tod am 28. Januar 1725 setzten seine Nachfolger die Abkehr von den petrinischen Konstrukten energisch fort. Die Ursachen dieser Wende erscheinen zugleich als Bilanz der petrinischen Gouvernementsreformen, denn sogar dort, wo man die Ämter – wider alle Erwartung – hatte besetzen können, nahm sich deren Erfolg nicht eben glänzend aus: Nicht selten verstrickten sich alte und neue Funktionsträger in erbitterte Fehden, wobei die Bevölkerung es oftmals mit den alten hielt; hinzu kam die schleppende Arbeitsweise, die aus dem Personalmangel und dem Kompetenzwirrwarr resultierte. Manche dieser Unzulänglichkeiten hätten sich früher oder später wohl überwinden lassen. Da Peter seinen Schöpfungen aber wenig Vertrauen schenkte, hatte von der Gouvernementsreform nur dasjenige Bestand, was sich nahezu schlagartig durchsetzen ließ, etwa die Vereinheitlichung der Territorialgliederung. Dort, wo der Gesetzgeber eine Festigung seiner Vorgaben hätte abwarten müssen, brach er sein Werk schon nach ersten Misserfolgen wieder ab.

Auch bei den Sozialreformen baute sich immenser Widerstand auf – nur ließ Petersburg hier weitaus weniger Rücksicht walten. Da Peter in nur zwei seiner 36 Regierungsjahre keinen Krieg führte, häuften sich die Aushebungen wie selten zuvor. Allein zwischen 1705 und 1713 schrieb Peter zehn Musterungen aus, die rund 337 000 Männer zur Fahne riefen. Wie es jedoch um die Dienstbedingungen bestellt war, geht etwa daraus hervor, dass während des Nordischen Krieges 45 000 russische Soldaten tödlich verletzt wurden, aber 54 000 an Krankheiten starben. *Aushebungen*

Die Zustände im Heer machten bereits denjenigen Beine, die noch vor der Einberufung standen und sich dem bevorstehenden Elend nur durch die Flucht entziehen konnten. Vor diesem Hintergrund nahm die Läuflings- bzw. Desertionswelle bald ein solches Ausmaß an, dass die Petersburger Bürokratie sogar die Mühe eines Zählversuches auf sich nahm. Dabei gelangte man zu einer Angabe von 198 876 (männlichen) Seelen, die sich zwischen 1719 und 1727 aus dem Staub gemacht hatten. Der Höhepunkt der Fluchtbewegung lag danach im letzten Jahrzehnt der Regierung Peters des Großen.

Die Einführung der Kopfsteuer – ohne Zweifel Peters tief greifendste Anordnung – ist mit dieser Massenflucht in zweifacher Hinsicht verbunden. Einerseits war es die Kopfsteuer, die Bauern einen zusätzlichen Grund zum Entlaufen bot, andererseits stellte aber auch der Übergang zur Kopfsteuer eine Reaktion auf die Steuerflucht dar. „Sintemalen das Geld die Arterie des Krieges ist," begann die Regierung schon 1710 mit dem Gedanken zu liebäugeln, die Erträge der bisherigen Hofsteuer zu erhöhen. Eine rasch angesetzte Zählung gelangte jedoch zu dem überraschenden Ergebnis, dass sich die Zahl der Höfe nicht wie erwartet vermehrt, sondern deutlich verringert hatte. In manchen Gebieten umfasste die Einbuße sogar 40 Prozent, landesweit betrug sie etwa 20 Prozent. Vor diesem Dilemma mehrten sich die Anstöße, die Hofsteuer durch eine persönliche Steuer abzulösen, schon damit sich die Bauern durch den Zusammenzug mehrerer Familien auf einem Hof in Zukunft keine Steuererleichterung mehr verschaffen konnten. Aus Petersburger Sicht sprachen zwei schwer wiegende Argumente für diesen Entwurf: Zunächst das der größeren Steuergerechtigkeit, aber auch die Aussicht auf eine beträchtliche Steigerung des Steueraufkommens, da sich nunmehr die Chance *Kopfsteuer* bot, auch Läuflinge zu erfassen, wenn sich diese zu fremden Höfen geflüchtet hatten. Voraussetzung für die Kopfsteuer war eine Revision – und diese ermittelte bis 1721 rund 4,1 Mio. (männliche) Seelen. Nicht zuletzt durch Einsatz der Folter pressten die vom Militär entsandten Revisoren bis 1724 weitere 1,5 Mio. Seelen aus den Dörfern heraus – noch mehr wohl aus den Wäldern –, so dass sich die Gesamtzahl der Steuerpflichtigen nunmehr auf 5,6 Mio. belief.

Revision

Warum die Kopfsteuer so tief in das Alltagsleben einschnitt, ergab sich weniger aus der Steuerbelastung als aus den Modalitäten des Steuereinzugs. Zunächst trug die Kopfsteuer zur Vereinheitlichung des Sozialgefüges bei, indem sie den Kreis der Steuerpflichtigen erheblich ausweitete, so durch Hinzurechnung der Einhöfer *(odnodvorcy)*, also ehemaligen Wehrbauern, die nun zu Staatsbauern erklärt wurden. Zweitens trugen Revision und Kopfsteuer zu einer neuerlichen Abriegelung zwischen Stadt und Land bei. Da die Städte an der Aufnahme unbemittelter Läuflinge wenig Interesse verspürten, legte der Hauptmagistrat, um der Landflucht entgegenzutreten, als Bedingung für die Einschreibung als Städter einen jährlichen Gewerbeumsatz von zumindest 500 Rubeln fest. Der ohnehin spärlichen Urbanisierung des Zarenreiches erwuchs hier ein weiteres Hemmnis, da diese Schwelle den Zulauf von Bauern zwar nicht bremsen konnte, dafür aber die große Mehrheit der Städter vom Bürgerstatus ausschloss. Vor allem aber zog die Einführung der Kopfsteuer den Passzwang nach sich. Auch und gerade im Hinblick auf Steuerflüchter wurde der Pass nun all denen zur Pflicht gemacht, die ihren Kreis verlassen wollten, sei es wegen einer Saisonarbeit oder einer Wallfahrt. Unter der Hand wuchs sich die Revision von Stadt und Land also zu einer Revision der sozialen Ordnung aus, um bisherige Freiräume aufzulösen und gerade die Unterschichten amtlichem Zugriff zu unterwerfen.

Diesem Zweck wurde auch die Kirche dienstbar gemacht. Nachdem Peter das Patriarchat seit 1700 nicht mehr besetzt hatte, hob er – wohl nach dem Vorbild des preußischen Konsistoriums – 1721 den Heiligsten Synod aus der Taufe. Ihm gehörten zunächst elf Metropoliten, Erzbischöfe und Bischöfe an, denen der Oberprokuror als weltliches Kontrollorgan gegenüberstand. Das gleichfalls 1721 auch auf Deutsch gedruckte „Geistliche Reglement" beschrieb den Synod sowohl als Behörde, die den Nutzen des Staates zu mehren habe, wie auch als geistliche Institution zum Heil des Menschen und zur Ehre Gottes. Peter selbst sah das neue Amt eher pragmatisch: Damit es Russland nicht erginge wie einstmals Byzanz, das 300 Klöster aufwies, bei der Belagerung durch die Osmanen aber nurmehr 6 000 Krieger, habe die Obrigkeit der Ausbreitung des Mönchswesens Grenzen zu setzen. Auch in den Dörfern sollte sich die Orthodoxie fügen; zum Beispiel hatte der Zar den zentralrussischen Klerus mit Ukaz vom 14. Februar 1702 beauftragt, Kirchenbücher zu führen und darin – nicht zuletzt aus fiskalischen Gründen – Geburts- und Todesfälle zu vermerken. Zugleich wies Peter der Kirche eine Erziehungsaufgabe zu, indem er den Bischöfen nahe legte, Schulen für Priestersöhne zu unterhalten, aber auch für Angehörige anderer

Heiligster Synod

Stände. Für Söhne aus dem Adel und der Beamtenschaft ordnete er 1714 die Einrichtung von Ziffernschulen an, um die Kenntnis von Arithmetik und Geometrie zu verbreiten.

Neuer Geist und neue Zeit hielten Peter bis an sein Ende in Atem; zumindest kommt dies in einer Episode zum Ausdruck, die der hannoversche Resident Friedrich Christian Weber 1739 verzeichnet hat [123: Teil 2, 198–99]. Schon vom Tode gezeichnet, mühte sich Peter der Große an einem Ukaz wider den Aberglauben. Dabei griff er, um dem Missbrauch von Ikonen zu wehren, auf einen Bericht aus Altmoskau zurück: „Im Jahre 1645 trug sichs zu, daß eines der fürnehmsten Bilder in der Kirche unter dem Gesichte anfing roht zu werden. Die Popen berichteten solches dem Patriarchen, auch dem Czaren Michael Fedorowiz, als ein sonderbares Wunder. Dieser Herr erschrak heftig darüber, und ließ nach seiner bekannten Frömmigkeit einen grossen Bußtag anordnen. Weil er nun vier Wochen darauf verstarb, auch acht Tage nachher seine Gemahlin ihm im Tode nachfolgete, so war ganz klar, warum das Bild im Gesichte roht geworden. Als aber ein Mahler auf seinen Eid und bey dem Kusse des Creuzes die Sache untersuchen und Wahrheit sagen mußte, so fand sichs, daß die Farbe Alters halber sich vom Gesicht abgelöset hatte und also der rohte Grund sich offen darlegete. Das war nun die letzte geistliche Verordnung, welche Petrus I. ergehen ließ". Friedrich Christian Weber

Auf den ersten Blick handelt dieser Bericht von der Todesangst Peters des Großen. Um die eigene Haut zu retten, wies der Zar dem Todesboten die Tür; Peters Vorgänger aber hatten sich dessen Ankunft gebeugt. Im Grunde stoßen hier zwei Zeitalter aufeinander: Das alte lebte aus Tradition, umgeben von höheren Mächten, die auch im Kleinen spürbar sind. Das neue jedoch weiß alles besser, löst Überlieferung auf und sucht die Macht des Mythos durch die des Monarchen zu brechen. Mit Vordringen der Aufklärung hielt der kalte, prüfende Blick zwar vielerorts Einzug; Russland jedoch war auf diese Ernüchterung kaum vorbereitet, ja setzte ihr Widerstand entgegen – nicht nur im 18. Jahrhundert.

Modernitätsabgewandte Lebenskreise wie Kirche und Dorf übten hier größere Kraft aus als modernitätszugewandte wie Stadt und Bürokratie. Der daraus resultierende Eigenrhythmus russischer Geschichte zeigt sich auch in Peters Ukaz, schlug dieser ja einen Ton an wie mancher Reformator zwei Jahrhunderte zuvor. Zugleich wohnt dieser Episode eine politische Dimension inne, weil Peter auch den Staatsapparat einer Rationalisierung unterwarf. Er, der die Kirche ins Geschirr der Obrigkeit nahm wie ein beliebiges Amt, jagte damit zugleich manch anderen Glauben zum Teufel. Nicht als Gesalbter des Herrn trug Peter seit dem 22. Oktober 1721 den Titel des „allrussischen Kaisers", sondern wegen seiner Verdienste im Krieg, besiegelt durch den Frieden von Nystad am 30. August. Hinfort traten Mythos und Tradition als Grundlage zarischer Legitimität gegen Leistung zurück; auch hier machte die Entwunderung einem pragmatischen Bilanzdenken Platz. Weitaus langsamer säkularisierte sich das Pathos der Grundgesetze; so sah die 1722 wohl von Feofan Prokopovič verfasste Thron- Russlands Eigenzeit folgeordnung (*Pravda voli monaršej*) den Herrscher nach wie vor „durch Gottes Finger getrieben" [117: 34].

2. Kulturen im Wandel

Die Frage ist, ob der petrinische Kulturschock Russland tatsächlich bis in die Grundfesten erschüttern konnte oder den Adel nurmehr zu einem Kostümwechsel zwang. Hier bricht ein Kernproblem russischer Geschichte auf, das sowohl die Veränderbarkeit Russlands als auch seine Eigenständigkeit zur Sprache bringt. Zu einem unstrittigen Urteil gelangten die Ethnologen, die sich – wie überall – vom Mythos des Indigenen nicht zu trennen vermochten und ein Kontinuum der Volkskultur erkannten, so der Leningrader V. Ja. Propp (II.A.2). Im Hinblick auf die andauernde Polarität russischer Kultur vor und nach Peter brachte der in Tartu lehrende Ju. M. Lotman (1922–1993) eine vergleichbare

Ju. M. Lotman   Auffassung vor. Er sah die russische Ideengeschichte seit der Christianisierung von einem Dualismus zwischen offizieller und nichtoffizieller Kultur bestimmt, der infolge des Mangels an Moderation endlose Konflikte zwischen Neu und Alt provoziere. Auch wenn Slavisten derartigen Mustern offenbar manches abgewinnen, erscheinen sie dem Historiker doch eher verfehlt, da Lotman eine Polarität des Kulturlebens zu Unrecht für ein Charakteristikum Russlands hielt. Schon der in Vitebsk tätige M. M. Bachtin (1885–1975) hatte den Durchbruch zur Neuzeit (am Beispiel der französischen Renaissance) als Kampf zwischen dogmatischer Gotik und vielfältiger Innovation aus der Volkskultur aufgefasst; düstere Eschatologie verkehre sich zu heiterem Popanz. Zwar können Historiker auch hier manchen Einwand vortragen; Neuanstöße aus der Schriftkultur fallen Bachtins Apotheose des Jahrmarkts ja gänzlich zum Opfer. Dennoch war Bachtins gedankenreiche Interpretation dazu angetan, den Leningrader Lite-

D. S. Lichačev   raturhistoriker D. S. Lichačev (1906–1999) zu einer sich auf Russland beschränkenden Antwort herauszufordern. Dessen Analyse legte einen Bruch zwischen vor- und nachpetrinischer Zeit frei, liefen mit der Wende zum 18. Jahrhundert doch zwei hervorragende Erscheinungen altrussischer Kultur aus: Die Spielleute (*skomorochi*) und die Gottesnarren (*jurodivye*).

In mancher Hinsicht wohl entfernte Nachfahren der Schamanen, denen die Amtskirche von jeher nachstellte, gaben die Spielleute im Zug von Dorf zu Dorf nicht nur freche Lieder zum Besten, sondern brachten das Publikum auch durch Puppenspiele zum Lachen. Tabus zu verletzen und dem Popen eine Nase zu

Spielleute   drehen, galt unter den *skomorochi* als heilige Pflicht. Die überlieferte Rivalität zu den Popen hatte auch der „Stoglav" von 1551 zum Ausdruck gebracht, der Priester energisch anwies, bei Hochzeiten nicht länger einzustimmen in diabolisches Lärmen, sondern dieses zu unterbinden. Besonders häufig fanden sich die Spielleute im Novgoroder Land; nach dessen Ausplünderung 1570 durch Ivan IV. zogen sie in den Nordosten weiter. Da sie nicht selten auch handwerkliche Fähigkeiten vorwiesen, nahm man sie dort mit offenen Armen auf. Im Anschluss an den Moskauer Aufstand von 1648 ordnete der fromme Zar Aleksej Michajlovič die Bestrafung von Spielleuten mit der Knute an, auch um dem Aberglauben entgegenzutreten. Der langen Verfolgung durch die Obrigkeit zum Trotz hat offenbar auch Adam Olearius derartige Spielleute erlebt. So heißt es in seinem Reisebericht von 1656: „Es pflegen auch solche abscheuliche Dinge die Bierfidler auf offentlicher Strasse zu singen. Etliche dem jungen Volcke und Kindern in einem Küntzgen- oder Puppenspiel umbs Geld zu zeigen. Dann ihre Bärendantzer haben auch solche Comedianten bey sich, die unter andern alsbald einen Possen mit Puppen agiren können; binden um den Leib eine Decke und staffeln sie über sich, machen also ein *theatrum portabile* oder Schauplatz, mit welchem sie durch die Gassen umbher lauffen und darauff die Puppen spielen lassen können" [110: 193–94]. Daher hat es den Anschein, als habe die letzte Stunde der Spielleute erst nach Peter geschlagen, wurden im Ural und in Westsibirien ja noch unter Katharina II. Lieder von *skomorochi* aufgezeichnet.

Anders als bei den Spielleuten stand die christliche Gesinnung der Gottesnarren in Byzanz und der Rus' außer Frage; auch diese lebten vom Protest gegen die Mächtigen der Welt. Es liegt daher auf der Hand, dass die Zeit der Opričnina unter Ivan IV. nach 1564 ebenso wie die Kirchenspaltung von 1667 derartige Außenseiter in besonderem Maße hervorbrachten. Durch seinen Mut, dem Zaren die Stirn zu bieten, machte unter Ivan IV. insbesondere Nikola, der Gottesnarr aus Pskov, von sich reden. Über ihn heißt es im Reisebericht Jerome Horseys, der die Rus' 1573 drei Jahre nach Ivans Feldzug gegen Novgorod und Pskov besuchte: „There met him an impostor or magician, which they held to be their oracle, a holy man named Nikola Sviatoi, who, by his bold implications and exorcisms, railings, and threats, terming him the emporor bloodsucker, the devourer and eater of Christian flesh, and swore by his angel that he should not escape death of a present thunderbolt if he or any of his army did touch a hair in displeasure of the least child's head in that city...These words made the emporor to tremble, so as he desired prayers for his deliverance and forgiveness of his cruel thoughts. I saw this impostor or magician, a foul creature, went naked both in winter and summer; he endured both extreme frost and heat, did many strange things through the magical illusions of the devil, much followed, feared, and reverenced, both of prince and people" [84: 268–69]. Als Giles Fletcher 1588 nach Russland kam, hatte die Überlieferung das Nikolabild schon deutlich verändert: Nun war es ein rohes Stück Fleisch, das Nikola dem Zaren sandte, habe sich Ivan ja gesättigt am Fleisch der Menschen von Novgorod. Gesten haften länger als Worte; zugleich spitzt diese spätere Variante den Konflikt zwischen Mahner und Macht merklich zu. Etwas präziser legt die Pskover Chronik den Zusammenstoß dar. Hiernach habe sich Ivan IV. nach Einnahme der Stadt zu Nikola begeben, um dessen Segen einzuholen. Dieser jedoch ermahnte den Zaren, sich an der Stadt und deren Bürgern nicht zu vergreifen. Als nun des Zaren Lieblingspferd einging, überfiel ihn die Angst, so dass er Pskov den Rücken kehrte.

<aside>Gottesnarren</aside>

Galten Gottesnarren noch zur Zeit des letzten Patriarchen Adrian (1690–1700) als verehrungswürdig, stellte Peter der Große derartige „Heuchler" an den Pranger. Seit 1716 waren Bischöfe per Amtseid verpflichtet, „Besessene" zu bestrafen und dem städtischen Gericht zu übergeben. Zugleich brach Peter den Stab über die Bettler, die zusammen mit den Gottesnarren von jeher das Kirchentor umlagerten, schätzte Altmoskau das Almosengeben ja als ebensolches Zeichen echter Frömmigkeit wie die Verehrung der Ikone. So suchte Zar Aleksej Michajlovič an Feiertagen Bettler und Sträflinge auf, um sie zu bewirten. Wie seine Vorgänger ließ dieser Zar im Kreml einer ganzen Schar von Bettlern und Gottesnarren milde Gaben zukommen. Seit dem späten 17. Jahrhundert dachte der Hof jedoch um. 1691 ordnete ein Ukaz die sorgfältige Untersuchung der Blinden und Lahmen an, ob sie zum Anreiz der Gebelust nicht etwa simulierten. Peters Politik lief sogar darauf hinaus, arbeitsfähige Bettler zu bestrafen und zum Gutsherrn zurückzuschicken; im Wiederholungsfall konnten Bettler zu Zwangsarbeit verurteilt werden. Zudem brach die Obrigkeit auch ins Allerheiligste von Bettlern und Spielleuten ein, also in Kneipe und Bad als Hochburg der Gegenkultur. Aus fiskalischen Gründen zu einer Ausweitung des Schankwesens genötigt, ordnete Peter dessen verstärkte Polizeikontrolle an.

Angetrieben vom Bemühen um Regulierung und Säkularisierung, rückte die Obrigkeit sogar gegen das Bildmonopol der Kirche vor. Mit den Ausländern waren auch deren volkstümliche Stiche nach Russland gelangt, wo sie zunächst adlige Salons, dann aber auch die Jahrmärkte erreichten. Hier trafen sie auf ein Unterhaltungsbedürfnis, das früher die *skomorochi* befriedigt hatten. Wie geschaffen für ein kaum alphabetisiertes Publikum, ließen sich diese Volksbilderbögen (*lubki*) nicht nur betrachten, sondern auch vorlesen. Besonders bekannt wurde etwa das Motiv der posthumen Verspottung Peters des Großen („Die Mäuse tragen die Katze zu Grabe") oder der *lubok* zur Werbung für die Pockenimpfung: 1768 lud Katharina II. den englischen Arzt Thomas Dimsdale nach Petersburg ein, um sich und ihre Umgebung impfen zu lassen. Nachdem die Zarin dieses Wagnis gut überstanden hatte, setzte der Senat eine Kampagne in Gang. Bis 1780 wurden rund 20 000 Menschen geimpft, bis 1800 rund zwei Millionen. Auch wenn die Botschaft dieses *lubok* mit der von Ikonen nichts mehr zu tun hat, deutet sich doch ein Rückgriff auf deren alte Stilmittel an: Zum Beispiel errichtet dieses Plakat eine Konfrontation zwischen dem Geimpften bzw. Gesunden und dem Entstellten – ganz nach dem Vorbild der Ikone vom Georgsritter im Kampf mit dem Drachen.

Alles in allem spricht daher vieles dafür, Bachtins bzw. Lotmans zweipoliges Kulturmodell durch ein dreiteiliges aus Schriftkultur, Übergang und Volkskultur zu ersetzen, wie es P. Burke für die Epoche der Frühen Neuzeit vorgeschlagen hat. Bachtins Abgrenzung zweier Sphären – hier Altkirchenslavisch, dort das Russisch des Volkes – verlor schon vor Peter an Kraft. Bürokratisierung und Säkularisierung drängten die kirchliche Sphäre zurück; zudem traten Ober- und Unterschichten mit vordringender Alphabetisierung weitaus stärker auseinander als zu Moskauer

Zeiten, da manches Dumamitglied kaum schreiben konnte. Hier schuf Peter Remedur: Vom militärischen Zweck diktiert trat ein neuer Typus der Schule hervor, beginnend mit der Moskauer Navigationsanstalt von 1698. Um die Vielzahl entstehender Bildungsinstitutionen auszulasten, eröffnete der 1702 in russische Gefangenschaft geratene livländische Propst Ernst Glück im Jahr darauf ein Gymnasium. Einerseits pflegte man hier Mathematik, Physik und Geographie, andererseits fremde Sprachen. Um den exotischen Reiz der Schule auch den Provinzen mitzuteilen, befahl ein Ukaz vom 20. Januar 1714 in allen Gouvernements die Gründung von mathematischen Elementarschulen, der so genannten Ziffernschulen. Zugleich fühlte man sich genötigt, die Bildungslust *Ziffernschule* von Adels- und Beamtensöhnen durch eine Drohung wachzukitzeln: Wer seiner Lernpflicht nicht genüge, dem bleibe die Heirat verwehrt! Auch dieser Ukaz fruchtete jedoch nicht; zwischen 1716 und 1722 wurden in 25 Provinzen zwar 2051 Schüler erfasst, von denen aber nur 302 die Schule absolvierten. Dennoch war hier etwas auf den Weg gebracht, das die russische Kultur auf neue Grundlagen stellte. Besonders deutlich zeigen sich diese am Beispiel des Buchdrucks: Vergleicht man das erste und dritte Viertel des 18. Jahrhunderts, erlebten religiöse Titel auf dem russischen Buchmarkt einen Rückgang um die Hälfte, die Belletristik aber wuchs um das Zwanzigfache.

Die übergroße Mehrheit der russischen Bevölkerung kam mit derartigen Verschiebungen vorerst nicht in Berührung. Eine langsame Zunahme der Lesefähigkeit setzte nur in denjenigen Gouvernements ein, die eine Frühindustrialisierung erlebten - so in Moskau oder Vladimir durch die Textilfabriken. Überall sonst hielt das Dorf seinem Erbe vorerst die Treue. Im Hinblick auf die Dynamik kultureller Veränderungen bzw. auf den Erfolg der petrinischen Umgestaltung könnte man daher drei Bereiche unterscheiden: einen der beschleunigten Verwestlichung im Umkreis der Macht-, Bildungs- und Besitzeliten, einen gemäßigten Wandel, der - wie der *lubok* - Lesern wie Hörern auf dem Jahrmarkt gleichermaßen zugänglich war, und einen der langsamen Veränderung auf dem Dorf. Geschichte, Klima und Geographie legten es der bäuerlichen Mentalität hier nahe, am Alten als sicherstem Weg zur Bewältigung des Alltags wohlweislich festzuhalten. Hier und nur hier dauerte das Wunderwirken der Ikone an; in der Stadt jedoch emigrierte sie ins Museum.

Die Verdrängung des Sakralen durch das Säkulare bezeichnet aber nur eine unter vielen Ursachen zur Entkirchlichung, die sich aus der Orientierung am Westen ergaben. Auf einem anderen Weg blieben sich die Phänomene bei erstem Hinblick zwar gleich, nur brach sich eine neue Sichtweise Bahn. Hier liefern die Himmelskörper ein Beispiel. Das alte Russland hatte - getreu der Offenbarung des *Der neue Himmel* Johannes - Kometen durchweg als Zeichen kommenden Unheils gedeutet; so kündigte sich der Fall Kievs 1203 in der Nestor-Chronik durch ein blutrotes Himmelszeichen an und auch Avvakum sah die Pest von 1654 durch eine Sonnenfinsternis ausgelöst. Hier drang im Barock eine komplette Umwertung vor. 1674 ließ der holländische Gesandte Conrad van Klenck in Ustjug nach dem

Festmahl ein Feuerwerk abbrennen, das die Geladenen in Entzücken versetzte, die Bauern benachbarter Dörfer aber in Panik. Der Himmel, bislang im Gewahrsam von Theologen, wird seitdem von Erfindern beschrieben; zugleich kehrt sich die Botschaft um, da Himmelszeichen nicht länger den Beginn eines Krieges verhießen, sondern dessen Ende. So ließ der Zar, um den Frieden mit Schweden zu feiern, vor dem Petersburger Senat am 30. August 1721 um Mitternacht mehr als tausend Raketen aufsteigen.

3. Die Reformen Katharinas II.

Mit Peters Tod brach die konsequente Erneuerung Russlands ab – doch manche der Neuerer blieben, etwa in den neugeschaffenen Ämtern. Bislang reine Knetmasse in Händen des Imperators, unterlagen die petrinischen Institutionen somit der Bewährungsprobe, ob sie den Machtwechsel überdauerten. Die Zeit zwischen Peters Ende 1725 und Katharinas Anfang 1762 ist daher von gegenläufigen Tendenzen bestimmt, schon erkennbar am Umzug des Hofes nach Moskau 1727. Getragen wurde diese Entscheidung von den Reformgegnern; sie versammelten sich unter Katharina I. (1725–1727), die Peter 1712 geheiratet hatte und 1724 zur Kaiserin krönen ließ, im „Obersten Geheimen Rat". Den Senat stufte dieser Rat herab und ließ dessen wichtigstes Amt, den Oberprokuror, bis 1730 unbesetzt. Auch unter Peters minderjährigem Enkel Peter II. (1727–1730) diente der Rat als oberste Reichsbehörde, nicht aber unter der Zarin Anna (1730–1740). Die von ihr unterzeichnete Wahlkapitulation, die eine oligarchische Mitbestimmung vorsah, widerrief Anna nach Regierungsantritt und verkündete per Manifest vom 28. Februar 1730 die Restauration der Autokratie. Zugleich wurde der Senat „auf eben der Grundlage und mit eben der Vollmacht" wie unter Peter rekonstruiert, und 1732 kehrte auch der Hof nach Petersburg zurück. Noch dazu hoffte die Zarin Elisabeth (1741–1761) – mit gutem Grund –, es werde ihrem Ansehen nützen, die unter Anna dominierenden Ausländer wie Bühren, Münnich und Ostermann zu verteufeln, ihren Vater Peter aber zu verherrlichen. Nach Machtantritt löste sie das von Anna berufene Ministerkabinett am 12. Dezember 1741 wieder auf, um den Senat als höchste Gerichts- und Verwaltungsinstanz ein weiteres Mal zu bestätigen.

Dass sich das Gewicht zwischen Herrschaft und Verwaltung allmählich zu verschieben begann, zeigt etwa das Beispiel der Todesstrafe, die ein Gesetz vom 7. Mai 1744 für abgeschafft erklärte: Zwar entsprang die Initiative einer Eingebung der Zarin, wäre ohne Drängen des Senats aber kaum zustande gekommen. Nach dem Tode Elisabeths folgte ihr im Januar 1762 der Enkel Peters I. nach, Sohn des Herzogs Karl-Friedrich von Holstein-Gottorp. Als Bewunderer des preußischen Königs Friedrichs II. vollzog Peter III. eine jähe Wendung der russischen Außenpolitik und rief nicht nur die russischen Truppen aus dem Siebenjährigen Krieg zurück, sondern schloss am 8. Juni 1762 mit Preußen einen Bündnisvertrag. Nicht zuletzt durch den Verzicht auf alle Gebietserwerbungen gegenüber Preußen hatte Peter III. seine Umgebung aber so vehement gegen sich aufgebracht, dass ihn seine Gattin Katharina am 27. Juni in einer nächtlichen Palastrevolte stürzte – und sich am nächsten Morgen in der Kazaner Kathedale zur Kaiserin proklamierte. Die gebürtige Prinzessin Sophie Friederike von Anhalt-Zerbst, als Verlobte Peters 1743 zum russischen Hof gelangt, hatte diesen Coup mit Hilfe der Garde und der Brüder Orlov zwar umsichtig vorbereitet. Über der Rechtmäßigkeit von Katharinas Herrschaft aber lag unter diesen Umständen ein tiefer Schatten: Die Zarin war keine Romanov, ja nicht einmal Russin, und den Thron hatte sie nur unter höchst zwielichtigen Umständen erlangt. Dieses Manko hat auch Katharina verspürt: Im Thronmanifest vom 7. Juli 1762 teilte sie den plötzlichen Tod Peters III. mit, im gleichen Atemzug aber auch die Absicht, Regierung wie Behörden auf gesetzliche Grundlagen zu stellen.

In Katharinas „Einleitung zu einem Gesetzbuch" von 1767 hat sie dieses Bestreben erläutert. Diese Schrift hat vor allem deshalb Bedeutung, weil sie der erste und wohl auch einzige Beitrag zur Aufklärung war, der aus Russland kommend Europa erreichte. Zugleich mehrte er den Ruhm seiner Verfasserin, wurde die Instruktion *(Nakaz)* noch 1767 ins Deutsche übertragen, 1768 ins Englische sowie 1769 ins Niederländische, Italienische und Französische. Die schöngeistig Interessierten erklärten die Entstehung der Instruktion aus Katharinas literarischem Ehrgeiz, weniger enthusiastische Köpfe dagegen verwiesen auf ihr Legitimitätsproblem und das Manifest vom 14. Dezember 1766, das dazu aufrief, Vertreter der Stände in die „Kommission zur Verfertigung des Entwurfs zu einem Gesetzbuch" wählen zu lassen. Dass ein derartiger Plan Bauern wie Städtern willkommen war, hatte Katharina seit ihrem Regierungsantritt aus einer Vielzahl von Petitionen erfahren. Ein ausgeklügelter Vermögenszensus ergab eine Versammlung, die am 30. Juli 1767 in Moskau eintraf und den Städtern mit 207 von 551 Vertretern deutlichen Vorrang gewährte. Auf den Adel entfielen 160 Deputierte, auf freie Bauern (zumeist aus Nordrussland) 78, auf Kosaken 54 sowie 52 auf Ethnien wie Samojeden, Tataren oder Kalmücken.

<small>Nakaz von 1767</small>

Richtschnur für die Tätigkeit der Abgesandten sollte die von Katharina zwischen 1764 und 1767 abgefasste Instruktion aus 655 Artikeln werden, die sich vier übergeordneten Gesichtspunkten zuordnen lassen. Kurz und bündig lautete Art. 6, „Rußland ist eine europäische Macht", erklärte das Programm der Zarin also bereits zur Tatsache. Herrschen könne nur der Autokrat. Der zweite Teil zu Rechtspflege und Kriminalgericht zog vor allem Montesquieu und Beccaria heran, verwickelte sich jedoch in Widersprüche. Während der auf Montesquieu zurückgehende Art. 79 in der Todesstrafe ein „Arzneimittel der kranken Gesellschaft" sah, verkündete Art. 210 im Anschluss an Beccaria: „Die Erfahrung bezeuget, daß durch den Gebrauch der Lebensstrafen ein Volk niemals gebessert worden." Erheblichen Raum widmete die Zarin auch den Ständen wie dem Problem der Gesetzgebung. Dabei wartete sie mit Erklärungen auf, die in Russland noch kein Zar von sich gegeben hatte. So konstatiert Art. 83, „Man muß durch

<small>„Russland ist eine europäische Macht"</small>

die Gesetze den Bürgern gute Sitten ins Herz flößen, nicht aber durch Leib- oder Lebensstrafe die Gemüter niederschlagen." Auch in politischer Hinsicht legte Katherina mit Art. 519 ein Bekenntnis ab, das sich keinesfalls aus Moskauer Traditionen herleiten lässt: „Wir aber halten dafür und schätzen es Uns zum Ruhme zu sagen, daß Wir Unsers Volks wegen erschaffen sind". Katharina brachte sogar den Mut auf, diesem Programm auch die Leibeigenschaft zu unterwerfen. In Art. 252/53 heißt es: „Wenn also das natürliche Recht uns befielt, für aller Menschen Wolergehen nach unserm Vermögen Sorge zu tragen, so sind wir verbunden, das Schicksal auch dieser Untergebenen, so viel es die gesunde Vernunft zuläßt, zu erleichtern. Folglich müssen wir auch vermeiden, Leute zu Leibeigenen zu machen" [95]. Der Anspruch des aufgeklärten Absolutismus dürfte kaum besser charakterisiert worden sein.

Als Gesetz war die Instruktion nicht entworfen worden; sie war auch nicht geeignet dazu. Politische Bekenntnisse wechselten sich ab mit Ausflügen in die Völkerkunde, rechtsphilosophische Überlegungen mit Forderungen an die Richter. Der Bereich des Zivilrechts, das weitaus größeren Raum als das Strafrecht beansprucht hätte, wird beiläufig abgetan, nahm er im Konzept des Policeystaats doch nur untergeordneten Rang ein. Auch ein Strafgesetzbuch konnte der abstrakt gehaltene *Nakaz* nicht liefern. Außerhalb des Deputiertenkreises musste die Instruktion ohnehin nur als Denkschrift gelten. Dennoch ordnete der Senat am 28. April 1768 an, die Instruktion den Richtern an drei Samstagen jährlich vorzutragen. Nachdem 460 Deputierte in Moskau versammelt waren, eröffnete die Zarin am 30. Juli 1767 die Große Gesetzgebungskommission, ihr eine gekürzte Fassung des *Nakaz* vorlegend. Historische Bedeutung hat die Kommission aber weniger durch ihre Tätigkeit erlangt, die in Projekten stecken blieb. Vielmehr hinterließ sie eine Quellengattung, aus der des Volkes Stimme dringt: Die Instruktionen der Stände für ihre nach Moskau entsandten Vertreter. Darin ließen vor allem die freien Bauern ihrem Unmut freien Lauf: Die nordrussischen etwa illustrierten ihre Not durch den Hinweis, sie seien gezwungen, dem Roggenbrot Heu und Rinde beizumischen. Dagegen führte der Adel über die Läuflinge Klage. Diese oftmals gegensätzlichen Positionen zu überwinden, erschien als kaum denkbar, und tatsächlich hat die Autokratie auch keinerlei Versuch dazu unternommen.

Nach Eingang der türkischen Kriegserklärung vom 6. Oktober 1768 gab man lakonisch bekannt, die Tätigkeit der Kommission werde vorerst ausgesetzt. Da die Generalrevision der Gesetze damit ausblieb, bot sich als Ausweg nur an, die im *Nakaz* verkündeten Absichten nach und nach zu realisieren. Angeregt durch den Besuch Diderots in Petersburg vier Monate zuvor, hat Katharina im Januar 1774 auf dem Gebiet des Strafrechts auch einen Versuch dazu unternommen. Von Katharinas urspünglicher Absicht, einen tatsächlichen Kodex wie das Uloženie von 1649 oder den Kriegsartikel Peters des Großen vorzulegen, blieb allerdings wenig übrig, beschränkte sich dieser Entwurf auf fünf Kapitel zu Gotteslästerung, Ketzerei und Staatsvergehen.

Im Hinblick auf die Bauern blieb die Instruktion von 1767 ebenfalls Papier. Anläßlich der dritten Revision wurde die Kopfsteuer 1764 von bisher 70 Kopeken auf 1,70 Rubel erhöht; das Recht auf den Verkauf von Leibeigenen blieb unangetastet. Auch in wirtschaftlicher Hinsicht beließ man es beim Alten und bestätigte den ausschließlichen Anspruch des Adels, sich die Arbeitskraft von Leibeigenen zunutze zu machen. Gleichlautende Forderungen von Kaufleuten erhielten eine Abfuhr. Als unter Bauern die Kunde von einem Ukaz umlief, nach dem besonders bedrückte Gutsbauern aus der Leibeigenschaft ausscheiden sollten, trat die Zarin dieser Wunschvorstellung 1766 kompromisslos entgegen. Im gleichen Atemzug sollte sogar das Bittschriftenwesen eingedämmt werden – ein wesentlicher Kanal friedlichen Bauernprotests. Betrogene Hoffnung kann in Wut umschlagen, Wut in offene Gewalt. Die unübersehbar gewordene Krise der Leibeigenschaft kam daher nicht allein in fruchtlosen Debatten zum Ausdruck, sondern viel stärker noch in einer Welle des Aufruhrs, in dessen Verlauf die Bauern des Gouvernements Moskau zwischen 1764 und 1769 dreißig Adlige umbrachten. Sogar der Senat sah sich zum Eingeständnis genötigt, dass die überlieferten Zuchtinstrumente wie Auspeitschung aufsässiger Bauern an Wirkung eingebüßt hätten. Damit stand gerade die Bauernpolitik Katharinas in scharfem Gegensatz zu den guten Vorsätzen; der Grad bäuerlicher Entrechtung nahm zu.

Bittschriften

Zu energischen Reformen schritt die Zarin erst, als ihr Reich durch eine Reihe von Unruhen erschüttert wurde: Im September 1771 schlugen aus Petersburg herangeführte Truppen die „Pestrevolte" in Moskau nieder, im Januar 1772 erhoben sich die Ural-Kosaken am Jajk und am 17. September 1773 unterzeichnete der Donkosak Emel'jan Pugačev sein erstes Manifest als „Zar Peter III". Tiefere Bedeutung kam dieser letzten großen Bauernerhebung, die im Gegensatz zu derjenigen unter Sten'ka Razin von 1670/71 zeitweise sogar Moskau zu erschüttern schien, vor allem in zweierlei Hinsicht zu. Dass Pugačev am 18. Juli 1774 ein Manifest zur Aufhebung der Leibeigenschaft erließ, musste die bis dahin immerhin diskutierte Bauernfrage zum Tabu verwandeln. Daneben warf die Pugačevščina ein grelles Licht auf das Versagen der Provinzverwaltung. Das alte Übel chronischer Amtsvergehen dauerte ja an und brachte so manchen gegen die Statthalter auf; zudem hatte die Beamtenschaft entweder mit den Aufständischen kollaboriert oder war vor Pugačev geflüchtet. Als die Erhebung im November 1773 die Grenze zum Gouvernement Kazan' erreichte, nahmen die dortigen Beamten ebenso Reißaus wie Adel und Kaufleute. Zunächst getragen von einer blutig niedergeschlagenen Rebellion der Jajk-Kosaken im Januar 1772, brach im September 1773 ein weiterer Aufstand aus, der immer neue Gruppen anzog, so Bauern, Arbeiter der Hüttenwerke im Ural, Altgläubige, Tataren, Mordwinen oder Baškiren. Die Kosaken träumten von alten Freiheiten, die Leibeigenen hungerten nach Land, die Altgläubigen forderten das Ende der Verfolgung und die Nationalitäten traten russischen Kolonisationsversuchen entgegen. Ihnen allen sprach Pugačev nach dem Munde, ja schlachtete noch dazu den Makel nichtzarischer Herkunft Katharinas aus, indem er sich als Peter III. ausgab.

Aufstand unter Pugačev

Ihren Gipfel erreichte die Abfallbewegung in der Einnahme Kazans am 12. Juli 1774. Es bedurfte eines regelrechten Feldzuges der nach dem Frieden von Küčük-Kainardža aus dem Türkenkrieg heimgekehrten Truppen, um die Streitmacht Pugačevs am 24. August 1774 bei Černyj Jar zu schlagen. In einem Moskauer Gerichtsverfahren wurde der „Bauernzar" zum Tode verurteilt und am 10. Januar 1775 öffentlich geviertelt. Wegen dieser Sensation war sogar ein so aufgeklärter Kopf wie Andrej Bolotov nach Moskau geeilt. In seinen Erinnerungen heißt es: Pugačev „stand in einem langen, zottigen Schafspelz wie erstarrt und nicht ganz bei sich da, betete unablässig und bekreuzigte sich dabei. Als ich ihn so sah, schien er mir nicht im mindesten der unmenschlichen Taten fähig, die er vollbracht hatte. Er glich weniger einem vertierten, blutrünstigen Räuberhauptmann als vielmehr irgendeinem kleinen Krämer oder unansehnlichen Garkoch." Jedwede Ähnlichkeit mit Peter III. sprach ihm Bolotov kategorisch ab [85: II, 212].

Hinrichtung Pugačevs

Obwohl Katharinas Ratgeber immer wieder auf die Notwendigkeit einer Reform der Provinzialverwaltung hingewiesen hatten, billigte die Zarin diesen Vorschlägen erst seit Pugačev höhere Priorität zu. Dessen Aufstand hatte gezeigt, dass rebellische Provinzen auch der Zentralmacht bedrohlich werden konnten, wenn diese keinen Weg zur Besserung der dortigen Zustände fand. Aus diesem Grund verfolgte auch die Gouvernementsreform von 1775 das alte Ziel, die Effizienz der Provinzverwaltung zu erhöhen. Dabei setzte Katharina wie Peter bei einer Neudefinition der Verwaltungsgrenzen an, ging jedoch systematischer vor. Um die Zugriffsmöglichkeiten der Hauptstadt auf das flache Land zu vergrößern, wurde die zwischen Gouvernement und Kreis liegende Stufe der Provinz beseitigt. Bei der gleichzeitigen Verkleinerung der Verwaltungseinheiten ließ man sich von einer Vorstellung von 300000 bis 400000 männlichen Einwohnern pro Gouvernement bzw. 20000 bis 30000 pro Kreis leiten, schon um den Zentralbehörden die Kontrolle der einlaufenden Kopfsteuer zu erleichtern. Die Zahl der Gouvernements erhöhte sich damit von 25 im Jahre 1775 auf 50 im Jahre 1796, die der Kreise stieg von 169 auf 493. Der Ausbau des russischen Verwaltungsapparats hatte zur Folge, dass der Bedarf an Provinzialbeamten stark zunahm. Während sich die Zahl der Kreise annähernd verdreifachte, ließ sich die Zahl der Beamten aus Mangel an hinreichend gebildeten Anwärtern nicht beliebig vermehren. Von rund 12000 im Jahre 1774 stieg sie auf 27000 zwei Jahrzehnte darauf, steigerte sich also nur um etwas mehr als das Doppelte, obwohl die Reform eine erneute Trennung zwischen den drei Bereichen der Lokalverwaltung, der Besteuerung und der Rechtsprechung anstrebte.

Gouvernementsreform

Die Kluft zwischen Bedürfnis und Anzahl der Bewerber suchte Petersburg durch Rückgriff auf den Adel zu schließen. Hier erreichte die Reformtätigkeit Katharinas denjenigen Bereich, an dem sich der Umbau der Behörden mit dem Umbau der Sozialverfassung überschnitt. Seit 1736 war der Adel dazu verpflichtet, seine Söhne im Alter von sieben Jahren inspizieren zu lassen. Nach einer Überprüfung der Schreib- und Lesefähigkeit im Alter von sechzehn Jahren hatten sie sich mit Erreichen des zwanzigsten Lebensjahres für den Staatsdienst zur Verfügung zu halten. Die Zwangsrekrutierung des Adels zog jedoch eine Verödung der Provinz nach sich, so dass Peter III., um dem Adel die Rückkehr auf die Güter zu ermöglichen, dessen Dienstpflicht durch Manifest vom 28. Februar 1762 beseitigte. Als Katharina ihren Gatten vier Monate darauf stürzte, bestätigte sie dieses Manifest nicht, sondern setzte eine Kommission ein, die in ihrem Bericht an die Zarin vom 18. März 1763 empfahl, in Zukunft zwischen Amts- und Geburtsadel zu unterscheiden. Dieses Votum lief also auf eine Anerkennung des Manifests hinaus, dem Katharina 1785 mit der Gnadenurkunde für den Adel auch nachkam. Mancher Adlige nutzte deshalb die Möglichkeit, aus dem Dienst auszuscheiden und sich auf die Güter zurückzuziehen. Das Potential verwaltungserfahrener Männer auf dem Land nahm damit zu – und dies sollte sich die Gouvernementsreform von 1775 zunutze machen. Dem Adel jedes Kreises wurde befohlen, einen Adelsmarschall zu bestimmen. 1773 zog der Staat die Kreisadelsmarschälle dann zu Pflichten wie der Rekrutenaushebung und der Überwachung des Handels heran. Das Gouvernementsstatut vom 7. November 1775 bekräftigte diese Aufgaben, indem es den Adelmarschall auf Kreis- wie auf Gouvernementsebene in den Rang der lokalen Amtsträger erhob. Aufhebung der Dienstpflicht

Unter den Aufgaben, die das Gouvernementsstatut Adel und Stadtbewohnern nun zuwies, stand die Justiz im Mittelpunkt. Zur Vermehrung der Gerichte sah die Gouvernementsordnung von 1775 eine ständisch gegliederte Gerichtsverfassung vor, wobei das Kreisgericht über Adlige, der Magistrat über Städter und die „niedere Behörde" über freie Bauern Recht sprach. In der ersten Instanz wurden alle Beisitzer von den Ständen bestimmt. Adel und Städter wählten auch die Richter, während sie der Senat für die niedere Behörde ernannte. Über Leibeigene urteilte in Zivilsachen nach wie vor der Gutsherr. In der zweiten Instanz wählten die Stände gleichfalls die Beisitzer, die Richter aber ernannte der Zar. In der mittleren Behörde war auch die Wahl von Städtern und Adel zu Beisitzern statthaft. Für die dritte Instanz, die Straf- und Zivilkammer, die als erste über alle Stände Recht sprach, berief zunächst der Zar die Mitglieder. 1801 wurde bei den Beisitzern jedoch auch hier die Wahl durch den Adel eingeführt. Damit war allein der Senat als letzte Appellationsinstanz von der Beteiligung der Stände ausgenommen. Dieser weitläufige Instanzenzug entsprang der Hoffnung, jede Revision stelle eine neue Überprüfung der untergeordneten Behörden dar. Wie sich nach 1775 aber zeigen sollte, strebte der wohlhabende und gebildete Adel eher nach höheren Ehren, so dass die Wahlämter zur Pfründe des armen und ungebildeten Provinzadels verkamen. Da die Geschworenen noch dazu der Bestätigung durch den Gouverneur bedurften, schlug auch die Absicht der Regierung fehl, eine von der Lokalverwaltung unabhängige Judikative einzurichten. Neben der Bestimmung der Laienrichter oblag der Kreisadelsversammlung die Wahl eines Landkommissars mit zwei Stellvertretern. Dieser war zuständig für die öffentliche Ordnung bei den Bauern in seinem Kreis, die Gesundheitsvorsorge, das Aufspüren von Läuflingen, die Kontrolle von Bettlern und ähnliche Polizeifunktionen.

Definition der Stände

Eine derartige Dienstbarmachung der Stände durch den Staat setzte eine hinreichend klare Definition der einzelnen sozialen Gruppen voraus. Im Falle des vom Senat registrierten Adels lag dieses Merkmal vor, im Fall der Stadtstände schien eine zentrale Erfassung aber kaum möglich, da sich die Mitgliedschaft nicht aus rechtlichen, sondern aus wirtschaftlichen Kriterien ergab, die vom Geschäftserfolg abhingen. Zudem hatte Peter die Neugliederung der Stadtbevölkerung im Reglement des Hauptmagistrats vom 16. Januar 1721 nach unscharfen Vorgaben verfügt. Zur ersten Gilde sollten Bankiers, Großkaufleute, Ärzte, Apotheker, Schiffsbesitzer, Goldschmiede oder Ikonenmaler zählen, zur zweiten Gilde Kleinhändler und Handwerker. Von ihnen hatten die Handwerker zu eigenen Zünften zusammenzutreten. Nicht zu den „regulären Bürgern" gehörten die Angehörigen der Unterschichten wie Arbeitsleute oder Veteranen, desgleichen Adel, Beamte, Klerus und Ausländer. Diese Berufsordnung lösten Gesetze vom 17. März bzw. 25. Mai 1775 durch eine strengere, allein am Vermögen ausgerichtete Gliederung ab. Wer Kapital von mehr als 10000 Rubeln nachwies, durfte der ersten Kaufmannsgilde beitreten, in der Kutsche fahren und Empfängen bei Hof beiwohnen. Kaufleute im Besitz von wenigstens 1 000 Rubeln bildeten die zweite, von mehr als 500 Rubeln die dritte Gilde. Alle anderen wurden zu Kleinbürgern *(meščane)* erklärt. Diese Neustrukturierung hatte zur Konsequenz, dass nur ein Zehntel der Städter den Gilden beitrat. Während die Kleinbürger der Kopfsteuer unterlagen, waren die Kaufleute davon durch Zahlung einer Summe von jährlich eines Prozents auf ihr Kapital befreit. Anders als die Kleinbürger konnten sich Gildenmitglieder auch vom Wehrdienst freikaufen.

Städter

Die sozialen Grenzen innerhalb der Stadtbevölkerung schienen somit klar markiert. Das Gouvernementsstatut von 1775 griff diese Sozialordnung auf, indem es die Städte anwies, ein Register aus sechs Kategorien anzulegen, wie auch das adlige aus sechs Gruppen bestand. Die erste Kategorie der Städter umfasste Immobilienbesitzer, die zweite setzte sich aus den Mitgliedern der drei Gilden zusammen, sofern diese keine Immobilien besaßen, die dritte aus eingeschriebenen Kleinbürgern und Handwerkern, die vierte aus Ausländern und Bürgern anderer Städte, die fünfte aus „namhaften Bürgern", die mehr als einmal amtliche Funktionen ausgeübt hatten, sowie aus Universitätsabsolventen, Künstlern, Bankiers und Reedern, und die sechste aus all denjenigen, die wie stadtsässige Bauern in keine andere Kategorie fielen. Bei der Wahl des Magistrats waren die Bürger der ersten fünf Kategorien teilnahmeberechtigt, bei der des Bürgermeisters nur die der ersten. Das beim Adel eingeführte Prinzip der ständisch aufgebauten Verwaltung durchbrach das Statut im Bereich der Städte insofern, als es einen vom Senat einzusetzenden „Polizeimeister" im achten Rang als Entsprechung zum Landkommissar an die Spitze jeder Kreisstadt stellte. Dessen Autorität und die seiner Männer erstreckte sich auf alle Stadtbewohner, ungeachtet ihres Standes. Bei Angelegenheiten, die in die Geschäfte der Stadtbürger eingriffen, war er dazu verpflichtet, sich mit einem eigens dazu gewählten Mitglied des Magistrats abzustimmen. In vielen Fällen wird dies der Bürgermeister gewesen sein. Zugleich bildete der Magistrat in Kreisstädten die Appellationsinstanz für das jährlich von den Einwohnern zu besetzende „mündliche Gericht" in Zivilsachen.

Wurden Institutionen wie Adelsmarschall oder Bürgermeister im Gouvernementsstatut nur bestätigt, war das „Amt für öffentliche Wohlfahrt" eine gänzlich neue Einrichtung. Unter dem Vorsitz des Gouverneurs trafen hier je zwei Mitglieder der zweiten Instanz der Ständegerichte zusammen. Zusätzlich konnten die Adelsmarschälle und Bürgermeister des Gouvernements zu den Sitzungen geladen werden, die in jedem Jahr zwischen Dreikönigstag und Karwoche stattfinden sollten. Artikel 380 des Statuts wies den Wohlfahrtsämtern eine sehr breite Aufgabenspanne zu, vor allem die Einrichtung und Betreuung von Schulen, Kranken-, Armen- und Waisenhäusern, Irrenanstalten, Zuchthäusern und Gefängnissen. Da die Mehrzahl dieser Einrichtungen in den Gouvernements 1775 zumeist noch fehlte, sollte die Staatskasse jedem Amt als einmalige Zahlung 15 000 Rubel zur Verfügung stellen. Neben Adel und Städtern konnten auch Einhöfer und Staatsbauern ihre Vertreter in das Amt entsenden. In Ergänzung des Gouvernementsstatuts verfolgte die Polizeiordnung vom 8. April 1782 den Zweck, die Aufgaben der Polizei mit denen des Wohlfahrtsamts abzustimmen. Hier tritt deutlich zutage, dass die Entwicklung der Justiz weiter fortgeschritten war als die der Polizei, da sich Straf- und Zivilrechtsprechung bereits getrennt hatten, Wohlfahrts- und Sicherheitspolizei aber noch nicht. Den Abschluss der Reformpolitik Katharinas markieren die beiden Gnadenurkunden vom 21. April 1785 für Adel und Städter, die Status wie Besitz garantierten und die Standesprivilegien umrissen: Ein Adliger durfte nur von seinesgleichen gerichtet werden; er unterlag weder der Körperstrafe noch einer persönlichen Steuer noch dem obligatorischen Staatsdienst; er allein hatte das Recht, Leibeigene zu besitzen; ihm stand es frei, ins Ausland zu reisen. Namhafte Bürger sowie Kaufleute der ersten und zweiten Gilde durften gleichfalls nicht öffentlich abgestraft werden und hatten das Recht, Manufakturen zu betreiben.

Gnadenurkunden

Wie die beträchtliche Spanne zwischen dem Gouvernementsstatut von 1775 und den Gnadenurkunden von 1785 zeigt, ging es der Zarin nicht primär um die Einführung der Selbstverwaltung; zu diesem Zweck hätte man die Schaffung der Korporationen an den Anfang stellen müssen. Vielmehr kam es der Zentralbehörde darauf an, aus der Provinzgesellschaft Wahlbeamte und Richter zu rekrutieren. Daneben verrät die verzögerte Gewährung der Korporationen, dass sich das Interesse der Stände an der Ausübung der ihnen zugedachten Funktionen in Grenzen hielt. Vor allem der Adel suchte sich dem Dienst oftmals zu entziehen; viele Gutsbesitzer meldeten sich vor der Wahl zum Adelsmarschall krank, so dass oft nur wenige Kandidaten zur Verfügung standen. Damit traf es die Anwesenden umso eher. War schließlich doch jemand für das Amt bestimmt, zahlte mancher lieber eine Buße, als seine Tätigkeit auch tatsächlich anzutreten. Wenn der Staat zehn Jahre nach dem Gouvernementsstatut also die Bildung von Ständeorganisationen verfügte, vergrößerte er damit den Druck auf die Stände, für die zugewiesenen Pflichten geradezustehen.

Dennoch brach mit den Reformen Katharinas II. eine neue Ära an. Sowohl „oben" (Autokratie) als auch „unten" (Gutsherrschaft) war das Zarenreich von vertikalen Machtstrukturen geprägt; die Gouvernementsreform aber unternahm den Versuch, die Bürokratie an die lokalen Honoratioren anzulehnen, fasste also horizontale Beziehungen ins Auge. Wollte man das Hauptgebrechen der Autokratie kurieren, also das notorische Versagen des Machttransports von der Hauptstadt in die Provinz wie der damit verbundenen Willkür vieler Provinzstatthalter, war dies der einzige Weg. Als ebenso ungewöhnlich sticht die Absicht hervor, dezentrale Elemente zu stärken. Insgesamt gesehen hat die russische Provinzverfassung 1775/85 unverkennbar die Schwelle zur Moderne erreicht: Die Armee schied aus der Lokalverwaltung mehr und mehr aus; an ihre Stelle trat die Bürokratie. Erstmals war eine Judikative dauerhaft in der Provinz etabliert; durch Einrichtung der Steuerhöfe bahnte sich auch zwischen allgemeiner und Finanzverwaltung eine Differenzierung an. Diese Gewaltenteilung setzte sich auf zentraler Ebene fort: Die Gouverneure unterstanden dem Senat, die Strafkammern dem Justizkollegium, die Zivilkammern einem gemeinsamen Department von Justiz- und Votčinakollegium und die Steuerhöfe dem Kammer- und Revisionskollegium. Anknüpfend an Peters Prinzipien wollte Katharina zum Entstehen eines effizienteren Behördenwesens damit wesentlich beitragen – ob erfolgreich oder nicht, darüber ließe sich streiten. Die neuere Forschung neigt eher der Auffassung zu, am überlieferten, durch zahllose Eingaben bezeugten Herrschaftsdefizit in der Provinz habe sich wenig geändert. Dies ergab sich einerseits schon aus der Gesetzgebung, von H. Hudson 1984 in schöner Deutlichkeit als *confused regime* bezeichnet [631: 410], andererseits aus der chronischen Unterfinanzierung, so dass die „öffentliche Wohlfahrt" reine Absicht blieb – sogar in den Metropolen: Da Petersburg und Moskau vor 1800 im Sommer jeweils mehr als 200 000 Einwohner zählten, im Winter mehr als 400 000, lagerten sich der Innenstadt hier weitgehend herrschaftsfreie Räume an, in denen sich die Polizei besser nicht blicken ließ. Noch im Hinblick auf die Zeit nach 1830 hat F. Starr daher die russischen Gouvernements durch Prädikate wie *undergoverned* und *underinstitutionalized* charakterisiert [356: 3–51]. Allem Anschein nach blieb Katharina ihrem Vorbild Peter also auch darin treu, dass sie sich übernommen hatte. Paul I., der die Reformen seiner Mutter für ineffizient, aber kostspielig hielt, betrieb daher einen ebensolchen Behördenabbau wie die Nachfolger Peters des Großen.

<small>Vollzugsdefizit der Autokratie</small>

<small>Resümee</small>   Dennoch trug Russland seit dem letzten Drittel des 18. Jahrhunderts neue Züge. 1.) Im Hinblick auf die Geschichte der Frömmigkeit war Russland auch bislang eher kleinräumig verfasst: Jede Stadt hatte ihre Ikone, jede Landschaft ihre Wallfahrt. Seit dem 18. Jahrhundert erweitert sich diese Feingliedrigkeit auch auf wirtschaftliche Aspekte: Papiermühlen bei Jaroslavl', Textilbetriebe in Moskau, Hüttenwerke im Ural, Schmieden in Tula, Werften in Petersburg oder Glasmanufakturen bei Kaluga treten in ein Marktsystem ein. Deutlich ablesbar wird diese Differenzierung an den Städten, von denen B. Knabe 176 typologisch

aufschlüsseln konnte. Dabei hatten Städte in den Südgouvernements Belgorod und Voronež den stärksten Bevölkerungszuwachs zu verzeichnen – offenbar eine Konsequenz aus der anhaltenden Nord-Süd-Migration. In toto wird die Anzahl der Stadtbevölkerung vor 1800 von A. Kahan auf 2,4 Mio. oder sechs Prozent von insgesamt 36 Mio. geschätzt.

2.) Resultierend aus dieser Wirtschaftsentwicklung hinterließ das „tintenklecksende Saeculum" auch in Russland seine Spuren: Handel und Wandel, Städte wie Stände treten erstmals schärfer hervor. Nicht zuletzt zeichnet sich das Vordringen der Schriftlichkeit in der Zunahme von Briefen ab, die E. N. Marasinova 1999 ausgewertet hat, sich dabei aber zumeist im Umkreis des Adels bewegte. Allerdings klopften die Romane nun auch bei den Bauern an: So hat die 1786 bei Kaluga geborene Leibeigene Avdot'ja Grigor'eva Chruščeva einen fünfzehnseitigen Lebensbericht diktiert, der das Verhältnis zwischen Herrschaft und Gesinde als Symbiose beschreibt. Jedesmal, wenn die Gutsfrau Aleskandra Šestakova aus rührseligen Büchern vorlas, flossen bei ihr und der Chruščeva die Tränen.

Schriftkultur

3.) Endlich schickt sich das späte 18. Jahrhundert an, dem Historiker dasjenige zu liefern, was ihn besonders fesselt: Debatten. 1766 schrieb die Petersburger „Freie Ökonomische Gesellschaft" eine Preisaufgabe aus, ob der Bauer sein Land als Eigentum nutzen solle. Dabei wurde auch die Einsendung A. Ja. Polenovs prämiert, den die Petersburger Akademie 1762 zum Jurastudium nach Straßburg entsandt hatte. Polenov votierte ohne Umschweife für das Eigentumsrecht von Leibeigenen, ja sprach sich für eine Reglementierung gutsherrlicher Ansprüche aus, um den Verkauf von Bauern einzuschränken und den Bauern pro Woche nur einen Tag fronen zu lassen. Zu derartigen Vorsätzen, wie sie auch Katharina II. im *Nakaz* verkündet hatte, stand die Regierungstätigkeit jedoch in scharfem Kontrast. Zeit ihres Lebens hat die Zarin nicht nur 800 000 Bauern verschenkt, sondern die aufgeklärten Debatten auch durch den Ausbau gutsherrlicher Rechte widerlegt.

4. Das Ende Polens

Dass nach 1772 ein ganzer Staat von der Bühne verschwand, ist ein ebenso erstaunlicher Vorgang wie die Umwertung dieser Katastrophe durch viele Historiker der Teilungsmächte. Der Rückzug Russlands aus dem Siebenjährigen Krieg 1762 hatte auf derartige Umwälzungen noch nicht schließen lassen, wie die Teilungen Polens und die Verdrängung der Pforte vom Nordrand des Schwarzen Meeres nicht allein aus der Stärke des Zarenreiches resultierten, sondern auch aus der Schwäche seiner Widersacher. Vom Ansatz her trug das außenpolitische Konzept Nikita Panins, von 1763 bis 1781 Leiter des Kollegiums für Äußeres, auch alles andere als offensive Züge. Panins „Nordisches System" sollte nurmehr den status quo an der Ostsee sichern – und Peters beträchtlichen

Nikita Panin

Zugewinn; schon deshalb war Russland an enger Kooperation gelegen mit England, Preußen, Polen, Dänemark und Schweden. Mit Preußen (1762) und Dänemark (1765) ging Russland in der Tat Bündnisse ein. Auch in Schweden bahnte ein Machtwechsel während des Reichstages von 1765 eine außenpolitische Neuorientierung an, die Stockholms Bindung an Frankreich aufhob und Schweden auf die russisch-englische Seite zog. Hier machte Petersburg 1766 allerdings die Erfahrung, dass sich London auf den Abschluss von Handelsabkommen beschränkte. Einerseits hatte Panin zwar vier wesentliche Partner in sein Konzept einbezogen; andererseits stand vorerst offen, welche Erschütterung dieses System vertrug, blieb eine allseitige Übereinkunft ja aus.

Zur entscheidenden Frage musste sich das Verhältnis zu Polen entwickeln, da Russland die seit Peter erlangte Vorherrschaft nach dem Tode Augusts III. 1763 aufrechterhalten wollte. Vor diesem Hintergrund berührte die Königswahl auch russische Interessen. Dass Stanisław August Poniatowski – unter dem Schutz russischer Truppen – 1764 die Krone erlangte, war daher keineswegs überraschend: Während seiner Petersburger Zeit war er der Zarin recht nahegekommen; in Polen verfügte er über so wenig Rückhalt, dass er der russischen Vormundschaft kaum entgehen würde. Da Poniatowski Unterstützung aber auch von der reformorientierten Partei der Czartoryski erfuhr, trat das russisch-polnische Verhältnis in eine unauflösbare Spannung ein. Russland erwartete von Poniatowski, die Ambitionen der Czartoryski auf Wiederherstellung der polnischen Handlungsfähigkeit zu beschränken; die Czartoryski jedoch wollten Poniatowski gerade der Umgestaltung Polens dienstbar machen. Anders als von Katharina erwartet, entpuppte sich ihr ehemaliger Geliebter auch nicht als Marionette, sondern wollte selbst Geschichte machen und eine Verfassungsreform Polens einleiten. Schließlich kam Preußen ins Spiel. Hatte sich Russland zumindest vordergründig auf eine Allianz mit den Reformern eingelassen, baute Preußen in dieser Frage kompromisslosen Widerstand auf. Schon der Sejm von 1766 geriet zur Machtprobe, als die patriotische Partei vom Prinzip der Einstimmigkeit aller Entscheidungen abgehen wollte, um Autorität und Beschlusskraft des Sejm zu steigern. Noch dazu sprach sich die russische Seite dafür aus, die auf früheren Reichstagen beschnittenen Rechte des protestantischen und orthodoxen Adels wiederherzustellen – dies jedoch nicht aus Einsicht in religiöse Toleranz, an der es auch in Russland mangelte, sondern weil der angebliche Schutz der Minderheiten Petersburg einen willkommenen Vorwand bot, quasi legitim in die polnische Innenpolitik einzugreifen. Obschon die Zarin den Einmarsch russischer Truppen bereits 1767 ins Auge gefasst hatte, brachte die Generalkonföderation von Radom im Juni 1767 noch eine Wende herbei. Dabei schwenkte Russland auf die Seite der polnischen Konservativen über, die Poniatowski mit ausländischer Hilfe stürzen wollten. Hierauf reagierend zog es der russische Gesandte N. V. Repnin vor, sich erneut mit Polen zu verständigen, um das Risiko einer Intervention zu vermeiden. Ein außerordentlicher Sejm im Oktober 1767, bei dem Repnin den russischen Interessen nicht nur mit Beste-

Wahl Poniatowskis

chungsgeldern, sondern auch mit Erpressung Nachdruck verlieh, schien den Petersburger Intentionen sogar zu entsprechen. Provoziert durch die Brutalität der russischen Seite – Anführer der Opposition wurden nach Russland deportiert, darunter Kajetan Sołtyk, Bischof von Krakau –, brach im Anschluss jedoch eine Welle antirussischer Empörung hervor, so dass sich in der podolischen Stadt Bar im Februar 1768 eine Konföderation zum Schutze von „Glauben und Freiheit" formierte. Deren Anhänger verwickelten die russische Truppen in heftige Kämpfe. Damit stand Polen am Rande des Bürgerkriegs und hatte, wie sich zeigen sollte, einen weiteren Grund zur Intervention geliefert. Im Handumdrehen nahm dieser Konflikt internationales Ausmaß an, als die Pforte die Verletzung der polnischen Souveränität als Bedrohung ihrer Nachbarn auffasste und Russland am 6. Oktober 1768 den Krieg erklärte. Panins Defensivsystem war gescheitert. Konföderation von Bar

Umso überraschender, ja geradezu spektakulär gestaltete sich der russische Vormarsch gegen das osmanisch-tatarische Heer, als es den Truppen P. A. Rumjancevs 1770 gelang, eine Reihe osmanischer Schwarzmeerfestungen zu überrennen. Gleichfalls in diesem Jahr hisste – zum ersten Mal überhaupt – eine russische Flottille die Segel, um ins Mittelmeer einzulaufen. Mit den Ereignissen diesen Jahres hatte Russland weit mehr als einen Achtungserfolg errungen, bahnte die Besetzung der Krim 1771 ja die Trennung des dortigen Chanats von den Osmanen an sowie dessen Bündnis mit Russland von 1772. Allerdings rief der unerwartet schnelle Vorstoß der russischen Truppen und vor allem die Besetzung der Donaufürstentümer nun auch Österreich auf den Plan: Im Dezember 1768 hatte der österreichische Kanzler Graf Kaunitz den Plan einer Allianz zwischen Österreich, Preußen und der Pforte auf Kosten Polens aufgebracht. Damit Schlesien wieder an Österreich falle, sollten die Verbündeten Berlin zur Erwerbung Kurlands und des königlichen Preußen verhelfen. Im Februar 1769 trug der preußische Gesandte in Petersburg ein vergleichbares Projekt vom September 1768 vor, das ein Bündnis zwischen Russland, Österreich und Preußen gegen den Sultan vorsah – und deren Entschädigung für die Kriegsverluste auf Kosten Polens. Es war gleichfalls Österreich, das als erstes von der Idee zur Handlung schritt, indem es 1769 die ehemals zu Ungarn zählende Grafschaft Zips besetzte. Teilungsprojekte

Die zur ersten Teilung Polens führenden Kräfte traten damit klar zutage: Wien strebte den Abzug Russlands aus den Donaufürstentümern an, Petersburg die Beilegung der Kämpfe in Polen und Berlin die Angliederung von Westpreußen. 1765 hatte Friedrich II. in Marienwerder am Westufer der Weichsel bereits eine Zollstation eingerichtet, um den Handel mit Danzig zu schröpfen. Als sich der Bruder König Friedrichs II., Prinz Heinrich, im Januar 1771 nach Petersburg begab und dort ein Annexionsbündnis vorschlug, brachte Katharina II. diesem Anstoß schon keinerlei Ablehnung mehr entgegen. Maßgeblich für diesen sich abzeichnenden Gesinnungswechsel auf russischer Seite waren zwei Gründe: Die bewaffnete Auseinandersetzung mit den Konföderierten von Bar hatte gezeigt, dass Petersburg in Polen die Kontrolle verlor; im August 1768 hatten die Anhänger der Konföderation sogar Krakau eingenommen. Unter dem Einfluss des Dominikaners Marek Jandołowicz nahm diese Bewegung zur Verteidigung von Glaube, Freiheit und Vaterland sogar Elemente eines Kreuzzuges an. Noch dazu trafen im Sommer 1770 französische Offiziere in Polen ein, um dessen Artillerie letzten Schliff zu verleihen. Wie erbittert sich die polnischen Truppen daraufhin zur Wehr setzten, zeigt insbesondere der Kampf um die Festung Tschenstochau; hier vermochten sich die Belagerten gegen die russischen Angreifer bis August 1772 zu halten. Außerdem standen die Dinge auch in Russland nicht zum Besten. Im September 1771 konnte eine Moskauer Pestrevolte erst durch Militäreinsatz erstickt werden; im Januar 1772 brach ein blutiger Aufstand unter den Jajk-Kosaken aus. Diese Erhebung, die unter Führung von Pugačev das gesamte Gebiet der Wolga erschüttern sollte (I.B.3), legte es der Zarin nahe, in Polen für klare Verhältnisse zu sorgen. Am 6./17. Februar 1772 gingen Preußen und Russland daher eine Vereinbarung ein, nach der durch förmlichen Vertrag vom 5. August 1772 ein Drittel des polnisch-litauischen Territoriums an die Teilungsmächte fiel. Als Kompensation für den Verzicht auf die Donaufürstentümer sicherte sich Russland den Löwenanteil, das heißt Weißrussland bis zur Düna und das östliche Dneprufer. Ignacy Krasicki, der polnische Voltaire, hat die erste Teilung in seiner Fabel vom niedlichen Hasen auf die lakonische Formel gebracht: „...als somit alle Wege der Rettung weggefallen, fraßen die Hunde den Hasen vor seinen Freunden allen".

Erste Teilung Polens

Ganz unmittelbar zahlte sich die Teilung Polens für Russland schon deshalb aus, weil sich Petersburg stärker auf die Auseinandersetzung mit dem Osmanischen Reich einlassen konnte. Am 7. Juni 1773 überschritten Rumjancevs Soldaten die Donau. Dabei erhielten sie die Order, auf die osmanische Hauptstadt vorzustoßen – was sich schon nach wenigen Monaten als unrealistisch erwies. Mitbedingt durch den Pugačev-Aufstand reduzierte Katharina daher die Kriegsziele, um die Lösung der Krim vom Osmanischen Reich und damit den russischen Zugang zum Schwarzen Meer für vorrangig zu erklären. Nachdem die Armee Rumjancevs im Juni 1774 das osmanische Feldlager jenseits der Donau überrannt hatte, ließ sich der Großwesir auf einen für Russland sehr günstigen Friedensschluss ein, der am 10. Juli 1774 in Küčük-Kainardža (Dobrudscha) unterzeichnet wurde. Die osmanische Lehnshoheit über die Krim lief aus; dagegen erhielt Russland mit dem Gebiet um Azov einen Zugang zum Schwarzen Meer. Zugleich erkannte die Pforte auch Russlands Herrschaft im Kaukasus bzw. über das östliche Georgien an. Nur zwei Jahre nach der ersten Teilung Polens war Russland damit ein ebenso tief greifender Vorstoß nach Süden gelungen, um den noch Peter vergeblich gerungen hatte. Dass Handel und Häfen, vor allem das 1794 gegründete Odessa, einen Aufschwung erleben sollten, war nur die eine Seite; der Gewinn der nördlichen Schwarzmeerküste strahlte weit ins Landesinnere zurück, hatte sich die Steppe einer Unterwerfung ja lange widersetzt. Gestützt auf die Beherrschung des Krim-Chanats, brach Petersburg mit der alten Kosakenfreiheit; zugleich begann die planmäßige Besiedlung Neurusslands.

Zugang zum Schwarzen Meer

Damit leitete der Umschwung von 1772/74 eine Neuorientierung der Petersburger Außenpolitik ein. Strebte noch Panins „Nordisches System" nicht mehr als die Sicherung des Erreichten an, zielte die Außenpolitik Russlands seither auf Expansion, personifiziert durch Grigorij Potemkin, der Panin 1781 als Leiter des Außenkollegiums ablösen sollte. Unter Umgehung Panins hatte Potemkin die russisch-österreichische Geheimallianz angebahnt, die Panins Bündnis mit Preußen ablöste. Dabei trafen beide Partner eine Abrede, nach der jede Vertragsverletzung durch die Pforte beide Seiten zur Mobilmachung zwang. Diese Geheimallianz geriet schon kurz darauf auf den Prüfstand, als Potemkin im August 1782 eine antirussische Revolte auf der Krim niederschlug. Österreich wirkte nun auf den Sultan ein, das militärische Eingreifen der Russen zu tolerieren. Der Anschluss der Krim an Russland wurde durch das Zurückweichen der Pforte aber nur verzögert; eine angebliche Grenzverletzung nahm Katharina schließlich zum Anlass, um die Krim durch Manifest vom 8. April 1783 zu annektieren.

Allein Frankreich mühte sich, der russischen Expansion etwas entgegenzusetzen, blieb dabei jedoch auf sich allein gestellt, da der österreichische Kaiser Josef II. auf die Existenz der Geheimallianz mit Russland verwies. Auch England sah sich zu einer Intervention nicht bereit, so dass die Pforte von einem Gegenschlag vorerst Abstand nahm. Der Wechsel von der preußischen zur österreichischen Orientierung hatte sich damit als kluger Schachzug erwiesen und Russland den bedeutsamsten Erfolg seiner Orientpolitik im 18. Jahrhundert beschert. Durch Kriegserklärung vom 8. August 1787 machte der Sultan dennoch Anstalten, die Krim zurückzuerobern. Zugleich hielt der schwedische König den Augenblick für gekommen, den osmanisch-russischen Konflikt zur Wiederherstellung einstmaliger Größe zu nutzen, sah sich zeitweise jedoch einem dänischen Angriff gegenüber. In dieser Situation ließen Preußen und England keinerlei Zweifel an ihrer Absicht, sich einer weiteren Ausdehnung des Russischen Reiches zu widersetzen, und forderten Dänemark Ende 1788 ultimativ dazu auf, die Unterstützung Russlands zu beenden. Zugleich erging an Petersburg und Wien die Mahnung, einen Frieden auf Basis des status quo einzugehen.

Als Preußen 1790 Bündnisse sowohl mit Istanbul als auch mit Warschau abschloss, brach der neue Kaiser Leopold II. aus der russischen Allianz aus: Die preußisch-österreichische Konvention von Reichenbach verpflichtete Österreich am 27. Juli 1790 zum Waffenstillstand mit der Pforte – und hatte Russland isoliert. Dennoch schien die militärische Entwicklung zunächst für Russland zu sprechen. Der Frieden von Värälä stellte am 3. August 1790 den status quo zwischen Russland und Schweden wieder her, eine Entlastung, die den im Süden stehenden Truppen des Zarenreiches unmittelbar zugute kam, da den russischen Verbänden noch im Dezember die Erstürmung der Feste Ismail gelang. Nun vollzog sich eine Eskalation: Im März 1791 kündigte die englische Regierung an, bei Fortdauer des russisch-osmanischen Krieges mit Entsendung einer Flotte in die Ostsee zu intervenieren. Russland musste sich daher entscheiden, der Tripelallianz entweder nachzugeben oder diese zu sprengen und Preußen auf

Grigorij Potemkin

Konvention von Reichenbach

seine Seite zu ziehen. Dabei machte die preußische Seite kein Hehl daraus, sich in Polen nicht als saturiert zu betrachten. Dort war nach der Teilung von 1772 ein vehementer Reformprozess in Gang gekommen, der Polen im Mai 1791 – als erstem Staat Europas – eine geschriebene Verfassung bescherte. Auch dass die Annexion Danzigs und Thorns 1772 misslungen war, hatte man in Berlin nicht vergessen. Unmut gegenüber Polen staute sich aber auch in Petersburg an: Nachdem dessen Beharren auf seiner Protektoratspolitik den Russlandgegnern im Großen Sejm (1788–1792) eine solide Mehrheit verschafft hatte, schob der Sejm die Bindung an Russland beiseite, um Polens Handlungsfähigkeit durch umfassende Reformen wiederherzustellen. Auch weil die Interventionsdrohung der englischen Regierung am Veto des Parlaments geplatzt war, traten England und Russland im Mai 1791 in Verhandlungen ein. In deren Verlauf rang die russische Diplomatie England die Anerkennung von Russlands Anspruch auf die Gebiete zwischen Bug und Dnestr ab, den auch die militärisch unterlegene Pforte im Frieden von Jassy am 29. Dezember 1791 hinnahm. Damit war der Boden für eine Rückwendung Russlands nach Polen bereitet.

Schon 1787 hatte Berlin Josef II. mit dem Gedanken vertraut gemacht, im Falle einer Erwerbung der Donaufürstentümer durch Österreich könne dieses Galizien wieder an Preußen abtreten, während sich Preußen Danzig und Thorn einverleibe. Um sich alle Wege offenzuhalten, ging Preußen am 29. März 1790 auch ein Bündnis mit Polen ein. Katharina indes, beunruhigt durch die Tätigkeit des vermeintlich „jakobinisch" gesinnten Großen Sejm, war erfahren genug, Robespierres Kriegserklärung an Österreich vom April 1792 abzuwarten, bevor sie im Mai ihre Truppen nach Polen in Bewegung setzte. In dieser Situation ließ Preußen, obschon mit Warschau verbündet und zur Intervention verpflichtet, Polen ohne Zögern fallen. Am 3. Juni bzw. 27. Juli 1792 schloss Russland erneut Bündnisverträge mit Österreich und Preußen ab – als Gespräche über den Umfang der jeweiligen Kompensation zu Lasten Polens längst begonnen hatten. Österreich jedoch schied infolge des französischen Einmarsches in die habsburgischen Niederlande aus dem Kreise der Teilungsmächte in letzter Minute wieder aus.

Preußen und Russland unterzeichneten damit am 12. Januar 1793 einen zweiten Teilungsvertrag, demzufolge Danzig, Thorn, Großpolen und Westmasowien an Preußen fielen, während sich Russland Minsk und die westufrige Ukraine sicherte. Das letzte Wort war damit aber noch nicht gesprochen, denn Österreich fühlte sich übergangen und meldete Ansprüche an; zugleich erhob sich die Frage, wie Polen denn nun weiterexistieren solle. Die endgültige Aufteilung Polens stand damit schon auf der Tagesordnung, als die Tinte unter dem Vertrag von 1793 kaum getrocknet war. Der von Tadeusz Kościuszko geführte Aufstand trug ein Übriges dazu bei, die Frage einer vollständigen Zerstückelung Polens wachzuhalten, da sich nun alle drei Teilungsmächte einer verzweifelt kämpfenden Insurrektionsarmee gegenübersahen. Nachdem sich Russland und Österreich bereits am 23. Dezember 1794/3. Januar 1795 verständigt hatten, erging ein ultimatives Teilungsangebot Petersburgs an Berlin. Daraufhin schlossen beide Seiten am

13. Oktober 1795 einen letzten Teilungsvertrag ab, der Polen vollständig zerschnitt und Russland Litauen sowie Weißrussland bis zum Bug übereignete. Das außenpolitische Erbe Katharinas II., die am 6. November 1796 an einem Schlaganfall starb, war daher außerordentlich eindrucksvoll, aber auch außerordentlich explosiv. Einerseits hatte es diese Frau auf dem Zarenthron vermocht, die Grenzen des Russischen Reiches in einem Maße auszudehnen wie keiner ihrer männlichen Vorgänger; gleichwohl ist der letzte Anstoß zur ersten Teilung nicht auf ihrer – sondern auf preußischer – Seite zu suchen. Andererseits bürdete sie der russischen Außenpolitik mit der polnischen Frage ein Konfliktpotential auf, das während der polnischen Aufstände von 1830/31 und 1863/64 bis in die russische Innenpolitik durchschlagen sollte. Wie überaus tief die Teilung Polens auch in die russische Geschichte einschnitt, lässt sich insbesondere am Fortbestehen der früheren russisch-polnischen Grenze innerhalb des Zarenreiches ersehen: Aus den ehemals polnisch-litauischen Gebieten entstand seit 1791 der jüdische „Ansiedlungsrayon", den zu verlassen nur wenigen gestattet war (II.C.4).

<small>Das Erbe Katharinas</small>

C. RUSSLANDS SENDUNG IN DER KRISE EUROPAS

Nach 1800 erlebte Russlands Haltung zum Westen einen Umbruch: Es war Russland, das dem napoleonischen Kontinentalsystem ein Ende bereitete – und Europa zu alter Freiheit verhalf (C.2). Es war aber auch Russland, das in Reaktion auf die Französische Revolution die bislang für selbstverständlich erklärte Zugehörigkeit zum Westen aufkündigte, um hinfort einen eigenen Weg zu beschreiten (C.3). Hieraus entsprang ein zweifacher Messianismus. Während der slavophile die Kluft zwischen Russland und Europa als Rettung ansah, empfanden die so genannten Westler diese Kluft als Übel. Anders als die Slavophilen strebten sie daher keinen Stillstand an, sondern eine Entwicklung, um die Barriere zwischen Ost und West zu überwinden und Russland zum Ideal zu erheben (C.4).

1. Visionen vom Rechtsstaat

Paul I.
Zeitweise hatte Katharina II. daran gedacht, unter Umgehung ihres Sohnes Paul, den sie für missraten hielt, ihren Enkel Alexander zum Thronfolger zu erklären. Allerdings wurden derartige Pläne durch den Tod der Zarin am 6. November 1796 vereitelt. Die Angst, übergangen zu werden, hat Pauls Regierungszeit aber dennoch geprägt, rechnete dessen Politik doch mit vielen Bestrebungen seiner Mutter ab. Zum Beispiel engte Paul I. die seit Peter dem Großen bestehende Thronfolge ein und bestimmte den jeweils ältesten Sohn zum Nachfolger, eine Anordnung, die bis 1917 Geltung behalten sollte. Den polnischen Freiheitskämpfer Tadeusz Kościuszko setzte Paul ebenso auf freien Fuß wie die von seiner Mutter verurteilten Aufklärer Nikolaj Novikov und Aleksander Radiščev. Obschon sprunghaft und ins Militär vernarrt, nahm sich Paul auch der inneren Reorganisation des Reiches an. Dabei ließ er sich vom Gedanken leiten, dass die Befolgung der Gesetze für den Monarchen ehernes Gebot sei, dieser als Selbstherrscher aber im Mittelpunkt der Regierungsgeschäfte zu stehen habe. In diesem Sinne regte Paul I. noch im Jahr seiner Krönung 1797 die Bildung einer Kommission zur Erstellung eines Gesetzeskodex an. Auch die Zentralbehörden unterwarf Paul einer Prüfung und ließ fünf der petrinischen Kollegien wiederherstellen (Kammer-, Kommerz-, Berg- und Manufakturkollegium sowie das Hauptsalzkontor).

In die Leibeigenschaft suchte er gleichfalls regulierend einzugreifen, indem er die Fron 1797 auf drei Tage wöchentlich zu beschränken befahl. Der chronischen Unruhe auf den Dörfern kam man so allerdings nicht bei: Allein 1797 wurden 119 gewaltsame Rebellionen registriert, fast alle zwischen Januar und März, als die Getreidevorräte zur Neige gingen. Gerüchte über eine bevorstehende Aufhebung der Leibeigenschaft wies Paul per Manifest zurück, verbot aber die Versteigerung von Gutsbauern ohne Land.

Um das Reich gegen die Ideen der französischen Revolution zu wappnen –
Worte wie „Nation", „Konstitution" oder „Bürgerrechte" verfielen dem Bann, ja
nicht einmal Kleidung à la mode wurde geduldet –, erhielt Paul manches Ziel seiner
Mutter allerdings auch aufrecht. In der Außenpolitik setzte er das Einvernehmen
mit Vertretern der alten Ordnung zunächst fort und ging 1798 ein Bündnis mit
Großbritannien ein, das der Feldmarschall Alexander Suvorov gern zu einem
Angriff auf Frankreich genutzt hätte. Seine Truppen erfochten der anti-
napoleonischen Koalition in Oberitalien beachtliche Siege; sogar Turin nahmen
sie ein. Enttäuscht über mangelnde Unterstützung, brach Paul jedoch 1800 mit der
antifranzösischen Koalition: Nach dessen Ernennung zum Ersten Konsul 1799   Dreispitz wird
glaubte Paul in Napoleon den zukünftigen König zu erblicken, mithin einen   Pflicht
Garanten der Tradition. Im Januar 1801 ließ sich der Zar sogar zum Befehl
hinreißen, Englands Besitzungen in Indien mit einer Kosakentruppe anzugreifen. Derartige Unberechenbarkeiten eines Mannes, der sich vom Jakobi-
nerhasser zum Verbündeten der Revolution gewandelt hatte, lösten in Petersburg Verstörung aus, so dass eine Gruppe von Adligen darauf sann, wie
dieser Zar zu ersetzen sei. Den Verschwörern gehörte sogar der Petersburger
Polizeichef Peter von der Pahlen an. Mit Zustimmung Alexanders versuchten
die Zarengegner Paul in der Nacht vom 11. auf den 12. März 1801 fest-
zunehmen. Dabei kam Paul, der sich heftig widersetzte, ums Leben.

Alexander I. beeilte sich nun, von der Politik seines Vaters energisch abzu-
rücken. Viele Beamte oder Offiziere, die Paul hatte fallen lassen, rief Alexander
zurück, insbesondere Nikita Panin, einen der Mitverschwörer, dem Alexander die
Leitung des Außenkollegiums übertrug. Tatsächlich aber knüpfte Alexander in
manchem unübersehbar an Initiativen seines Vaters an, so im Hinblick auf den
Kaukasus, so bei der Reform der Zentralbehörden. Um iranischer Vorherrschaft
zu entgehen, hatte sich der georgische König Giorgi mit dem Gesuch an Paul
gewandt, Georgien in das Zarenreich zu inkorporieren. Dieser Bitte kam Paul   Annexion Georgiens
auch nach, doch blieb es Alexander I. vorbehalten, das georgische Königreich
aufzulösen und Georgien unter Bruch der vorherigen Vereinbarung durch Manifest vom 12. September 1801 zu annektieren. Der russisch-iranische Krieg von
1804 bis 1813 hatte dann auch die Eingliederung des nördlichen Aserbeidschan zur
Folge. Die muslimischen Ethnien der Tschetschenen und Dagestaner widersetzten
sich der Unterwerfung allerdings noch lange, bis Russland 1878 auch das bislang
osmanisch beherrschte Armenien eroberte.

In der Innenpolitik kehrte Alexander dagegen zu Maximen Katharinas zurück.
Umgeben von liberalen Ratgebern, darunter Adam Czartoryski, der 1794 noch
den polnischen Aufstand gegen die Teilungsmächte unterstützt hatte, ließ Alexander sogar die Idee diskutieren, die Senatoren vom Adel wählen zu lassen.
Realisiert wurde sie jedoch nicht, da Alexander den Senat auch weiterhin auf
Funktionen eines Justiz- und Verwaltungsorgans beschränkte. Zugleich wurden
die bisherigen Kollegien in Ministerien umgewandelt, deren Leiter dem Zaren
persönlich unterstanden. Alexanders liberal gesinnte Ratgeber im „Geheimen

Komitee" spielten zwar mit dem Gedanken, dem Kabinett durch Einführung eines Premierministers größeres Gewicht zu verleihen; realisiert wurde derlei aber nicht. Im Grunde verbarg sich hier ein schwerwiegender Zielkonflikt. Was Liberalen wie Adam Czartoryski, zunächst stellvertretender Außenminister, dann Kurator der Universität Wilna, oder dem stellvertretenden Justizminister N. N. Novosil'cev am Herzen lag, war eine behutsame Heranführung der katharinischen Obrigkeit an eine moderne Staatsverfassung. Dabei wurde Russland schon deshalb am Westen gemessen, weil Czartoryski und Novosil'cev wie V. K. Kočubej, der unter Alexander zum Innenminister aufstieg, während der Ära Pauls vorsichtshalber ins Ausland verreist waren. Der vierte Ratgeber Alexanders im Geheimen Komitee, P. A. Stroganov, hatte während der Französischen Revolution

Verfassungspläne sogar den Club der Jakobiner besucht. Gerade Stroganov sah die Herstellung rechtsstaatlicher Verhältnisse als zentrale Voraussetzung, um jeder Willkürherrschaft Ade zu sagen und soziale Konflikte auf diesem Weg zu verringern. Zu diesem Zweck sei Herrschaft an Gesetz und Verfassung zu binden. Dass der Autokrat über den Ständen stehe, enthebe ihn der Versuchung, Partikularinteressen nachzugeben.

Einen mutigeren Plan legte der Dichter – und kurzzeitige Justizminister – G. R. Deržavin vor, indem er vorschlug, alle Mitglieder des Senats von Angehörigen der fünf höchsten Ränge wählen zu lassen. Aus einer so zustande gekommenen Liste könne der Zar unter jeweils drei Kandidaten einen zum Senator ernennen. Zudem wollte Deržavin alle vier Gewalten (Legislative, Exekutive, Judikative und Aufsicht) in die Hände der Senatoren legen. Ihm galt die Systematisierung der Verwaltung daher nur als Auftakt, um auch das Ausmaß politischer Partizipation zu vergrößern. Diese Bestrebungen mussten mit dem Prinzip der Selbstherrschaft nicht zwangsläufig kollidieren: Schon im 16. Jahrhundert hatte sich die Autokratie auch auf akklamatorische Elemente gestützt, wie gerade die Dynastie Romanov den Thron einem Votum der Landesversammlung verdankte, und noch Katharina II. hatte 1766 eine Kommission aus gewählten Landesvertretern einberufen. Sogar Nikolaj Karamzin, Hofhistoriograph seit 1803 und liberaler Verwirrung ganz und gar unverdächtig, wusste zwischen Kiever „Monokratie" *(edinoderžavie)* und Moskauer „Autokratie" *(samoderžavie)* zu unterscheiden – und lud diese Abstufung nicht zum Nachdenken über konsultative Erweiterungen der Selbstherrschaft ein? Im Gegensatz zur Tyrannis umschloss ja die Autokratie eine christlich-moralische Verpflichtung des Herrschers gegenüber seinen Untertanen, die sich auch auf gegenseitige Anhörung gründen ließ. Alexander neigte jedoch einer bequemen Auffassung zu, die Selbstherrschaft und politische Partizipation als gegensätzlich empfand. Über der Tätigkeit des Inoffiziellen Komitees leuchtete somit kein günstiger Stern; die liberalen Berater des Zaren zogen sich enttäuscht zurück.

Michail Speranskij Dieser Resignation verdankte der Priestersohn Michail Speranskij seinen Aufstieg – ohne Zweifel eine der interessantesten politischen Figuren seiner Zeit. Vom Petersburger Theologischen Seminar war er 1797 in den Staatsdienst übergewechselt, wo er zügig aufstieg und den Zaren als stellvertretender Innenminister 1807 persönlich kennenlernte. Über das Wesen der Autokratie hegte Speranskij ganz eigene Ansichten. 1802 hatte er in einem Essay zu den Grundgesetzen des Staates dafür plädiert, dass nur eine gebildete und dem Gemeinwohl verpflichtete Oberschicht imstande sei, gegenüber dem Autokraten die Einhaltung rechtsstaatlicher Prinzipien zu gewährleisten. Welches *House of Lords* Speranskij als Ideal vorschwebte, darüber muss man nicht lange mutmaßen, hatte er 1798 doch eine Engländerin geheiratet. Im Auftrag des Zaren erarbeitete Speranskij 1809 einen Verfassungsentwurf, der sich im Kern auf zwei Elemente stützte: Erstens wollte Speranskij Autokratie, Rechtsstaat und Gewaltenteilung miteinander versöhnen. Während der Ministerrat die Exekutive übernahm und der Senat die Judikative, sollte eine Reichsduma an der Legislative beratend mitwirken. Auch auf regionaler Ebene dachte Speranskij an die Einrichtung von Dumen, deren Mitglieder für eine Dauer von drei Jahren wählbar waren. Ziel dieser begrenzten Partizipation der Gesellschaft als zweitem Kernbestandteil war die Ausweitung staatlicher Effizienz, um das notorische Vollzugsdefizit des Zarenstaates auf dem flachen Land zu verringern. Infolge massiver Opposition blieb dieses Konzept beim entscheidenden Punkt – der Reichsduma – jedoch stecken; da keine Volksvertretung, konnte der 1810 berufene Staatsrat sie nicht ersetzen.

Schon größeren Erfolg erzielte die Regierung Alexanders I. bei der Reform des Bildungswesens. Das 1802 begründete Ministerium für Volksaufklärung stellte im Folgejahr eine umfassende Reorganisation des Schulwesens vor, um sechs pädagogische Lehrbezirke einzurichten. Jeder Bezirk sollte eine Universität erhalten: Moskau beheimatete seit 1755 eine Hochschule, in Wilna konnte man auf ein Kollegium zurückgreifen und die Alma Mater Dorpatensis lebte 1802 wieder auf. In Petersburg, dem Sitz der noch von Peter dem Großen begründeten Akademie, entstand ein Pädagogisches Institut, das 1819 zu Universitätsrang aufrückte. Zudem wurden auch Char'kov und Kazan' mit Hochschulen bedacht. Gymnasien waren in allen 46 Gouvernements des europäischen Russland vorgesehen sowie in allen Kreisen je eine Kreisschule. Sogar jedes Dorf sollte eine einklassige kirchliche Schule erhalten. Obwohl vieles hiervon toter Buchstabe blieb, wies Russland vor 1825 etwa 1400 Schulen auf – davon 57 Gymnasien – und 70 000 Schüler (gegenüber 317 Schulen und 20 000 Schülern 1801). Bildungsreformen

Deutlich weniger richteten die Reformer bei der Bauernfrage aus. In welch hoffnungslosen Zustand das Dorf verfallen war, wurde nicht erst im Kontrast mit der Verfassung für das Herzogtum Warschau von 1807 offensichtlich. Gutsuntertänigkeit und Schollenbindung erklärte diese für abgeschafft, ja mit Einführung des Code Napoleon am 1. Mai 1808 erlebte das Herzogtum sogar die Proklamation einer Gleichstellung aller vor dem Recht – Juden eingeschlossen. Die Dringlichkeit einer Agrarreform hatte der Kreis um den Zaren zweifellos begriffen, kam mit Rücksicht auf den Adel über Wortgeplänkel aber nicht hinaus. Während sogar der Großgrundbesitzer Czartoryski die Bauernemanzipation Bauernfrage anstrebte, wenn auch in kleinen Schritten, beschränkte sich Alexander darauf, eine eher symbolische Verbesserung der bäuerlichen Rechtslage zu dekretieren: Vor dem 28. Mai 1801 waren Annoncen zum Verkauf von Commoden, Papageien und Zofen alltäglich; seither wurde das Anbieten Leibeigener zwar nicht unterdrückt, sollte das Schamgefühl der Öffentlichkeit aber nicht länger verletzen. Immerhin durften laut Erlass vom 12. Dezember 1801 – dem Geburtstag des Zaren – auch Nichtadlige Land erwerben; ferner fixierte ein Ukaz vom 21. März 1803 die Möglichkeit der Freilassung von Gutsbauern durch Loskauf. Mit durchschnittlich 70 Rubeln lag die erforderliche Summe aber derart hoch, dass bis 1858 nur 150 000 oder 1,5 Prozent der Leibeigenen davon Gebrauch machten.

Dass Speranskij ausgerechnet 1812 den Entwurf für ein Zivilgesetzbuch vorlegte, das sich teilweise am Code Napoléon orientierte, brachte diesen tatkräftigen Neuerer schließlich zu Fall. Wie sich herausstellte, hatte das Reformjahrzehnt in manchen Kreisen erheblichen Unmut geschürt, so im Kreis um die Witwe und die Tochter Pauls I. Ihm gehörte der Moskauer Generalgouverneur Fedor Rostopčin an, dessen angeblicher Weisung zufolge Moskau 1812 in Flammen aufging, und *Nikolaj Karamzin* vor allem der Hofhistoriograph Nikolaj Karamzin. 1811 legte dieser dem Zaren eine Denkschrift vor, die vor überstürzten Eingriffen in die Überlieferung warnte und das autokratische Vermächtnis als „Palladium Russlands" begriff. Noch dazu hatte Speranskij den Adel gegen sich aufgebracht, so durch den Abbau ständerechtlicher Privilegien beim Eintritt in den Staatsdienst. Als der Reformeifer merklich abgekühlt war, auch weil außenpolitische Sorgen immer stärker wogen, ließ der Zar Speranskij im März 1812 fallen. Zunächst wurde dieser nach Nižnij Novgorod verbannt, dann in den Ural. Nach langen Jahren als Provinzgouverneur trat Speranskij erst unter Nikolaus I. wieder in den Petersburger Dienst ein.

Speranskijs Sturz Nicht zuletzt resultierte der Sturz Speranskijs aus der sich anbahnenden Entscheidung im Verhältnis zu Frankreich. Wie in der Innenpolitik hatte Alexander I. auch im Bereich der Außenpolitik das Steuer herumgeworfen und Pauls Orientierung auf Frankreich verworfen, so durch Abschluss eines Schifffahrtsabkommens mit England. Als Frankreich einen Angehörigen der Bourbonen 1804 von deutschem Territorium entführen ließ, legte der Zar Protest ein. Auch als Napoleon 1804 den Kaisertitel annahm – immerhin nach Volksentscheid –, stellte sich Russland hinter Schweden, Österreich und das Osmanische Reich, um einer derartigen Frechheit die Anerkennung zu versagen. Im Frühjahr 1805 ging das Zarenreich ein formelles Bündnis mit Großbritannien und Österreich ein, dem auch Preußen Sympathie entgegenbrachte. Napoleons anschließender Siegeszug verlieh Europa jedoch ein neues Gesicht: In der Dreikaiserschlacht bei Austerlitz am 2. Dezember 1805 errangen seine Soldaten über Russen und Österreicher einen so klaren Sieg, dass sich auch Preußen zum Kriegseintritt genötigt sah, bei Jena und Auerstedt am 14. Oktober 1806 jedoch ein Fiasko sondergleichen erlebte. Als Napoleon bei Friedland am 14. Juni 1807 über die russischen Regimenter abermals die Oberhand behielt und sogar Königsberg besetzte, dachte der Zar um und entschloss sich zum erneuten

Seitenwechsel. Im Tilsiter Frieden vom 25. Juni/7. Juli 1807 erkannte Russland die französische Vormachtstellung an und trat dem Kontinentalsystem bei. Sogar mit einem französisch dominierten Herzogtum Warschau musste sich Alexander abfinden. Allerdings bot Tilsit die Chance, mit französischer Rückendeckung gegen Schweden vorzugehen, das England die Treue hielt. So besetzten russische Truppen seit Februar 1808 Finnland – ein erheblicher Gewinn, der Russland im Frieden von Frederikshamn vom 5./17. September 1809 auf Dauer bestätigt wurde. Dem finnländischen Adel gestand Alexander weitgehende Autonomie zu, ja vereinte die von Peter dem Großen 1721 erworbenen Gebiete Karelien und Vyborg mit dem Großfürstentum Finnland. Auch im Süden sollte sich das Arrangement mit Napoleon für Russland dauerhaft auszahlen, denn hier trotzte das Zarenreich den Osmanen nach einer Reihe von Feldzügen Bessarabien ab, bestätigt im Frieden von Bukarest (16. Mai 1812). Erwerb Finnlands

Trotz alledem: Das Treffen der beiden Kaiser in Erfurt 1808 – hier ließ sich Napoleon auch von Goethe bestaunen – täuschte eine Harmonie vor, die nicht bestand. Zunächst trat in der polnischen Frage ein tiefreichender Gegensatz zwischen Russland und Frankreich hervor. Während ihrer Erhebung gegen Frankreich 1809 gelang den Österreichern zwar die Einnahme Warschaus gegen russisch-polnische Verbände. Im Gegenzug besetzten polnische Truppen unter Josef Poniatowski allerdings das zur Doppelmonarchie zählende Krakau. Zu Poniatowskis Unterstützung trafen dort auch russische Regimenter unter S. F. Golicyn ein, doch hielten sie es im Stillen mit Österreich als Napoleons Widersacher. Wie sich herausstellte, musste Krakau in zwei Zonen geteilt werden, damit die Verbündeten nicht aneinander gerieten. Das kleine Beispiel zeigt, wie verworren die russische Politik zu werden drohte. Noch dazu trug eine Gruppe polnischer Adliger dem Zaren die polnische Krone an, sollte dieser Polens Grenzen von 1772 wiederherstellen. Golicyn, der diese Initiative ohnehin begrüßte, erhielt aus Petersburg die Order, die polnischen Magnaten auch ferner zu unterstützen. Im März 1810 bat der Zar seinen außenpolitischen Berater Adam Czartoryski sogar darum, einen Plan zur Einigung Polens vorzulegen – denn sonst werde es Bonaparte tun. Als nach der Schlacht von Wagram schließlich auch Österreich besiegt war und in Schönbrunn am 14. Oktober 1809 Frieden mit Frankreich schließen musste, versuchten sich Zar und Kaiser in der polnischen Frage zu verständigen. Mit dem Wunsch, die Teilung Polens aufzuheben, drang Alexander aber nicht durch, da Napoleon den Verbleib eines Großteils von Galizien beim eigentlich unterlegenen Österreich garantierte. Hier deutet sich an, dass Napoleons Streben nach Konsolidierung des Vorgefundenen mit Alexanders Plan einer Einigung Polens unter zarischer Ägide kollidierte. Polenpolitik

Schwere Belastungen zwischen Petersburg und Paris ergaben sich daneben aus der Kontinentalsperre. Um die Nordseeküste vollständig abzuriegeln, hatte Napoleon am 22. Januar 1811 das Fürstentum Oldenburg annektiert. Dessen Herzog war ein Onkel des Zaren. Alexander sah in diesem Schritt daher nicht nur einen Bruch des Tilsiter Friedens, sondern einen Angriff auf sich und die

Ordnung der Welt. Noch dazu hatte der erzwungene Anschluss an das Kontinentalsystem die russische Wirtschaft in eine Krise gestürzt. Durch Ausschluss vom englischen Markt verlor der russische Getreideexport einen seiner Hauptabnehmer – und der russische Adel eine wesentliche Einnahmequelle. Schon deshalb war Napoleon in den Salons von Moskau alles andere als populär. Mit Zunahme der Importe aus Frankreich gab die russische Währung infolge der passiven Handelsbilanz mehr und mehr nach, so dass Petersburg zwecks Zurückdrängung der französischen Güter am 31. Dezember 1810 Schutzzölle verfügte. Napoleon warf der russischen Seite sogar vor, den Boykott englischer Waren zu unterlaufen und Produkte britischer Herkunft, als „neutral" deklariert, über Riga und Petersburg in den europäischen Handel einzuleiten. Um dies zu unterbinden, wandte sich Napoleon brieflich an den Zaren, doch wies Alexander auf die nichtbritische Herkunft der strittigen Güter hin. Dass der französische Argwohn nicht ganz unberechtigt war, offenbart ein Bericht des Botschafters Savary. Dieser meldete nach Paris, von 1200 Schiffen, die 1807 in Petersburg eingelaufen seien, segelten mehr als die Hälfte unter dem Union Jack. Auch als Napoleon Russland dazu aufforderte, die Zölle auf „Kolonialwaren" anzuheben, holte sich der Kaiser eine Abfuhr. Wohl auch mit Blick darauf, dass von Napoleon mehr nicht zu erwarten war – Finnland und Bessarabien hatte Russland ja bereits an sich gebracht –, deutete sich eine Abwendung der russischen Außenpolitik von Frankreich an. Ganz unübersehbar schlug sich diese im Petersburger Vertrag mit Schweden vom 24. März 1812 nieder, in dem beide Seiten die Entsendung von Truppen nach Norddeutschland ins Auge fassten, um sich für den Kampf gegen Frankreich zu rüsten. Zu diesem Zeitpunkt bereitete Napoleon, um Russlands Ausbruch aus dem Kontinentalsystem zu vereiteln, allerdings schon den Aufmarsch vor. Seit dem 10./22. Juni 1812 überquerten seine Truppen die Memel.

Wirtschaftskrise

2. Moskau 1812

In Wilna eingetroffen, empfing Napoleon am 1. Juli den General Balašov als Emissär des Zaren zum Diner. Dabei stellte der Kaiser die Frage, welcher Weg nach Moskau der beste sei. „Nun, Majestät, derer gibt es viele. Karl XII. nahm den über Poltava" [132: Dubrovin, 29–30]. Die Unverfrorenheit dieser Entgegnung muss Napoleon schon deshalb verärgert haben, weil er im Zuge seiner Vorbereitungen auch den Feldzug von 1708/09 studiert hatte – allerdings keinerlei Zweifel hegte, dem Schicksal der Schweden zu entgehen. Der Tagesbefehl vom 10./22. Juni benannte als Kriegsziel zwar die Absicht, den seit 50 Jahren gewachsenen russischen Einfluss in Europa zu brechen. Vorgeordnet aber blieb, das Russische Reich erneut dem System von Tilsit einzuordnen und die Blockade gegen Großbritannien aufrechtzuerhalten. Pläne zu einer Ausweitung des Herzogtums Warschau wies Napoleon daher ebenso zurück wie die zur Aufwiegelung russischer Bauern durch Aufhebung der Leibeigenschaft. Im Bewusstsein eigener

Überlegenheit strebte der Kaiser eine schnelle Entscheidung an und rechnete bei Kriegsbeginn nicht damit, dass ihn der ständige Rückzug des russischen Heeres zum Marsch bis Moskau zwingen könne. Der russische Generalstab dagegen hatte sich von vornherein auf Defensive eingestellt, um seine als schwächer beurteilten Verbände zu schonen. In Paris war das kein Geheimnis; am 5. Juni 1811 hatte der französische Botschafter Caulaincourt Napoleon von Alexanders Wort berichtet, falls erforderlich werde man bis Kamčatka zurückweichen.

Anders als bislang bei Napoleons Kriegen war es daher keine einzelne Schlacht, die den Feldzug entschied, auch nicht die für die Russen sehr verlustreiche von Borodino am 26. August. Sogar als die Große Armee eine Woche darauf in Moskau einzog, kam dieser unerhörte Erfolg keinem Sieg der Franzosen gleich. Schon in der ersten Nacht wurde die Stadt systematisch angesteckt; in den folgenden Tagen brannte sie weitgehend aus. „Wir standen, wie ich ohne Übertreibung sagen kann, unter einer glühenden Flammenkuppel" [126: CAULAINCOURT, 113]. Als Urheber dieser Entscheidung, die zum Symbol russischer Unbeugsamkeit wurde, gilt zumeist der Oberkommandierende von Moskau, Fedor Rostopčin, der sich zeitweise auch als patriotischer Brandstifter feiern ließ, mit einer 1823 in Paris erschienenen Broschüre die Verantwortung aber von sich abwälzen wollte. Die geschwächte Große Armee in Moskau wieder „in Schuss" zu bringen, diese Absicht war durchkreuzt. Aber auch als Hauptquartier schien Moskau seiner Entlegenheit wegen denkbar ungeeignet; immer wieder brach die Versorgung zusammen. Die Nachschublinien waren überdehnt und auch der Partisanenkrieg forderte Opfer. Während sich die französische Seite in Moskau also nur unter hohem Aufwand versorgen konnte, vermochten sich die Russen erheblich zu verstärken. Vor allem aber verfehlte die Einnahme Moskaus in politischer Hinsicht ihren Zweck: Wie von Balašov prophezeit, traf Napoleon in Russland auf keine Armee, sondern auf eine Nation. Da sich das russische Oberkommando unter Michail Kutuzov ebenso wie der Zar den napoleonischen Verhandlungsangeboten beharrlich verweigerte, stand Napoleon als geschlagener Triumphator da. Als er am 10. Oktober aus Moskau abrückte, dämmerte ihm wohl, dass manches Fiasko siegreich beginnt. Ein letztes Mal suchte er die Entscheidung. Als die Kriegsparteien am Tag darauf bei Malojaroslavec südlich von Moskau aufeinandertrafen, hatten die Russen einmal mehr größere Verluste als Napoleons Aufgebot zu verzeichnen; dennoch musste Napoleon den Rückzug fortsetzen. Im zunehmenden Chaos wäre er drei Tage darauf um Haaresbreite von Kosaken überwältigt worden; um diesem Schicksal zu entgehen, trug Napoleon seither ein Fläschchen Gift bei sich. Dezimiert durch Hunger und Frost kehrten von mehr als 600000 Soldaten, darunter Franzosen, Italiener, Niederländer, Deutsche und Polen, kaum mehr als 30000 an die Memel zurück.

Wie war das möglich? Über Russland schien sich Napoleon, der ganz Europa, ja sogar Ägypten überrannt hatte, lange Zeit mit dem Wissen zu begnügen, dass ein berittener Bote die Strecke von Paris nach Petersburg in zwei Wochen zurücklegen könne. Auch die seit 1811 vermehrt einlaufenden Informationen über Klima,

Brand von Moskau

Eine Armee war Legende geworden

Geographie und Statistik änderten nichts daran, dass Bonaparte Russland nur auf der Landkarte kannte und noch dazu – wie seine Soldaten – an Selbstüberschätzung litt. Viele der in Moskau erbeuteten Pelze wurden verschleudert, glaubte man ja, vor Einbruch des Winters zurück zu sein. Mehrfach siegte diese Verblendung sogar über den Ansturm der Realität: Die Hoffnung auf einen Abfall Litauens vom Russischen Reich zerplatzte schon nach wenigen Tagen; auch dass Moskau, eine Stadt von 200000 Einwohnern, beim Nahen der Grande Armée evakuiert war, gab auf französischer Seite kaum jemandem Anlass zur Sorge. Im Grunde war Napoleon also auch daran gescheitert, dass er Russlands Eigenart nicht begriff.

Was diesen *Vaterländischen Krieg* für Russland so einzigartig macht, ist sein Platz im kollektiven Gedächtnis. Nach umfassender Spendenbewegung wurde 1818 auf dem Roten Platz gegenüber dem Kreml, den Napoleon ja hatte sprengen wollen, ein Denkmal von Minin und Požarskij enthüllt, den Rettern von 1612. In Bronze gegossen erinnerte es an das 1709 wie 1812 bestätigte Gesetz, jedweder Eindringling gehe in Russland zugrunde. Und es verkörperte die Erfahrung, dass Moskau nach jedem Brand größer und schöner als zuvor aus der Asche auferstehe. Zum ersten Mal lagerte sich dieses Gedächtnis aber auch in einer Vielzahl von Memoiren ab. Bis 1840 gingen 109 von 230 erschienenen Erinnerungswerken auf diesen Feldzug ein; aus Anlass des 25. Jahrestages wirkten sogar umfassende Kampagnen auf das Abfassen solcher Berichte hin. 1980 veranschlagte A. G. Tartakovskij die Zahl der Erinnerungen an den Feldzug von 1812 mit 457, Übersetzungen ins Russische allerdings eingerechnet. Anders als bisher wurden diese Werke nun auch zum Zweck der Veröffentlichung angefertigt; damit belebte sich die Debatte und das Spektrum politischer Meinungen begann sich zu öffnen. Dieser Prozess lag auch der entstehenden Dekabristenbewegung zugrunde.

Kollektives Gedächtnis

Eine Sonderstellung nehmen die Aufzeichnungen der Husarin Nadežda Durova (1783–1866) ein, die mit sechzehn Jahren durchbrannte und sich als „Aleksandr Vasil'evič" einem Kosakenregiment anschloss. Jedwede Furcht war ihr unbekannt; während der Schlacht von Friedland nahm sie mehrfach an der Attacke teil. Mit wachsender Erfahrung aber wurde ihr die Gefahr immer bewusster, so dass sie der Männergesellschaft den Spiegel vorhielt: Duelle erschienen ihr lächerlich und auch den Brand von Moskau begriff sie nicht. Ob man die Stadt nicht besser gehalten hätte? Welch tiefen Eindruck aber hinterließ ihr erster Besuch in Petersburg: Von Falconets Reiterstandbild Peters des Großen konnte sie sich kaum losreißen, ja kehrte täglich dorthin zurück. Infolge der Bemühungen ihres besorgten Vaters flog der Schwindel schließlich auf; Alexander I. aber ließ sich erweichen und wies die Durova den Mariupol'-Husaren zu. Für den ganz und gar ungebrochenen Zarenglauben dieser Frau – und dieser Zeit – liefert die Begegnung Alexanders mit der Durova ein selten deutliches Beispiel: „Mein Schicksal hat sich entschieden. Ich war beim Kaiser! Ich war bei ihm und habe mit ihm gesprochen. Mein Herz fließt über vor Glück, in Worte nicht länger faßbar. O Kaiser! Seit dieser Stunde gehört mein Leben Dir" [133: 62].

Nadežda Durova

Auf deutscher Seite ist es wohl Clausewitz, der als Augenzeuge des Russ- Clausewitz
landfeldzuges herausragt. Unter vielen Gleichgesinnten hatte er im März 1812
den Dienst quittiert, um den Kampf gegen Napoleon als „freier Preuße"
fortzusetzen. Mit einem Empfehlungsschreiben Scharnhorsts stellte er sich beim
Zaren vor – und trug seither keinen preußisch-blauen Rock mehr, sondern den
russisch-grünen. Clausewitz nahm teil an den Schlachten von Možajsk, Vitebsk,
Smolensk und Borodino; im September rückte er zum Oberst auf. Sowohl in den
Briefen an seine Frau als auch in einer nachgelassenen Darstellung des Feldzuges
von 1812 tritt klar hervor, dass dieser Krieg mit denen im Westen kaum ver-
gleichbar war. Russland sei nicht zu erobern. Sein Hauptwerk „Vom Kriege" hat
die russische Extremerfahrung in vielfacher Hinsicht systematisiert: Krieg bestehe
aus Gefahr, Leiden, Ungewissheit und Zufall. Unmittelbar in die Geschichte griff
Clausewitz, dem auch Tolstoj im zweiten Buch von „Krieg und Frieden" ein
Denkmal gesetzt hat, als russischer Unterhändler beim Zustandekommen der
Konvention von Tauroggen ein. Während der Verhandlungen zwischen Russen
und Preußen erwies sich Clausewitz als besonnener Vermittler, so dass sich
Napoleons preußische Truppen unter General Yorck am 18./30. Dezember 1812
neutralisieren ließen. Clausewitz' These freilich, Krieg sei eine Fortsetzung der
Politik mit anderen Mitteln, hatte das Jahr 1812 widerlegt. Durch den Bankrott der
Politik resultierte aus dem Zusammenbruch des Friedens der Zusammenbruch des
Empire.

Nachdem Napoleons Nimbus dahin war, stimmten die europäischen Mächte
überein, durch Neugestaltung Europas einer französischen Hegemonie die
Grundlage zu entziehen. Wie sich auf dem Wiener Kongress 1814/15 allerdings
zeigte, schlug diese Neuordnung fehl. Seine Stellung als Großmacht baute Russ- Russland als
land damit in zweifacher Hinsicht aus: Zunächst im Hinblick auf das schier Großmacht
überwältigende Ausmaß an äußerer Stärke, das die Kosaken nicht nur bis zum
Brandenburger Tor geführt hatte, sondern sogar auf die Champs Elysées. Zudem
setzte Russland auch viele der Restaurationsbemühungen in Gang. Mit seinem
„polnischen Projekt" ist Alexander in Wien jedoch gescheitert. Um das geteilte
Polen zu einem Königreich zu vereinen und mit Russland in Personalunion zu
verbinden, bot der Zar Österreich als Ausgleich für Galizien das Elsass an;
Preußen versuchte er zu einem Tausch Polens gegen Sachsen zu bewegen. Sowohl Österreich als auch Großbritannien war an einem weiteren Ausbau russischer Positionen aber nicht gelegen. Daher musste sich Russland auf den Großteil des Herzogtums Warschau beschränken, Krakau erhielt den Status eines
Freistaats unter gemeinsamem Schutz der drei Teilungsmächte. Zum Zerfall der
Siegeskoalition trugen die russischen Ambitionen aber dennoch bei: Am 3. Januar
1815 gingen England, Frankreich und Österreich ein geheimes Defensivbündnis
gegen Russland ein, obschon die drei Nutznießer der Teilungen Polens durch
deren Fortbestehen an einem Mindestkonsens festhalten mussten.

In Reaktion auf die Absage an Russlands polnische Ansprüche unternahm
Alexander in der Schlussphase der Wiener Verhandlungen den Versuch, dem

Kongress zumindest programmatisch seinen Stempel aufzudrücken, und ersann die Heilige Allianz. Anknüpfend an das politische Ideengut des Ancien Régime postulierte die Akte ein brüderliches Miteinander der europäischen Staatenfamilie. Deren gekrönte Häupter versprachen sich gegenseitigen Schutz. Dabei leitete Alexander die Legitimität der Monarchen von der göttlichen Vorsehung ab, die sich auch im Sieg über den Emporkömmling Napoleon manifestiert habe. Durch Zutun Metternichs flossen allerdings auch andere Elemente in das Dokument ein. Vielversprechende Vokabeln wie Völkerfreiheit und Brüderlichkeit, die Alexander in seinen Entwurf aufgenommen hatte, machten restaurativen Formeln Platz. Zugleich wich das russische Vormachtstreben der Verpflichtung auf ein System europäischen Gleichgewichts. Diese Akte wurde am 14./26. September 1815 in Paris durch Zar, Kaiser und preußischen König unterzeichnet. Fast alle europäischen Staaten traten der Allianz bei.

Die eigenartige Spannung der Regierungszeit Alexanders I., die Kluft zwischen grandiosen Entwürfen und mageren Resultaten, zwischen großer Gebärde und völliger Apathie, hielt auch im letzten Jahrzehnt an. Da Alexander vor dem Westen gern als tolerant posierte, erhielt Frankreich unter den wiedereingesetzten Bourbonen durch Zutun des Zaren eine liberale Verfassung. Um einem derartigen Anspruch auch im Innern gerecht zu werden, trat Alexander nach Eröffnung des Warschauer Sejm 1816 an N. N. Novosil'cev mit der Bitte heran, dem Russischen Reich gleichfalls eine Verfassung zu entwerfen; Novosil'cev hatte schon dem Geheimen Komitee angehört (C.1). Dieser Anstoß bestätigt, dass Autokratie und Verfassung im Grunde vereinbar waren – oder es hätten sein können. Novosil'cevs Projekt sah vor, Generalgouvernements einzurichten, die wie beide Hauptstädte eine Duma aus zwei Kammern aufweisen sollten. Mitglieder des ersten Hauses berufe der Zar, die des zweiten würden gewählt. Allerdings habe diese Duma nur alle drei Jahre zusammenzutreten, um über Dinge zu beraten, die ihr die Zarenkanzlei vorlegte. Zugleich sollten Deputierte aus diesen Gremien in das Unterhaus einer Reichsduma einrücken, während das Oberhaus Angehörigen des Senats offenstand. In den Landkreisen sah Novosil'cev Selbstverwaltungsorgane für Adel und Städter auf ständischer Basis vor. Dass es Novosil'cev bei dieser Ausarbeitung an Augenmaß mangelte, wird man schwerlich behaupten können. Vielmehr trug sein Entwurf einerseits dem autokratischen Dogma Rechnung wie andererseits der Ständeordnung, wusste aber auch den parlamentarischen Impuls in die russische Verfassung einzufügen. Wie beim Verfassungsprojekt G. R. Deržavins (C.1) blieben konkrete Schritte aber auch diesmal aus. Als politische Leitfigur trat seit 1816 vielmehr der General A. A. Arakčeev hervor. Sein Name ist vor allem mit der Gründung von Militärkolonien verknüpft, in denen ein Drittel des Heeres zwecks Reduzierung der Ausgaben zu landwirtschaftlichen Arbeiten herangezogen wurde. Welche Gangart dieser Mann auch gegenüber seinen 2000 Bauern anschlug, zeigt deren Empörung: Auf dem Gut Gruzino bei Novgorod wurde Arakčeevs Frau von Leibeigenen erschlagen.

3. Revolte und Reaktion

Auf dem Dorf war die Geschichte der Rebellion so alt wie die Geschichte der Leibeigenschaft, Petersburg aber kannte Aufstände bis 1825 nicht. In diesem Jahr bot der Wechsel des Thrones jedoch Anlass für die Erhebung der Dekabristen: Alexander I. starb am 19. November 1825 in Taganrog am Azovschen Meer, so dass Petersburg davon erst am 27. November Nachricht erhielt. Sein zweitältester Bruder Konstantin hatte einer Liebesheirat wegen 1823 Verzicht auf den Thron geleistet; der ihm folgende Nikolaus war darüber zwar im Bilde, fühlte sich zunächst aber dennoch veranlasst, auf Konstantin einen Eid zu leisten. Die beiderseitige Flucht vor der Macht zog sich über siebzehn Tage hin und wurde zur entscheidenden Voraussetzung für den 14. Dezember (russ. *dekabr'*) 1825, als mehrere Kompanien auf dem Petersburger Senatsplatz aufmarschierten und keinen Hehl aus ihrer Absicht machten, den Eid auf Nikolaus I. zu verweigern. Nachdem sich zwei Metropoliten vergebens darum bemüht hatten, die Meuterer umzustimmen, eilte Nikolaus selbst herbei und verlas das Manifest seiner Thronbesteigung. Als die Anzahl der Verschwörer am Nachmittag des 14. Dezember auf etwa 3 000 anwuchs, zog zarentreue Kavallerie auf und riegelte den Platz ab. Da Forderungen auf ein Niederlegen der Waffen von den Aufrührern missachtet wurden, feuerte die Garde-Artillerie eine Salve ab. Diese Geste der Entschlossenheit reichte aus, um die Revolte zu beenden. Mehrere Dutzend Tote blieben auf dem Senatsplatz zurück; zahlreiche Soldaten, die über den Fluss zu entkommen suchten, ertranken in den eisigen Fluten der Neva.

Im Laufe der umgehend einsetzenden Verhöre, an denen zunächst auch Nikolaus beteiligt war, trat ein Bund zumeist adliger Verschwörer zutage. Davon wurden 240 zu Zwangsarbeit bzw. zu Verbannung nach Sibirien verurteilt und fünf gehenkt (P. I. Pestel', K. F. Ryleev, P. G. Kachovskij, M. P. Bestužev-Rjumin, S. M. Murav'ev-Apostol). Offenbar baute die Verschwörung auf einem so breiten Fundament auf, dass Nikolaus die Bewegung der Dekabristen außerordentlich ernst nahm, ja in drei Jahrzehnten seiner Regierung kaum anderes bezweckte als Russland gegen den neuerlichen Ausbruch dieser Seuche zu immunisieren. Es ist diese Reaktion, die die Bedeutung des Dekabristenaufstandes begründet – denn den Aufstand an sich haben erst die Historiker des 20. Jahrhunderts zum Ereignis fast ohnegleichen aufgebläht: 15 000 Titel über einen vierstündigen Aufmarsch – dieses Verhältnis besagt wohl mehr über das Kontinuitätsbedürfnis der Bolschewiki als über die tatsächliche Reichweite der Erhebung.

Das Kernanliegen der Verschwörer trat mit Veröffentlichung des Untersuchungsberichts durch den späteren Innenminister D. N. Bludov 1826 klar zutage. Ursächlich für die Empörung waren vor allem drei Punkte: Am Anfang stand das diffuse Gefühl, dass Russland nicht in Ordnung sei. Vor allem nahm man an seiner Verfassungslosigkeit Anstoß: Zwar hatte Alexander Polen mit einer vergleichsweise liberalen Verfassung gesegnet – Russland aber nicht. War das Vorbild des Westens einerseits also unübersehbar, trieb viele Dekabristen andererseits ein dumpfes Unbehagen gegen Fremdes und Fremde an. Mit Bezug auf die deutsche Prägung des Hofes wurde Alexander I. als „russischer Deutscher" bespöttelt; auch das Französische verfiel dem Verdikt, Russen ihrer eigenen Geschichte, Sprache und Literatur zu entfremden. Schließlich handelten viele der Verschwörer aus sozialem Empfinden heraus, denn hier hatte das Erlebnis des Westens während der napoleonischen Kriege für gänzlich neue Maßstäbe gesorgt: So wurde gerade die Leibeigenschaft als menschenunwürdig empfunden. Dennoch schien sie fast jeden Lebensbereich zu berühren. Ein erstaunliches Beispiel dessen findet sich im Russlandbuch des westfälischen Katholiken August von Haxthausen, einem der letzten großen Reiseberichte. 1843 stellte Haxthausen in Nižnij Novgorod fest: „Es hat etwas Pikantes, bei Betrachtung eines russischen Provinzialtheaters und namentlich des hiesigen zu hören, daß Schauspieler, Sänger, Sängerinnen etc. sämtlich Leibeigene sind! Die Primadonna, eine gefeierte und unendlich beklatschte Sängerin, war eine leibeigene Fischerstochter" [137: I, 310].

Betrachtet man die beiden großen Reformentwürfe der Dekabristen, den gemäßigten des Nordbundes von N. M. Murav'ev sowie den radikalen des Süd-
Nordbund bundes von P. I. Pestel', treten eher politische Anliegen als soziale zutage. Murav'evs Verfassungsskizze war vom Beispiel der USA inspiriert und schlug die Aufteilung des Russischen Reiches in vierzehn Bundesstaaten vor. Die Hauptstadt Moskau sei umzubenennen in Slavjansk. Jeder Bundesstaat solle drei Deputierte in das Oberhaus des *narodnoe veče* entsenden, je 50 000 männliche Einwohner einen Abgeordneten in die „Kammer der Volksvertreter". Den Zaren begriff man gleichermaßen als Präsident und Staatssekretär. Sein Amt sollte erblich sein; zugleich billigte ihm Murav'ev die Gesetzesinitiative zu. Alles in allem lief diese Überlegung damit auf die Forderung hinaus: Gegen Autokratie und Leibeigenschaft, für Volkssouveränität und Menschenrechte. Bei der Kernfrage nach dem Landrecht der Bauern zogen sich die Mitglieder des Nordbundes jedoch auf Aussagen hoher Allgemeinheit zurück. Das persönliche Eigentum des Kaisers sollte zwar überdauern, nur dass zwischen persönlichem und zarischem kaum zu trennen war; desgleichen wollte man den Besitz von Adel und Kirche schützen – woher dann aber Land für die Bauern nehmen? Hier begnügte sich Murav'ev mit dem eher vagen Hinweis auf die Gemeinde, die zu verlassen Bauern gestattet sei.
Südbund Ungleich entschiedener ging da P. I Pestel' zu Werke. Seine *Russkaja Pravda* verstand sich keineswegs als Verfassungsentwurf, sondern als Instruktion, um Russland auf den rechten Weg zu führen. Mit Föderalismus hatte er nichts im Sinn; dieser könne ein so großes Reich nur untergraben. Pestel' beließ es daher bei Gouvernements, wollte die Hauptstadt allerdings nach Nižnij Novgorod verlegen und in „Vladimir" umtaufen. Pestels Parlament, das *veče*, bestand aus nur einer Kammer; als Regierung sah er eine fünfköpfige Duma vor, als Aufsichtsgremium 120 „Bojaren". Pestels Radikalität sollte sich vor allem in der Eigentumsfrage entladen, da jedem Bauern wie auch jedem Bürger nur soviel Land zustehe wie der Wohlfahrt des Einzelnen nützlich. Die Nationalitäten plante Pestel' einer ri-

gorosen Russifizierung zu unterwerfen, um Zentralismus und Orthodoxie auch in dieser Hinsicht gebührende Geltung zu verschaffen.

Den neuen Zaren Nikolaus I. stürzte der Aufstand von 1825 in tiefen Zwiespalt. Zum einen war er nüchtern genug, den Ursachen der Erhebung auf den Grund zu gehen und eine Kommission einzusetzen, um die Verhöre als Informationsquelle zu nutzen. Zum anderen war Nikolaus aber auch dogmatisch genug, um sich hinfort an die Devise zu klammern: Verbesserungen ja, Veränderungen nein. Diese Haltung resultierte vor allem aus dem Gefühl der Verpflichtung gegenüber dem Adel; solange sich dieser um den Thron schare, bleibe die Autokratie unüberwindlich. Da grundsätzliche Neuerungen also nicht zur Debatte standen, gerieten Zar wie Staat nach 1825 in die Defensive. Symptome wurden kuriert, Ursachen aber überdauerten. Wie seine Vorgänger musste dabei auch Nikolaus die Erfahrung machen, dass sich der bürokratische Apparat vergleichsweise willig kneten ließ, nicht aber die Gesellschaft. Auch hier gingen die Reformen an den Ursachen vorbei. Zunächst resultierte die grassierende Revolutionsangst in der Gründung einer politischen Polizei, die der Zar als Dritte Abteilung seiner Höchsteigenen Kanzlei unterstellte. Sie wurde geleitet vom General Benckendorff, der sich schon unter Alexander I. als Mahner vor Umsturz und Untergang hervorgetan hatte. Benckendorff gab seiner Behörde eine Struktur aus fünf „Expeditionen" vor, zuständig 1. für politische Überwachung und Strafgefangene, 2. für „Sekten", Kriminalität, Amtsvergehen und Bittschriften, 3. für Ausländer, 4. für Bauernfragen und 5. für die Zensur. Die Effizienz der Geheimpolizei wurde jedoch häufig überschätzt. Dass sich Russland in einen Polizeistaat verwandelt habe, diese oftmals wiederholte These lässt sich schon durch einen Blick auf das Personal der Dritten Abteilung widerlegen: In deren Kanzlei waren zwanzig Beamte tätig, die 1836 insgesamt 1631 Personen überwachen ließen, davon 1080 wegen politischer Umtriebe.

Die Zweite Abteilung, noch im Januar 1826 geschaffen, wurde vom Zaren mit der Aufgabe betraut, ein neues Gesetzbuch anzufertigen, da die Bürokratie ja seit 1649 keinen Kodex mehr zustande gebracht hatte. Hier machte sich kein geringerer als M. M. Speranskij ans Werk, der drei Stufen gesetzgeberischer Tätigkeit vorsah: Zunächst war eine chronologische Sammlung der seit 1649 verabschiedeten Gesetze zu schaffen (Polnoe sobranie zakonov), gefolgt von einem systematischen Auszug der noch gültigen Gesetze (Svod zakonov) und einem Kodex. Allerdings bedurfte es geraumer Zeit, bis 1830 die ersten 45 Bände der bis 1649 zurückreichenden „Vollständigen Sammlung der Gesetze" erschienen. Den ersten Svod Zakonov brachte die Kommission 1833 in fünfzehn Bänden heraus. Bis 1917 wurde dieser mehrfach erneuert.

Ein ganz anderes Terrain betraten diejenigen Reformer, die sich der Agrarfrage zuwandten. Auf den Gütern war die Gewalt chronisch geworden: Von 1827 bis 1836 wurden 2131 Bauern wegen Renitenz nach Sibirien verschickt, im Jahrzehnt darauf schon 4755. Allerdings mehrte sich auch die Zahl der Gutsherrn, die wegen Willkür belangt wurden, und stieg von 182 im Jahre 1834 auf 313 für 1845. De facto

Nikolaus I.

Neues Gesetzbuch

Bauernfrage

dürften derartige Delikte allerdings weitaus zahlreicher gewesen sein. Mehrheitlich gingen diese Unruhen auf Gutsbauern zurück, die bei der achten Revision 1833 knapp zwei Drittel aller Steuerseelen von 19,5 Mio. stellten. Auf die Staatsbauern (ohne persönlichen Herrn) entfielen zu diesem Zeitpunkt 34 Prozent. Nikolaus I. gestand 1826 zwar öffentlich ein, dass die Leibeigenschaft ein Übel sei und dass er nach Abhilfe strebe. Bei den Gutsbauern jedoch ließ er es mit dieser Erklärung bewenden. Dabei verlangte gerade deren Situation nach energischem Eingriff: Von den drei großen bäuerlichen Gruppen der Leibeigenen, Staats- und Apanagebauern war die Landausstattung der Erstgenannten ebenso prekär wie ihre wirtschaftliche Lage, statistisch ablesbar etwa an der erhöhten Kindersterblichkeit. Mit Rücksicht auf den Adel sparte die Gesetzgebung das eigentliche Problem aus und beschränkte sich auf Korrekturen am Rande. So wurde 1833 der Verkauf von Leibeigenen auf Märkten untersagt, 1838 auch der von „Seelen" ohne Land. Insgesamt neun Geheimkomitees grübelten zwar über die Gutsbauern, doch blieben ihre Projekte ausnahmslos auf dem Schreibtisch liegen, so 1835 der Plan einer stufenweisen Befreiung der Gutsbauern, wie ihn M. M. Speranskij, Finanzminister E. F. Kankrin und der Domänenminister P. D. Kiselev entworfen hatten. Ein weiterer Geheimausschuss regte 1842 sogar eine Verordnung an, nach der Gutsbauern unter Aufrechterhaltung der wirtschaftlichen Pflichten gegenüber dem Herrn aus der Leibeigenschaft ausscheiden konnten. Land aber sprach ihnen diese Novelle nicht zu, so dass auch sie keine größere Bedeutung errungen hat.

P. D. Kiselev   Deutlich kleiner fielen die Widerstände dagegen bei der Frage der Staatsbauern aus. Hier wuchs mit P. D. Kiselev – von Hause aus Infanteriegeneral – unter den Reformern eine Figur heran, die an die Grenzen des Erlaubten zu gehen bereit war. Da nach 1825 dekabristischer Sympathien verdächtigt, wurde Kiselev als Gouverneur in die Donaufürstentümer abgeschoben. Dort zeichnete er sich als energischer Agrarreformer aus, der den Bauern der Moldau und Walachei das Recht persönlicher Freiheit zusprach. Nach Petersburg zurückbeordert, vertraute Nikolaus Kiselev 1837 das für die Staatsbauern zuständige Domänenministerium an, dem dieser bis 1856 vorstehen sollte. Vergleichsweise erfolgreich erwies sich Kiselev im kulturellen Bereich, so durch Gründung von 2500 Landschulen. Der Landnot aber wurde auch er nicht Herr: Die Binnenkolonisation erwies sich als zu langwierig, um den wachsenden Landhunger zu stillen. Infolge der Bevölkerungszunahme ging die Bodenversorgung in den dichtbesiedelten Schwarzerdegouvernements unter Kiselev sogar zurück.

S. S. Uvarov   So wie sich Kiselev den materiellen Nöten zuwandte, versuchte es S. S. Uvarov mit den ideellen; nicht zuletzt lag dem Aufstand von 1825 ja ein Legitimitätsdefizit zugrunde, das gestillt werden musste. Eigentlich Altphilologe, der in Göttingen studiert hatte, leitete Uvarov von 1811 bis 1822 den Petersburger Lehrbezirk; in dieser Funktion wandelte er das dortige pädagogische Institut 1819 zur Universität um. 1832 rückte er zum stellvertretenden Minister für Volksaufklärung auf und stand diesem Amt von 1838 bis 1849 vor. Von 1818 bis 1855 amtierte Uvarov zudem als Präsident der Akademie der Wissenschaften. Es war daher kein namenloser Federfuchser, der die bekannte Formel „Orthodoxie, Autokratie und Volkstum" ersann. In seinem Bericht für den Zaren über die Revision der Universität Moskau von 1832 gab Uvarov diese Trias als Inbegriff des Russentums aus – und als Fundament russischer Größe. Wie sich zeigen sollte, hatte Uvarov damit ein Dogma erfunden, das alsbald repräsentativ für das offizielle Russland werden sollte und in mehrfacher Hinsicht einen Einschnitt auslöste: Während der Aufklärung hatte sich Russland – etwa in der Instruktion Katharinas von 1767 – zur europäischen Macht erklärt; dieses Selbstbild stieß Uvarov beiseite, um sich von Revolution und Partizipation abzukoppeln. Insbesondere die Slavophilen knüpften hieran an. Daneben wollte Uvarov Russland einzig und allein statisch definieren – auch dies in Abkehr von der Aufklärung, die Katharina im Sinne einer Entwicklung aufgefasst hatte. Der Fortschrittsgedanke, der im Westen Furore machte, fand beim offiziellen Russland nur noch wenig Gegenliebe. Hier tat sich eine Kluft auf zwischen bedingungslosem Festhalten am Fels der Überlieferung und einem Wandel, der im Zuge der Industrialisierung so reißend wurde wie nie zuvor.

Zunächst hielt die neue Zeit in den Städten Einzug. Die Bevölkerung Moskaus wuchs zwischen 1826 und 1840 von 200000 Einwohner auf 350000, die Petersburgs von 330000 auf 470000. Zumeist beruhte dieser Zuwachs auf Wanderarbeitern – ständerechtlich also Bauern –, die sich infolge der Landnot ein Zubrot in den Fabriken verdienen mussten. 1841 machten diese Wanderarbeiter bereits 46 Prozent der Petersburger Bevölkerung aus. Wie im Westen ging die Industrialisierung auch in Russland von der Textilbranche aus: 1820 wurden hier 440 Baumwollmanufakturen registriert, die im Durchschnitt 81 Arbeitskräfte zählten und 1852 bereits 756 Betriebe mit durchschnittlich 182 Beschäftigten. Insgesamt waren 1854 in der Textilbranche 260000 Arbeiter tätig, in der Metallindustrie als zweitgrößtem Industriezweig, der sich vor allem in Petersburg angesiedelt hatte, dagegen nur 68000. Dabei wuchs gerade der Metallproduktion zentrale Bedeutung für die weitere Industrialisierung zu; nur wurden die russischen Betriebe den Anforderungen kaum gerecht. Besonders gravierend trat dieser Mangel beim 1841 beschlossenen Bau der Eisenbahn von Petersburg nach Moskau hervor. Die beauftragte Petersburger Fabrik konnte von benötigten 78000 Tonnen für den Schienenbau nur 819 Tonnen oder etwa ein Prozent liefern. Alles Übrige musste aus England eingeführt werden. Nicht zuletzt resultierte dieses Ungenügen aus der abwehrenden Haltung der Regierung. 1849 hatte sie zum Beispiel verfügt, Textil- und Metallbetriebe sollten sich nicht mehr in Moskau ansiedeln; dies wurde mit der zunehmenden Brandgefahr, der Wasserverschmutzung und dem Steigen der Lebensmittelpreise begründet.

Urbanisierung

4. Was Russland denn sei

Petr Čaadaev

Das grundsätzlich Neue der Industrialisierung zeigte sich auch in der Ideengeschichte. Russland nurmehr historisch zu begreifen, wie Uvarov es vorgeben wollte, lief auf Abkehr, ja Verleugnung des Hier und Heute hinaus. Den ersten Stein warf Petr Čaadaev (1794–1856), der 1821 mit Dekabristen verkehrte, seine Offizierslaufbahn jedoch abbrach und den Westen bereiste. Nach seiner Rückkehr wurde er 1826 verhaftet, aber wieder auf freien Fuß gesetzt. Bis 1831 verfasste Čaadaev in französischer Sprache acht „Philosophische Briefe", von denen zu seinen Lebzeiten aber nur der erste gedruckt wurde (1836). Schon dieser eine wirkte auf den Schriftsteller Alexander Herzen „wie ein Schuss in der Nacht" – allerdings nicht nur auf Herzen, sondern auch auf Nikolaus, der Čaadaev für verrückt erklärte und ihm das Publikationsrecht auf Lebenszeit entzog. Woher diese scheinbar maßlose Reaktion? Russland, so Čaadaev, sei dasjenige Land, das die Vorsehung vergessen habe. Weder zum Westen rechne es noch zum Osten, weder Kontinuität weise es auf noch innere Festigkeit. Wachsen könne es schon, aber niemals reifen; auch fortschreiten könne Russland, nur nicht in die richtige Richtung. Sogar Peter der Große sei gescheitert: Anstelle der angestrebten Aufklärung nahm Russland mit Zivilisation vorlieb. Abgeschnitten von der Welt, habe es ihr nichts zu vermitteln. Im Kern gehe Russlands Isolation auf das Schisma zurück, mit dem sich die Orthodoxie vom lateinischen Universum losgesagt hatte. In diesem, nicht in der Ostkirche habe die Gottesidee ihren vollkommensten Ausdruck gefunden; daher habe der Katholizismus Westeuropa ein reiches geistiges Leben beschert. Im Westen habe die Kirche die Leibeigenschaft abgeschafft – ein unzutreffender Einwand –, im Osten aber halte sie an ihr fest. Nicht zu Unrecht ließe sich danach sagen, Čaadaev habe eigentlich konservative Maßstäbe wie das Bedürfnis nach Kontinuität oder kirchlicher Geschlossenheit auf Russland angewandt, fasste ja auch Uvarov Liberalismus und Revolution als Krisensymptome auf. Čaadaevs Bedeutung bestand aber darin, dass er die konservative Idee mit geradezu quälender Konsequenz auf Russland übertrug. Daneben ragt Čaadaev auch dadurch heraus, dass sein Denken ein konservatives Grundmuster mit westlicher Orientierung verband, also zwei Elemente, die sich in der aufbrechenden Debatte zwischen Slavophilen und Westlern als unvereinbar erweisen sollten.

Slavophile

Dabei stimmten die Slavophilen Čaadaevs konservativer Weltsicht zu, zogen aber ganz andere Schlüsse. Zunächst sahen sie den westlichen Fortschritt als Entstellung an: Von der rational begründeten Zivilisation des Westens gehe zwar eine schnellere Entwicklung aus – nur dass sich diese Entwicklung in Äußerlichkeiten erschöpfe und zur Vervollkommnung des Menschen nichts beitrage. Russland dagegen habe sein christliches Erbe erhalten. Zudem betrieben die Slavophilen eine Verklärung der Orthodoxie, die das Wesen christlicher Gemeinschaft als einzige bewahrt habe und weder durch Scholastik noch durch Reformation verwässert worden sei. Schließlich hingen die Slavophilen einer

Gesellschaftsidee an, die eine flache Hierarchie annahm. Zar und Volk sollten möglichst nah zusammenrücken. Dieses Modell habe Peter allerdings zerbrochen, so dass Russland den abschüssigen Weg sozialer Differenzierung betreten musste. Vor allem der Adel habe sich durch die Verwestlichung seiner Herkunft entfremdet. Unter Wahrung dieser Gemeinsamkeiten vertraten Ivan Kireevskij und Konstantin Aksakov eher weltliche Konzepte der Slavophilie, ein eher religiöses dagegen Alexej Chomjakov.

Ivan Kireevskij (1806–1856), ein Adliger aus dem Gouvernement Tula, hatte in Moskau, Berlin und München unter anderem bei Hegel und Schelling studiert. Als Hegelianer musste Kireevskij Russlands Ausschluss aus der lateinischen Welt noch bedauern; mit der Wandlung zum Slavophilen jedoch erblickte er genau darin Russlands Berufung. Der Rationalismus habe dem Westen nichts als Antagonismen eingetragen, Russland dagegen bleibe dieses Schicksal erspart. Einst und jetzt gründe es auf unverfälschtem Christentum, wie es dem Wesen der Dorfgemeinschaft entspreche. Der Westen hingegen sei dem Individualismus verfallen und müsse Gesellschaft daher auf künstlichem Wege errichten, also mittels Recht und Gesetz. Russland jedoch verkörpere eine Vertrauensgemeinschaft zwischen Regierung und Regierten. In dieser Frage ging Konstantin Aksakov (1819–1860) deutlich weiter; er lehnte rechtliche und politische Beziehungen im Grunde ab. Gerade deshalb sei den Zaren die uneingeschränkte Macht übertragen worden, um dem Volk uneingeschränkte Freiheit zu gestatten. Nach eigenem Gutdünken könne der Zar Vertreter des Volkes zwar zusammenrufen, doch die Entscheidungsfreiheit bleibe ihm unbenommen, da ein sittlich begründetes Verhältnis ein rechtliches an Wirkung weitaus übertreffe. Wie Kireevskij stimmte Aksakov daher eine Hymne auf die bäuerliche Gemeinde an, den *mir*, den er als Eintracht selbstloser Menschen pries. Dass die Realität diesem Ideal nicht immer entspräche, räumte Aksakov zwar ein, verwies jedoch auf die Unzulänglichkeit des Menschen.

Die eher kirchliche Strömung unter den Slavophilen geht auf Aleksej Chomjakov (1804–1860) zurück, der von Hause aus Mathematiker war. Im Grunde gelang es den Slavophilen erst jetzt, sich in der russischen Öffentlichkeit zu etablieren, vor allem durch Chomjakovs *O starom i novom* von 1839. Daneben trat Chomjakov auch als Lyriker und Dramatiker hervor, zumeist Stoffe aus der Vergangenheit Russlands behandelnd. Wie so viele plädierte auch er für die Abschaffung der Leibeigenschaft und legte 1858 sogar ein Projekt dazu vor, das Bauern den Bodenerwerb ermöglichte. Zur Autokratie gebe es keine Alternative – doch stand Chomjakov einem Wiederaufleben des Sobor gleichfalls positiv gegenüber. Auch die Volksbildung lag ihm am Herzen. Kirche fasste er nicht als Institution auf, sondern als Organismus, durchdrungen vom Prinzip der *sobornost'*, einem Geist der Einheit und Freiheit. Der katholischen Kirche hielt Chomjakov vor, sich der äußeren Autorität des Papstes zu unterwerfen, und den Protestanten kreidete er an, die Kirche ihrer Symbole beraubt zu haben. Ihre Religion sei die verlorener Individuen in einer atomisierten Gesellschaft. Noch dazu habe sich der Protestantismus zu Nihilismus und Atheismus verkehrt. Da lebend in Tradition, vermochte allein die Orthodoxie das Vermächtnis der Kirche zu bewahren. Weder dem Rationalismus habe sie sich ergeben noch der Autorität oder dem Subjektivismus, da der Geist tiefer Gemeinschaft in allen lebendig sei. Dass die tatsächliche Orthodoxie diesem Ideal nicht gerecht werde, war Chomjakov allerdings bewusst – schon weil die Mehrzahl seiner Werke mit Rücksicht auf die Zensur im Ausland gedruckt werden musste.

<small>Zuflucht zur Tradition</small>
Obschon die Slavophilen auf den ersten Blick als durch und durch russisch erscheinen, gehören sie doch einer gesamteuropäischen Strömung an, die den rapiden Wandel von Wirtschaft und Gesellschaft als Bedrohung empfand und Zuflucht in Traditionen suchte. Nicht durch Zufall war es gerade das Jahrzehnt nach 1830, mit dem die Industrialisierung auch in Russland durchbrach: So datiert das erste umfassende russische Fabrikgesetz vom 24. Mai 1835; Unternehmen in Moskau und Petersburg wurden darin zum Abschluss schriftlicher Arbeitsaufträge angehalten – zugleich ein Symptom für die zunehmende Verrechtlichung, die den Slavophilen ja so zuwider war. Durch Inbetriebnahme der ersten russischen Eisenbahnlinie von Petersburg bis Carskoe Selo 1837 fand die neue Ära hier ein Symbol ohnegleichen. Worum es den Slavophilen also eigentlich ging – den Angriff des Neuen durch Anruf des Alten in Schranken zu halten –, dieser Versuch war im Grunde naiv, ja romantisch und zum Scheitern verurteilt; schließlich ließ sich die Lokomotive nicht mit Verbannung bestrafen.

<small>Alexander Herzen</small>
Dennoch blieb die slavophile Idee nicht ohne Folgen. Die nächste Generation sah ein, dass die Hoffnung auf Erneuerung Russlands trog. Vor diesem Hintergrund stieß der Panslavismus der sechziger Jahre zentrale Elemente der Slavophilie ab, so das Christlich-Romantische, so das Antimoderne. An deren Stelle schossen Expansionismus und Antisemitismus in die Debatte ein. Als Beispiel dessen könnte der jüngere Bruder Konstantin Aksakovs dienen, Ivan Aksakov (D.2). Eine ebensolche Radikalisierung wie im Lager der Zarentreuen trat bei deren Kritikern ein. Wurde das Attribut „slavophil" den einen zumindest annähernd gerecht, muss die Bezeichnung „Westler" für die Gegenseite als eher unglücklich gelten. Patriotische Motive waren auch hier beteiligt – und damit ein Gutteil Romantik. So beschrieb Alexander Herzen (1812–1870) in seinen Erinnerungen, wie er und sein Freund Nikolaj Ogarev, aufgerüttelt durch die Dekabristen, lebenslangen Kampf für die Freiheit gelobten: „Uns waren die Mächte, gegen die wir uns auflehnten, unbekannt. Aber wir waren gewillt, gegen sie anzutreten" [138: 53]. Noch während seines Moskauer Studiums an der physikalisch-mathematischen Fakultät schloss sich Herzen daher einem Kreise an, der sich vom utopischen Sozialismus Saint-Simons oder Fouriers begeistern ließ. Allerdings musste er schon 1835 mit der Kehrseite revolutionärer Begeisterung Bekanntschaft machen – der Verbannung. Sie leitete auch im Falle Herzens eine schmerzhafte Radikalisierung ein, ablesbar in seinem Roman von 1846 „Wer ist schuld?", der beim Publikum vielleicht auch deshalb so erfolgreich war, weil er menschliche Schwächen wie individuelles Scheitern durch die Verkommenheit der

Gesellschaft zu erklären suchte. Die Hauptfigur des Romans, der nach enttäuschter Liebe in Trunkenheit endende Hauslehrer Kruciferskij, ist wie Puškins *Evgenij Onegin* oder Gončarovs *Oblomov* immer wieder in die Galerie vorgeblich „überflüssiger Menschen" eingereiht worden – eines der beliebtesten Klischees, das die Geschichte Russlands zu bieten hat. Jeder Schluss von Literatur auf Realität aber kommt der Kapitulation des Historikers gleich; zudem begibt sich die Kategorie des angeblich überzähligen, da nicht zu sinnvoller Arbeit gelangenden Intellektuellen der persönlichen Autonomie: Zahllose junge Ärzte haben sich eben nicht in Wehklage erschöpft, sondern wussten soziale Verantwortung zu meistern! Dass der Zarenstaat, altertümlich wie er in vielem war, Wege zu fruchtbarer Tätigkeit nicht selten versperrte, steht außer Frage. Anderseits aber hat die bisherige Forschung, fixiert auf die Ankunft der Revolution, viele Freiräume missachtet, die sich gerade in einem Lande wie Russland eröffnen.

Dichtung und Wahrheit

Durch Erbschaft zu Vermögen gelangt, emigrierte Herzen mit Frau und drei Kindern 1847 nach Paris. Er, der Russland mit einem Freudenschrei verlassen hatte, kam im Ausland aber ebensowenig wie in seiner Heimat zurecht, und fand nunmehr Trost im Glauben an Russland und dessen Zukunft: Was der Westen so verzweifelt entbehrte – den Sozialismus –, habe Russland gerade wegen seiner Rückständigkeit in Form der bäuerlichen Gemeinde durch alle Zeiten besessen. Nach 1849 gab Herzen der Hoffnung Ausdruck, dass Russland die kapitalistische Entwicklungsstufe überspringen könne, um den russischen Bauern vor der Proletarisierung zu bewahren und die archaische Form des gemeinschaftlichen Landbesitzes „sozialistisch" zu vervollkommnen. Damit sich dieser Keim aber entfalte, habe sich Russland der Autokratie zu entledigen. Einwände ließ er nicht gelten: Auch wenn die Entstehung der Gemeinde erst jüngeren Datums sei und aus der Leibeigenschaft resultiere, trete dies zurück hinter die Tatsache, dass sie existiere. Auch wenn die Gemeinde die wirtschaftliche Entwicklung hemme, sei dies doch allemal besser, als die Zunahme sozialer Unterschiede zu beschleunigen.

Entstammten die Slavophilen zumeist dem Adel, traten in die Phalanx der Westler auch Aufsteiger *(raznočincy)* ein, so V. G. Belinskij (1811–1848), dessen Vater als Marinearzt in Sveaborg diente. Schon seines ersten Dramas wegen, der Geschichte eines jungen Intellektuellen bäuerlicher Herkunft, der sich über die Leibeigenschaft empört, wurde Belinskij 1832 der Universität Moskau verwiesen; seitdem schlug er sich als Literaturkritiker durch. Dabei umkreiste Belinskijs Denken auch den von Uvarov bemühten Begriff der „Volkstümlichkeit". Belinskijs Definition der *narodnost'* fiel allerdings eher blass aus: „Was bedeutet Volkstümlichkeit in der Literatur? Widerspiegelung der Individualität, der charakteristischen Eigenart eines Volkes, Ausdruck des Geistes seines inneren und äußeren Lebens, mit all seinen typischen Schattierungen, Farben und Muttermalen" [806: Düwel, 366]. Um unvergänglich zu werden, müsse Literatur volkstümlich sein; an anderer Stelle postulierte Belinskij jedoch, es sei einzig und allein die kultivierte Oberschicht, die Russlands Nationalcharakter verkörpere. Mit derartigen Ungereimtheiten geizte er ebensowenig wie mit Pathos:

V. G. Belinskij

Literatur, so Belinskij in seiner letzten größeren Abhandlung, habe Agent des Fortschritts zu sein, um Orthodoxie wie Autokratie als Mächte der Finsternis zu überwinden und die Mission der Aufklärung zu vollenden.

Resümee Worin liegt die Bedeutung dieser wohl umfassendsten Diskussion, die Russland vor Einzug des Marxismus erlebt hat? Hier treten eine Reihe von Punkten hervor. 1. Zunächst weist der Disput zwischen Slavophilen und Westlern auf das Scheitern der Triade Uvarovs als Integrationsmittel hin. Innerhalb des offiziellen Russland hatte sie gefruchtet, außerhalb nicht. Dass sich der Zarenstaat bis 1905 außerstande sah, auf dieses Scheitern zu reagieren, trug zu seiner Krise wesentlich bei. 2. Wie so viele Debatten ging auch diese auf soziale Veränderungen zurück. Nicht zuletzt durch die Bildungsreformen Alexanders I. hatten Intelligenz und Öffentlichkeit einen Aufschwung erlebt. 1801 brachte Russland elf Periodika heraus, 1838 bereits 58; Autoren wie Publikum wachten allmählich auf. 3. Im Grunde bauten Slavophile und Westler auf der Gemeinsamkeit einer Verklärung des Volkes auf. Davon ausgehend gelangten beide aber zu einem gegensätzlichen Weltbild: Religiös, autokratisch und national die einen, areligiös, antihierarchisch und sozial die anderen. Zwischen diesen Positionen war nicht zu vermitteln. 4. Die liberale Bewegung, die sich im Westen oftmals als erste zu formieren begann, erreichte Russland als letzte. Dabei war der russische Liberalismus auch Uvarov erlegen, dessen autokratischer Entwurf für Rechtsstaat und Individuum als Säulen der liberalen Idee keinen Raum ließ. Auch dies hat den weiteren Weg des Zarenreiches überschattet. 5. Da die antihierarchische Strömung ein weitaus größeres soziales Milieu erreichen konnte als die autokratische, sollte sie sich à la longue als die stärkere erweisen. Insbesondere bei der Jugend musste der emanzipatorische Appell einen tieferen Eindruck als der konservative hinterlassen. Geistesgeschichtlich origineller wirkt jedoch das Denken der Slavophilie. Obschon Teil der europäischen Romantik, hat sie auf russischem Boden uralte Ideen aufgefrischt, insbesondere die der *sobornost'* als organischer Synthese aus Vielfalt und Einheit unter dem Dach der Ostkirche, die wiederum das Prinzip der Konzilien umschloss.

Am Scheideweg Dass Russland mit dieser Debatte intellektuell in Bewegung geraten war, machte die Polizei alsbald stutzig. 1840 stellte sie in ihrem Bericht zur Lage in Moskau fest, man wisse es nicht genau, aber irgendetwas sei nicht in Ordnung. Nicht durch Zufall begann die Regierung die Zügel daher fester anzuziehen. Als 1848 mehr als 600000 Menschen einer Choleraepidemie zum Opfer fielen, flüchtete sich die Regierung in den Versuch, bisher geduldete Kritiker mundtot zu machen. Im gleichen Jahr wurde Ivan Aksakov verhaftet, dessen slavophile Ambitionen sich auch demokratisch begreifen ließen. Ausgehoben wurde auch ein Kreis um M. V. Petraševskij, einem Beamten des Außenministeriums, dessen politische Ideale von so maßvollen Denkern wie Tocqueville beeinflusst waren. 21 „Verschwörer", darunter auch F. M. Dostoevskij, wurden zum Tode verurteilt, dann aber zu Verbannung begnadigt. Zur wachsenden Kluft zwischen Staat und gebildeter Gesellschaft trug sogar die Außenpolitik bei. Auch hier ging es Nikolaus I. vor

allem um die Wahrung des Bestehenden, insbesondere nach der Niederschlagung des polnischen Aufstandes von 1830/31. Nur eine Ausnahme kannte er: Die Unterstützung der griechischen Glaubensbrüder gegen die Osmanen.
Schritt für Schritt hatte das Zarenreich seinen Gegner dabei in die Defensive gedrängt. 1829 erwarb Russland im Frieden von Adrianopel das Gebiet bis zur südlichen Donaumündung, ja ging 1833 ein Bündnis mit Istanbul ein, das die Meerengen für fremde Kriegsschiffe sperrte. Jedes neuerliche Zurückweichen der Pforte musste allerdings mit den Interessen von England kollidieren. Dennoch ließ sich die Petersburger Diplomatie in Überschätzung eigener Kräfte dazu hinreißen, im Februar 1853 A. S. Menšikov nach Istanbul zu entsenden, um die Anerkennung eines russischen Protektorats über die orthodoxen Untertanen des Sultans zu erlangen. Diese Mission schlug fehl. Am 21. Mai 1853 brach Petersburg die diplomatischen Beziehungen zur Pforte ab, ja ließ im Juli die Donaufürstentümer besetzen, um die Osmanen auf diese Weise unter Druck zu setzen. Damit hatte Russland einen eklatanten Fehler begangen, da sich die Pforte als standhaft erwies und Russland den Krieg erklärte, nachdem die Forderung auf Abzug der russischen Truppen missachtet worden war. Mit den türkischen Soldaten wäre die russische Armee notfalls noch fertig geworden; durch Einlaufen eines englisch-französischen Flottenverbandes in das Schwarze Meer entstand jedoch eine neue Lage. Derartig in die Defensive gedrängt, zogen sich die russischen Verbände wieder auf das linke Donauufer zurück. Die Entscheidung aber sollte auf der Krim fallen, wo alliierte Landungstruppen Sevastopol' belagerten.

Krimkrieg

Gleichsam als habe der Zar das sich anbahnende Elend nicht ertragen können, starb Nikolaus I. am 18. Februar 1855. Schon am Folgetag übernahm sein ältester Sohn Alexander II. die Regierung. Die Katastrophe aber stand noch aus. Obschon auf eigenem Territorium kämpfend, erwiesen sich die russischen Regimenter als unfähig, die Festung Sevastopol' zu halten. Deren Kapitulation am 9. September 1855 entschied nicht nur den Krieg, sondern schuf der russischen Malaise ein Wahrzeichen, in dem sich alle Aspekte der Strukturkrise wiederfanden: In Ermangelung einer modernen Industrie fehlte es an Gewehren; in Ermangelung von Eisenbahnen fehlte es an Nachschub; in Ermangelung von Schulen fehlte es an ausgebildeten Soldaten. Diese Verklammerung aus wirtschaftlichen, sozialen und kulturellen Hemmnissen aufzulösen, bedurfte es tief greifender Reformen. Hier fand Alexander II. sein Programm vor, zu dessen Verwirklichung der Frieden von Paris am 18./30. März 1856 eine wesentliche Voraussetzung schuf.

Frieden von Paris

In der ersten Hälfte des 19. Jahrhunderts nahm der autokratische Staat einen neuen Charakter an. Eben weil sich der Wandel von Wirtschaft und Gesellschaft im Zuge der Industrialisierung beschleunigte, die Zaren das politische System vor diesem Wandel aber abschotten wollten, gingen von der Hauptstadt keine derart weitreichenden Impulse mehr aus, wie sie Katharina II. mit der Neuordnung der Gouvernements bzw. der Stände 1785 noch angestrebt hatte. Dadurch kündigte sich ein Bruch an zwischen Staat und Teilen der Gesellschaft, der sich nach 1861 noch vertiefen sollte. Zur Radikalisierung der Opposition hat die Autokratie aber entscheidend beigetragen, weil sie Kritik mittels Zensur unterdrückte bzw. in zunehmenden Maße auch sanktionierte. Die Eskalation war daher beidseitig. Zu dieser Unterdrückung glaubte sich Nikolaus I. berechtigt einerseits durch das Gefühl äußerer Unüberwindlichkeit wie andererseits durch die Verpflichtung gegenüber dem Adel als Grundlage zarischer Herrschaft. Diese Maxime verlangte zugleich, die Leibeigenschaft des Adels wegen beizubehalten. Der Krimkrieg führte jedoch zur Einsicht, dass die Leibeigenschaft Russland gleichsam zu erdrosseln begann – und auch seine äußere Stellung bedrohte. Diese Bedrohung wog so schwer, dass Alexander II. sogar die bisherige Rücksicht auf den Adel aufgab.

D. STRUKTURKRISEN DES ZARENSTAATS

1. Sozialer Umbruch

Warum Russland das Eldorado glückloser Reformer ist, lässt sich am Beispiel Alexanders II. besonders deutlich beobachten. Einerseits gelang ihm, wovon noch Nikolaus I. kaum zu träumen wagte, denn er brachte den Gletscher der Leibeigenschaft zum Schmelzen; andererseits wuchsen sich die Folgen der Bauernbefreiung zu einer Bedrohung aus. Zwölf Tage, nachdem der Frieden von Paris Russlands Niederlage im Krimkrieg besiegelt hatte, sprach der Zar vor Vertretern des Moskauer Adels am 30. März 1856 die Einsicht aus, es sei besser, die Leibeigenschaft abzuschaffen, als darauf zu warten, dass sie zerbreche. In diesem Sinne wandten sich im Oktober 1857 auch Adlige aus Litauen mit einer Petition an den Zaren, die ihre Bauern ohne Land freilassen wollten; damit erging am 20. November 1857 die Anweisung, dass Adlige in allen Gouvernements über die Aufhebung der Leibeigenschaft beraten sollten. Allerdings gab die Regierung eine Befreiung der Bauern ohne Land vor, bestätigte also die Ansprüche des Adels auf das Gutsland. Für Hof und Garten sollten die Bauern zahlen und der Herrschaft auch für die Nutzung des Ackerlandes einen Zins entrichten; zugleich sah man die Fortexistenz der Umverteilungsgemeinde vor. Von den beiden denkbaren Wegen – einer Befreiung der Bauern mit bzw. ohne Land – schlugen die Reformer damit den für die Bauern ungünstigen ein. Noch dazu setzte der Adel von Tver' eine Ablösung der bäuerlichen Nutzungsfläche *(nadel)* durch. Wollte sich der Adel also nach wie vor an den Bauern schadlos halten, verfolgte die Bürokratie eine gemäßigte Politik. Am 28. Februar 1858 hatte sich in Petersburg ein so genanntes Hauptkomitee gebildet, dem gegenüber die entstandenen Adelskomitees in den Provinzen nur geringen Einfluss auf den Reformgang nehmen konnten. Alexander II. war jedoch nicht gewillt, sich ausgerechnet den Beamten zu beugen, so dass die ursprünglich verfolgte Absicht, den Bauern wirtschaftliche Eigenständigkeit zu sichern, bei der Schlussredaktion des Gesetzes nur in Maßen durchdrang.

Mit dem 22. Februar 1861 erlangten damit zwar elf Mio. Gutsbauern die persönliche Freiheit – doch blieben Fron und Zins für den Gutsherrn ebenso in Kraft wie die Gemeindebindung. Auch den Umfang des bäuerlichen Landes, das binnen zweier Jahre vom Gutsland zu trennen war, hätte die aufgeklärte Beamtenschaft gern weitaus konzilianter zugeschnitten. Noch dazu kam dem Adel das Recht zu, Bauern umzusetzen und das Gutsland nach eigenem Bedürfnis zu arrondieren. Die Ablösung von Haus und Hof war vorgeschrieben, der bäuerliche Landkauf jedoch in das Belieben des Gutsherrn gestellt – gleichfalls zwei Maßnahmen, die allein den Interessen des Adels entsprachen. Ebenso krass wurde der Adel bei den Ausführungsbestimmungen bevorteilt: Auf der schwarzen Erde galt sein Augenmerk dem Land, hier war der Getreideanbau profitabel. Ergo büßten die Bauern gerade in diesen dicht besiedelten Gouvernements bis zu 40 Prozent des bisherigen Bodens ein. Auch in den weitaus dünner bevölkerten Wolgagouvernements strebte der Adel eine Unterversorgung der Bauern an, um sich deren Arbeitskraft zu erhalten. Ganz anders jedoch in den zentral gelegenen und nördlichen Provinzen: Hier fiel die Qualität des Bodens zumeist so dürftig aus, dass dem Adel nicht am Land, sondern an der Person des Bauern gelegen war. Daher waren die Gutsherrn in diesem Fall bereit, Land sehr großzügig zur Verfügung zu stellen, um sich der Teilhabe am gewerblich erzielten Einkommen der Bauern zu versichern. Da die Ablösesumme den Marktwert des Landes deutlich überstieg, schnitt der Adel auch hier recht günstig ab. 80 Prozent der Ablösung *(vykup)* gewährte der Staat den Bauern als Darlehen, um den Adel daraus zu entschädigen und auf den Übergang zur marktorientierten Landwirtschaft vorzubereiten.

Wurden die einzelnen Stationen der Bauernbefreiung – wie bei keinem Gesetz zuvor – auch in der Öffentlichkeit lebhaft debattiert, fand die Befreiung der dem Zaren gehörenden Apanagebauern 1863 sowie der Staatsbauern 1866 schon schwächere Beachtung. Dabei standen letztere hinter Leibeigenen kaum zurück: Die zehnte und letzte Revision 1857 erhob etwa 50 Prozent Adelsbauern, 46 Prozent Staatsbauern und vier Prozent Apanagebauern, bezogen auf die Gesamtheit von 24 Mio. männlichen Bauern. Da beide Gruppen schon bislang einen deutlich besseren Status innehatten, schnitt die Befreiung hier aber weniger tief als bei den Gutsbauern ein. So verfügten die Staatsbauern, die zumeist in den Randregionen des europäischen Russland siedelten, über mehr Anteilland als die Adelsbauern, ihre Kindersterblichkeit lag niedriger, der Alphabetisierungsgrad höher usw.

Folgen der Bauernbefreiung   An der Bedeutung der Bauernbefreiung als Jahrhundertreform lässt sich alles in allem nicht zweifeln – nur welche Folgen löste sie aus? Zunächst ist ganz offensichtlich, dass der vermeintliche Aufbruch aus Sicht des Adels einem Zusammenbruch gleichkam. 1857/58 besaßen 40 Prozent des Adels weniger als 21 Seelen; ein Drittel der Adligen nannte 21 bis 100 Seelen sein eigen. Noch dazu galten zwei von drei Adelsbauern als verpfändet. Mehr als drei Viertel des Land besitzenden Adels waren daher schon vor dem Epochenjahr 1861 keineswegs auf Rosen gebettet. Da die Voraussetzungen für den Übergang zur Marktwirtschaft mit Ausnahme stadtnaher Güter weitgehend fehlten, stand die Gutswirtschaft in vielen Teilen Russlands vor dem Ruin. Schon 1892 konnten daher ca. 60 Prozent des Landadels nicht mehr von agrarisch erzielten Einkommen leben; 1858 gehörten 80 Prozent des Erbadels auch der Kategorie der Grundherrn an, um 1900 aber nur noch 55 Prozent. Damit war offensichtlich, dass der russische Adel mit der neuen Situation nicht zurande kam; ein Talent zum Wirtschaften ging ihm weitgehend ab. Der Gutsbesitzer alten Schlages fiel dem Garaus der Leibeigenschaft nun selbst zum Opfer, während der englische Adel, der sich schon früher auf eine Produktion zu Marktbedingungen hatte einstellen müssen, das 19. Jahrhundert weitaus besser überstand.

Auch bei den Bauern trat ein Prozess ein, mit dem die Reformer kaum hatten rechnen können. Einer abnehmenden Landversorgung der Bauern – im gesamtrussischen Durchschnitt lag die Einbuße bei einem Fünftel, im Schwarzerdegebiet noch darüber – stand ein Zuwachs der bäuerlichen Bevölkerung gegenüber. Von 1860 bis 1913 wuchs die Bevölkerung des Russischen Reiches von 74 Mio. auf 164 Mio. Dieser außerordentliche Anstieg resultierte nicht nur aus der sinkenden Mortalität, sondern vor allem aus der Geburtenhäufigkeit auf dem Dorf: Paragraphen lassen sich reformieren, Mentalitäten nicht. Die Bräuche der Leibeigenschaft bestanden ja fort; Ehelosigkeit galt auf dem Dorf als Schande, Kinder als Zeichen von Glück. Da die Gemeinde den Boden nach Haushalten verteilte, fiel kinderreichen Familien die Landarbeit leichter als kinderarmen. So brachte eine russische Bäuerin im Durchschnitt neun Kinder zur Welt. Mit dieser Bevölkerungszunahme hielt die landwirtschaftliche Produktivität nicht Schritt; zwar wuchs auch sie, doch infolge der fortbestehenden Bodenumverteilung nur langsam. In den sechziger Jahren wurden auf Gemeindeland fünf Zentner Getreide pro Hektar erwirtschaftet, in den siebziger Jahren 5,5. Auf privatem Land war dagegen ein etwas höherer Zuwachs zu verzeichnen (5,9 bzw. 6,6). Ob dieses Missverhältnis zwischen steigendem Bedarf und sinkendem Angebot auch der großen Hungersnot im Winter 1891/92 zugrunde lag, lässt sich kaum beantworten. Hunger, Typhus und Cholera rafften in 21 Gouvernements auf der Schwarzen Erde und an der Wolga etwa 400 000 Menschen dahin; allerdings ging dieser Katastrophe eine extreme Dürre voraus und die klimatisch bedingte Anfälligkeit der russischen Landwirtschaft war ja nicht neu.

Demographischer Zuwachs

Die Leibeigenschaft umfasste jedoch mehr als ein Wirtschaftsverhältnis zwischen Gutsherrn und Bauern. Da sich der Moskauer Staat überfordert zeigte, Funktionen wie Steuereinzug und Rechtsprechung durch Beamte wahrzunehmen, wuchs der Leibeigenschaft die Form einer Privatobrigkeit zu. Gutsherrn mussten Beamte ersetzen. Vor diesem Hintergrund riss die Abschaffung der Leibeigenschaft in Verfassung und Verwaltung ein tiefes Loch. Diesem Notstand suchte der Staat mehrfach beizukommen: Da eine Steuerbehörde aus dem Boden zu stampfen illusorisch war, stand nach wie vor die Gemeinde für Aufbringung aller Steuern, Ablösen und Abgaben gerade. Allerdings wollte Petersburg dem Dorf zumindest den Eindruck staatlicher Präsenz verschaffen und schuf daher die Institution des Friedensvermittlers *(mirovoj posrednik)*. Aus dem ansässigen Adel ernannte Beamte sollten Streitigkeiten zwischen Bauern, Gutsherrn und Gouverneur beilegen; da sich nicht wenige der 17 000 Friedensrichter aber stärker für die Sache der Bauern engagierten, als es der Obrigkeit beliebte, schränkte sie deren Befugnis schon 1867 wieder ein und löste sie 1874 gänzlich auf. Schon grundsätzlicher gingen die Reformer dagegen an die Zemstva heran, wohl das klarste Beispiel dafür, wie die Abschaffung der Leibeigenschaft eine Ausweitung der Staatlichkeit erzwang. Verkündet am 13. Januar 1864, entstanden in Kreisen und Gouvernements Landschaftsbehörden mit maximal sechs Mitgliedern, die in drei Kurien gewählt wurden (Adel, Kaufleute, Bauern).

Friedensvermittler

Zemstva   Die Aufgaben der Zemstva lagen in der Armen- und Krankenfürsorge, der Entwicklung von Schul- und Verkehrswesen sowie der Gewerbeaufsicht. Bis Mitte der siebziger Jahre hielten die Zemstva in allen Gouvernements des europäischen Russland Einzug, ausgenommen die neun westlichen, Astrachan' und Archangel'sk. Angesichts der chronischen Unterfinanzierung kamen die Zemstva ihren Aufgaben aber nur langsam nach. Hier liefert das Schulstatut vom 14. Juli 1864 ein plastisches Beispiel. Im ersten Artikel schrieb es zwar vor, durch Gründung von Volksschulen „nützliches Wissen" zu verbreiten; deren Unterhalt aber stellte das Statut „örtlichen Initiativen" anheim. In diesem Jahr wurde nur ein Schüler auf 117 Einwohner gezählt; 1834 hatte diese Rate noch bei 1:200 gelegen. Infolge der Unterfinanzierung ging von den Zemstva bei der Alphabetisierung erst seit den neunziger Jahren ein kräftiger Impuls aus; bis 1911 besuchten in den 34 Zemstvogouvernements immerhin 53 Prozent der Acht- bis Elfjährigen eine Schule (ganz Russland 44 Prozent). Dabei stand das Gouvernement Moskau mit 84 Prozent an der Spitze, während das Gouvernement Orenburg im südlichen Ural einen Schulbesuch von nur 30 Prozent meldete.

Höchst umstritten war die Frage, ob man den Zemstva eine partizipatorische Rolle – wenn auch nur in Ansätzen – zugestehen könne. Das Kurienwahlrecht gab allerdings wenig Anlass zu dieser Hoffnung, sicherte es Adel und Beamten doch einen Deputiertenanteil von 60 bis 90 Prozent. Als die konservativen Bestrebungen unter Alexander III. immer bestimmender wurden, baute die Zemstvoreform von 1890 die Position des Adels sogar noch aus. Zwar sind die Zemstva ein untrügliches Zeichen dafür, dass der Gesetzgeber die nach 1861 entstandenen Defizite zu schließen suchte; dem Wandel der Sozialstruktur aber

Konfliktpotential stand er nahezu ratlos gegenüber. Hier brachen zumindest drei Konfliktlinien auf. *1. Mobilität:* Durch Herabsetzung der Landanteile löste die Bauernbefreiung eine Welle der Dorfflucht aus. Sie beschleunigte die Urbanisierung in einem Maße, dass sich die Stadtbevölkerung zwischen 1867 und 1897 von 6,6 Mio. auf 12,5 Mio. verdoppelte. Das im 18. Jahrhundert entstandene, aber bis 1917 fortexistierende Ständegehäuse aus Kleinbürgern, Kaufleuten und (seit 1832) auch Ehrenbürgern bezweckte jedoch, sozialen Wandel einzudämmen und daher an die Zustimmung der Obrigkeit zu binden, um die Trennung von Stadt und Land aufrechtzuerhalten. Zwecks wirtschaftlicher Entwicklung aber musste die Modernisierung das Ausmaß sozialer Mobilität erhöhen. *2. Differenzierung:* Von 1860 bis 1900 stieg die Zahl der Hochschulabsolventen von 20 000 auf 85 000, die Zahl der Zivilbeamten von 112 000 auf 524 000. Infolge dieser Zunahme wuchs die Komplexität der Mittelschichten; stärker als zuvor bildeten sich neue Milieus und Berufe, die zur Modernisierung ebenfalls unabdingbar waren, die sich – anders als Stände – aber kaum noch reglementieren ließen. Dennoch schien die Ständeordnung den Umbruch wie festgefroren zu überdauern: Von einer Mio. Moskauern wurden 1897 ca. 63 Prozent Bauern registriert, aber nur 1,9 Prozent Kaufleute und Ehrenbürger sowie 22 Prozent Kleinbürger. *3. Soziale Ungleichheit:* Der ganz andere Charakter des neuen Sozialaufbaus schlug vor allem in der Arbeiterklasse durch, deren Stärke sich von 1865 bis 1890 verdoppelte und auf 1,4 Mio. anstieg. Infolge der räumlichen Konzentration und der Interessengleichheit schritt die Politisierung der Arbeiterklasse schneller als die der Mittelschichten voran. Gleichzeitig beschwor die Entstehung der Arbeiterklasse eine Verstärkung der sozialen Antagonismen herauf. Alles in allem vergrößerte der soziale Umbruch das Konfliktpotential, das nurmehr politisch reduziert werden konnte.

Hier setzte die Reform der Stadtverwaltung an. Zwar sah die neue Stadt- Stadtverwaltung verordnung vom 28. Juni 1870 einen Besitzzensus vor, demzufolge nur drei bis fünf Prozent der Moskauer oder Petersburger ein Wahlrecht innehatten. Auf Ebene der Gouvernements kam den Stadtdumen bzw. deren Vertreter – anders als bei den Zemstva – gegenüber der Bürokratie auch eine Kontrollfunktion zu. Die Aufgaben der städtischen Selbstverwaltung aber waren ebenso eingeschränkt wie die auf Bau-, Wirtschafts- und Sozialfragen reduzierten Zemstva. Bei der Steuerverteilung – nach wie vor der entscheidende Punkt – blieben Städte wie Zemstva von den Behörden abhängig. Dennoch leitete die Stadtordnung vom 23. Juni 1892 auch hier eine Verschärfung ein, um den Kreis der Wahlberechtigten weiter zu reduzieren – der stürmischen Urbanisierung zum Trotz. Zudem wurden jüdische Städter außerhalb des Ansiedlungsrayon vom Kreis der Wähler ausgeschlossen; innerhalb des Rayon wurde ihr Anteil auf zehn Prozent der Dumamitglieder beschränkt, obwohl sie in vielen Städten mehr als ein Drittel der Einwohner stellten. Wie bei der Bauernbefreiung war der eingeschlagene Weg damit auch hier dazu angetan, unter den Betroffenen ein Gefühl der Zurücksetzung zu nähren. Zudem litten die Städte an ebensolcher Unterfinanzierung wie die Zemstva, nur dass die Folgen hier immer deutlicher zutage traten, vor allem in den entstehenden Elendsvierteln.

Wie umfassend die Regierung Alexanders II. das Reich zu reformieren versuchte, zeigt nicht zuletzt das Universitätsstatut vom 18. Juni 1863, das den Hochschulen Autonomie gewährte, die Neuregelung des Elementarschulwesens vom 14. Juli 1864 sowie die Streichung der Präventivzensur vom 6. April 1865. Nicht zuletzt gedachte Petersburg mit der Justizreform vom 2. Dezember 1864 Justizreform Kernelemente des Rechtsstaats auf Russland zu übertragen, insbesondere durch Trennung von Gericht und Verwaltung, die Zulassung von Anwälten sowie die Öffentlichkeit des Verfahrens. Den Bauerngerichten, die nach wie vor das Gewohnheitsrecht pflegten, wurde ein Friedensrichter zugeordnet, zuständig für Zivil- und Strafsachen minderen Streitwerts. Welch starkes Bedürfnis nach einem derartigen Amt vorlag, zeigt die Tatsache, dass Friedensrichter bis 1880 in 48 Gouvernements tätig waren, die neue Justizverfassung aber erst in 33 Gouvernements Eingang gefunden hatte. Ob es dem Zarenstaat mit der Eigenständigkeit der Judikative ernst war, dafür musste die Verwaltungsgerichtsbarkeit zum entscheidenden Prüfstein werden; hier trat ans Licht, ob Autokratie und Bürokratie dem Einspruch der Justitia stattgaben. Wie sich herausstellte, waren die Gerichte gegen Übergriffe der Staatsorgane jedoch keineswegs gefeit. 1871 erhielt die Polizei das Recht, bei Staatsverbrechen Verhaftungen und Durchsuchungen auch ohne richterliche Anordnung vorzunehmen. Seit 1878 entschied allein die Verwaltung über die Haftdauer von Personen, die politischen Organisationen angehörten. Eine weitere Aushöhlung erlebte die Ziviljustiz auch dadurch, dass Prozesse gegen mutmaßliche Terroristen 1879 an Kriegsgerichte überstellt wurden, die höhere Strafen verhängen konnten sowie unter Ausschluss der Öffentlichkeit tagten. Anstatt politische Gegner durch Legitimität und Legalität zu integrieren, setzte der Zarenstaat auf Repression.

Industrialisierung   Erfolg oder Misserfolg der großen Reformen sollte sich auch in der Wirtschaft zeigen. Auf deren Belebung war nicht zuletzt der Fiscus angewiesen, blieb der russische Staatshaushalt doch chronisch defizitär; zudem hatte die Finanzierung des Krimkriegs die Regierung zur Aufnahme hoher Auslandsanleihen wie zur Geldverschlechterung genötigt. Sollten sich die Steuereinnahmen erhöhen, mussten Fabriken wie Güter und Höfe ihre Absatzchancen verbessern und mit Hilfe der Eisenbahn zu einem Markt zusammenwachsen. Nach Eröffnung der Linie von Petersburg nach Moskau 1851 dauerte es aber Jahrzehnte, um die Wirtschaftszentren des Reiches zu verknüpfen, insbesondere die Schwarze Erde mit Häfen wie Riga und Odessa sowie die Fusion von Kohle am Donec mit dem Eisenerz von Krivoj Rog. Noch 1860 wies Russland nur 988 Kilometer Eisenbahnlinien auf, 1875 bereits 17 260. Während 1861 die Mehrheit der Waren auf dem Wasserweg befördert wurde (4,4 Mio Tonnen gegenüber 1,1 Mio. Tonnen auf dem Schienenweg), war die Dampflok dem Schleppkahn bis 1877 endgültig enteilt (12 Mio. Tonnen gegen 6,8 Mio. Tonnen). Dieser außerordentliche Zuwachs an Transportvolumen verweist zugleich auf die Belebung in der russischen Wirtschaft als Ganzes. Daneben übte der Eisenbahnbau eine Pionierfunktion auch für die einsetzende Industrialisierung aus, ging das Entstehen der Schwerindustrie doch insbesondere auf die Eisenbahn zurück. Von 1860 bis 1879 hat sich die Zahl der Arbeiter im Maschinenbau daher auf 42 660 vervierfacht und überstieg den Zuwachs der Arbeiterschaft insgesamt somit deutlich (von 231 000 im Jahre 1866 auf 390 000 bis 1879).

Entstehung des Proletariats   Trotz dieses Durchbruchs der Industrialisierung war auch 1890 weniger als ein Zehntel der Beschäftigten in Fabriken tätig, aber mehr als die Hälfte in Landwirtschaft und Heimarbeit. Dabei ist offensichtlich, dass der Zarenstaat auf den wuchtigen Schritt der Arbeiterklasse im Grunde nicht vorbereitet war: In rechtlicher Hinsicht hat er diesen Umbruch lange Zeit sogar ignoriert, blieben die Arbeiter de jure zumeist Bauern. Es war die Dorfgemeinde, die den Abwanderern den Pass ausstellte; in der Gemeinde führten sie ihre Steuern ab. Daher bedurfte es nicht weniger als fünf „Generationen", um Bauern in Arbeiter zu verwandeln: Die Bauern der ersten Generation waren an Aussaat und Ernte noch unmittelbar beteiligt und standen der Fabrik daher nur außerhalb der Vegetationsperiode zur Verfügung; sie legten Wert darauf, die hohen Feiertage im Kreis der Familie auf dem Dorf zu verbringen. Die zweite Gruppe von Arbeiter-Bauern hielt am Bodenrecht fest, beteiligte sich jedoch nicht mehr an der Bestellung, die nun den zurückgebliebenen Familienmitgliedern oblag, zumeist also den Frauen. Die Arbeiter der dritten Kategorie betrieben keine selbständige Landwirtschaft mehr, indem sie ihren Grund verpachteten. Die vierte „Generation" gab auch diesen Anspruch auf, besaß im Heimatdorf aber noch das Gehöft. Die der fünften und letzten Kategorie sagten sich schließlich auch davon los, holten ihre Familien nach und traten vollständig in die neue Existenzweise über. Für den einzelnen war die Schwelle vom ersten zum zweiten Stadium wohl am schwierigsten zu bewältigen, galt doch jeder Neuankömmling in Augen der Facharbeiter als unsicherer Kantonist, wenn nicht sogar als möglicher Streikbrecher (II.C.1).

Sozialstaatliche Initiativen, um die außerordentliche Belastung der Industrialisierung verträglicher zu gestalten, blieben in Russland weitgehend aus, so auch eine Renten- oder Arbeitslosenversicherung. Eine Kranken- und Unfallversicherung entstand erst 1912. Stattdessen bürdete der Staat die Versorgung ausgeschiedener Arbeiter nach wie vor der Bauerngemeinde auf. Mitbedingt durch die Fluktuation zwischen den ins Dorf zurückkehrenden Arbeitern um die Vierzig und aus dem Dorf Aufbrechenden um die Zwanzig sowie durch die Illegalität des Proletariats tat sich in den Fabriken lange Zeit ein weitgehend rechtsfreier Raum auf. Zudem erlitten die Arbeiter in den sechziger und siebziger Jahren sogar einen Rückgang der Realeinkommen, ausgelöst durch die Inflation. Die im Durchschnitt armseligen Löhne zwangen die Zuwanderer, in ebenso armseligen Quartieren zu hausen. Es bedurfte massiver Unruhen, bis sich die Regierung bequemte, 1885 die Nachtarbeit von Frauen und Kindern zu untersagen. Auch dieses Zugeständnis erfolgte nur in unmittelbarem Anschluss an den Streik in einer der großen Fabriken im Gouvernement Vladimir. Da die Öffentlichkeit weite Teile der Forderungen wie Einhaltung der gesetzlichen Mindestlöhne unterstützte, war die Empörung umso größer, als der Gouverneur von Vladimir auf Betreiben des Fabrikbesitzers Kosaken entsandte, die den Streik blutig unterdrückten. Im Jahr darauf erging am 3. Juni 1886 das erste russische Arbeiterschutzgesetz, das zentrale Fragen wie Auszahlung der Löhne, Verhängung von Strafen oder das Kündigungsrecht zu regeln versuchte. Auch wenn Fabrikinspektoren nun manchen Missstand zur Sprache brachten, zeigt die Zunahme der Streikbewegung, dass der Betriebsfrieden immer brüchiger wurde. Im Jahrzehnt nach der Bauernbefreiung waren Streiks noch selten und blieben auf den Ural konzentriert. Seit 1870 aber griffen sie auf ganz Russland über – unübersehbares Signal dessen, dass der Zarenstaat keinen Weg fand, die Proletarisierung verträglich zu gestalten. Seit 1875 entstanden erste Zusammenschlüsse von Arbeitern, so der „Südrussische Arbeiterbund" in Odessa. Mit besonderer Besorgnis musste die Obrigkeit jedoch zur Kenntnis nehmen, dass renitente Arbeiter und revolutionäre Intellektuelle allmählich zusammenfanden.

Soziale Frage

2. Politik der Gegensätze

Im Grunde strebt Politik danach, soziale Konflikte zu schlichten, bevor diese eskalieren. Das Problem war nur, dass sich der späte Zarenstaat so manchen Ausweg aus der reformbegründeten Krise selbst versperrte: Hierzu zählt der weitgehende Verzicht auf Gewährung von Partizipation, also auch auf Moderation; hierzu zählt das Fortbestehen des Ständesystems, so dass soziale Aufwärtsmobilität als sicheres Mittel zur Entschärfung von Gegensätzen die Ausnahme blieb; hierzu gehört, dass die Autokratie nicht daran dachte, das konflikthemmende Netz des Sozialstaats zu knüpfen. Noch dazu ermangelte dem russischen Nationalismus die Durchschlagskraft, um von inneren Widersprüchen

Intelligenz auf diese Weise abzulenken (II.B.2). Schließlich vollzog sich in der Intelligenz ein tiefer Wandel: Gingen die „alten" Intellektuellen der Zeit vor 1861 zumeist aus dem Adel hervor, rekrutierten sich die „neuen" auch aus Aufsteigern. Obwohl so überaus deutlich in der Minderheit, fiel dieser Gruppe die Rolle zu, das notorische Schweigen der russischen Mittelschicht zu durchbrechen und ihr zu politischer Artikulation zu verhelfen. Die erste russische Volkszählung von 1897 erhob die Intelligenz mit 726 000 Personen oder 0,6 Prozent der Gesamtbevölkerung von 116 Mio., die in zunächst drei, dann in fünf Lager zerfielen.

Liberale Die vielleicht größte Gruppierung innerhalb der Intelligenz vertrat liberale Positionen. Kritik an schwerwiegenden Versäumnissen des Zarenstaates in der Bauern-, Arbeiter- oder Nationalitätenfrage löste hier zwar ein Abrücken von der Autokratie aus, hielt sich durch Verbundenheit mit Russland und seiner Geschichte vorerst aber noch in Grenzen. Vom Verantwortungsbewusstsein dieser Liberalen wurden insbesondere die Zemstva getragen. Auch wenn Innenminister vom Zuschnitt eines D. A. Tolstoj (1882–1889) immer wieder versuchten, die Bevormundung der Zemstva zu steigern und der Adel nach Änderung des Zemstvostatuts vom 12. Juni 1890 mehr als die Hälfte der Deputierten ausmachte, stellten die gemäßigten Lehrer und Ärzte der Zemstva doch den Kern liberaler Bewegung. Publizistischen Rückhalt fand diese Opposition in den *Russkie Vedomosti*, einer 1863 gegründeten Moskauer Zeitung, die 1867 rund 16 000 Abonnenten zählte, obwohl die Zensur sie immer wieder zu knebeln versuchte. Als sich die Zeitung zum Beispiel erdreistete, 1871 von einem Sozialistentreffen in Dresden zu berichten, wurde sie dafür durch Entzug des Rechts auf Straßenverkauf bestraft. Wie ein Vergleich der Reaktion auf die Judenpogrome von 1881 bzw. von 1903 in Kišinev zeigt, nahm die Schärfe der Kritik am Zarenstaat im Laufe der Zeit deutlich zu; dennoch ließ die intellektuelle Mehrheit den Dialog mit der Obrigkeit nicht ganz abreißen. Auf den Flügeln des politischen Spektrums jedoch trat eine Eskalation ein.

Rechte Bei den Rechten drangen vor allem die Panslavisten vor. Während des Krimkriegs hatte Russland einen Rückschlag erlitten, der nach Kompensation verlangte. Dabei verstanden es vor allem die *Moskovskie Vedomosti*, seit 1863 herausgegeben von M. N. Katkov, das patriotische Gefühl in geradezu demagogischer Weise zu mobilisieren. Dieser Nationalismus schickte sich an, die politische Zerklüftung durch antipolnische Kampagnen zu überwinden und äußere Unversehrtheit durch innere Einheit zu krönen. Dass Katkovs Botschaft nicht gänzlich verpuffte, zeigt die Auflagensteigerung seiner Zeitung um ein Drittel auf mehr als 10 000 Exemplare noch 1863. Hatte sich Konstantin Aksakov als historischer Denker der Slavophilie ausgezeichnet, wandte sich dessen jüngerer Bruder Ivan ausgerechnet dem Studium der Jurisprudenz zu, für das die Slavophilen einstmals nur Verachtung kannten. Noch dazu saß Aksakov seit 1874 einer der großen Moskauer Banken vor. Da somit auch von wirtschaftlichen Interessen geleitet, trat er während des russisch-türkischen Krieges 1877/78 mit solcher Verve für ein expansives Vorgehen Russlands auf dem Balkan auf, dass ihn die Regierung aus Moskau auswies. Hatten die Slavophilen die Bauerngemeinde zum Leitbild erklärt, knüpfte Ivan Aksakov seine Hoffnung auf die *obščestvo* (Gesellschaft) aus den Gebildeten aller Schichten, die sich die rhetorische Figur der Nähe zum Volk aber nicht nehmen ließen und ihr auf einer zu berufenden Landesversammlung (*zemskij sobor*) Ausdruck verleihen wollten. Seiner gottübertragenen Mission werde Russland aber erst in der Außenpolitik gerecht, indem es die Slaven vom Joch der Fremdherrschaft befreien und auf dem Boden der Orthodoxie vereinen werde. Allein die Polen sah er als unbelehrbar. Verbittert über das Scheitern seiner Träume, ergab sich der späte Aksakov dem Judenhass. Vor allem in seiner letzten Zeitung *Rus'* schrieb er den Juden, angeführt von einer „Alliance Israélite Universelle" in Paris, das Streben nach Weltbeherrschung zu.

Warfen die Konservativen dem Zarenstaat dessen Reformbereitschaft vor, beschuldigten ihn die Linken der Nichtreformierbarkeit. Die ersten begriffen sich als Opfer der Zukunft, entstammten sie ja oftmals dem Häuflein der alten Eliten, die nach 1861 nicht selten dem Ruin ins Auge sahen; dagegen empfanden sich letztere als Opfer der Gegenwart – und strebten eine Entwicklung an. Nicht durch Zufall wurden sie von einer weitaus stärkeren Radikalisierung als die Rechten erfasst. Diese Eskalation geht wohl auch auf die Schwäche der russischen Mittelschichten zurück, die zur Bindung dissidenter Milieus kaum imstande waren. Vor diesem Hintergrund nahm der bislang vereinzelte Protest gegen die Konsequenzen der Jahrhundertreform von 1861 den Charakter einer Bewegung an. An deren Ursprung stand N. G. Černyševskij, ein Popensohn aus Saratov. Hatte Černyševskij als Journalist seine Hoffnung auf Reformen auch publik gemacht, ließ er diese nach Bekanntwerden der enttäuschenden Modalitäten der Bauernbefreiung fahren. In einer Proklamation „An die Adelsbauern" rief er sogar zum Aufstand auf, wurde im April 1862 jedoch inhaftiert und die Zeitschrift *Sovremmenik* verboten. Hinter den Mauern der Peter-Pauls-Festung fand er Gelegenheit, in *Was tun?* die Ankunft des neuen Menschen zu feiern, der nichts gelten ließ außer Vernunft und Moral. Dieser Roman, gleichsam die Fibel der Radikalen, kündete vom Ende der Ausbeutung wie vom Anfang kollektiver Verantwortung, ja eines sinnvollen Lebens. Die Abkehr vom huma-

Linke

nistisch-naiven Sozialismus, wie ihn noch Herzen gepredigt hatte, drückt sich vor allem in der Figur des Rachmetov aus, einem asketischen Egoisten, der die Sache der Revolution ohne jede Rücksicht verficht. Was auf damalige Gleichgesinnte nahezu magisch gewirkt haben muss, hinterlässt heute einen eher bedrohlichen Eindruck.

Welches Echo von Černyševskij ausging, zeigte sich nicht zuletzt während der Studentenunruhen im „verrückten Sommer" von 1874, als sich Petersburger Studenten gleich scharenweise aufmachten, um die Dörfer mit revolutionären Narodniki Aufrufen zu beglücken. Wie Herzen und Černyševskij sahen diese Narodniki die Bauerngemeinde als Keimzelle eines unverfälschten Sozialismus an, der Russland das Übel der Proletarisierung ersparen könne. Materialistisch gefärbte Theorien lehnten die Narodniki ab, da sie dem Freiheitsanspruch des Menschen zuwiderliefen. Maßgeblicher Einfluss auf die Narodniki ging zunächst von dem Mathematiker P. L. Lavrov (1823–1900) aus, der seit 1870 in Paris lebte. Seine noch in der Verbannung verfassten *Historischen Briefe* bekundeten eine Hoffnung auf das vernunftbegabte Individuum, das Wahrheit und Gerechtigkeit zum Siege verhelfen werde. Um der Unterdrückung ein Ende zu setzen, sei das Volk durch geduldige Aufklärung für den Sozialismus zu gewinnen. Allerdings verwies Lavrov auf die Kosten des Fortschritts – dies in deutlicher Wendung gegen Marx –, weil es ja immer die kleinen Leute seien, die großen Ideen zum Opfer fielen. Seiner Geschichte könne der kritisch gesinnte Mensch nur dadurch Sinn verleihen, indem er Kultur durch Verbreitung von Wahrheit und Gerechtigkeit zu Zivilisation erhöhe. Wollten die Anhänger Lavrovs das Dorf belehren, vertrauten die Jünger M. A. Bakunins beim Gang ins Volk auf dessen Mentalität. Gemäß Bakunins Auffassung, Russlands großes Potential an Aufrührern habe sich mit Sten'ka Razin oder Pugačev keineswegs erschöpft, hoffte der anarchistische Flügel der Narodniki die rebellische Tradition der Bauern an Wolga und Don zu erneuern. Nur dass die Bauern diese Botschaft nicht ganz begreifen wollten: Nach Anzeigen von bäuerlicher Seite fanden sich bis 1880 mehr als 2500 dieser Narodniki auf der Polizeiwache wieder.

Wie Lavrov und Bakunin hielt auch N. K. Michajlovskij den Glauben an die bäuerliche Gemeinde aufrecht. Seit 1892 die angesehene Zeitschrift *Russkoe Bogatstvo* herausgebend, ließ er nicht davon ab, die Figur des russischen Bauern zu idealisieren: Dessen Leben sei arm, aber erfüllt und infolge seiner wirtschaftlichen Autarkie könne er sogar als Beispiel menschlicher Unabhängigkeit dienen. Mit 14 000 Abonnenten erreichte das *Russkoe Bogatstvo* um 1890 auch eine Leserschaft, deren Größe mit Liberalen und Rechten gleichauf zu liegen schien. Dem Durchbruch der Industrialisierung vermochte Michajlovskij wenig abzugewinnen. Sogar die Reichen sähen sich um ihr Glück betrogen, erzeuge der Kapitalismus doch mehr Bedürfnisse als Mittel zu deren Befriedigung. Derartige Begriffe deuten an, dass aus der Bewegung der Narodniki zwei weitere heMarx in Russland raustraten. Dabei machte die marxistische zunächst eher wenig von sich reden. Fünf Jahre nach dessen Erscheinen brachte N. F. Daniel'son 1872 den ersten Band des *Kapital* in russischer Übersetzung heraus. Obschon durch langjährigen Briefwechsel mit den Gedanken von Marx und Engels bestens vertraut, hielt Daniel'son doch manch lieb gewordenem Dogma der Narodniki die Treue, so dem Glauben an Heimarbeit und Bauerngemeinde als Muttererde eines kommenden Sozialismus. Allerdings ließ sich die Überzeugung von der Vermeidbarkeit des Kapitalismus auch durch Verweis auf Marx begründen. In einem Brief an Vera Zasulič, die 1878 versucht hatte, den Petersburger Polizeichef F. F. Trepov zu erschießen, teilte Marx 1881 mit, dass Russland die Epoche des Kapitalismus überspringen könne – dies in deutlichem Gegensatz zur Gesetzmäßigkeit historischer Entwicklung, wie sie Marx ansonsten unterstellte. Gerade dieser Suggestion verdankte der Marxismus im Zarenreich seinen Anhang: Zum einen verhieß das Bündnis mit dem Proletariat einen Ausweg aus der Krise der Narodniki, wurde der Niedergang des Dorfes – und das Scheitern der populistischen Strategie – doch immer deutlicher; zum andern erfüllte der Marxismus die Herzen der Revolutionäre mit der Gewissheit, endlich auf der richtigen, da historisch siegreichen Seite zu stehen.

Besonders deutlich tritt die Wende von der Idealisierung des Bauern zu der des Arbeiters im Werk G. V. Plechanovs hervor. 1879 hatte dieser noch versucht, Marxismus und Populismus zu verbinden, gründete 1883 aber die erste sozialdemokratische Vereinigung *Osvoboždenie truda*. Ihr gehörte auch Vera Zasulič an, die 1882 eine zweite Übertragung des „Kommunistischen Manifests" besorgt hatte; die erste aus dem Jahre 1869 stammte von keinem geringeren als M. A. Bakunin. Plechanov sah die historische Mission der Arbeiter darin, die von Peter dem Großen begonnene Verwestlichung zu vollenden. Noch schärfer tritt der Bruch zwischen Populisten und Marxisten aber hervor, wenn man zwei weitere Punkte hinzunimmt. Dem Heroismus der Narodniki, der auch manchen Attentäter beflügelt hatte, schob der Marxismus einen Riegel vor. Stattdessen sprangen kollektive Kräfte ein, sei es die Klasse, sei es ein sozial determiniertes Bewusstsein. Obwohl die Marxisten an dieser Stelle nur einen Mythos gegen den anderen austauschten, erwiesen sich die Konsequenzen als durchaus handfest. Während Nationalisten wie Populisten die Barriere zwischen Russland und Europa für unumstößlich erklärten, sahen die Marxisten in Russland wie im Westen identische Gesetze am Werk. Russland war wieder Europa – doch um welchen Preis?

G. V. Plechanov

Ein anderer Flügel schlug den Weg zum Terrorismus ein, vertreten durch die Geheimorganisation *Zemlja i Volja*, der nach ihrer Gründung 1876 etwa 200 Revolutionäre angehörten. Zunächst stimmte diese Gruppe Forderungen der Narodniki zu, den gesamten Landbesitz an die Bauern zu verteilen und die Befugnisse der Hauptstadt durch Aufwertung der Provinzen drastisch zu beschränken. Neben Agitation und Demonstration plante die *Zemlja i Volja* aber auch Anschläge auf führende Vertreter des autokratischen Systems. Auf der letzten Vollversammlung der *Zemlja i Volja* 1879 sprach sich die Mehrheit der neunzehn Teilnehmer für eine Verstärkung des Terrors aus. Der hieraus ent-

Terrorismus

stehende Zusammenschluss *Narodnaja Volja* erklärte den Terrorakt konsequenterweise zum Beginn der Revolution. Als am 5. Februar 1880 im Winterpalais eine Bombe explodierte, kam bei Hofe jedoch eine Gegenreaktion in Gang: Alexander II. berief eine Kommission unter M. T. Loris-Melikov, um die Bekämpfung des Terrors, bislang in Händen eigens eingesetzter Generalgouverneure, wieder zu zentralisieren. Loris-Melikov, der sich 1878 durch rigorose Eindämmung der Pest an der Wolga einen Namen gemacht hatte, rückte im August 1880 zum Innenminister auf. Anknüpfend an die sechziger Jahre entwarf er ein umfassendes Reformprogramm, um der Gewalt die Ursache zu entziehen. Der Kriegsminister D. A. Miljutin pflichtete dem bei und forderte insbesondere den Ausbau des Schulwesens. Loris-Melikov sah nicht nur deutliche Liberalisierungsmaßnahmen vor, so im Bereich der Pressezensur, sondern auch Mitbestimmung. Alle Vorlagen hätten danach der Zustimmung des Reichsrats bedurft, den Loris-Melikov durch Vertreter der Gesellschaft zu ergänzen befahl. Obschon sehr zurückhaltend, fand dieser Reformvorschlag im Kabinett jedoch keine Mehrheit.

Attentat auf Alexander II.

Nach mehreren Versuchen wurde das „Todesurteil", das Vertreter der *Narodnaja Volja* am 7. September 1879 über den Zaren gefällt hatten, am 13. März 1881 tatsächlich vollstreckt: Unweit des Nevskij Prospekt in Petersburg kam Alexander II. durch eine Bombe ums Leben. Die Autokratie schien enthauptet – und dennoch blieb die Revolution aus. Das Kalkül hartgesottener Verschwörer entpuppte sich als denkbar naiv, zumal viele Bauern den Zaren – trotz allem ein Befreier – ehrlich betrauerten. Obwohl der *Narodnaja Volja* zwei Organisationen zur Agitation unter Arbeitern angeschlossen waren, blieb es auch in den Fabriken ruhig. Noch dazu gewährte der Staat anders als von den Terroristen erwartet eben keine Reformen, eben keine Verfassung, sondern holte unter Alexander III. zum Gegenschlag aus. Die Regierung Alexanders III. sollte daher einer anderen Maxime folgen als die seines Vaters. Nach 1861 hatte der aufgeklärte Teil der Bürokratie die Notwendigkeit einer grundlegenden Neugestaltung des russischen Sozialsystems klar erkannt; insbesondere der Innenminister P. A. Valuev (1862–1868) wies den Zaren 1863 auf die Kluft zwischen Staat und Ständen hin und regte die Umwandlung des Staatsrats in eine Repräsentativversammlung an. Die Legitimität der Romanov hätte damit eine Stütze erhalten. Allerdings wurde dieses Projekt nach kurzer Diskussion ebenso verworfen wie zwei Jahrzehnte darauf der vergleichbare Vorstoß Loris-Melikovs. Derartige Dinge galten nach dem Attentat auf Alexander II. als unerhört; nicht länger schien Meinung gefragt, sondern schiere Macht.

Nationale wie liberale Bewegungen versuchte Alexander III. daher ebenso zu unterdrücken wie die der Arbeiter. Noch dazu schickte sich die neue Regierung an, mit Zemstva und Stadtstatut wesentliche Errungenschaften der Zeit Alexanders II. auszuhöhlen. Während die Wahlen in die Zemstva nach 1864 auf einem Vermögenszensus beruhten und eine von drei Kurien auch dem bäuerlichen Grundbesitz gewisse Partizipationschancen eröffnete, nahm das zweite Zemstvostatut von

1890 Zuflucht zu einer rein ständischen Gliederung. Unabhängig vom jeweiligen Besitz bestand die erste Kurie hinfort nur aus Adligen; bürgerliche Gutsbesitzer schieden aus ihr ebenso aus wie Bauern aus der zweiten, städtischen Kurie – auch wenn sie in der Stadt über Eigentum verfügten. In der dritten Kurie wählten die Bauern ihre Vertreter nicht mehr nach eigenem Gutdünken, sondern konnten dem Gouverneur nurmehr Kandidaten vorschlagen. Das zweite Zemstvostatut verfolgte daher ganz unverkennbar den Zweck, dem Adel wieder aufzuhelfen.

Auch die Stadtordnung von 1890 kehrte zur Restauration zurück: Hatte das Stadtstatut von 1870 das Stimmrecht an Haus- und Grundbesitzer, Betriebsinhaber und Händler ungeachtet des Ständerechts vergeben und den Anteil der Wahlberechtigten somit auf 3,4 Prozent der Petersburger erhöht, stärkte das Stadtstatut von 1892 den hausbesitzenden Adel und die dünne Schicht von vermögenden Bürgern in der Stadtduma. Auch auf dem Land sollten wieder klare Zustände herrschen: Zur Bekräftigung adliger Autorität ordnete Petersburg 1889 die Einführung des Landhauptmanns ein, also eines Amtes, dessen Funktionen der Gesetzestext wohlweislich recht vage beschrieb: „Dem Landhauptmann obliegt die Sorge um das wirtschaftliche Wohlergehen und moralische Gedeihen der Bauern des ihm übertragenen Bezirkes." In der Praxis unterstand dem Landhauptmann vor allem die Aufsicht über die Gemeinde, eingeschlossen die Steuerzahlung. Beschlüsse der Bauern konnte der Landhauptmann kassieren, missliebige Älteste ihres Amtes entheben und Strafen bis fünf Rubel oder sieben Tage Haft aus eigenem Gutdünken verhängen. Da die Landhauptleute allein vom Gouverneur und ohne Mitwirken der Bauern ernannt wurden, ergaben sich Konsequenzen, wie sie manchem Ziehvater der konservativen Wende nicht ungelegen kamen. Bereits 1890 musste der Gouverneur von Nižnij Novgorod die ihm unterstehenden Landhauptleute daher dazu auffordern, bei der Verhängung der Prügelstrafe in Zukunft größere Vorsicht walten zu lassen. Die von Liberalen geäußerte Ansicht, hier kehre ein Stück der Leibeigenschaft zurück, erscheint daher als nicht ganz unrealistisch.

Geistiger Wegbereiter dieser Wende unter Alexander III. war der Oberprokuror des Heiligen Synod, K. P. Pobedonoscev (1880–1905), von Ilja Repin in seinem eindrucksvollen Porträt des Staatsrats als Habicht der Reaktion karikiert. Er bestärkte Alexander III. in der Absicht, die Grundsätze der Autokratie zu wahren. Unter dem Druck der Rechten verschrieb sich Petersburg sogar einem russischen Nationalismus, wie er dem Zarenstaat lange Zeit fremd war – und einem Vielvölkerreich noch dazu völlig unangemessen. In Polen betrieb dieser Nationalismus sogar die Russifizierung der Schulen. 1893 wurde auch die Universität Dorpat – wie die Stadt – in Jur'ev umbenannt; ab 1895 war hier die Lehre mit Ausnahme der Theologie nur noch in russischer Sprache erlaubt. Der seit 1319 bezeugte Rat von Reval trat 1889 zum letzten Mal zusammen. Bei der Bewertung dieser Russifizierungsmaßnahmen ist allerdings zu bedenken, dass der Anteil des städtischen Deutschtums in Riga und Reval durch den Zuzug von Letten und Esten nachließ und die alten Privilegien der Deutschen daher immer fragwürdiger wurden. Ganz anderen Charakter nahm der Antisemitismus an: Im Anschluss an die Ermordung Alexanders II. brach in Gouvernements wie Kiev, Cherson und Ekaterinoslav 1881 eine bis dahin ungeahnte Welle von Pogromen über die jüdische Bevölkerung herein. Noch dazu hoben die „Provisorischen Regeln über die Juden" vom 15. Mai 1882 die von Alexander II. gewährte Liberalisierung des Wohn- und Arbeitsrechts wieder auf. 1891 wurden jüdische Handwerker und Kleinhändler sogar aus dem Gouvernement Moskau vertrieben.

S. Ju. Witte Es bedurfte der Hungersnot des Winters 1890/91, dass Alexander III. einen energischen Verfechter der Modernisierung durchschlüpfen ließ und S. Ju. Witte am 15. Februar 1892 zum Verkehrsminister ernannte. Schon am 11. September 1892 trat Witte, mit Stolypin der letzte Staatsmann des Zarenreiches, an die Spitze des Finanzministeriums. Witte gelang es, von 1893 bis 1899 einen Wirtschaftsaufschwung zu entfachen, der Russland mit etwa acht Prozent höhere Zuwachsraten als den USA bescherte und die Industrieproduktion verdoppelte. Ganz unverkennbar, dass mit Witte ein neuer Typus die politische Bühne betrat, der nicht den Arrivierten entstammte, sondern der Wirtschaft, hier der Kiever Eisenbahn. Ebenso grundlegend schlug der Unterschied zu Buche, dass Witte als erster russischer Politiker öffentlicher Unterstützung bedurfte. Als deren Rückhalt infolge der Wirtschaftskrise nach 1900 abflaute, musste Witte 1903 seinen Hut nehmen. Im Kern lief Wittes Konzept auf den Ausbau der Eisenbahn hinaus, um das Wachstum der Schlüsselbranche Metallindustrie – auch durch Verhängung von Schutzzöllen – zu beschleunigen. In der Tat hat sich das Streckennetz der Eisenbahn von 1890 bis 1901 auf 56000 km nahezu verdoppelt. Mit 400000 Arbeitern stellte die Eisenbahn 1900 auch den größten Industriezweig. Da zwei Drittel der Linien staatlich waren, musste Witte weitaus mehr Kapital aufbringen als seine Vorgänger. Zum einen entstammten diese Anleihen dem Ausland, vor allem aus Frankreich, wo die Konditionen günstiger als im Inland waren. Um die Kreditwürdigkeit Russlands zu erhalten, führte Witte 1897 auch den Goldstandard ein. Zum andern erhöhte er die indirekten Steuern, die sich von 1880 bis 1901 verdoppelten. Umsatz- bzw. Einkommenssteuern versuchte er dagegen zu senken, um Investitionen zu erleichtern. Vor allem jedoch verstärkte er das Wirtschaftsengagement des Staates, so durch Einführung von Branntweinmonopol und Zuckerkartell.

Arbeiter Im Vergleich der Industriegebiete lagen die alten Zentren im Hinblick auf die Zahl der Arbeiter noch deutlich vorn (Moskauer Industriegürtel 0,5 Mio., Ural 280000), die neuen aber wiesen wesentlich stärkere Zuwachsraten auf. Am Donec verdoppelte sich die Zahl der Beschäftigten (auf 45000), in Petersburg wuchs sie um fast zwei Drittel (auf 150000). Auch die Lebensbedingungen der Arbeiter begannen sich langsam zu bessern; bis 1898 standen einem deutlichen Zuwachs der Löhne sinkende Brot- und Fleischpreise gegenüber. In manchen Wirtschaftsbereichen vermochte Witte daher eine Erfolgsbilanz sondergleichen vorzulegen. Allerdings traten auch schwerwiegende Mängel zutage: Durch rigorose Sparmaßnahmen fiel das Gleisbett der transsibirischen Bahn so dürftig aus, dass die Züge nur langsam vorwärts kamen. An Tomsk lief die Strecke vorbei, und Irkutsk war vom Bahnhof durch den Fluss getrennt. Aufgrund derartiger Planung ließ die Amortisation der Baukosten auf sich warten. Zudem gingen Pionierfunktion des Staates und einseitiger Ausbau der Schwerindustrie mit Gefahren einer Monostruktur einher. Auch deren Krisenanfälligkeit, ausgelöst durch eine Überproduktion in der Metallindustrie, stieß Russland in den Abgrund der Revolution von 1905.

Nach wie vor umstritten ist die Bewertung der Entwicklung im agrarischen Bereich. Zwei Interpretationen stehen sich gegenüber: Die ältere, nicht zuletzt von sowjetischen Historikern getragene, strich die krisenhaften Elemente heraus, beruhend vor allem auf der Verknüpfung von rapidem Bevölkerungswachstum, sinkenden Pro-Kopf-Anteilen am Gemeindeland, Verfall der Getreidepreise auf dem Weltmarkt, steigenden Bodenpreisen sowie der zunehmenden Steuerbelastung. All dies resultierte in der Hungerkatastrophe von 1890/91 und in der Pauperisierung vieler Bauern. Demgegenüber machte die jüngere, insbesondere von amerikanischen Historikern vertretene Auffassung darauf aufmerksam, dass an der traditionellen Interpretation manches kaum haltbar sei. Besonderes Gewicht kam methodischen Einwänden zu, etwa dem, dass Pro-Kopf-Durchschnitte angesichts der russischen Regionalunterschiede fast ausnahmslos in die Irre führen. Zudem sei ein Bevölkerungszuwachs nur dann möglich, wenn auch der Lebensstandard steige. Auf den Rückgang des Bodenanteils, der besonders in den fruchtbaren Landstrichen Russlands unbestreitbar ist, vermochten sich viele Bauern offenbar einzustellen, so durch zusätzliche Pacht. Auch dass die Bodenpreise im späten 19. Jahrhundert anzogen, ist ein Indiz für die Ausbreitung zahlungskräftiger Bauern. Sowohl die Getreideproduktion als auch der Getreideverbrauch nahm schneller zu als die Bevölkerung. Gewichtige Zweifel wurden sogar an A. Gerschenkrons alter Hypothese geäußert, wonach es die Bauern gewesen seien, die den Löwenanteil zur Finanzierung des Industrieaufbaus aufbringen mussten. Insbesondere der Finanzminister N. Ch. Bunge (1881–1887) leitete einen Umbau des Steuersystems ein, der Unternehmen und Städter stärker als Bauern zur Steuerleistung heranzog. Auch die Abschaffung der Kopfsteuer 1887 (in Sibirien 1889) und deren Ersatz durch höhere Verbrauchssteuern schnitt in das städtische Leben tiefer ein als in das dörfliche, da Bauern nur wenig Tee oder Zucker konsumierten und von den zunehmenden Steuern auf Tee, Zucker, Textilien daher in geringerem Maße betroffen waren.

Dass eine Schicht leistungsfähiger Bauern auf dem Vormarsch war, diese Nachricht erreichte sogar Petersburg. Noch kurz vor seiner Entlassung war es Witte 1903 daher möglich, die kollektive Steuerhaftung der Gemeinde aufzuheben – Relikt defizitärer Staatlichkeit, das wirtschaftlichen Erfolg unter Strafe stellte, indem besser gestellte Bauern für das Versagen anderer aufkommen mussten. Auch das Innenministerium, anders als Wittes Finanzministerium kein Motor der Modernisierung, sondern eher deren Hemmschuh, schloss sich dem Ziel einer Förderung bäuerlichen Privatbesitzes an. Nach alledem hatte der Zarenstaat also

Bauern

Abschaffung der Kopfsteuer

auch Positives zu vermelden. Gut möglich, dass Bauern mit der neuen Wirtschaft besser zurande kamen als der Adel. Wie anders wäre die wahrhaft erschütternde Berechnung zu verstehen, nach der fast ein Fünftel des adligen Bodens zwischen 1892 und 1905 unter den Hammer kam. Die wohl eindrücklichste Beschreibung dieses Zusammenbruchs gibt Anton Čechovs letztes Drama, der *Kirschgarten* von 1904: Ein Gut wechselt den Besitzer, der Diener wird trotz hohen Alters davongejagt und der Kirschhain hastig zu Geld gemacht.

3. Erste Revolution und Reichsduma

Das Fiasko des Krimkriegs schien denjenigen Kräften in der russischen Außenpolitik Recht zu geben, die eine Verlagerung des Engagements von Europa nach Asien für sinnvoll hielten. 1865 besetzte eine russische Streitmacht Taschkent, und im Jahr darauf eroberte der erste Generalgouverneur von Turkestan, General von Kaufmann, auch Samarkand. Als letzte Region Mittelasiens brachte Russland von 1881 bis 1884 Turkmenistan an sich. Beigetragen zu dieser Wendung nach Asien hatte wohl auch der Ausgang der Balkankriege: Obwohl russische Truppen 1878 vor den Meerengen standen, sah man mit Rücksicht auf die drohende Haltung Englands von der Einnahme Istanbuls ab. Auch der Berliner Kongress gestand Russland nur Landgewinne im Kaukasus zu, so Kars, Ardahan und Batum. Als der Zarenstaat 1886 auf dem Balkan ein weiteres Mal intervenierte, indem er den bulgarischen König Alexander Battenberg auf russisches Territorium verschleppen ließ, blieb auch dieser Vorstoß erfolglos. Als Konsequenz mehrfachen Scheiterns unterließ Alexander III. eine Verlängerung des Dreikaiserbundes von 1873, gebot die panslavische Idee doch offenbar, zu Österreich auf Distanz zu gehen. Dafür schien der Ferne Osten seit dem Bau der transsibirischen Eisenbahn 1891 (vollendet 1904) nicht länger so fern. 1895 gedachte S. Ju. Witte Asien durch *Öffnung Asiens* Gründung der Russisch-Chinesischen Bank auch ökonomisch zu öffnen und dem russischen Export hier eine Gasse zu bahnen. Schon im Jahr darauf gingen Russland und China einen Beistandspakt ein, der Russland die Möglichkeit bot, eine Eisenbahn quer durch zwei chinesische Provinzen zu ziehen, um den Weg nach Vladivostok zu verkürzen. Allerdings wusste Russland auch andere Mittel einzusetzen: Den Boxeraufstand von 1900 nutzte es dazu, Truppen in die Mandschurei zu entsenden, um China unter Druck zu setzen. Dieser Schritt rief sowohl Japan als auch Großbritannien auf den Plan, zwei Länder, die in unmittelbarer Reaktion auf das russische Vorgehen am 30. Januar 1902 ein Bündnis abschlossen. Als die russische Seite 1903 den vereinbarten Abzug aus der Mandschurei verzögerte, um China zu weiteren Zugeständnissen zu bewegen, brach Japan am 6. Februar 1904 die diplomatischen Beziehungen zum Zarenreich ab und löste durch Angriff auf russische Kriegsschiffe vor Port Arthur (seit 1898 russisch besetzt) den Krieg aus. In dessen Verlauf erwies sich das russische Militär als hoffnungslos unterlegen; am 2. Januar 1905 musste Port Arthur kapitulieren. Zum schockierenden Symbol der russischen Katastrophe aber wurde die Seeschlacht von Tsushima am 14./15. Mai 1905, in der die Armada des Admiral Togo die eigens herangeführte russische Ostseeflotte unter Z. P. Rožestvenskij binnen einer Nacht versenkte. Da die Reichweite der russischen Geschütze hinter der von japanischen zurückblieb, hatten die russischen Seeleute nicht den Hauch einer Chance.

Vor dem Hintergrund dieses Krieges brach eine Revolution aus, die nahezu alle Schichten und Gebiete des Zarenreiches bis ins Mark erschüttern sollte. Ihrem Durchbruch trieb sie am 9. Januar 1905 entgegen, dem so genannten Blutsonntag. Blutsonntag Nach Tagen des Streiks setzte sich auf dem Petersburger Nevskij Prospekt ein Zug demonstrierender Arbeiter in Bewegung, angeführt von dem Priester Gapon, um dem Zaren eine Petition zu überreichen. Die Polizei geriet in Panik, eröffnete vor dem Winterpalais das Feuer und schoss die friedliche Menge zusammen. Dieser Vorfall gab das Signal: Schlagartig griff die Streikbewegung auf Moskau über, desgleichen auf Polen; im April trat der Allrussische Eisenbahnerverband zu seinem ersten Kongress zusammen und verschaffte der Streikbewegung weiteren Zulauf. Noch im Mai 1905 sollte die erste russische Revolution dann diejenige Institution aus der Taufe heben, die einem Staat, ja einer Ära den Namen gab: Die Sowjets. Entstanden im Textilzentrum Ivanovo-Voznesensk, breitete sich diese Form des Arbeiterrates über alle Industrieregionen aus. Obschon bislang passiv, schlossen sich nun auch Bauern dem Aufstand an. Am 31. Juli trafen Vertreter aus 28 Gouvernements in Moskau zum Gründungskongress des Allrussischen Bauernbundes zusammen, der Nationalisierung des Bodens, Zusammenarbeit mit den Gewerkschaften sowie eine Konstituante forderte. Erst jetzt wich das Ancien Régime zurück: Am 6. August wurde ein Gesetzentwurf des Innenministers A. G. Bulygin bekannt, der die Einrichtung einer beratenden Reichsduma auf Grundlage einer Zensuswahl in drei Kurien vorsah. Da sich die Streikbewegung aber immer mehr politisierte – und auch den Frieden von Portsmouth mit Japan (23. August) in den Hintergrund treten ließ –, reichte dieses Zugeständnis nicht. Erst als Witte dem Zaren am 9. Oktober ein Memorandum übergab, das eine wirkliche Volksvertretung vorsah, gewährte Nikolaus II. in Reaktion auf den Generalstreik vom 15. Oktober mit dem Manifest Oktobermanifest vom 17. Oktober 1905 bürgerliche Freiheiten und eine Volksvertretung. Zwei Tage darauf ernannte der Zar Witte zum Ministerpräsidenten. Obwohl der Aufstand vorerst anhielt, hatte die Revolution mit dem Generalstreik vom 15. Oktober doch ihren Scheitelpunkt erreicht.

Da der Japanische Krieg der Revolution ja nur den Anlass geliefert hat, stellt sich die Frage nach den Ursachen. Zunächst lagen diese auf wirtschaftlicher Ebene, war der Aufschwung der neunziger Jahre nach 1900 in eine Phase tief greifender Repression umgeschlagen. Eine Hypothese der Revolutionstheorie – nach einer Wachstumsphase bricht in der Rezession eine Kluft zwischen Wunsch und Wirklichkeit auf – lässt sich hier eindeutig untermauern. Mehrere tausend Betriebe machten Bankrott – allein die Schwerindustrie entließ rund 200 000 Arbeiter. Bezogen auf 1,5 Mio. Arbeiter insgesamt 1897 war dieser Aderlass be-

Wirtschaftskrise
trächtlich. Zugleich verschlechterten sich die Lebensbedingungen, da die Preise für Nahrungsmittel teilweise um die Hälfte stiegen. Besonders in den Städten löste die Inflation eine Welle von Unruhen aus. Um 1900 kehrte aus Petersburg nur noch ein Zehntel der Arbeiter zur Ernte auf die Dörfer zurück – und daher ging die Streikbewegung nicht durch Zufall gerade von dieser Stadt aus. Weil Streiks ebenso wie Gewerkschaften jedoch als illegal galten, war der Weg in die Eskalation vorgezeichnet. Zur Legalisierung der Arbeiterbewegung ließ der Chef der Moskauer Geheimpolizei *(Ochrana)*, S. V. Zubatov, zwar Arbeiterassoziationen zu, die auch beträchtlichen Zulauf fanden. Die Streikwelle von 1903 hatte jedoch gezeigt, dass eine Kontrolle über das Proletariat auf diesem Wege nicht zu erreichen war.

Ob die Ausbreitung marxistischer Gruppen zur Streikbewegung wesentlich beitrug, ist allerdings fraglich. Zwar gab die durchbrechende Industrialisierung Marx Recht und den Narodniki Unrecht. Dennoch hatte sich die Partei der Sozialdemokraten seit ihrem Gründungskongress 1898 in Minsk immer wieder gespalten. Der auf Dezentralisierung wie Demokratisierung drängenden Strömung stand eine Gruppe um die 1901 gegründete Zeitschrift *Iskra* gegenüber, deren Redaktion V. I. Lenin und G. V. Plechanov angehörten. 1902 entwarf Lenin in *Was tun?* die Vision einer straff geführten Partei aus Berufsrevolutionären; um seinen unumschränkten Führungsanspruch zu wahren, nahm Lenin auf dem zweiten Parteikongress der SDAPR in Brüssel bzw. London 1903 auch die Trennung von den Menschewiki in Kauf. Wie sich zeigen sollte, hatten sich die Bolschewiki damit aber nicht nur eines Konkurrenten um die Macht entledigt, sondern auch vieler Kontakte zur Arbeiterbewegung. Gerade die Streiks von 1905 entstanden in aller Regel spontan und zur gänzlichen Überraschung der Bolschewiki.

Bauern
Unter den Bauern rebellierten diejenigen besonders vehement, die sowohl wirtschaftliche als auch nationale Forderungen erhoben. In Teilen des Kaukasus gelang den Bauern sogar das Kunststück, alle Staatsvertreter zu vertreiben und zeitweilig eine revolutionäre Selbstverwaltung zu errichten. In den russisch besiedelten Gouvernements erwies sich die Revolution dagegen als weniger stürmisch. Wo für den Japanischen Krieg allerdings mobilisiert worden war oder alte Konflikte schwelten, setzten Bauern gleichwohl manches Gutshaus in Brand. Politische Beweggründe, wie sie der Revolution ja sonst so häufig zugrunde lagen, regten sich unter den russischen Bauern zunächst eher selten. Als die Ernte im Spätsommer 1905 eingebracht war, sollte sich dies aber radikal ändern. Auf der schwarzen Erde, wo die Bodennot besonders drückte, und an der mittleren Wolga riefen die Bauern stellenweise sogar nach der Enteignung des Adels. Nun tat die Propaganda des „Allrussischen Bauernbundes" ihre Wirkung, der die Überführung des gesamten Landes in Volkseigentum forderte. Mit Anbruch des Frühlings 1906 kehrten auch die Saisonarbeiter aus den Städten in die Dörfer zurück, erfüllt von Politik, Parolen und Propaganda. Es war daher nicht verwunderlich, dass die ländlichen Unruhen den ganzen Sommer anhielten.

Zu sozioökonomischen Ursachen traten politische. Schon in den Jahren zuvor hatte sich gezeigt, dass sich das Verbot politischer Zusammenschlüsse im Grunde nicht mehr halten ließ. 1896 hielten die Zemstva in Nižnij Novgorod erstmals einen Kongress ab; die demokratisch gesinnten Kräfte fassten 1903 in Schaffhausen die Gründung eines „Befreiungsbundes" *(sojuz osvoboždenija)* ins Auge, der für den Achtstundentag, die Legalisierung von Gewerkschaften und die Einführung einer Rentenversicherung eintrat. Dass der Petersburger Gründungskongress des Befreiungsbundes schon im Januar 1904 stattfinden konnte, verweist auf die zerbrechende Autorität des Zarenstaates. Gegenüber dem Zusammentreffen in Schaffhausen weitete der *Sojuz* seine Ziele nun deutlich aus und trat vehement für das „vierschwänzige" Wahlrecht ein (geheim, gleich, direkt, frei), für die Einführung einer Verfassung wie für das Selbstbestimmungsrecht der Nationalitäten. Der Ruf nach diesem Selbstbestimmungsrecht trug der Revolution von 1905 zu ihrem sozialen und politischen Charakter noch dazu den einer Protestbewegung der Nationalitäten ein.

Im Oktober 1904 hatten die polnischen Oppositionsparteien und insbesondere die 1892 gegründete PPS *(Polska Partia Socjalistyczna)* in Paris über gemeinsamen Widerstand konferiert. Für den 13. November organisierte die PPS daraufhin eine Warschauer Massendemonstration, bei der es zu Schießereien zwischen der PPS und russischen Soldaten kam; mehr als 600 Demonstranten wurden verhaftet. Im Anschluss an den Petersburger „Blutsonntag" rief die PPS am 28. Januar 1905 zum Generalstreik auf, ja am 21. März ließ die PPS in einer Warschauer Polizeiwache eine Bombe hochgehen. Wie erbittert dieser Kampf geführt wurde, zeigte sich auch am 1. Mai, als 37 Menschen bei Zusammenstößen ums Leben kamen. Zudem erhoben sich Esten und Letten gegen den deutschbaltischen Adel; im südlichen Livland griffen die aufgebrachten Bauern jedes dritte Gutshaus an. Außerordentlich blutig fiel hier auch das Strafgericht aus: Mehr als 600 vermeintliche Rädelsführer wurden zum Tode verurteilt. Auf einem eigenen Blatt steht das Schicksal der Juden, über die eine neuerliche Welle von Pogromen hereinbrach. Vor den Augen der Obrigkeit fielen dem Mob im Oktober 1905 allein in Odessa mehr als 300 Juden zum Opfer. Dabei waren die Motive dieser Pogrome vollkommen paradox: Entweder wurden die Juden als Kapitalisten – mithin als Gewinner der Modernisierung – verurteilt oder als Parteigänger der Revolution. Zionistische Bestrebungen lebten nach 1905 umso stärker wieder auf, desgleichen auch das Bemühen um Emigration. Damit ist unzweifelhaft, dass die Revolution von 1905 allen Nationalbewegungen Flügel verlieh. Das Oktobermanifest hat deren Voraussetzungen dauerhaft verstärkt, indem es neben politischen Organisationen auch nationale zuließ und deren Artikulation erheblich vereinfachte.

Wirtschaftlich-soziale, politische und nationale Beweggründe beschleunigten die Erosion zarischer Legitimität, wie sie vor 1905 durch die Zunahme politisch motivierter Gewaltsamkeit zutage getreten war: So fiel der Innenminister D. S. Sipjagin 1902 ebenso einem Attentat zum Opfer wie sein Nachfolger V. K. Pleve 1904. Der terroristische Flügel der Sozialrevolutionäre verband mit diesen Attentaten die Hoffnung, die Popularität der Partei zu erhöhen. Im Februar 1905 fühlten sich die Sozialrevolutionäre daher berechtigt, den Moskauer Generalgouverneur Sergej Aleksandrovič, einen Onkel des Zaren, zu ermorden. Vor diesem Hintergrund eskalierender Gewalt boten Reichsduma und Verfassung wohl das einzige Mittel, dem Zarenstaat neue Grundlagen zu verschaffen. Ein erstes Signal gab am 8. September 1904 die Ernennung P. D. Svjatopolk-Mirskijs zum neuen Innenminister. Die Pressezensur wurde gelockert, verbannte Zemstvoaktivisten begnadigt. Derartige Maßnahmen aber genügten nicht mehr: Als am 19. November 1904 etwa hundert Zemstvodelegierte zu einer Versammlung in Petersburg eintrafen, forderten 71 ein Parlament mit Steuer- und Haushaltsrecht. Nur 29 wollten, um die Autokratie zu erhalten, das Parlament auf beratende Funktionen beschränken. Svjatopolk-Mirskij hielt es daher für erforderlich, dem Zaren weitere Zugeständnisse abzuringen – daher die Ankündigung, die Zuständigkeiten der Kommunalverwaltung auszudehnen oder die Diskriminierung von Juden und Altgläubigen zu überprüfen.

Dazu fand sich Nikolaus II. aber nicht bereit und ersetzte Svjatopolk-Mirskij am 16. Februar 1905 durch den konservativen A. G. Bulygin. Es bedurfte der Katastrophe von Tsushima im Mai 1905, um den Ministerrat zu veranlassen, ein Wahlgesetz zu beraten. Nach allerlei Winkelzügen wurde es am 19. August 1905 verabschiedet, wobei der Adel 34 Prozent der Wahlmänner zur Reichsduma erhalten sollte, 43 Prozent die Bauern und 23 Prozent die Städter; Arbeiter und Intelligenz sahen sich weitgehend ausgeschlossen. Das am 24. Dezember 1905 verkündete Wahlrecht behielt die Begünstigung der als konservativ eingeschätzten Bauern bei, bezog aber zumindest Teile der städtischen Mittelschichten ein. Trotz dieser Benachteiligung der als oppositionell geltenden Schichten bescherten die Wahlen zur Ersten Duma den liberalen Kritikern des Zaren einen überwältigenden Sieg. Die Konstitutionellen Demokraten, die Trudoviki und Autonomisten erreichten zwei Drittel der Sitze. Noch dazu hatte der Zar unmittelbar vor Zusammentreten des ersten russischen Parlaments den Konfliktstoff zwischen Abgeordneten und Regierung zusätzlich vermehrt: Nachdem S. Ju. Witte am 16. April 1906 seinen Rücktritt erklärt hatte und durch den konservativen I. L. Goremykin ersetzt worden war, erließ der Zar am 23. April Grundgesetze, die der Duma jede Mitsprache bei militärischen Dingen, der Außenpolitik und der Ernennung von Ministern versagten. Auch in Fragen des Haushalts war die Regierung vom Parlament de facto unabhängig. Schließlich bot diese Verfassung der Regierung sogar die Möglichkeit, während einer Dumavakanz Gesetze auf dem Wege der Notverordnung eigenmächtig zu verabschieden. Auch eine Änderung der Grundgesetze oblag allein dem Zaren.

Trotz derartiger Widrigkeiten war die Eröffnung der Ersten Reichsduma am 27. April 1906 für Russland ein großer Tag. Nach einer wie gewohnt blassen Rede des Zaren im Winterpalais schifften sich alle Beteiligten ein, um das nevaaufwärts gelegene Taurische Palais zu erreichen, den Sitz der Duma. Dabei mussten die Boote das *Kresty* passieren, eines der großen Gefängnisse Russlands. Bei dieser Gelegenheit veranstalteten dessen Insassen ein solches Spektakel, dass auch der letzte Deputierte begriff, welch große Hoffnung auf ihm ruhte. Erstmals in der russischen Geschichte waren auch zahlreiche westliche Journalisten zugegen, wobei es manch deutscher Korrespondent für angebracht hielt, an Spott über das konstitutionelle Russland nicht zu sparen. So wurde in einer Reportage über die „Herren der Duma" lebhaft geschildert, wie sich die Lakaien des Zaren während einer Audienz bäuerlicher Dumamitglieder die parfümierten Taschentücher vor die Nase hielten, damit der „demokratische Geruch" sie nicht verschnupfe.

Nüchtern betrachtet musste die Wahl des Taurischen Palais als Sitz der Reichsduma deprimierend wirken, lag dieses Gebäude doch fernab vom Stadt- und Machtzentrum. Zudem empfanden die Deputierten den Erlass der Grundgesetze durch Nikolaus II. als Anmaßung. Schon nach wenigen Tagen standen sich Minister und Duma gegenüber wie Regierung und Opposition. Den weit reichenden Forderungskatalog der Duma – Generalamnestie, Enteignung von Gutsland zugunsten der Bauern, Gleichstellung aller Bürger, Unabhängigkeit der Gerichte, Abschaffung der Todesstrafe und gerechtere Steuerverteilung – lehnte Wittes Nachfolger I. L. Goremykin ab. Ebenso geschwind erklärte die Duma der Regierung nun das Misstrauen. Auch dass sich die Debatten vor allem dem Bauernproblem zuwandten, war nicht dazu angetan, die Konfrontation abzubauen. Um die Loyalität der Bauern sicherzustellen, hob ein Manifest vom 3. November 1905 die Ablösezahlungen zum 1. Januar 1907 auf; zugleich wurden den Bauern günstigere Darlehen in Aussicht gestellt. Auch hier standen sich Regierung und Parlament unversöhnlich gegenüber: Während die Regierung in das Privateigentum nicht eingreifen wollte, sprach sich die Mehrheit der Parteien für die Enteignung von Gutsland aus. Im Grunde arbeitete dies denjenigen Kreisen zu, denen die Duma ohnehin ein Dorn im Auge war. Nach nurmehr drei Monaten verfügte der Zar daher am 8. Juli 1906 deren Schließung. Am gleichen Tage tauschte er den Premierminister ein weiteres Mal aus und ersetzte I. L. Goremykin durch P. A. Stolypin.

Die Duma gelähmt

Was die Öffentlichkeit von derlei Manövern hielt, lässt sich an der Zusammensetzung der Zweiten Duma ablesen, die noch radikaler als die Erste war. Sozialdemokraten und Sozialrevolutionäre gaben ihre Verweigerung auf und stellten 98 von 518 Abgeordneten. Eine beachtliche Fraktion entsandten auch die Trudoviki (100 Abgeordnete) und die Kadetten (92), während sich die Oktobristen mit 32 Sitzen bescheiden mussten. Anders als sein Vorgänger I. L. Goremykin ließ sich der neue Ministerpräsident P. A. Stolypin zunächst auf eine Zusammenarbeit mit dem Parlament ein. Diese Bereitschaft wurde durch die Stärkung der strikt oppositionellen Linken allerdings nicht begünstigt. Auch die Kadetten zeigten wenig Bereitschaft, die neuen Agrargesetze zu billigen. Vielmehr brachten sie einen eigenen Gesetzentwurf ein, der eine Ausweitung des bäuerlichen Landanteils notfalls auch durch Enteignung von Privatbesitz gegen Entschädigung vorsah. Angesichts derartiger Radikalität breitete sich der Ruf nach erneuter Auflösung der Duma aus; nach nur drei Monaten gab der Zar

Zweite Duma

nach, um gleichzeitig mit dem Ende der Duma am 3. Juni 1907 ein neues Wahlrecht zu erlassen. Hatte man bislang auf die Zarentreue der Bauern spekuliert, ließ das neue Wahlgesetz diese Illusion fahren. 230 Grundbesitzer entsandten nun einen Wahlmann – wie 60 000 Bauern. Ebenso ungleich waren die Gewichte in den Städten verteilt; hier entfiel ein Wahlmann auf 1 000 Geschäftsinhaber bzw. 125 000 Arbeiter. Zudem hatte die Bürokratie auch den Wahlvorgang an sich einer Aufsicht weitgehend entzogen. Damit rückten nunmehr die Oktobristen ins Rampenlicht, die über 150 Sitze verfügten. Die Kadetten sahen ihre Fraktion halbiert (53), die Sozialdemokraten sogar geviertelt (14).

Da die Dritte Duma anders als die beiden vorangehenden tatsächlich die volle Legislaturperiode von fünf Jahren überdauern sollte, kam ihr für die Entwicklung des russischen Parteienwesens besondere Bedeutung zu. Hier standen sich drei Rechte Blöcke gegenüber. Da Parteien bis zum Oktobermanifest von 1905 verboten waren, musste die „Russische Sammlung" *(Russkoe sobranie)*, die die Rechten 1905 gegründet hatten, ihrer Tätigkeit zunächst einen kulturellen Anstrich geben. Politische Aktivität nahm die Russische Sammlung seit Ende 1904 auf; ihr erster Parteitag fand 1906 statt. Dabei verabschiedete man ein Programm, das nur das aussprach, was die Konservativen schon unter Nikolaus I. verfochten hatten: Autokratie, Orthodoxie und Unteilbarkeit Russlands. Die Russische Sammlung hatte Bedeutung einerseits als Sammelbecken von Vertretern des Ancien Régime wie dem Geschäftsführer des Ministerrats N. V. Pleve oder dem Staatsratsmitglied und Vorsitzenden des Vereinigten Adelsrates A. A. Naryškin, andererseits durch ihre Funktion als Keimzelle weiterer Organisationen. So gehörten ihr zunächst auch A. I. Dubrovin und V. M. Puriškevič an, die im Oktober 1905 den „Verband des russischen Volkes" *(Sojuz russkogo naroda)* ins Leben riefen. Puriškevič, ein Altphilologe aus Bessarabien, der 1916 an Rasputins Beseitigung teilnehmen sollte, schuf 1908 den „Erzengel Michail-Bund". Anders als Dubrovin erkannte dieser die Existenz der Duma ausdrücklich an. Dagegen propagierte der Arzt Dubrovin den Terror von rechts, dem etliche Liberale und viele Juden zum Opfer fielen. Ungeachtet dieser Unterschiede bestand das gemeinsame Strukturdefizit der Rechten darin, dass ihnen im Grunde der Anhang fehlte: Als Sammlungsbewegung kam das *Russkoe sobranie* 1906 über 2 000 Mitglieder nicht hinaus; 1 600 davon stammten aus Petersburg. Neben vielen Übereinstimmungen wiesen Rechte und Nationalisten, nachdem sich auch diese 1908 einen festeren organisatorischen Rahmen gegeben hatten, doch einen schwerwiegenden Unterschied auf. Zentrale Idee der Rechten war die Monarchie; sie befürchteten, die Revolution könne den Zaren beiseite fegen. Die Nationalisten dagegen unterlagen der Angst, der Vielvölkerstaat breche entzwei. Hier trat ein expansiver Nationalismus hervor, der V. A. Bobrinskij 1913 vor der Duma zum Ausruf veranlasste, er wolle das orthodoxe Kreuz über der Hagia Sophia aufpflanzen. Waren die Rechten die einzige Partei, die dem deutschen Kaiserreich kompromisslos die Treue hielt, setzten die Nationalisten auf Konfrontation.

Tief zerklüftet war auch die Mitte des Parteienspektrums. Ursprüngliches Ziel Gemäßigte
der Oktobristen war, die im Oktobermanifest versprochenen bürgerlichen
Freiheiten des Wortes, der Versammlung und der Organisation mit Leben zu
füllen. Sie bejahten die Monarchie – ganz im Gegensatz zu den Kadetten, deren
erstes Parteiprogramm vom Oktober 1905 den Zaren mit keinem Wort erwähnte.
Sogar den Umsturz des Wahlrechts von 1907 nahmen die Oktobristen hin, zählten
sie ja zu dessen Nutznießern. Ohnehin wandten sich die Oktobristen durch
Zusammenarbeit mit der Regierung immer klarer vom Liberalismus ab; ihren
großen Widersacher fanden sie daher in den „Konstitutionellen Demokraten",
nach den beiden Anfangsbuchstaben dieser Partei gemeinhin *Kadetten* genannt.
Was dieser Partei im Vergleich zu den Oktobristen an Dumasitzen fehlte, machte
sie durch das Format ihrer Redner wett. Dabei fiel P. N. Miljukov (1859–1943) die P. N. Miljukov
führende Rolle zu. Von Haus aus Historiker, der eine solide Untersuchung zu
Peter dem Großen erarbeitet hat, trat Miljukov vor allem durch eine dreibändige
Kulturgeschichte Russlands hervor, die seine Vision eines konstitutionellen Staates
historisch untermauerte. Wegen seiner Kritik der Autokratie musste er Russland
zeitweise verlassen, um in Bulgarien und Mazedonien zu lehren.

Nach Petersburg zurückgekehrt, reichte 1900 schon eine einzige Rede, um ihn
hinter Gitter zu bringen; allerdings durfte Miljukov schließlich nach England
ausreisen. Obwohl er der Ersten und Zweiten Duma nicht angehörte, saß er der
Kadettenfraktion de facto in allen vier Parlamenten vor. Seit März 1907 leitete er
auch das Zentralkomitee dieser Partei; zudem redigierte er die Zeitung der
Kadetten, die *Rec´*. Während sich die Oktobristen mit den 1905 errungenen
Freiheiten zufrieden gaben, galten diese den Kadetten nurmehr als Ouvertüre.
Sie traten ein für die parlamentarische Monarchie, für die Sprachenfreiheit, für
beschränkte Autonomie Polens und Finnlands, gegen die Todesstrafe und – anders
als die Oktobristen – für das „vierschwänzige" Wahlrecht (geheim, gleich, direkt,
frei). Damit waren es die Kadetten, die den Kern der liberalen Opposition in
Parlament und Öffentlichkeit stellten. An deren Seite traten seit November 1909
die Progressisten, wo Moskauer Unternehmer wie die Gebrüder Rjabušinskij und
A. I. Konovalov ihre Interessen artikulierten. Den Oktobristen warfen sie vor, sich
der Regierung anzupassen und agrarisch ausgerichtet zu sein; die Kadetten waren
für sie wegen deren Forderung des Achtstundentages indiskutabel. Die Progressisten versuchten daher, die wirtschaftlichen Interessen der Industrie und
die politischen Ziele der Liberalen zu vereinen; die Bürgerrechte betonten sie
weniger als die Kadetten, die Erneuerung Russlands stärker als die Oktobristen.
1912 gab eine Dumarede A. I. Konovalovs, der auch dem Beirat der Rjabušinskij-
Bank angehörte, dafür ein klares Beispiel: Konovalov vertrat die Ansicht, ein
Überwachungsstaat könne niemals gedeihen. Solange Russland von Polizisten
regiert werde, bleibe es rückständig; damit Russlands Wirtschaft gesunde, sei die
unbehinderte Ausübung der Bürgerrechte unumgänglich.

Die eigentliche Linke begann mit den Trudoviki. In der Nachfolge der Linke
Narodniki stehend, gewann diese Gruppe ohne strenge Fraktionsdisziplin An-

hang vor allem unter Bauern; ihre politischen Forderungen gingen über die der Kadetten deutlich hinaus, indem die Trudoviki für die Übergabe des Bodens an die Gemeinden eintraten. Kapitalistische Wirtschaftsformen waren den Trudoviki ein Gräuel. Bei den Sozialrevolutionären flossen dagegen auch anarchistisch-libertäre Bestrebungen ein, um den Staat zurückzudrängen und die Lokalverwaltung zu demokratisieren. Daher räumten die Sozialrevolutionäre den Nationalitäten ein uneingeschränktes Selbstbestimmungsrecht ein. Anders als die Sozialrevolutionäre begrüßten die Sozialdemokraten den Einzug des Kapitalismus als Übergang zur bürgerlichen Ära; anders als die Sozialrevolutionäre sahen die Sozialdemokraten eine bürgerliche Revolution auch als unumgänglich an. Gerade die marxistische Bewegung verzweigte sich aber in weitere Gruppierungen, von denen Menschewiki und Bolschewiki nur die bekanntesten sind. Ungelernte Arbeiter fanden eher zu den Bolschewiki, während die schon länger in der Stadt ansässigen und darum höher qualifizierten Arbeiter oft den Menschewiki zuneigten.

Bolschewiki
Damit eng zusammenhängend setzten die Menschewiki als Bündnispartner auf die Bürgerlichen und die Intelligenz, die Bolschewiki aber auf die Bauern als die Hauptverbündeten des Proletariats – dies auch in der Erwartung, Bauern seien eher als bürgerliche Schichten bereit, die Hegemonie der Partei zu dulden. Unausgesprochen baute Lenins Kalkül daher auf der Erwartung auf, seine Partei frei von jeder Konkurrenz umso stärker zu kneten. Lenin zog zentral geplante Aktionen vor, während die Menschewiki auch auf die Spontaneität der Massen setzten. Daher verlangten die Bolschewiki vor einer Zusammenarbeit mit den Gewerkschaften deren Billigung des Parteiprogramms, während die Menschewiki mit Gewerkschaften auch ohne deren vorherige Unterwerfung kooperierten. Beide hatten sich 1903 in London gespalten, traten 1906 in Stockholm aber wieder zusammen. Hier zeigte sich, dass die Menschewiki über weitaus größeren Anhang verfügten. Damit setzte sich in Stockholm ein Agrarprogramm durch, das Bauern bessere Rechte am vergesellschafteten Boden zugestand als von Lenin vorgesehen. Auch die Bereitschaft zur Gewalt trennte beide Gruppen: Während die Menschewiki gewaltsame Raubüberfälle als Mittel zur Parteifinanzierung verwarfen, hielten die Bolschewiki daran fest. Während die Führung der Menschewiki Terrorismus verurteilte, rief Lenin 1905 zu Anschlägen auf Spitzel, Gendarmen und Kosaken auf. Nicht zuletzt sprachen sich nur die Menschewiki für die Mitarbeit in der Reichsduma aus. Da sie sich 1906 in Stockholm auch durchsetzen konnten, nahmen die Sozialdemokraten an der Wahl zur Zweiten Duma teil, wo sie über 65 von 518 Stimmen verfügten. Die endgültige Spaltung setzte Lenin im Januar 1912 auf einer Konferenz in Prag durch, bei der seine Anhänger als alleinige Vertreter der russischen Sozialdemokratie auftraten. Historiker haben die Entstehung der Bolschewiki zwar nicht ganz selten dargestellt, doch wurde deren Bedeutung für den Zusammenbruch des Zarenreiches oftmals überschätzt. Weder 1905 noch im Februar 1917 war es ja die intellektuelle Minderheit, die den ersten Stein aufhob, sondern die Menge des Volkes. Die

Courage, dies unumwunden auszusprechen, brachte 1967 als erster sowjetischer Historiker E. N. Burdžalov auf. So wies er auf die Isolation der Petrograder Bolschewiki im Februar 1917 hin.

Wie lassen sich die drei Blöcke der Rechten, Liberalen und Linken nun gewichten? In der Dritten Duma verfügten die Rechten über 50 Deputierte und die Nationalisten über 97; zusammen stellten beide ein Drittel der 442 Abgeordneten. Auf die Gemäßigten entfielen etwa 53 Prozent (Oktobristen 154, Kadetten 54, Progressisten 28), auf die Linke etwa sieben Prozent (Trudoviki 14, Sozialdemokraten 19). Da das Wahlrecht das politische Kräfteverhältnis aber zugunsten der Rechten verzerrte, kommt ein Vergleich der Zeitungsauflagen der Realität vermutlich näher. Hier trat nach 1905 ein rapider Umschwung ein: Während das Organ der Nationalisten, das regierungsnahe *Novoe Vremja*, ein Drittel seiner Leser einbüßte und 1910 nurmehr rund 44 000 Stück verkaufte, erlebten die Blätter der Liberalen einen Siegeszug ohnegleichen; so konnte das *Russkoe Slovo* seinen Leserkreis verzehnfachen (1913 mehr als 300 000 Exemplare). Verglichen damit erschienen die Zeitungen der Rechten und Linken, wie Spötter treffend bemerkten, fast unter Ausschluss der Öffentlichkeit. Das *Russkoe Znamja* ließ 1909 etwa 4 000 Stück drucken, die *Pravda* der Bolschewiki 1912 etwa 20 000.

Liberale im Vormarsch

Für den neuernannten Ministerpräsidenten P. A. Stolypin resultierte aus dieser Kräfteverteilung, dass er weder in der Zweiten und Dritten Duma noch in der Öffentlichkeit auf eine Mehrheit bauen konnte. Anders als seine Vorgänger besaß Stolypin jedoch ein Konzept. Zwar scheute er sich nicht, die Unruhen gewaltsam zu unterdrücken, ließ es dabei aber nicht bewenden, sondern wollte die Revolution bei den Ursachen packen. Da sich die Zweite Duma als ebenso oppositionell erwies wie die Erste, schlug Stolypin den Weg über Notverordnungen ein, um mit Ukazen seit dem 9. September 1906 eine tief greifende Agrarreform einzuleiten. Zunächst plante er die allmähliche Auflösung der Dorfgemeinde, die ihm zu Recht als Hemmnis galt. Jeder Haushalt erhielt die Möglichkeit, das von ihm bearbeitete Land in Privateigentum umzuwandeln. Mit Ukaz vom 22. November 1906 wurde die Gemeinde sogar ermächtigt, sich per Mehrheitsbeschluss aufzulösen. Dies, so hoffte Stolypin, werde der Entstehung eines wirtschaftlich gesunden und politisch daher loyalen Standes von Mittelbauern zugute kommen. Auch wenn er betonte, es sei die Förderung individueller Bauernbetriebe, die im Zentrum seiner Politik stehe, kam dieser Prozess infolge der unumgänglichen Neuvermessung und Zusammenlegung von Äckern nur langsam voran. Immerhin schieden von 1905 bis 1915 mehr als ein Viertel der Bauern aus ihrer Gemeinde aus, doch war nur ein Zehntel imstande, eigenen Grund zu erwerben. Noch dazu kam dieser Prozess vor allem in den intensiver wirtschaftenden Gegenden in Gang, etwa zwischen Moskau und Petersburg, und dort hatte die Gemeinde ohnehin nur noch wenig Gewicht. Hierzu wären auch die Wolgagouvernements zu rechnen, wo Land in ausreichendem Maße zur Verfügung stand. Im dicht besiedelten Schwarzerdegebiet jedoch, wo die Bauern ganz besonders unter Landnot litten,

P. A. Stolypin

drang die Neuordnung Stolypins kaum vor. Noch 1916 lagen hier 80 Prozent der Aussaatfläche in schmale Streifen zerstückelt; damit hatte die seit dem 15. Jahrhundert belegte Dreifelderwirtschaft überdauert.

Auch im Hinblick auf die Industrie drangen nach 1905 zunächst reformorientierte Kräfte vor, so der Finanzminister V. N. Kokovcov (1906–1914), der 1906 auf die Einführung von Krankenkassen drang, auf Schlichtungsprozesse in den Betrieben, auf eine Verkürzung des Arbeitstages sowie auf die Legalisierung von Streiks. Bei den Unternehmern fand Kokovcov aber wenig Begeisterung. Die Zulassung von Gewerkschaften und die Gewährung des Streikrechts sah man zwar noch ein; ansonsten aber verlangten die Arbeitgeber, der Staat solle die Regelung der betrieblichen Zustände den Beteiligten überlassen. Da viele Belegschaften 1905 jedoch wesentliche Zugeständnisse erlangt hatten, so eine Reduzierung des Arbeitstages auf neun oder zehn Stunden, unternahm die Regierung im April 1906 einen weiteren Vorstoß, um Kranken- und Rentenkassen durchzusetzen. Wie sich zeigte, ließ die Reformbereitschaft der Unternehmer mit Abnehmen der Streiks aber nach. De facto zog in den Betrieben also wenig Besserung ein, auch als es 1912 gelang, eine Kranken- und Unfallversicherung ins Leben zu rufen.

Stolypins Dilemma Um für seine Projekte das Placet der Duma zu finden, war Stolypin auf eine Koalition angewiesen entweder zwischen Oktobristen und Kadetten oder zwischen Oktobristen und Nationalisten; allerdings ließ die Schärfe der politischen Gegensätze weder die eine noch die andere Variante dauerhaft zu. Zwar teilte er auch Ziele der Oktobristen, so die rechtliche Gleichstellung der Bauern, den Arbeiterschutz oder die allgemeine Schulpflicht; nicht zuletzt beharrten die Oktobristen auf der Wahrung russischer Interessen in der Außenpolitik – wie es Stolypin keineswegs ungelegen kam. Dennoch tat sich Stolypin schwer, seine Vorlagen mit Hilfe der Oktobristen durch die Duma zu bringen, denn diese hielten an der Absicht fest, die Kompetenzen des Parlaments zu erweitern. Bei den Rechten, die insbesondere den Reichsrat beherrschten, provozierte Stolypins Zusammenarbeit mit den Oktobristen noch dazu den Vorwurf, er wolle die Vorrechte des Zaren einschränken. Andererseits nahmen die Oktobristen nur widerwillig zur Kenntnis, dass Stolypin gezwungenermaßen Kontakte auch zur Rechten pflegte. Im Grunde war Stolypins Situation tragisch in klassischem Sinne: Er hatte die Wahl zwischen mehreren Wegen, nur drohte auf jedem der Untergang. Dies galt nicht nur für sein Verhältnis zu den Parteien, sondern ebenso für sein Verhältnis zum Zaren: Entweder er verband sich mit der Duma und ruinierte sich bei Hofe – oder umgekehrt. Ohnehin hatte sich Stolypin aus Sicht der alten Eliten schon zu sehr auf den demokratischen Pöbel eingelassen. Insbesondere ging dieser Widerstand aus dem Reichsrat hervor, einem Bollwerk der Reaktion, dessen Mitglieder entweder vom Zaren ernannt oder von der orthodoxen Kirche, den Zemstva, vom Adel bzw. von Universitäten und anderen Korporationen gewählt wurden. Dieses Gremium lehnte im März 1911 einen Gesetzentwurf ab, der den Bauern bei den Zemstvowahlen in sechs westlichen Gouvernements erlaubt hätte, in der Grundbesitzerkurie abzustimmen. Mithin waren es diesmal die Rechten, die

Stolypin und das parlamentarische System in eine tief greifende Krise stürzten. Zwar setzte Stolypin seine Vorlage als Notverordnung durch, doch hat ihn diese eklatante Missachtung der Duma dort alle Glaubwürdigkeit gekostet. Als Ministerpräsident stand Stolypin seither am Rande des Scheiterns. Letztlich fiel er jedoch nicht dem Verfassungsdilemma zum Opfer, sondern den verworrenen Zuständen bei der Geheimpolizei. Der Attentäter, der Stolypin am 1. September 1911 in der Kiever Oper erschoss, hatte sich sowohl der Revolution als auch der Polizei verdingt.

Unter Stolypins Nachfolger V. N. Kokovcov nahm die politische Desintegration weiter zu, da sich zum ohnehin bestehenden Konflikt zwischen Regierung und Parlament ein weiterer zwischen Ministerpräsident und Kabinett gesellte. Auch hier spielte der Zar eine unselige Rolle, da er die Absicht aussprach, stärker in das politische Tagesgeschehen einzugreifen – und damit nicht bei allen Ministern Zustimmung fand. Sogar Pläne, Duma und Reichsrat auf beratende Funktionen zu reduzieren, gerieten in Umlauf. Dass Kokovcov am 29. Januar 1914 ausgerechnet von dem ja schon einmal für überfordert erklärten und 1906 durch Stolypin ersetzten I. L. Goremykin abgelöst wurde, zeigt mit letzter Deutlichkeit, dass der Zarenstaat seine politischen Mittel weitgehend aufgebraucht hatte. Eine Bilanz der Dumazeit fällt daher zwiespältig aus. Einerseits verschaffte das Parlament der Kritik zwar Gehör, hat andererseits aber keinen Weg zu einer konstruktiven Rolle gefunden, der allerdings wegen des Konflikts mit der Regierung auch unabsehbar schien. Ihrer eigentlichen Funktion, soziale und ethnische Konflikte auf politischem Wege zu schlichten, kam die Duma daher kaum nach. Hierzu hat L. Haimson 1964 und 2000 eine Interpretation geliefert, die das Wiederaufleben der Streiks in Petersburg 1912 als Indiz zunehmender Entfremdung zwischen politischem System und Arbeiterschaft auffasst. Als ebenso fortgeschritten begriff Haimson die Distanzierung eines Großteils der Intelligenz vom Zaren wie die Desintegration der liberalen Parteien, die kein Meinungsbild der Bevölkerung abgaben – dies aufgrund des Wahlrechts aber auch nicht konnten. Mit Ausnahme des Adels, dessen ökonomische Krise seit 1909 abklang, hat sich von dieser Diagnose vieles bestätigt. Aus Haimsons Auffassung resultiert zugleich ein Urteil über die Duma als Ganzes. Ihrer bedeutsamsten Aufgabe, den Zarenstaat auf neue, breitere Legitimität zu stellen, wurde sie nicht gerecht. Stattdessen löste das parlamentarische Patt eine Welle der Politisierung aus, die bestehende Institutionen umging – und daher nicht zu lenken war.

4. WELTKRIEG ALS WELTSTURZ

Der Weg in den Ersten Weltkrieg – und das hieß in den Krieg mit Deutschland – ergab sich nicht aus den Traditionen der russischen Außenpolitik. Auch dass der Zarenstaat 1914 auf Seiten der westlichen Demokratien stand, wirkt zunächst überraschend, unterhielten Russland und Preußen doch lange Zeit gute Beziehungen. Seitdem beide Länder ihre Eintracht tatkräftig untermauert und die Souveränität der Polen 1795 ausgelöscht hatten, bewährte sich ihr Zusammenhalt immer wieder, auch während des Krimkriegs, in dem allein Preußen nicht mit dem Zarenreich brach. Sogar Österreich als dritter Nutznießer der Teilungen Polens blieb neutral. Ein tief greifender Umschwung bahnte sich allerdings seit 1871 an: Der Deutsche Bund wandelte sich nach dem Ausscheiden Österreichs über die Zwischenstation des Norddeutschen Bundes zum Kaiserreich, Frankreich zur Republik. Schon wegen dieser als Vorbild empfundenen Staatsform hingen russische Liberale seither allein Frankreich an; die Existenz des Deutschen Reiches machte auch die antideutsche Propaganda der Panslavisten plausibel. Dazu brachen Risse in den diplomatischen Beziehungen auf, als sich die russische Seite auf dem Berliner Kongress 1878 von Deutschland mehr Unterstützung gegen England und Frankreich erhoffte. Nach dem Rücktritt Bismarcks war es dann das Deutsche Reich, das 1890 eine Verlängerung des beiderseitigen Rückversicherungsvertrages ablehnte. Obwohl der russische Außenminister N. K. Giers (1882–1895) großen Wert auf ein Abkommen mit Deutschland legte, lehnte der neue Reichskanzler General Caprivi dies ab; seiner Ansicht nach musste eine deutsch-russische Übereinkunft die übrigen Vertragsverhältnisse Deutschlands beeinträchtigen. Unter dem Eindruck dieses neuen Kurses der deutschen Außenpolitik bewegte sich Russland auf Frankreich zu. Schon zwei Jahre darauf gingen beide Seiten eine Militärkonvention ein, die man 1894 in Form eines Zweibunds bestätigte. Wie sich durch die deutsche Unterstützung für Russland während des Krieges von 1905 allerdings herausstellte, zog die Militärkonvention keine grundsätzliche Abkehr der russischen Außenpolitik von Deutschland nach sich. Dies zeigte sich am 11./24. Juli 1905: Bei einem Zusammentreffen vor der Schäreninsel Björkö vereinbarten Kaiser und Zar ein Defensivbündnis, dem auch Frankreich hätte beitreten können.

Auf der anderen Seite bot sich Russland nach der Niederlage gegen Japan die Chance, Konflikte mit England aufzulösen. Mit der englisch-russischen Konvention vom 18./31. Januar 1907 legten beide Mächte insbesondere die Auseinandersetzung um Persien durch Abgrenzung von Interessensphären bei. Dennoch kam sowohl der Verständigung mit Frankreich als auch der mit England kein unabwendbarer Charakter zu. Dieser ergab sich erst, als Österreich-Ungarn am 5. Oktober 1908 die Annexion Bosniens und der Herzegowina proklamierte. Prinzipiell hatte der russische Außenminister A. P. Izvol'skij (1906–1910) dieser zwar zugestimmt und dadurch ein Entgegenkommen Österreichs in der Meerengenfrage erlangt, dabei aber wohl nicht die heftige Reaktion der russischen Öffentlichkeit in Rechnung gestellt. Da Serbien zum Krieg gegen Österreich-Ungarn aufrief, erklärten insbesondere die russischen Nationalisten die Krise zur Staatsaffäre. In diese Situation platzte am 9./22. März 1909 die deutsche, als Ultimatum empfundene Forderung nach Anerkennung der Annexion durch Russland; deren Unabweisbarkeit empfand Russland als Demütigung.

Mit der Ernennung von Stolypins Schwager S. D. Sazonov zum russischen Außenminister 1910 trat die russische Außenpolitik in eine neue Phase ein, da Äußeres nun stärker als bisher dazu herhalten musste, Reformstau und Verfassungsdilemma zu übertünchen. In der Tat gelang Sazonov das Kunststück, durch Unterstützung von Serbien und Bulgarien während des Ersten Balkankrieges gegen die Türkei 1912 sogar Oppositionelle wie den Kadettenführer P. N. Miljukov auf seine Seite zu ziehen – auch wenn sich Sazonovs Kalkül, dass die kleineren Balkanstaaten zur Beilegung ihrer Konflikte eigenständig in der Lage seien, schon während des serbisch-bulgarischen Krieges 1913 als irrig erwies. Nur aufgrund dieser Übereinstimmung in der Außenpolitik passierte aber auch das Rüstungsprogramm vom Juli 1913 die Duma. Ermutigt durch diesen Zuspruch begann der Kriegsminister V. A. Suchomlinov ein Rüstungsprogramm zu entwerfen, das die Armee um eine halbe Million Soldaten zu verstärken vorsah. Für die Psychologie der politischen Führung im Sommer 1914 war dieses Programm nicht ganz unwichtig, stützte es doch den Eindruck, Russland müsse vor Deutschland und Österreich anders als 1908 nicht nochmals zurückweichen.

Die Nachricht vom Attentat auf den österreichischen Thronfolger Franz Ferdinand am 15./28. Juni 1914 kommentierte die russische Presse vergleichsweise ruhig; der Anschlag wurde einhellig verurteilt. Allerdings bekräftigte man seine Verbundenheit mit Serbien. Als sich die Schlagzeilen bereits anderen Dingen zuwandten, trat mit dem österreichischen Ultimatum an Serbien *Der Weg in den Krieg* vom 10./23. Juli eine vollkommen neue Situation ein: Nun forderte Wien, an den Maßnahmen gegen die Verschwörer auf serbischem Boden beteiligt zu werden. Keine Zeitung hielt dieses Ultimatum für annehmbar, da Serbien zu einer Provinz Österreichs absinke. Nachdem Wien die serbische Antwort für unbefriedigend erklärt und die Mobilmachung eingeleitet hatte, kam in den Augen der russischen Öffentlichkeit alles auf Deutschland an. Zwei Worte des deutschen Kaisers, so hieß es in der wohl einflussreichsten Zeitung *Novoe Vremja*, brächten Österreich zur Räson. In der Tat kursierten in Petersburg nun Berichte, Berlin werde sich seinem Bündnispartner widersetzen. Auch als Russland Österreich den Krieg erklärte – in Reaktion auf dessen Kriegserklärung an Serbien – war Deutschland davon nach russischer Ansicht nicht unbedingt betroffen. Deutschland sei ja nur dann verpflichtet, Österreich-Ungarn beizustehen, wenn dieses von Russland angegriffen werde. Dies sei allerdings niemals der Fall. Am Freitag, dem 18./31. Juli, traf in Petersburg das deutsche Ultimatum ein, die eingeleitete Mobilmachung binnen zwölf Stunden zu stoppen. Als eine Antwort ausblieb, bestieg der deutsche Botschafter am Sonnabend, dem 19. Juli/1. August, gegen 19:00 Uhr die Kutsche, ließ sich zum russischen Außenministerium am Winterpalais fahren und übergab die Kriegserklärung.

Wie lässt sich der Anteil Russlands bei der Entfesselung des Ersten Weltkrieges *Die Rolle Russlands* demnach bewerten? Nachdem kaum eine Frage des 20. Jahrhunderts so leidenschaftlich debattiert worden ist wie diese – und kaum eine andere für den Verlauf des 20. Jahrhunderts so tief greifende Folgen hatte –, sind weite Teile der neueren Forschung von der These abgerückt, dass die Führung des Deutschen Reiches den Friedenswillen in besonderem Maße vermissen ließ. Stattdessen verweisen diese auf eine Konstellation, die die Handlungsfreiheit auf allen Seiten reduziert habe. In jenes Geflecht war auch Russland verstrickt: Durch das Rüstungsvorhaben von 1913 glaubte man sich gegen Deutschland und Österreich gewappnet – anders als 1908. Da sogar die Duma den Heeresausbau gebilligt hatte, schien die Polarisierung von 1905 endlich überwunden. Dieser Irrglaube saß derart tief, dass ihm auch die Generalstreiks in Baku und Petersburg vom Juni und Juli 1914 nichts anhaben konnten. Dass der russische Kronrat am 12./25. Juli beschloss, Serbien zu unterstützen, lag daher nahe, sowohl aus den traditionellen Bindungen wie aus dem aktuellen Gefühl der Stärke resultierend. Auch dass Russland am Tage nach der Kriegserklärung Österreich-Ungarns an Serbien seinerseits die Teilmobilmachung einleitete, war unter diesen Umständen zu erwarten. Den letzten Schritt zur Kriegserklärung aber tat wohl die deutsche, nicht die russische Seite, indem Berlin am 18./31. Juli Russland dazu aufforderte, die inzwischen befohlene Generalmobilmachung zu stoppen. Wohl haben es beide Seiten an Entschlossenheit fehlen lassen, den Krieg abzuwenden; auf dem Weg zur Eskalation aber ging das Deutsche Reich voran.

Kriegsverlauf Vertrauend auf die Heeresverstärkung – und von Frankreich ermutigt – war der russische Generalstab entschlossen, sein Heil im Angriff zu suchen. Während die russischen Truppen Österreich-Ungarn überlegen zu sein schienen und noch 1914 Galizien einnahmen, wuchs sich der Einmarsch in Ostpreußen zum Fiasko aus. Nach der vernichtenden Niederlage in der Schlacht von Tannenberg nahm sich der Kommandeur der 2. Armee, A. V. Samsonov, am 17. August 1914 das Leben. Dem Muster erfolgreicher Vorstöße im Süden und von Misserfolgen im Norden schienen auch die folgenden Kriegsjahre zu entsprechen: In Wolhynien gelang den Soldaten des Generals A. A. Brussilov seit Mai 1916 ein weiterer großer Vorstoß, während sich der russische Angriff bei Wilna im März 1916 festlief. Obwohl Russland ein Debakel wie 1905 vorerst also erspart blieb, traten mehrere Strukturschwächen zutage, die mit zunehmender Kriegsdauer immer krasser zur Geltung kamen. Wie im Krimkrieg musste das russische Heer seine Schlachten auch diesmal mit einer kleinen Anzahl Gebildeter, aber Kolonnen von Analphabeten schlagen. Dieser Missstand, hinter dem sich die alte Schwäche der Schriftkultur verbirgt, entmündigte die unteren Befehlsebenen und überlastete die höheren. Zum Mangel an Reaktionsschnelligkeit gesellten sich Engpässe im Transportwesen; sie lähmten die Truppenverschiebung. Wie sich zeigte, musste die abnehmende Leistungsfähigkeit der Eisenbahn auch die Versorgung des Hinterlandes gefährden. Immer wieder brachen im früheren Petersburg, nach Kriegsausbruch in Petrograd umbenannt, infolge des Brotmangels Unruhen aus, verursacht nicht etwa durch schlechte Ernten, sondern durch Mängel im Verteilungssystem. Vielleicht noch grundsätzlicher, da eminent politisch, war die Frage nach dem Sinn des Krieges. Was hatte Russland eigentlich zu gewinnen? Die Fahne des Nationalismus als letzten Grund unmenschlicher Quälerei und

Sterbens ins Felde zu führen, konnte gerade im Zarenreich wenig Wirkung entfalten, musste der großrussische Nationalismus ein Vielvölkerreich à la longue eher sprengen als einen; noch dazu fehlte diesem Nationalismus die emanzipatorische Dynamik, weil sie mit dem Dogma autokratischer Unantastbarkeit kollidierte. Damit unterlag das russische Heer einer zunehmenden Bedrohung aus Niederlagen, mangelhafter Versorgung und politischer Agonie. Diese Krise zu meistern wussten viele Soldaten aber auf eigene Art: Sie liefen davon, und dies in offenbar höherem Maße als beim Gegner. Der russische Außenminister S. D. Sazonov hatte am 1. September 1914 zwar die Brechung der deutschen Vormacht zum Kriegsziel erhoben; die Schützengräben aber erreichte derlei nicht.

Auch zuhause erwies sich der anfängliche Burgfriede mit Zunahme der Hiobsbotschaften von der Front als brüchig. Nachdem beide Häuser des Parlaments unter dem Druck der Parteien am 19. Juli 1915 wieder zusammenkamen, wurde der Kriegsminister V. A. Suchomlinov abgelöst und zugleich eine Kommission eingesetzt, um den Rüstungsmängeln auf die Spur zu kommen. Wie 1905 schien der Staat die Initiative immer mehr einzubüßen: Im August 1915 verbanden sich alle gemäßigten Parteien zum Progressiven Block, um in letzter Minute doch noch   *Progressiver Block* den Weg einer Demokratisierung zu beschreiten. Berufung einer Regierung durch die Duma, liberale Nationalitätenpolitik oder Legalisierung der Gewerkschaften lauteten daher die naheliegenden Forderungen. Diese Parlamentarier hatten begriffen, dass politische Stabilität politische Integration zwingend voraussetzt. Einmal mehr war es jedoch der Zar, der diesen Bestrebungen ein Ende machte. Die eigenmächtige Entlassung der Ministerpräsidenten I. L. Goremykin 1915 und B. V. Stürmer 1916 führte jedermann vor Augen, dass Nikolaus II. unbelehrbar war. Noch dazu heftete der Trunkenbold Rasputin durch seinen unheilvollen Einfluss auf die Zarin der Monarchie einen weiteren Makel an. Als die Duma am 1. November 1916 wieder zusammentrat, ließ P. N. Miljukov als Sprecher des Progressiven Blocks jede Rücksicht fahren und ging zum Angriff über. Geradezu schäumend vor Wut machte er der Regierung das Register ihrer Verfehlungen auf, immer wieder einhämmernd auf die Frage: „Ist es Dummheit oder Verrat?"

Wie zwischen Regierung und Opposition spitzten sich die Konflikte auch zwischen Staat und Gesellschaft zu. Vorerst ruhig blieb es nur auf dem Dorf: Die Einberufung von elf Mio. junger Bauern bzw. der Hälfte arbeitsfähiger Männer löste auf dem Land einen Mangel an Arbeitskräften aus; daher stiegen die Löhne, die Bodenpacht aber sank. Zu einer gewissen Entspannung trug vielleicht auch das nach Kriegsausbruch verhängte Alkoholverbot bei. Vollkommen anders lagen die Dinge in der Stadt. Sie erlebte eine gegenseitige Verstärkung von fünf Elementen, von denen schon jedes einzelne dem Ancien Régime bedrohlich werden konnte. Zunächst hatte die Industrie eine Umschichtung ihrer   *Neues Proletariat* Arbeitskräfte erlebt, da Frauen und Jugendliche oftmals an die Stelle der Eingezogenen treten mussten. Beide Gruppen waren renitenter als Facharbeiter, im Fall der Frauen bedingt durch deren Verantwortung für die Versorgung der

Kinder. Zweitens wuchs die Industriearbeiterschaft an, so im Rüstungszentrum Petrograd um fast zwei Drittel. Einer Zunahme von Arbeitsunfällen wie von Arbeitszeit standen dabei drittens sinkende Reallöhne gegenüber, ausgelöst vor allem durch die Inflation. Viertens wuchs die Protestbereitschaft seit Mitte 1915 auch in den Textilgebieten um Ivanovo, die schon 1905 als erste einen Sowjet proklamiert hatten. Anstatt jedoch zu verhandeln, wie es die Kriegspropaganda von Einigkeit und Vaterland geboten hätte, ließ die Regierung die Rebellion zusammenschießen und fachte die Streikwelle somit gewaltig an. Fünftens und letztens brach die Versorgung der Städte im Winter 1916/17 zusammen, ausgelöst vor allem durch Verschleiß der Eisenbahn. 35 Waggons mit Roggenmehl hätte Petrograd täglich als Minimum gebraucht; stattdessen kamen dort nur elf bis zwölf an.

Anders als 1905 sprangen die zunehmenden Unruhen alsbald auf die Kasernen über, wo ein tief greifender Austausch stattfand. Altgediente zogen an die Front; ihren Platz nahmen frisch rekrutierte Bauern ein, die während des Oktoberstreiks 1916 scharenweise überliefen. Da nur notdürftig eingekleidet, stachen sie von „Soldaten" auch äußerlich ab. Als für Petrograd am 25. Februar 1917 der Gene-

Für Frieden und Brot ralstreik erklärt wurde, durchbrachen die für Frieden und Brot Demonstrierenden auch den letzten Truppenkordon, der sich auf dem Nevskij Prospekt aufgebaut hatte. Loyale Einheiten von der Front abzuziehen, um der Hungerrevolte Herr zu werden, stellte für die Generalität keine ernsthafte Überlegung dar. Als sogar Sprecher der Garderegimenter Semenovskij und Preobraženskij erklärten, man werde das Volk nicht unter Feuer nehmen, revidierten die Generäle kurzerhand ihre Prioriäten: Den siegreichen Krieg stuften sie dabei höher ein als die Monarchie. Derart bedrängt unterzeichnete Zar Nikolaus II. in Anwesenheit des Dumapräsidenten M. V. Rodzjanko am 2. März 1917 die vom Hauptquartier

Abdankung vorbereitete Abdankungsurkunde. In all seinem Elend hatte sich Nikolaus II.
Nikolaus' II. dennoch ein Bruchstück jener Unbedingtheit bewahrt, die einstmals auch Ivan IV. als ersten aller Zaren beseelte. Noch am 25. Februar 1917 belehrte Nikolaus II. den englischen Botschafter, jetzt sei es Sache des Volkes, das Vertrauen Seiner Majestät zurückzugewinnen.

II. Grundprobleme und Tendenzen der Forschung

A. KERNFRAGEN

Russlands Eigenart und Eigenzeit werden auch daran erkennbar, dass im Spätmittelalter entstandene Strukturen wie zarische Autokratie und Leibeigenschaft bis in die Moderne fortwirkten. Dafür maßgebend waren vor allem vier Elemente: Das klimatisch-geographische, das ethnologische, das orthodoxe sowie das der Selbstherrschaft. Zwar durchdrang jeder dieser vier Faktoren alle Epochen russischer Geschichte, doch schliff das 19. Jahrhundert ihre modernisierungshemmende Wirkung allmählich ab.

1. Geographie

Da ungleich rauher – und wohl auch lebensabweisender –, hatten die geophysikalischen Voraussetzungen in Russland deutlich länger als im Westen einen bestimmenden Einfluss auf den Menschen. Russlandhistoriker sind daher in besonderem Maße aufgefordert, die Wechselwirkung zwischen natürlichen Gegebenheiten, Gesellschaft und Verfassung zu durchdenken. Hier ließ die ältere Forschung jedoch einen Determinismus walten, der die Bedeutung von Vegetation, Bodengüte und Gewässernetz einseitig und allzu bestimmend auffasste. Zwar prägt Landschaft Geschichte – doch lagert sich Geschichte auch in Landschaft ab. Ein herausragendes Beispiel dafür wäre die Stadt Moskau, die sich lange im toten Winkel versteckte. Erst dann zog sie Handel und Wandel an sich, als ihr politischer Aufstieg dies erzwang. Versteht man Russland als passives kontinentales Hinterland des aktiven maritimen Europa [470: GOEHRKE, 187], so tritt die Bedeutung geographischer Faktoren zunächst im Kontrast zwischen der gewaltigen Ausdehnung und der dünnen Besiedlung hervor. Bis zum Ende des 18. Jahrhunderts wuchs der Raum infolge anhaltender Expansion sogar schneller als die Bevölkerung. Auf diesem innerhalb Europas einmaligem Sonderverhältnis beruhte die Kolonisation, die V. O. Ključevskij (1841–1911), der bedeutendste russische Historiker seiner Zeit, zum bewegenden Moment der Geschichte Russlands erklärt hat. Aus der anhaltenden Kolonisation resultierte wiederum,

Passives kontinentales Hinterland

dass sich die russische Gesellschaft später als die westlichen verfestigen konnte, eben weil ihr die Last der Besiedlung ein höheres Maß an Beweglichkeit abforderte. Noch P. A. Stolypin hat ja versucht, der Landnot im europäischen Teil des Reiches durch Kolonisierung Zentralasiens bzw. Sibiriens zu begegnen (I.D.3). Allerdings bot das Überangebot an Fläche wenig Anreiz, von extensiver Wirtschaft auf intensive umzustellen, da Boden in überreichem Maße vorhanden war, Kapital aber nicht. Nicht zuletzt ermöglichte die geographische Dimension, dass die russische Regierung als einzige in Europa fähig war, Raum zu geben, um Zeit zu kaufen, so 1709 oder 1812.

Binnenkolonisation   Überschaut man den Ablauf der russischen Binnenkolonisation, so treten mehrere Phasen hervor. Zunächst waren es die Einfälle der Polovcer (Kumanen) und Mongolen, aufgrund derer sich die ostslavische Bevölkerung aus dem Schwarzerdegürtel nach Norden auf karge Waldböden zurückzog; seit dem späten 15. Jahrhundert löste dann die Zunahme der Bevölkerung eine Rodung weniger fruchtbarer Landstriche aus. Diese Süd-Nord-Wanderung kehrte sich seit dem 16. Jahrhundert um; nach Ende der Smuta (I.A.2) expandierte Moskau in das Gebiet der Schwarzen Erde, so dass zwischen Süd und Nord eine Arbeitsteilung entstand: Auf den guten Böden im Süden produzierte man Getreide und auf den weniger guten um Moskau kam eine gewerbliche Entwicklung zunächst bei der Textilherstellung in Gang, die den Bauern zu weiteren Erwerbsmöglichkeiten verhalf. Nicht zuletzt lebte man hier aus dem Wald, der zahlreiche Heimarbeiter mit Rohstoff versorgte. In die Nachhaltigkeit dieser Wirtschaft schlug erst das 19. Jahrhundert eine gewaltige Bresche: Seit 1700 hatte der Waldanteil des europäischen Russland bei etwa 50 Prozent gelegen, ging jedoch von 1861 (42 Prozent) bis 1914 auf 35 Prozent zurück. Die zunehmende Knappheit an Ressourcen lag auch der Wanderung auf die östliche Seite des Ural zugrunde.

Ein weiteres Hauptcharakteristikum der geographischen Voraussetzungen bestand darin, dass Russland, obschon ihm natürliche Grenzen fehlten, in den Zustand weitgehender Abkapselung von Westeuropa geriet. Allerdings waren hier auch nichtgeographische Faktoren von erheblichem Belang, so der fortdauernde Konflikt mit Litauen um das Erbe der Kiever Rus', so der Bruch zwischen griechischer und lateinischer Kirche. Je weiter die technische Entwicklung fortschritt, desto näher rückten Russland und Europa aber wieder zusammen: Nicht zuletzt durch Einrichtung der Post – 1665 nahm als erste die Linie zwischen Moskau und Riga ihren Dienst auf – schlug die Aufklärung als erste westliche Strömung bis Russland durch.

Die Steppe und   Von Osten her war Russland durch den Landozean der Steppe jedoch zu allen
Moskau   Zeiten gut zu erreichen; von hier drangen die Mongolen nach Europa vor; aus der Steppe rückten die Krimtataren letztmals 1591 bis Moskau vor; aus der Steppe wanderten 1608/09 die ersten Kalmücken in das Gebiet der Unteren Wolga ein, unterstellten sich später russischer Herrschaft und bildeten ein eigenes Chanat [885: KHODARKOVSKY]. Völlig zu Recht verwies M. K. LJUBAVSKIJ in seiner noch immer lesenswerten Historischen Geographie von 1909 daher darauf, der un-

umgängliche Schutz dieser offenen Grenzen habe der Bevölkerung schwere Lasten aufgebürdet und die wirtschaftliche Entwicklung verzögert. Die Autokratie jedoch konnte sich durch den Zwang permanenter Verteidigung legitimieren [474]. Allerdings hat die Tatsache der offenen Grenzen nicht nur die imperiale Expansion bis an den Nordrand des Schwarzen Meeres unter Katharina II. begünstigt, sondern auch den Einfall polnischer Invasoren während der Smuta, schwedischer nach 1708 und französischer im Jahre 1812.

Schließlich richteten Klima und Geographie auch für den Verkehr massive Barrieren auf. Alljährlich in Frühjahr und Herbst verwandelten sich die Überlandwege in Schlamm – und lehrten die Reisenden Geduld. Umso größere Bedeutung kam dem Flusssystem zu, insbesondere dem der Wolga, das im 16. Jahrhundert unter Moskauer Herrschaft geriet. Peter der Große hat zwar versucht, seinem Volk auch in physischer Hinsicht Wege nach Westen zu bahnen, um über Straße und Post auch Werte wie Stetigkeit und Berechenbarkeit zu befördern. Wie sich zeigte, war der Straßenbau jedoch mühselig: Erstmals fasste man die Errichtung einer Magistrale von Petersburg nach Moskau 1722 ins Auge – doch gingen bis zu ihrer Fertigstellung 24 Jahre ins Land. Auch beim Eisenbahnbau kam Russland weniger in Jahren als in Jahrzehnten voran: 1850 verfügte es über ein Schienennetz von 600 km Länge, 1880 waren 24 000 km erreicht (damit lag man vor Österreich-Ungarn, aber hinter Deutschland) und 1910 77 000 km. Für Historiker ergibt sich hier eine weitreichende Frage: Wenn das endlose Zarenreich wegen der schlechten Kommunikationsmittel nur schwer zu regieren war, wieso wurde es dank Eisenbahn und Telegraph nicht stabiler, sondern für Erschütterungen im Gegenteil weitaus anfälliger? Verkehrswege

Zum Verständnis des Zarenreiches ist die Historische Geographie auch deshalb so grundlegend, weil sie dessen innere Grenzen sichtbar macht. Unter verschiedenen Versuchen, die 50 Gouvernements des europäischen Russland zu strukturieren, hat der auf P. P. Semenov zurückgehende die größte Beachtung gefunden [657: SCHMIDT, 99–106]. Nachdem der Anschluss Bessarabiens 1812 dem Zarenreich innerhalb Europas einen letzten territorialen Zuwachs beschert hatte, fügte Semenov 1880 unter Berücksichtigung wirtschaftsgeographischer und ethnischer Gesichtspunkte die 50 Gouvernements zu zwölf Regionen zusammen. Der Fläche nach ordnen sich diese wie folgt: Regionen

1. Hoher Norden: Archangel'sk, Vologda;
2. Ural: Perm', Vjatka, Ufa, Orenburg;
3. Untere Wolga: Kazan', Simbirsk, Samara, Saratov, Astrachan';
4. Neurussland: Cherson, Ekaterinoslav, Taurien, Bessarabien;
5. Zentrales Landwirtschaftsgebiet: Kursk, Voronež, Tambov, Penza, Orel, Tula, Kaluga, Rjazan';
6. Seengebiet: Petersburg, Olonec, Novgorod, Pskov;
7. Zentrales Gewerbegebiet: Moskau, Tver', Jaroslavl', Kostroma, Vladimir, Nižnij Novgorod;
8. Weißrussland: Minsk, Vitebsk, Smolensk, Mogilev;

9. Südwesten: Kiev, Podolien, Wolhynien;
10. Ukraine: Char'kov, Poltava, Černigov;
11. Litauen: Wilna, Kovno, Grodno;
12. Ostseegouvernements: Estland, Livland, Kurland.

Einen Sonderstatus hatte der Bezirk der Donkosaken inne, da er nicht dem Innenministerium unterstand wie die hier aufgeführten 49 Gouvernements, sondern dem Kriegsministerium. So gravierend der Größenunterschied (Hoher Norden etwa eine Mio. Quadratkilometer, Ostseegouvernements ca. 80 000 Quadratkilometer) war, so gravierend fielen auch die Unterschiede im Hinblick auf die Bevölkerungsstärke (Zentrales Landwirtschaftsgebiet 15,4 Mio. 1897, Hoher Norden 1,6 Mio.) und die Dichte der Besiedlung aus: In den ukrainischen Gouvernements wurden 1897 ca. 55 Einwohner je Quadratwerst ermittelt, im Hohen Norden nur zwei.

Aus dieser Regionalstruktur ergeben sich weitere Merkmale, wobei dem Bevölkerungszuwachs und der Alphabetisierung besondere Bedeutung zukamen.

Revisionen Bei der ersten Revision 1719 wurde die Gesamtbevölkerung des Zarenreiches mit 15,5 Mio. veranschlagt, nach der letzten polnischen Teilung bei der fünften Revision 1795 bereits mit 37,4 Mio. Die zehnte und letzte Revision gelangte 1857 zu einer Angabe von 59,3 Mio., die erste und zugleich letzte Volkszählung von 1897 zu 126,4 Mio. Dabei wiesen Neurussland – auch wegen anhaltender Zuwanderung – und der Südwesten zwischen 1857 und 1897 den größten Bevölkerungszuwachs auf, die Ostseegouvernements aber den kleinsten. Im Hinblick auf die Alphabetisierungsrate standen die Ostseegouvernements jedoch mit 78 Prozent 1897 reichsweit an der Spitze, während die Gouvernements der Unteren Wolga mit zwanzig Prozent unter den zwölf Regionen den letzten Platz einnahmen. Ein ebensolches West-Ost-Gefälle ist für die Kindersterblichkeit zu verzeichnen; dabei entfielen in Litauen und den Ostseegouvernements 1897 durchschnittlich weniger als 200 Todesfälle auf 1 000 Geburten, im Ural und der Unteren Wolga jedoch mehr als 400 [622: GATRELL, 36–37]. Die Dynamik der Modernisierung vergrößerte daher nicht nur das Ausmaß sozialer, sondern auch regionaler Ungleichheit. Umso stärker wuchs das Bedürfnis nach Integration, dem der Zarenstaat entsprechen musste.

Autokratie und Geographie Schließlich bleibt das Problem, ob eine Autokratie die zwangsläufige Folge eines Flächenstaates ist. Noch Katharina II. hat dies in Art. 9 der Großen Instruktion zwar behauptet, nüchtern betrachtet aber entstand aus der Kluft zwischen übergroßer Dimension und spärlicher Kommunikation eine lebhafte Eigengesetzlichkeit der Provinzen. Völlig zu Recht hat der amerikanische Historiker S. F. STARR Russland daher als *undergoverned* bezeichnet [356]. Weite Bereiche der russischen Rechts- und Verwaltungsgeschichte zeugen davon, dass der Machttransport zwischen Zentrum und Peripherie geradezu chronisch zusammenbrach. Im Grunde hat die Autokratie dieses Desaster sogar gefördert: Seit Ausbruch des livländischen Krieges 1558 kam es für Ivan IV. nicht länger in Frage, Beamte der Aufsicht von Lokaleliten zu unterstellen, schien dies doch den antimoskowitischen Drang der ehemaligen Teilfürstentümer zu begünstigen. Von diesem Verzicht rückte erst Katharina II. ab: Die Aufhebung der adligen Dienstpflicht 1762 schuf die Voraussetzung dafür, dass in den Provinzen geeignete Kräfte verfügbar wurden. Noch dazu lehrte der Aufstand des Emel'jan Pugačev, dass notorischer Amtsmissbrauch auch Rebellion schüren konnte. Hätte ein polyzentrisches System die Verteilung von Herrschaft jedoch feiner bemessen und den Regionen zu schnellerer Entwicklung verholfen – oder lediglich die Anzahl der Autokratien vermehrt? Hier deutet manches eher auf die zweite Vermutung hin. Ohne Bürger und Städte sind Föderationen nur selten stabil; beiden kam in der russischen Geschichte aber erst spät zentrale Bedeutung zu. Auch dies ist freilich ein Umstand, der gegen die These vom geographischen Determinismus spricht.

Überschaut man die Forschungen zu Themen der Historischen Geographie, ergibt sich der Eindruck, als sei dieses Feld wegen der nach 1917 einsetzenden Politisierung der russischen Vergangenheit vernachlässigt worden. Dies gilt insbesondere für die westliche Forschung, während sich die russische ein höheres Maß an Interesse bewahrte. So haben DROBIŽEV/KOVAL'ČENKO 1973 ein Lehrbuch der Historischen Geographie verfasst, das von Kiever Zeiten bis ins 20. Jahrhundert reicht und sich an vier Hauptfragen orientiert: An geophysisch-klimatischen Voraussetzungen, an der Demographie, an Stadt, Wirtschaft und Verkehrswegen sowie an den politisch-territorialen Veränderungen. Die Wechselwirkung zwischen Mensch und Natur, eigentlich ja das Kernproblem der Historischen Geographie, steht allerdings nur für die Ostslaven zur Debatte, aber kaum für die anderen Ethnien des Reiches. Missachtet werden auch diejenigen Bereiche der Kulturgeographie, die die seinerzeit verbreitete Meinung vom „natürlichen" Vorrang der Russen widerlegen, so die Frage gegenseitiger Durchdringung benachbarter oder sich überlagernder Kulturen [467]. Schon konziliater ging V. A. ESAKOV in seiner 1999 erschienenen Geschichte der geographischen Wissenschaften im Zarenreich zu Werke. Hier kommen auch Ausländer zu ihrem Recht wie der Herforder Gerhard Friedrich Müller (1705–1763), ein namhafter Sibirienforscher [469].

Obschon unsystematisch und oftmals rein deskriptiv, mischte A. V. DULOV 1983 seiner Historischen Geographie der Frühen Neuzeit auch neue Farben bei, so die Geschichte des Umweltschutzes. In Reaktion auf den Rückgang der Bewaldung stellte etwa das Uloženie von 1649 Brandstiftung in den Wäldern unter Strafe. Und Peter der Große suchte den Schutz insbesondere der für den Schiffbau benötigten Eiche voranzutreiben; dabei ließ er so wenig Pietät walten, dass er sogar befahl, die üblichen Eichensärge durch solche aus Birkenholz zu ersetzen. Per Ukaz vom 17. Juli 1763 wurde für alles Wild mit Ausnahme der Raubtiere eine Schonzeit vom 1. März bis 29. Juni verfügt. Seit 1845 suchten Gesetze zudem die Reinheit von Luft und Wasser zu gewährleisten [468: 186–200]. Ein Blick auf die tatsächliche Reichweite solcher Anordnungen wäre daher überfällig. Allerdings wartet DULOV auch im Hinblick auf die Mentalitätsgeschichte mit interessanten Beobachtungen auf. Die bäuerliche Aufsässigkeit konzentrierte sich seit alters her auf die Monate

Forschungsdefizit

Umweltschutz

Mai und Juni, in denen die Anzahl registrierter Unruhen auch im 19. Jahrhundert die im Dezember und Januar um das Zweifache übertraf. Diesem Zyklus blieben die russischen Bauern auch treu, als sie nicht mehr auf die Felder zogen, sondern in die Fabriken. Von 1800 bis 1866 lagen dreizehn Prozent der Streiks im Mai, aber nur sechs Prozent im Januar.

Einem ganz anderen Zuschnitt folgt die zweibändige Darstellung der Historischen Geographie Russlands von BATER/FRENCH. Während sich die Beiträge zu Mittelalter und Früher Neuzeit auf ein kaum zulässiges Minimum beschränken, wird das Problem der *frontier* für die Zeit nach 1550 eingehend untersucht. Ein weiteres Missverhältnis ergibt sich zwischen einer deutlichen Vorliebe für die Stadtgeographie und einer schnöden Behandlung der agrarischen Welt. Höchst lesenswert ist aber der Ausblick. Hier entwerfen BATER/FRENCH ein Forschungsprogramm, das in Anlehnung an H. C. Prince drei Wege weist: Zunächst den der realen und wahrnehmbaren Geographie, wie er zumeist beschritten wurde, dann den der Geographie des Imaginären, das heißt die Aneignung topographischer Motive auf dem Wege mündlicher wie schriftlicher Rezeption, sowie die abstrakte Dimension der Geographie, die sich vergleichend oder im Gebrauch von Modellen erschließt [464: II, 483–90]. Die beiden letztgenannten Zugänge wurden bislang kaum beachtet, könnten die Geographie aber in diejenige Disziplin zurückverwandeln, die sie lange Zeit war: Eine Domäne der Entdecker.

Forschungs-
programm

2. ETHNOLOGIE

Ebenso tief wie von geographischen Voraussetzungen wurde die russische Geschichte von ethnologischen geprägt. Auch wenn zwischen Geschichte und Ethnologie durch das Vordringen der Kulturgeschichte unlängst eine Annäherung eingesetzt hat, wirken beide Fächer doch in manchem komplementär: Historiker sind von treibenden Kräften fasziniert, insbesondere von Konflikten und allem, was lärmt, Ethnologen jedoch eher vom Stillleben der Trachten und Bräuche. Nicht selten hat es Sozialhistorikern daher die Moderne angetan, Ethnologen bzw. Kulturhistorikern aber die ländliche Lebenswelt, die sich in Russland weitaus besser als im Westen erhielt: Lebte um 1900 nur noch die Hälfte der Bevölkerung des Deutschen Reiches auf dem Dorf, erhob man die Landbevölkerung Russlands mit 87 Prozent. Ob die Slavistik daher gut beraten war, auf Puškins Gesammelten Werken ausgiebig Siesta zu halten, die Erforschung von Liedern und Märchen aber weitgehend einzustellen?

Fiel es der früheren Volkskunde in Deutschland schwer, sich gegen die Völkerkunde zu behaupten, hat das Interesse an der dörflichen Kultur Russlands in stärkerem Maße überdauert. Hier schien sich ein Feld zu eröffnen, das ideologischem Druck in geringerem Maße ausgesetzt war – und nach 1917 manchen anzog, der nach innen emigrieren wollte. Wie im 19. Jahrhundert war es auch jetzt vor allem der russische Norden, der zum Eldorado der Ethnologen wurde – aus

gutem Grund: Unermesslich und kaum erschlossen, hat sich der russische Norden Der russische
fast jedem Umbruch widersetzt [484: BÖSS]. Sogar freie Bauern fanden sich hier, da Norden
der Adel weitgehend fehlte; durch die Länge der Anmarschwege ließ sich Moskau
nicht pünktlich erreichen. Im 17. Jahrhundert war es die Klosterinsel Solovki, die
zum Bollwerk der Altgläubigen wurde und zwölf Jahre lang gegen Moskau und
die Amtskirche rebellierte [558: MICHELS]. Mit dem Entstehen der russischen
Volkskunde seit dem späten 18. Jahrhundert brachen die Expeditionen der Petersburger Akademie daher immer wieder in den Norden auf, so N. Ja. Ozereckovskij, um die materielle und mündliche Kultur der finnougrischen Einwohner wie der später zugewanderten Ostslaven zu erkunden [507: TOKAREV, 123–125].

Der bis heute lesenswerte Abriss ostslavischer Volkskunde von D. K. ZELENIN, 1927 in deutscher Sprache erschienen, stützt sich daher in erheblichem Ausmaß auf Material aus den nordrussischen Gouvernements Olonec, Archangel'sk und Vologda. Vom Ackerbau über Nahrung, Kleidung und Wohnung bis zu den Bräuchen in Familie und Dorf schildert ZELENIN zwar alle wesentlichen Punkte von der Sachkultur bis zum Volksglauben. Allerdings unterstellt er dem archaischen Norden manches, das heute ungemein komisch wirkt: So will ZELENIN 1921 im Kreise Vel'sk (bei Vologda) notiert haben, dass alle Familienmitglieder vor dem Essen eine Wurst zwischen die Zähne nahmen und auf allen Vieren dreimal um den Tisch krochen, dabei das Grunzen der Schweine imitierend [509: 63]. Dass Fruchtbarkeitsriten allgegenwärtig waren, betont aber Fruchtbarkeitsriten
auch die neuere Forschung [490: IVANITS; 503: RYAN]. ZELENIN hat daher, weil als Gesamtdarstellung bislang konkurrenzlos, 1991 sogar eine Übertragung ins Russische erlebt. Dennoch sind zwei grundlegende Mängel seines Werkes offensichtlich: ZELENIN fasst Ethnologie statisch auf, obwohl sie – wie alle Kultur – auf Wandel beruht. Noch dazu versäumt er, materielle und ideelle Kultur zu verknüpfen; viele Bräuche wirken daher unmotiviert.

Schon überzeugender fällt in dieser Hinsicht die Studie K. K. LOGINOVs über die Anwohner des Onega-Sees aus. So suchten die Fischer den Wassergeist lange Zeit durch Opfergaben gnädig zu stimmen; stellenweise stellte man ihm für die Zeit des Fischfangs daher eine Unterkunft zur Verfügung, wohl damit er den See verlasse und die Fische freigebe. Damit diese wie tagblind in die Netze gingen, flochten die Fischer Fledermäuse ein. Mit dem Aufkommen maschinell hergestellter Netze nach 1880 aber geriet dieser Brauch in Vergessenheit. Auch bei anderen Fragen zum dörflichen Kosmos versucht LOGINOV immer wieder, dessen Riten zu entschlüsseln. Zum Beispiel wurden neue Häuser, um Reichtum anzulocken, zumeist auf einzelnen Münzen errichtet [495: 43, 82]. Eine deutliche Vorliebe für die materielle Kultur zeichnet auch die jüngste umfassende Darstellung nordrussischer Bräuche aus, die I. V. VLASOVA 2001 herausgab. Gerät und Gehöft werden hier ebenso detailliert beschrieben wie die bäuerlichen Trachten; mit Glauben und Aberglauben tun sich die Autoren jedoch schwer [508]. Etwas theoriefreudiger beim Versuch, die Zivilisation unter dem Strohdach ver-

Das heilige Haus ständlich zu machen, ging der französische Kulturhistoriker F. CONTE zu Werke. Er fasst das Bauernhaus als sakralen Ort auf, regiert vom Hausgeist (*domovoj*). In symbolischem Verweis auf die Erschaffung der Welt war dieser durch einen siebenteiligen Ritus auf den Einzug der Bauern vorzubereiten: In der ersten Nacht musste ein Huhn die neue Hütte bewohnen, in der zweiten ein Hund, in der dritten ein Schwein, in der vierten ein Schaf, in der fünften eine Kuh und in der sechsten ein Pferd. Erst in der siebten Nacht durfte die Bauersfamilie einziehen [485: 258].

Die wohl entschiedenste Entgegnung auf den Vorwurf, die Ethnologie vernachlässige die Prozesshaftigkeit der Geschichte, hat M. M. GROMYKO in ihrem Panorama russischen Dorflebens formuliert. Gestützt vor allem auf die Rückzugsräume des russischen Nordens und Sibiriens beginnt zwar auch sie mit der materiellen Kultur, bettet diese aber in den Umbruch des späten 19. Jahrhunderts ein. Auch im Hinblick auf die Frömmigkeit gewinnt ihre Studie dadurch an Prägnanz: Während des Sommers ließ der Kirchenbesuch deutlich zu wünschen übrig, nach Beendigung der Feldarbeit nahmen viele Bauern jedoch große Opfer auf sich, um den Kirchweg zu bewältigen. Im bäuerlichen Bücherschrank hielt nun auch die weltliche Literatur Einzug: In zwei Dörfern bei Vologda mit insgesamt 205 Einwohnern, von denen 64 Männer und fünf Frauen lesen konnten, fanden sich 387 Bücher, darunter neben Heiligenleben und Katechismus auch Robinson Crusoe und Turgenev. Sachliteratur etwa über Tierhaltung war außerordentlich selten, Groschenromane fehlten ganz [487: 307]. Obschon die kirchliche Literatur ihr Monopol also eingebüßt hatte, taten sich politische Strömungen wie der Nationalismus auf dem Dorf nicht ganz leicht. Es bedurfte daher der Kriege wie des türkischen 1877/78, um Nationalgefühle zu mobilisieren. Allerdings konnten Rekruten auf dem Dorf von jeher auf Mitgefühl rechnen, nicht erst nach Einführung der allgemeinen Wehrpflicht 1874. Im Grunde lädt dieses weitgehend unpolitische Bild, das GROMYKO für die Zeit um 1900 zeichnet, jedoch zu neuen Untersuchungen ein. Insbesondere über die Wanderarbeiter – bzw. über den Generationswechsel – drangen neue Impulse auch in die Dörfer vor [hierzu jetzt 619: ECONOMAKIS].

Obwohl die Ethnologie nach 1917 in Russland weitaus stärker als im Westen gepflegt wurde, gab es nur einen russischen Volkskundler, der auch im Westen
V. JA. PROPP Gehör fand. Dies war der Leningrader V. JA. PROPP (1895–1970). Geprägt vom russischen Formalismus legte er 1928 eine *Morphologie des Märchens* vor, die 1972 auch in deutscher Übersetzung erschien [499]. Darin führte PROPP die Märchen des russischen Volkes auf sieben Protagonisten zurück; und zwar auf den Bösewicht, den Schenkenden, den Helfer, den Verborgenen, den Aussendenden sowie den echten und den falschen Helden. Sie alle treten in nur zwei Handlungsvariationen auf: Sieg über den Bösewicht bzw. Bewährung in schwerer Prüfung, so dass PROPP die Vermutung äußert, die Gesamtheit der bekannten Märchen gehe streng genommen auf ein Hauptmotiv zurück. Auch wenn LÉVI-STRAUSS PROPP zu einem Vordenker des Strukturalismus erklärte [493], fällt dessen Analyse doch zu abstrakt aus, um Historikern wesentlich Neues zu bieten. 1946 brachte PROPP

daher eine zweite, gleichfalls oft übersetzte Studie zu den *Historischen Wurzeln des Zaubermärchens* heraus, die sich weitaus näher am Text orientiert und mit höchst lesenswerten Interpretationen aufwartet. Das Motiv der *Baba-Jaga* (Hexe), die sich im Hüttchen auf Hühnerbeinen verbirgt, entschlüsselt er als Initiationsmythos: Im Hexenreich, symbolisiert durch Tod und Gebein, setzt sich der furchtlose Sendbote den Jenseitswesen aus – und erlangt somit magischen Schutz vor ihnen [498].

Das alte Motto, dass es nicht auf die Quantität der Quellen, sondern auf die Qualität der Analyse ankomme, hat PROPP 1963 ein weiteres Mal am Beispiel der Feiertage des russischen Dorfes demonstriert [500]. Dabei rückt er immer wieder den Tod in den Mittelpunkt der Betrachtung – der ja in jeder Kultur Abbild von Diesseits und Jenseits ist [vgl. 491: KAISER]. So fasste PROPP die Feste als Tage der Totengedenkens auf, belegbar etwa am Brauch, zu Pfingsten am Grabe unlängst Verstorbener ein Leichenmahl abzuhalten. Das vielleicht interessanteste Kapitel dieses Buches widmet sich dem Tod und dem Lachen. Dabei bezweifelte PROPP die These des anthropologischen Klassikers James Frazer, der Gottestod als Trauer und magische Wiederauferstehung im Frühjahr als Freude aufgefasst hatte; aufgrund des russischen Materials gelangte PROPP vielmehr zur Auffassung, dies treffe nur für die jüngeren, stärker verchristlichten Religionen zu, nicht aber für die orthodoxe, die archaische Elemente in höherem Ausmaß erhalten konnte. Hier habe man traditionell nicht die Wiedergeburt Gottes gefeiert, sondern dessen Zerstörung – und diese zugleich belacht [500: 105]. — Der Tod als Abbild von Diesseits und Jenseits

Alles in allem hat die bisherige Forschung das immense Erkenntnispotential der Ethnologie bislang keineswegs ausgeschöpft. Der alte Glaube, die Rätsel der Fremdheit könne ein Ethnologe in geläufige Muster pressen, beseelt heute niemanden mehr. Auch hat die Neigung, nahezu alles durch Symbol und Ritus zu erklären, die analytische Kraft dieser Begriffe beschädigt. Zur Erforschung des Erfahrungs- und Wertesystems Kultur, das Individuum und Gemeinschaft wie Gemeinschaft und Umwelt vernetzt, können sich Historiker von Ethnologen dennoch einiges abschauen: Ein immenses Forschungsdesiderat tut sich im zarischen Vielvölkerreich zunächst da auf, wo es um den Austausch zwischen den Ethnien geht – auch im Hinblick auf die materielle Kultur. Ebenso schwer wiegt das Defizit beim Studium der Wechselbeziehung zwischen Alltag und höheren Kräften, wie sie zum Beispiel für die Volksmedizin grundlegend ist [vergl. die vorbildliche Bibliographie von 56: ROSSIJSKIJ]. Missachtet wurden schließlich auch die Übergänge zwischen Dorf- und Schriftkultur, obwohl sie am Beispiel des Volksbilderbogens *(lubok)* klar ersichtlich sind [764: KOSCHMAL]. Außer nach dem Vordringen der Modernisierung wäre aber auch danach zu fragen, wie sich die dörfliche Welt vor soziokulturellem Wandel abzuschotten versuchte. Eine Rechtfertigung derartiger Arbeiten liegt wohl unter anderem darin, dass die vordringende Schriftkultur den mündlichen Traditionen oftmals ein Ende machte. Nicht durch Zufall setzte die Aufzeichnung gerade dann ein, als Sitte und Brauch zu verblassen begannen. — Forschungsdefizit

3. ORTHODOXIE

Der Not gehorchend, wurde die russische Kirchengeschichtsschreibung nach 1917 zunächst von Emigranten geprägt. Dabei machte A. V. KARTAŠEV (1875–1960) in mancher Hinsicht den Anfang, der seit 1900 an der Geistlichen Akademie in Petersburg gelehrt hatte und im Juli 1917 zum Oberprokuror des Synod aufstieg. Im Monat darauf trat der Kadett KARTAŠEV als Kirchenminister in die Provisorische Regierung ein. Unmittelbar nach der Oktoberrevolution wurde er verhaftet, konnte auf Betreiben des Patriarchen Tichon (1917–1925) aber auswandern. Von 1925 bis 1960 lehrte er russische Kirchengeschichte in Paris, wo 1959 seine zweibändige Gesamtdarstellung erschien. Im ersten Band geht KARTAŠEV auf die Epoche von der Taufe der Kiever Rus' 988 bis zur Errichtung des Moskauer Patriarchats 1589 ein, wobei er auch den Häretikern des 16. Jahrhunderts wie Matvej Baškin, Feodosij Kosoj oder Artemij erheblichen Platz einräumt; im zweiten Band behandelt er die Epoche des Patriarchats bzw. dessen Ablösung durch den Synod von Peter bis zum Regierungsantritt Alexanders I. im Jahre 1801. Obschon orientiert an den großen Persönlichkeiten, verfällt KARTAŠEV keinem dogmatischen Blick, sondern bringt auch die Kirchenspaltung von 1667 angemessen zur Sprache. Dass er weitaus mehr liefert als ein Resümee vorrevolutionärer Kirchengeschichte, zeigt sich etwa im Kapitel zur Druckgeschichte der ersten, 1663 in Moskau erschienenen Vollbibel [529].

Auch GEORGE FEDOTOV (1888–1951) ging aus der Petersburger Geistlichen Akademie hervor, der er vor seiner Emigration 1925 nach Berlin auch als Rektor vorstand. Wie zur Bestätigung der von Fedotov gern zitierten Sentenz „Kummer macht den Menschen aus" musste er sich 1941 in die USA einschiffen, wo sein Hauptwerk *The Russian Religious Mind* entstand. Dessen zweiter, posthum erschienener Band dringt bis ins 16. Jahrhundert vor, entwirft aber ein ganz anderes Bild als KARTAŠEV, da FEDOTOV auch übergreifende Fragen stellt, so nach den Gottesnarren, die er mit dem klösterlichen Bedürfnis nach Selbsterniedrigung begründet, so nach dem Verhältnis von Kunst und Religion am Beispiel der Ikone oder nach dem Charakter altrussischer Spiritualität. Die große Zeit der russischen Kirche lief in Fedotovs Augen seit 1547 aus, deutlich sichtbar an der Ikone, die sich seither dem Dekorativen ergab. Die Krönung Ivans IV. habe, so Fedotov, die russische Kirche in zwei Sphären gespalten: Die der offiziellen und die der wirklichen Orthodoxie. Während sich die eine von der Obrigkeit habe regulieren lassen, schon um diese mythisch aufzuputzen, habe die andere den Weg des Widerstands gesucht – bis hin zu den Altgläubigen [519].

Spaltung der Kirche

Schließlich wäre IGOR SMOLITSCH (1891–1970) zu nennen. Seit 1953 am Osteuropa-Institut in Berlin-Dahlem lehrend, hat SMOLITSCH die bislang letzte Geschichte des russischen Mönchstums von 988 bis 1917 verfasst [546] sowie eine zweibändige Geschichte der Synodalepoche von 1700 bis 1917 [544]. Vor allem der zweite Teil dieses Werkes betrachtet auch die zahlreichen innerkirchlichen Gruppierungen wie *Skopcy* [518: ENGELSTEIN] und *Duchoborcen* sowie die orthodoxe Mission unter Kalmücken und Samojeden [544]. Wohl und Wehe der überlieferten Kirchengeschichte treten hier deutlich zutage: Initiativen und Institutionen zeichnen sich deutlich ab, der kirchliche Alltag jedoch, die Durchdringung von Sakralem und Säkularem und insbesondere das Phänomen der Frömmigkeit verfallen dem Schweigen. Ansätze zu einer Kirchengeschichte „von unten" sind bislang kaum erkennbar. E. A. GORDIENKO ist zwar bemüht, in seiner 2001 erschienenen Kirchengeschichte Novgorods im 16. Jahrhundert den Pfad zur Regionalgeschichte einzuschlagen, zieht aber vor allem Kunst- und Architekturdenkmäler als Quelle heran [957]. Kirchliches Leben erspießt daraus nicht.

Größeren Umfang nahm dagegen die Diskussion um vermeintliche Charakteristika der Ostkirche an, vor allem die Frage nach dem so genannten Doppelglauben *(dvoeverie)*. Ein Beispiel dessen schildert für 988 die älteste ost- Doppelglaube slavische Chronik des Mönches Nestor. Dabei zeigt sich ein bemerkenswerter Unterschied zur Christianisierung zwischen Rhein und Weser: Während der angelsächsische Missionar Bonifatius 723 kurzen Prozess machte und die Donarseiche bei Geismar fällen ließ, nahm die Vertreibung der alten Götter in Kiev einen ganz anderen Verlauf: Dort wird ein hölzernes Abbild des altslavischen Gottes Perun zwar im Dnepr ertränkt – taucht an einer Sandbank jedoch wieder auf! Diese – eigentlich ja sympathische – Widerspenstigkeit der alten Götter umschreibt der Begriff „Doppelglaube", der zweierlei Bedeutung hat: Zum einen dient er als Umschreibung einer Religion, die vorchristliche Elemente unter dem Dach der Orthodoxie bewahrte, zum andern bezeichnet er den Volksglauben Russlands bis ins 19. Jahrhundert. Allerdings will keine der beiden Auffassungen so recht überzeugen, lässt sich Naturreligion von Christentum doch ebenso schwer abgrenzen wie Volks- und Kirchenglaube. Obschon der Begriff *dvoeverie* in mittelalterlichen Predigten immer wieder zur Brandmarkung von Unglauben und Sünde dient, geht die Ausbreitung der Kirche doch gerade auf die Verschmelzung alter und neuer Vorstellungen zurück. Fassbar wird diese Umklammerung etwa am Beispiel der Heiligen und der Feiertage. So lebte der urslavische Perun als Gott von Donner und Blitz im Propheten Elias fort, den 1. Kön. 18, 45 als Regenmacher beschreibt bzw. 2. Kön. 2, 11 als Lenker des feurigen Wagens, der zum Himmel auffährt. Der Volksglaube an Ilja als Regenspender scheint dem kirchlichen damit weitgehend zu entsprechen. Wenn sich die dörflichen Bräuche aber nur dem Ilja zuwandten – und nicht Gott –, rief dies den Einspruch der Kirche hervor. Als Nachfahr des altslavischen Hauptgottes Perun wurden Ilja an dessen Tag (20. Juli) nicht selten auch Opfer gebracht, damit er für reiche Ernte sorge: Wenn die Sau ferkelte, trug man die Ikone des Ilja in den Stall [488: HAASE, 46–72]. Im Grunde ist diese Fusion magisch-christlicher Elemente, für die sich unzählige Belege anführen ließen, allerdings kein Spezifikum der Ostkirche. Auch Jakob Grimms *Deutsche Mythologie* nahm nur durch Rückgriff auf die Naturreligion den stattlichen Umfang von drei Bänden an. Dennoch Christianisierung spricht manches dafür, dass der Prozess der Christianisierung in Russland ein eigenes Schrittmaß fand. Die neue Botschaft aus den wenigen Städten hinaus auf das flache Land zu tragen, dieser Gang war schwer. Hinzu kam, dass der niedere Klerus seiner dürftigen Bildung wegen im Dorf wenig Achtung genoss; da es den Dorfgeistlichen auch an finanziellen Mitteln gebrach, schritten sie – wie Bauern – hinter dem Pflug. Hohn und Spott über den Popen auszugießen, war an Dorffesten daher ein sattsam bekannter Brauch. Das Zurückdrängen heidnischer Sitten fiel dem niederen Klerus aber auch deshalb so schwer, weil durch Vertreibung böser Geister ein willkommenes Entgelt anfiel.

Schamanen
Auch die Kirchenordnung von 1551 hat so manchen Hinweis auf die Fortexistenz falscher Propheten bzw. Schamanen geliefert. Als rettungslos verloren gelten in Kap. 41, Frage 24 insbesondere diejenigen, die an den vorchristlichen Feiertagen festhielten: „Zur Feier der Rusalien zu Johanni oder zu Weihnachten und am Vorabend des Epiphaniasfestes versammeln sich Männer und Frauen und Jungfrauen zum unanständigen Schwatzen und zum Singen teuflischer Lieder und zum Tanz und zum Springen und zu gottlosen Taten, und Knaben werden dabei geschändet und Jungfrauen entehrt, und wenn die Nacht vergangen ist, begeben sie sich zum Flusse mit viel Geschrei wie Besessene und waschen sich mit Wasser, und wenn zum Frühgottesdienst geläutet wird, kehren sie in ihre Häuser zurück und fallen vor Erschöpfung um wie die Toten" [91: 123–24]. Einen ebenso scharfen Angriff auf die kirchliche Autorität schienen die Spielleute *(skomorochi)* zu verkörpern (I.B.2). Ihnen hat der amerikanische Slavist R. ZGUTA 1978 eine willkommene Studie gewidmet und sie in manchem als Nachfahren der Schamanen aufgefasst. Noch für die erste Hälfte des 17. Jahrhunderts verzeichnen die Moskauer Steuerlisten 79 dieser Spielleute. Im Dezember 1648 erließ Zar Aleksej jedoch zwei Verbote der *skomorochi,* um dem satanischen Treiben ein Ende zu setzen [793: 35, 58]. Fühlte sich die Kirche durch derartige Konkurrenz nicht herausgefordert, ging sie mit vorchristlichen Bräuchen eine Symbiose ein. Das Verhältnis zu Sterben und Tod liefert hier ein Beispiel.

Glaube im Dorf
So hat die in Moskau geborene und seit 1923 in Basel lehrende Slavistin ELSA MAHLER (1886–1970) am Beispiel des russischen Nordens umfassendes Material gesammelt, das die außerordentliche Kraft kosmologischen Denkens demonstriert. Damit der Abschied leichter falle, wurden Sterbende auf Stroh gebettet [497: 644]; geöffnete Augen schloss man mit zwei Kupferstücken und schrieb diesen Münzen besondere Heilkraft zu. Beim Nähen des Totenkleids durfte die Nadel nicht auf die Näherin zeigen. Obschon von der Geistlichkeit verboten, galten Grabbeigaben wie eine Münze oder ein Fläschchen Wodka als üblich. Vielleicht wird an diesem Beispiel auch deutlich, welch minimale Erklärung vom Theorem des Doppelglaubens ausgeht. Bot das 17. Jahrhundert der Amtskirche infolge von Smuta und Raskol nur wenig Gelegenheit, auf Disziplinierung der Dorfgeistlichen hinzuwirken, zog Peter der Große auch hier neue Saiten auf. Das geistliche Reglement von 1721 drückte die Kirche im Grunde auf den Status eines Amtes herab. Zum Beispiel heißt es im zweiten Teil: „Muß man gleichfalls die Reliquien der Heiligen examinieren, wann sich deren an einigen oder anderen

Orten hervor thun sollten, an welchen man zu zweiffeln Ursach hätte, denn hierinn wird viel Schelmerey getrieben..." [89: 15]. Wie ELSA MAHLER belegt, vermochte Peter das Phänomen des Doppelglaubens trotz solcher Erlasse aber nicht zu vertreiben.

Zählt die Geschichte der Frömmigkeit gerade unter Bauern bislang zu den gravierendsten Forschungsdefiziten, liegen uns zur Sozialgeschichte des Klerus die sich ergänzenden Studien von G. FREEZE und E. BRYNER vor. Als Sozialhistoriker verfolgt FREEZE insbesondere die ständische Abschließung des Klerus, die dessen Isolation von den Bauern noch verstärkte. Auch die Zerreißprobe des Klerus zwischen Modernisierung „von oben" sowie Renitenz „von unten" arbeitet er deutlich heraus [523: 220]. Zudem produzierte dieser Stand seit dem letzten Viertel des 18. Jahrhunderts einen Überhang an Nachwuchs, für den es keine Pfarreien mehr gab. Hier wusste sich die Regierung keinen anderen Rat, als Missliebige und Überzählige entweder in einen kopfsteuerpflichtigen Stand zu überschreiben oder zu den Rekruten zu schlagen. Was dies aus kirchlicher Sicht für Folgen hatte, dafür zeigt der Theologe E. BRYNER deutlich mehr Verständnis. Infolge der resoluten Aushebungen rissen in den Bistümern zahllose Lücken auf. Zum Beispiel waren im Sprengel von Nižnij Novgorod 1739 mehr als 1 100 oder die Hälfte aller Stellen vakant [512: 189]. Beide Untersuchungen stimmen jedoch darin überein, dass die Bürokratisierung der Kirche seit Peter stärker zugenommen habe als die Kommunikation zwischen Klerus und Gemeinde. Es bedurfte daher eines so entschlossenen Reformimpulses wie unter Alexander II., um die Erblichkeit der Pfarrämter 1867 aufzuheben.

Zugleich hat uns die zunehmende Bürokratisierung der Kirche mit weitaus besseren Quellen zur Volksfrömmigkeit beschert. So haben sich Daten über den Kirchenbesuch von Bauern erhalten, die nähere Analyse verdient hätten. Russische, vor 1991 entstandene Studien vermittelten den Eindruck, als sei der Glaubenseifer gerade in Gouvernements der Protoindustrialisierung wie Moskau seit dem späten 18. Jahrhundert rückläufig [639: LITVAK, 202–203]. Zwar lassen sich derartige Befunde – wie immer – nicht auf ganz Russland übertragen, doch deutet sich an dieser Stelle die Frage an, ob die Konjunktur der Christianisierung ihren Zenit seitdem überschritten habe. Auch die Glaubensinhalte treten in Quellen des 19. Jahrhunderts prägnanter hervor, da diese Epoche durch die ausschwärmenden Lehrer und Narodniki eine wahre Springflut ethnologischer Aufzeichnungen erlebte. Dabei schuf A. N. AFANAS'EV (1826–1871) mit einem dreibändigen Werk das zweifellos eindrucksvollste Panorama des russischen Volksglaubens, in dem sich christliche Vorstellungen unter naturreligiösen zu verlieren drohen wie ein Jäger im Urwald. Während Jacob Grimm im Grunde eine Kompilation philologischer Fundstellen von Herodot bis Helmold von Bosau vorlegt und dabei recht akademisch und trocken wirkt, kann AFANAS'EV noch aus dem Sprudel des Lebendigen schöpfen; ergo schreibt er den Reformen Peters des Großen keine sehr große Tiefenwirkung zu [480: III, 653]. Auch wenn die Interpretation in vielem überholt ist, bildet sein Werk doch eine wahre Schatzkammer dessen, was die aus den Dörfern zurückkehrenden Volkskundler soeben erst zu Papier gebracht hatten. Dem Jahrbuch für das Gouvernement Archangel'sk für 1864 entnimmt er, dass der grünhaarige Waldgeist sogar die Dorfherde weide, nur müsse ihn der Hirt durch ein Opfer erweichen (II, 334), und V. A. Daškovs 1842 erschienene Beschreibung des Gouvernements Olonec dient AFANAS'EV als Beleg dafür, dass von allen Wesen nur die Zauberer *(kolduny)* beherzt genug seien, um eine Bekanntschaft mit dem Waldgeist zu wagen. Der Umgang mit diesen Texten wirft allerdings große Probleme auf: Sie sind regressiv, berichten also von lange zurückliegenden Ereignissen, nur dass diese infolge der mündlichen Weitergabe durch viele Generationen kaum noch datiert werden können; sie sind indirekt, da diejenigen, die den Waldgeist beschreiben, dessen Wirken nicht bezeugen; vor allem aber zerreißt die Kette der Überlieferung, wenn sich die Schriftkultur der mündlichen bemächtigt. Das Hüttchen auf Hühnerbeinen versinkt – und die alten Götter wandern aus, verjagt vom Pfiff der Eisenbahn (II.A.2).

Hexen in Russland?   Ein besonderes Problem stellt die Frage dar, ob auch Russland eine Hexenverfolgung westlichen Umfangs erlebte. In aller Regel wird dies verneint: Zumeist verbarg sich hinter dem Verdacht der Hexerei in Russland nichts anderes als Volksmagie, hing die Orthodoxie doch keinem sehr eindrücklichen Teufelsdogma an. Einen Dualismus zwischen Satan und Gott hat die Ostkirche verneint und den Teufel als gottunterworfene Kraft bezeichnet. Zudem galt Hexerei nicht als Häresie. Ein weiterer Unterschied zum Westen ergibt sich daraus, dass Frauen von Neuengland bis Polen etwa 80 Prozent der Angeklagten stellten, in Russland aber nur 30 Prozent [964: KIVELSON, 83]. Dass sich christliche und naturreligiöse Glaubensinhalte in Russland berührten, mag zugleich eine Ursache für das Überwiegen der Hexer sein, in manchem wohl Nachfahren der Schamanen. Da sich die Kirche auf die Ummäntelung paganer Traditionen einließ, entwickelte sie schon deshalb wenig Fanatismus bei der Hexenjagd.

Resümiert man den gegenwärtigen Forschungsstand zur Geschichte der Orthodoxie im Zarenreich, fallen drei wesentliche Desiderata auf. Ganz unübersehbar erscheint zunächst ein eklatanter Mangel an Lokalstudien, um ein Bild der Kirchenwirklichkeit zu erhalten. Hier ließe sich vermuten, dass die Autorität der Amtskirche mit zunehmender Entfernung von Moskau und Petersburg immer schwächer wurde, die Eigenständigkeit der Kultur aber immer stärker. Zweitens fehlt es an Längsschnitten auch auf quantifizierender Grundlage, um keineswegs gradlinig verlaufenden Prozessen wie Rationalisierung und Säkularisierung auf die Spur zu kommen. Schließlich mangelt es an Begriffen, die das fragwürdige Konzept vom Doppelglauben ersetzen können [494: LEVIN; 502: ROCK] und geeignet sind, die Glaubensvielfalt gerade der bäuerlichen Kultur wertfrei, interdisziplinär und vergleichend zu umreißen.

4. AUTOKRATIE

Im ausgehenden Zarenstaat musste die Autokratie als Vogelscheuche herhalten, um Anflüge von Liberalismus abzuwehren. Konservative versuchten daher den Anschein zu erwecken, als seien Autokratie und Rus' synonym. Historisch betrachtet ist dies jedoch fragwürdig, da sich die Moskauer Großfürsten erst seit dem 15. Jahrhundert als Selbstherrscher sahen. Nach der 1472 geschlossenen Ehe zwischen Ivan III. und Sophia, der Nichte des letzten byzantinischen Kaisers ließ sich Ivan bei der Krönung seines Enkels Dmitrij Ivanovič 1498 als Zar und Autokrator anreden; seit dem Jahr 7000 nach byzantinischem Kalender (1492) verbreitete der Metropolit Zosima auch die Idee, anstelle des befürchteten sofortigen Weltendes werde das neue Jahrtausend die Vollendung der Weltgeschichte durch Moskau als drittes Rom erleben. Dennoch hob sich die byzantinische Autokratie deutlich von der Moskauer ab. Als Statthalter des Pantokrator Christus galt der Autokrator als weltlicher Alleinherrscher sowie – in der Verpflichtung auf Sitte und Recht – als Gegenteil des Despoten. Der byzantinische Kaiser war gehalten, Armee und Kirche, Verwaltung und Adel ebenso wie die Bevölkerung der Hauptstadt auf seine Seite zu ziehen, sollte seine Herrschaft dauerhaft und erfolgreich sein. Gelegentlich konnte Opposition auch im Senat aufflackern. In Moskau jedoch zeigt sich ein anderes Bild. Hier wäre zunächst nach Einflüssen der Goldenen Horde zu fragen, deren Herrschaft endgültig abzuschütteln Moskau erst 1502 im Bündnis mit den Krimtataren gelang. Im Hinblick auf das 14. Jahrhundert hat D. OSTROWSKI den Einfluss der Goldenen Horde unlängst als so erheblich bezeichnet, dass er die Stellung des Großfürsten als Entsprechung zu der des Chans ansah. So wie der Chan einen „Staatsrat" aus vier Stammesführern an seiner Seite wusste, schenkte der Großfürst den in der Duma versammelten Bojaren Gehör [181]. Moskau als drittes Rom

Demgegenüber hielt G. ALEF an der These vom byzantinischen Vorbild fest, verwies jedoch auf die Eigenart Moskaus: Abseits aller Handelswege vermochten sich die Habenichtse am Moskauer Hof wirtschaftlich nicht im entferntesten mit der byzantinischen Pracht zu vergleichen; auch das geistige Leben fiel im weitgehend traditionslosen Moskau eher bescheiden aus. Wie am Bosporus war der Autokrator zwar auch in Moskau an Recht, nicht aber an Institutionen gebunden, nur dass dieses Recht aufgrund der anderen kulturellen Voraussetzungen zunächst eher vage blieb [973]. Da Konkurrenten entfielen, ragte der Autokrator umso höher empor. Gegenüber der Kirche genoss er umfassende Rechte; zum Beispiel konnte der Moskauer Metropolit 1448 die Unabhängigkeit von Konstantinopel (Autokephalie) nur dank Unterstützung des Großfürsten erlangen; dies galt ebenso für die Ernennung zum Patriarchen 1589. Auch dem Adel fehlte die Kraft, sich den Fürsten entgegenzustellen. Vielmehr galt die Erfahrung: Je stärker der Fürst, desto besser für den Dienstmann. Dies galt insbesondere in militärischer Hinsicht, ging der Adel ja aus dem Kriegsdienst hervor. Schließlich blieben auch die Bürger dem herrscherlichen Recht un- Moskau und Byzanz terworfen; eine Trennung von Land- und Stadtrecht drang östlich des Dnepr kaum durch. Nach alledem wog die Stellung des Autokraten in Moskau erheblich schwerer als in Byzanz.

Obwohl die Idee fürstlicher Gottesgnade auf Kiever Zeiten zurückgeht, erhielt sie erst nach Rezeption des autokratischen Anspruchs volles Gewicht [596: USPENSKIJ]. Dennoch stieß die Autokratie nach wie vor an sehr irdische Grenzen, vor allem an die des Gewohnheitsrechts *(starina)*, demzufolge jeder Herrscher gehalten war, seine Gefolgsleute zu konsultieren. Die Bojarenduma galt daher auch nach Einfließen autokratischen Ideenguts als zentrales Organ, dessen Wort den Zaren zwar nicht band, das zu dulden er aber verpflichtet war. Hier machte Ivan IV. keine Ausnahme. Einerseits fixierte Art. 98 des Gerichtsbuches von 1550 den Anspruch der Bojaren auf Anhörung, andererseits jedoch suchte Ivan IV. die Bojaren ihrer Mitsprache zu entheben, indem er im gleichen Jahr eine Regierungsversammlung *(sobor)* nach Moskau berief. Ivan IV. fiel auch die Rolle zu, als erster Autokrator die Autokratie zu rechtfertigen. In seiner wortreichen Entgegnung auf das weitaus knappere Sendschreiben des Prinzen Andrej Kurbskij von 1564 erhob Ivan die Autokratie auf drei Säulen: Dies war zunächst das Prinzip der Anciennität, sah der Zar doch den 1125 gestorbenen Kiever Großfürsten Vladimir Monomach als Begründer der Selbstherrschaft und sich selbst als dessen legitimen Nachfahren an; zweitens berief er sich auf den göttlichen Segen, der ihm und seinen Vätern zuteil geworden sei, sowie drittens auf den rechten Glauben. Die religiöse Umkleidung der Autokratie brachte Ivan auf die Formel einer „orthodoxen wirklich christlichen Selbstherrschaft" [103: 14]. Der Briefwechsel zwischen Ivan IV. und Andrej Kurbskij ist auch deshalb ein so herausragendes Dokument, weil hier zwei Auffassungen von Autokratie aufeinander stoßen. Dabei forderte die Partei Kurbskijs den Zaren dazu auf, die bisherige Verpflichtung der Autokratie auf sehr allgemeine und daher kaum überprüfbare Werte wie Wahrheit oder Gerechtigkeit durch eine festere Bindung an Institutionen wie die Bojarenduma zu ergänzen. Ivan IV. wie auch Ivan Peresvetov wollten dagegen an der Unteilbarkeit zarischer Macht festhalten [grundlegend 597: VAL'DENBERG; neuerdings 594: ROWLAND].

Säulen der Autokratie

Nach dem Terror der *opričnina* lebte der Gedanke wieder auf, die Wahl des neuen Zaren, in diesem Fall von Boris Godunov, an feste Zusagen zu knüpfen. Traditionsgemäß wurde Godunov vom Sobor 1598 zwar ohne Auflagen gewählt; gleichwohl versicherte der neue Zar, in den ersten fünf Jahren seiner Herrschaft niemanden hinrichten zu lassen. In Reaktion auf die anhaltende Verfolgung der Bojaren – 1601 wurde auch den Romanovs wegen Zauberei der Prozess gemacht – verstärkten sich die abwehrenden Bestrebungen bei der Wahl Vasilij Šujskijs 1606 noch: Ihm trotzte die Duma das Versprechen ab, demzufolge der neue Herrscher Todesurteile nur mit den Bojaren gemeinsam aussprechen konnte; zudem versprach Šujskij, Denunziationen nicht ungeprüft Glauben zu schenken sowie die Familien Verurteilter nicht durch Güterkonfiskation zu bestrafen. Derartige Zusagen musste Vasilij Šujskij schon deshalb machen, weil er sein Amt anders

Das Reversal Vasilij Šujskijs

als Boris Godunov eben keinem Sobor, sondern allein den Bojaren verdankte. Noch dazu hatte Šujskij diese Bedingungen zu beschwören und auch den Provinzen mitzuteilen. Obschon diese Garantien weniger gegen die Autokratie als gegen willkürliche Autokraten gerichtet waren, scheint der Sobor des Jahres 1613 Michail Romanov ohne Auflagen gewählt zu haben. Anderslautende Quellen sind zwar überliefert; zur Aufwertung des konstitutionellen Prinzips nahm der bekannte Rechtshistoriker V. N. LATKIN diese Belege 1912 auch in seine Rechtsgeschichte auf [584], doch ist die ältere wie neuere Forschung überwiegend der Ansicht, die Wahl Michail Romanovs sei ohne Auflagen erfolgt.

Im Grunde warf schon die Errichtung des Moskauer Patriarchats 1589 die Frage nach der eingeschränken Herrschaft wieder auf, stand ja nun die Gleichberechtigung zwischen geistlicher und weltlicher Macht zur Debatte. Tatsächlich hegte der Patriarch Nikon (1652–1666) auch politische Ambitionen; Nikons Sturz aber zeigt, dass es auch diesmal die Anhänger der ungeschmälerten Selbstherrschaft waren, die die Oberhand behielten. Nach wie vor war der Zar allein an die christlichen Gebote und die Tradition gebunden. Die Anzahl der Sekretäre und Schreiber nahm zwar deutlich zu [211: DEMIDOVA]; eine Bürokratie Bürokratie? im engeren Sinne aber stand dem Autokraten noch nicht gegenüber, da es den Ämtern sowohl in der Hauptstadt als auch in der Provinz an normativer Bestimmung, Abgrenzung und insbesondere an Überwachung fehlte. Die Verwaltungsorgane arbeiteten daher alles andere als effizient; so wird die Erfüllung des Einnahmesolls auf etwa 60 Prozent geschätzt [242: TORKE, 297]. Notorischem Unterschleif zum Trotz kann das 17. Jahrhundert in mancher Hinsicht als Höhepunkt autokratischer Machtentfaltung gelten. Wie der Ključevskij-Schüler M. M. BOGOSLOVSKIJ (1867–1929) in seiner umfassenden Studie zum russischen Norden analysiert hat, ging es mit der dortigen Selbstverwaltung nach Eintreffen der Moskauer Voevoden bald zu Ende [202]. Noch dazu entstand kein professionelles geschweige denn akademisch gebildetes Berufsbeamtentum, da die Moskauer Sekretäre ihre Laufbahn in aller Regel als Schreiber begannen.

Lief „Autokratie" im 15. Jahrhundert auf Befreiung von fremder, hier also tatarischer Herrschaft hinaus, wandelte sich diese Kernaussage unter Peter dem Großen zu Freiheit von kirchlichem Einspruch. Auch die Ersetzung des Patriarchats durch den Synod macht offenkundig, dass die Selbstherrschaft in ein neues Stadium eintrat. Im Drang nach Systematik und Gesetzlichkeit wartete der Militärartikel Militärartikel von 1716 erstmals mit einer Definition der Autokratie auf: „Denn seine Majestät sind ein souverainer Monarch, der niemanden auf Erden von Seinen Verrichtungen und Rede und Antwort geben darf, sondern Macht und Gewalt haben, Dero Reich und Länder als ein christlicher Potentat nach eigenem Willen und Gutdünken zu regieren" [101: 325]. Dass derartige Formeln zumeist wenig besagen, dies zu zeigen war niemand so berufen wie Peter selbst, wusste er das immense Machtpotential des Autokraten doch zu mobilisieren wie kein zweiter. Noch sein Vater, der demütige Aleksej Michajlovič, hatte es eher verkümmern lassen. Die Ausnahmestellung Peters des Großen zeigt sogar, dass von der Erblichkeit der Autokratie ansonsten eine Nivellierung ausging. Im Grunde wussten nur „Soldatenkaiser" wie der vom Volke bestätigte Boris Godunov die ganze Fülle der Macht zu nutzen, eben weil sie sich ihren Aufstieg erkämpft hatten – wie sich ja auch Peter nur durch Einsatz von Gewalt gegen seine Stiefschwester Sof'ia zu behaupten wusste. Als Autokrat ragt Peter aber noch in zweiter Hinsicht hervor. Während sich die folgenden „Erbkaiser" vom entstehenden Koloss der Bürokratie mehr und mehr erdrücken ließen, trieb Peter seine Beamten rücksichtslos an. Auch dass Peter ein echter „Gesetzgeber" war, ließ ihn unter den Zaren hervorstechen; allein zum Generalreglement von 1720 sind sieben Fassungen von seiner Hand überliefert.

Gemeinwohl   Zugleich suchte Peter das alte Gefäß der Autokratie mit neuen Begriffen zu füllen, so dem des Gemeinwohls, das seit 1702 als Begründung zahlreicher Ukaze diente. Nicht zuletzt provozierte dieser Umbruch eine Debatte um autokratische Leitwerte, bei der CYNTHIA WHITTAKER drei Meinungen unterschied. Dabei hielt die erste Auffassung an Tradition und religiöser Umrahmung weitgehend fest; insbesondere Michail Lomonosov (1711–1765) sah Freiheit als Ruin Russlands an. Die Selbstherrschaft aber habe das Land gestärkt. Dem hielten die Befürworter einer empirischen Denkweise wie Vasilij Tatiščev (1686–1750) entgegen, die Vorzüge einer ungeteilten Monarchie seien gleichermaßen rational wie natürlich. Zar und Untertanen wurden hier wie Vater und Kinder betrachtet; daher löste die ethische Verpflichtung die religiöse ab. Nach der als Tyrannis aufgefassten Regierung Peters III. von 1762 trat schließlich eine dritte Lehre hervor, die den Segen ungeteilter Macht für geringer als die Gefahr despotischer Verirrung hielt. Diese Fraktion verwies auf eine angeblich zu allen Zeiten bestehende Beschränkung zarischer Macht, so als sei der Übergang zur Monarchie bereits absehbar (Ivan Boltin). Alles in allem gelangte die Mehrheit der russischen Historiker des 18. Jahrhunderts zur Ansicht, die Selbstherrschaft erweise dem Land einen guten Dienst, begriff man diese Staatsform doch als Brunnen von Wohlfahrt und Fortschritt [602].

Anknüpfend an Peters Prinzipien wartete auch Katharina II. mit einer Umschreibung der Selbstherrschaft auf. So lautet Art. 9 der Großen Instruktion von 1767: „Der Beherrscher ist unumschrenckt: Denn keine andere als eine nur in dessen Person vereinte Macht kann auf eine der Weitläufigkeit eines so großen Reiches gemäße Weise wirken." Strenggenommen aber lässt sich seit Katharina kaum mehr von Autokratie sprechen. Die bisherige Fixierung des Adels auf den Befreiungsmanifest   Dienst setzte das Befreiungsmanifest vom 18. Februar 1762 außer Kraft. Nach dem Sturz Peters III. unterließ Katharina es zwar, dieses Manifest zu bestätigen. Die zur Prüfung eingesetzte Kommission sprach sich jedoch für dessen Billigung aus, so dass es dem Adel offenstand, auf die Güter zurückzukehren [275: FAIZOVA]. Dies wirkte auf eine Wiederbelebung der Provinzgesellschaft hin: Das Reservoir verwaltungserfahrener Männer nahm zu, ja vor dem Hintergrund der petrinischen Verwaltungsrationalisierung zeichnete sich sogar die Entstehung einer höheren Berufsbürokratie ab. Die bisherige Zurücksetzung der Lokaleliten revidierte

Katharina – in Reaktion auf den Aufstand Pugačevs – aber noch in einer weiteren Hinsicht. Um das Vollzugsdefizit der Autokratie als deren schwerstes Gebrechen zu lindern, gewährte die Zarin das Recht auf ständische Korporationen. Damit fand die Allmacht der Provinzbeamten eine Grenze. Dies hatte für die Autokratie schwerwiegende Folgen: 1. An die Stelle der traditionellen Herrschaft trat allmählich die legale. Wollte der Zar also die Tätigkeit seiner Beamten normieren, musste er dies auch bei seiner eigenen dulden. Seither war die Autokratie auf dem Rückzug. 2. Zugleich bahnte sich eine Trennung von Staat und Gesellschaft an. „Staat" verlangt nach Bürokratie, Verfassung, Legalität, also nach Kriterien, die Russland vor 1800 erst auszubilden begann. „Gesellschaft" wiederum erzeugt Differenzierung, Mobilität, Partizipation – und auch damit konnte Russland vor 1861 kaum dienen. Dennoch bereitete die Freistellung des Adels von 1762 den Boden für eine Kräfteverschiebung zugunsten der Gesellschaft vor. Noch dazu brachen nach 1762 Probleme auf, für die der Zarenstaat lange Zeit keine Lösung fand. Wenn der Adel keinen Dienst mehr leisten musste, worin lag die Rechtfertigung der Leibeigenschaft? Hinzu kam, dass der Zarenstaat unter Katharina erstmals an Preußen wie an das Reich der Osmanen angrenzte und die aus militärischer Sicht bislang sinnvolle Konzentration der Macht überholt zu sein schien. Wenn Petersburg auf Ebene der Gouvernements eine Machtteilung zu etablieren versuchte, warum dann nicht auch in Petersburg?

Die Autokratie auf dem Rückzug

Auf offizieller Seite rief dieses Dilemma verschiedene Reaktionen hervor. 1811 mahnte der Hofhistoriograph Nikolaj Karamzin (1766–1826) in seiner Denkschrift „Vom alten und neuen Russland", die Selbstherrschaft vor konstitutioneller Verwässerung zu bewahren. Diese Haltung ging insbesondere auf die Erfahrung von 1789 zurück: Europa – bislang ja das Ziel von Russlands Erneuerung – sei kein Vorbild mehr [151]. Schon beweglicher reagierte 1832 der Unterrichtsminister S. S. Uvarov: Auf ihn geht die Formel von Orthodoxie, Autokratie und *narodnost'* (Volkstümlichkeit) als Grundlage Russlands zurück, die der verblassenden Legitimität des Zarenstaates zu neuer Frische verhelfen sollte. Dass die Autokratie in die Defensive geriet, machte aber auch Uvarov deutlich, war die Selbstherrschaft doch bislang nicht auf Stützen angewiesen. Sprachlichen Ausdruck fand die konservative Wende im Begriff der „Autokratie", der häufiger erst seit dem 19. Jahrhundert begegnet. Bislang war die russische Entsprechung *samoderžavie* (Selbstherrschaft) geläufig; sie strahlt geringere Würde aus [295: Madariaga]. Schließlich suchten einige Reformer Begriff wie Zustand der Autokratie allmählich zu überwinden, so M. M. Speranskij, dessen konstitutionelle Bestrebungen S. A. Čibirjaev 1989 mit dessen Annahme einer Volkssouveränität begründete. Speranskij wollte das Verhältnis zwischen Zar und Gesellschaft durch Grundgesetze und Gewaltenteilung stabilisieren [330].

S. S. Uvarov

An derartige Vorsätze anschließend, hielten viele der liberal gesinnten Staatsrechtler des 19. Jahrhunderts nach Formeln wie „zarische Prärogative" Ausschau, um die Autokratie zeitgemäß zu umschreiben. Ärger noch spielten die Gelehrten der Idee des Gottesgnadentums mit, die in Russland ja älter als die autokratische war. Da in Paragraphen nicht umzugießen, gab man sie in die Ablage. Die Auslegung der Grundgesetze vom 23. April 1906 war damit schon vorgezeichnet. Art. 4, der von „höherer selbstherrscherlicher Macht" sprach, verkörperte nach N. I. LAZAREVSKIJ das Prinzip, die Macht des Monarchen zugunsten der gesetzgebenden Organe zu beschränken [585]. Dass der Zar laut Art. 5 allerdings niemandem Rechenschaft schuldig war, erkannten auch die Juristen an. Hieraus resultierte das Dilemma der Duma, das MAX WEBER – in polemischer Absicht – als Scheinkonstitutionalismus bezeichnete [457], gebärdete sich Nikolaus II. ja tatsächlich recht autokratisch, zum Beispiel durch eigenmächtige Entlassung von Ministerpräsidenten. Ungeachtet mancher wirtschaftlichen Erfolge hat das Patt zwischen Duma und Autokratie die Krise damit nur noch zugespitzt: Durchschlagende Reformen lassen sich einer modernen Gesellschaft nur unter deren Beteiligung vermitteln; dies aber machte die Grundlage der Autokratie zunichte.

Damit stellt sich die Frage, wie die Leistung der Autokratie insgesamt zu beurteilen ist. Historisch gesehen gab es seit Kurbskij immer wieder den Versuch, die Autokratie institutionell abzusichern; mit Ausnahme Vasilij Šujskijs 1606 und der Zarin Anna 1730 (I.B.3) aber drangen diese nicht durch. Gerade deshalb hinterließ die Selbstherrschaft außenpolitisch eine Erfolgsbilanz sondergleichen, ganz im Gegensatz zur polnischen Adelsrepublik, obwohl diese in kultureller Hinsicht deutlich überlegen war. Neben externen Faktoren, die in der Verfassung der Krim- und Wolgachanate bzw. Polen-Litauens zu suchen sind, beruhte die beeindruckende Expansion des Zarenreiches in diesem Zusammenhang insbesondere auf zwei Ursachen. Der ehernen Maske zum Trotz verlieh die Autokratie der jeweiligen Konstellation bei Hofe geschmeidigen Ausdruck; Strukturblockaden wie zwischen polnischem König und Sejm gab es hier nicht. Den Titel des Autokraten vermochte Peter deshalb sogar auszurangieren, als er sich 1722 zum „Allrussischen Kaiser" (*imperator vserossijskij*) erklärte. Daneben kam die Personifizierung von Regierungsspitze und Oberkommando der Schlagkraft zugute. Den militärischen Zwecken der Autokratie entsprach nicht zuletzt die Pflicht zur Beschleunigung aller Abläufe, die sich noch Katharina II. mit Art. 10 der Instruktion von 1767 zu eigen machte.

Warum aber schien die bislang so wandelbare Autokratie im frühen 19. Jahrhundert zu versteinern? Die unbefriedigende Forschungslage insbesondere zur Ideen- und Rezeptionsgeschichte erlaubt bislang nur eine vorsichtige Antwort [zur Repräsentation jetzt 604: WORTMAN; eingehend zum Zarenglauben bislang nur 576: CHERNIAVSKY]. Aus heutiger Sicht scheinen sich Autokratie und Rechtsstaat zwar auszuschließen, nicht jedoch aus der Alexanders I., da sich dieser zeitweise zum Prinzip der Gesetzlichkeit staatlichen Handelns bekannte. Nur entbehrte die politische Bühne einer Figur, um diesen Grundsatz auch festzuhalten. Unter Nikolaus I. schlug das Pendel daher alsbald zurück: Der erste Band des Svod Zakonov von 1832 dekretierte einmal mehr, dass der

Selbstherrscher seine Macht mit niemandem teile. Alexander II. orientierte sich erneut in die Gegenrichtung und verzichtete auf das Recht, Streitfälle unmittelbar an sich zu ziehen oder einen Verwaltungsakt notfalls aufzuheben. Allerdings blieben die Verfassungspläne des Innenministers M. T. Loris-Melikov Projekt, so dass sich Alexander III. nochmals die Möglichkeit bot, das Steuer herumzureißen. Das Manifest vom 29. April 1881 verkündete wiederum die Unumstößlichkeit der Autokratie. Daher bedurfte es einer Revolution, um die Autokratie 1906 auf gesetzliche Grundlagen zu stellen. Wenn die Selbstherrschaft schon bei ihrem Selbstkonzept keiner klaren Linie mehr folgte, was sollte man dann auf anderen Feldern erwarten?

In der Tat löste der Gegensatz zwischen hastigem Zugeständnis und anschließendem Widerruf auf vielen Feldern Empörung aus, so als Alexander III. die Stadt- und Zemstvoreform seines Vorgängers revidierte bzw. Nikolaus II. das Wahlrecht zur Ersten Duma. Zwar blieb es den Autokraten bis 1906 erspart, sich an Korporationen anzulehnen; gerade dadurch aber fehlte der Stimulus zur Anpassung. Schon die Entwicklung der Bürokratie hat die Zaren gänzlich überrollt; die zunehmende Anzahl von Gesetzen verdeutlicht dies auf hervorstechende Weise. Erließ Aleksej Michajlovič (1645–1676) zwei Ukaze pro Monat, steigerte sich diese Produktion unter Peter (1689–1725) auf zwei Ukaze pro Woche bzw. unter Katharina II. (1762–1796) auf einen Ukaz alle zwei Tage. Unter Alexander I. (1801–1825) schwoll der Gesetzesstrom bereits auf mehr als einen Ukaz täglich an. Auch der emsigste Herrscher hielt diesem Zuwachs nicht stand. Wie um in der Flut nicht unterzugehen, klammerten sich die Zaren umso heftiger an das Dogma der Selbstherrschaft. Konsequenterweise erhob S. S. Uvarov den Austausch dynamischer Werte durch statische 1832 ja auch zum Programm. Sahen sich die Zaren der Aufklärung als Inbegriff der Erneuerung, wandelte sich die Autokratie im 19. Jahrhundert zum Signum der Stagnation.

Herrschaft der Beamten?

B. FRÜHE NEUZEIT

1. Die Opričnina

In der Geschichte des Zarenstaats galten acht Jahre lange als Rätsel. Von 1564 bis 1572 teilte Ivan IV. das Reich in zwei Gebiete, wobei der Duma das etwas größere *(zemščina)* unterstand, der Zar sich jedoch das etwas kleinere vorbehielt *(opričnina*, eigentlich „abgetrenntes Erbteil") und mit beispiellosem Terror überzog. Den Anlass zu dieser Teilung bot der katastrophale Verlauf des Livländischen Krieges, nicht zuletzt die Flucht des Dorpater Statthalters Fürst Andrej Kurbskij am 29. April 1564 nach Litauen. Durch eine vermeintliche Abdankung des Zaren unter Druck gesetzt, räumte eine Moskauer Delegation Ivan IV. in dessen Fluchtburg der Aleksandrovskaja sloboda nördlich von Moskau am 5. Januar 1565 eine Reihe außerordentlicher Vollmachten ein, damit dieser auf dem Gebiet der Opričnina Gelegenheit zur Abrechnung mit vermeintlichen Verrätern habe. Auf diesem Wege schuf Ivan IV. die Voraussetzung, um renitente Bojaren ohne Zustimmung der Duma abzustrafen. Zum Gebiet der Opričnina erklärte der Zar insbesondere die Kreise Suzdal', Možajsk und Vjaz'ma sowie im russischen Norden Vologda oder Ustjug Velikij. 1567 wurde auch Kostroma dem „Abgeteilten" zugewiesen wie 1570 Beloozero.

<small>Gebiet der Opričnina</small>

Auf diesen Gebieten stellte Ivan IV. eine Sondertruppe *(opričniki)* von etwa 1 500 Männern auf, kenntlich an einer Uniform aus schwarzem Leinen und dem Symbol eines Hundekopfs am Sattel sowie des Besens am Köcher. Diese Männer hofften darauf, von der Enteignung des Erbadels zu profitieren: Schon in den ersten Tagen nach Einrichtung der Opričnina wurden in den betroffenen Gebieten 180 Adlige ihrer Güter enthoben und in das unlängst eroberte Kazan' verbannt. Fast zwei Drittel der Opfer entstammten Familien ehemaliger Teilfürsten, doch lag deren Besitz auch außerhalb des Sondergebiets. Als Hauptstadt der Opričnina sah Ivan Vologda vor. Dort plante er eine dem Moskauer Kreml vergleichbare Festung, so dass sich die Dienstleute der Opričnina umgehend an deren Errichtung machten.

<small>Bestrafung Novgorods</small>

Einem düsteren Höhepunkt trieb die Opričnina mit dem Überfall auf Novgorod zu. Vom 2. Januar bis 13. Februar 1570 hielt der Zar hier ein Standgericht über angebliche Verschwörer ab, dem der Klerus ebenso zum Opfer fiel wie die Einwohner von Klin und Tver'. Bojaren wurden deportiert. Von Novgorod aus suchte die Truppe der Opričniki auch Narva und Pskov heim. Um Geld einzutreiben, machte der Zar auch nicht vor Klöstern halt. Novgorod zählte zwar seit 1478 zum Reich, doch versuchte die dortige Bojarenschaft, an einer Sonderstellung festzuhalten. So hatte sich das Novgoroder Aufgebot 1552 geweigert, am Feldzug gegen Kazan' teilzunehmen. Während des Sobors von 1566 waren insbesondere die Novgoroder für die Abschaffung der Opričnina eingetreten. Zudem betrachtete Moskau auch den Novgoroder Klerus voller Misstrauen: Von drei

Erzbischöfen fielen nach dem Anschluss an Moskau (1478) drei in Ungnade; im frühen 16. Jahrhundert blieb der Stuhl des Novgoroder Erzbischofs sogar siebzehn Jahre unbesetzt. Lief die Strafexpedition von 1570 also darauf hinaus, die leeren Kassen der Opričnina wieder aufzufüllen und die Sonderposition dieser einstmals bedeutsamen Republik zu vernichten? Motive hierfür sind unschwer erkennbar, nur schoss das Strafgericht darüber hinaus. Zum Beispiel fielen Ivans Wüten auch die Bettler zum Opfer, die der Zar aus der Stadt verjagte, so dass nicht wenige erfroren. Darüber hinaus traf der Terror diejenigen Adligen, die im Dienste des Vladimir Andreevič von Starica standen; 1553 hatte dieser während einer Erkrankung des Zaren als Thronanwärter gegolten. Dessen Fürstentum Starica (bei Tver') wurde 1569 ebenfalls zur Opričnina geschlagen.

Welche Folgen die Verwüstung Novgorods heraufbeschwören sollte, zeigte sich nach dem Abzug der Schwarzkutten. Im September 1570 brach dort die Pest aus, begünstigt durch die Hungersnot als Folge des Überfalls. Die sich anschließende Läuflingwelle trug ein übriges zur Verödung der Landstriche bei. Sogar der Opričnik Heinrich von Staden wurde durch diese Zerstörung gerührt. In seinem Bericht heißt es: „Dieser jammer und elend wehret in der stadt sechs wochen langk stets aneinander. Alle krame und gemächer, da gelt und gut innen zu vermuten, wart vorsigelt. Der grosfürschte ließ sich auch eigener person auf dem peinhof oder -haus stets alle tage finden. In diser stat und clöstern muste nichts überbleiben. Und alles, was das krigsvolk nicht konte mit sich führen, dasselb muste ins wasser geworfen werden oder verbrante" [121: 38]. Nach Moskau zurückgekehrt, massakrierten die Opričniki mehrere Dumasekretäre der Zemščina, wohl um mögliche Opposition im Keim zu ersticken. Auch hier aber bleibt rätselhaft, warum zugleich Insassen der Moskauer Gefängnisse umgebracht wurden. Nachdem die Krimtataren am 24. Mai 1571 Moskau in Brand gesetzt hatten und vorübergehend sogar die russische Tributpflichtigkeit zu erneuern vermochten, dachte der Zar endlich um. Im Frühjahr 1572 rückte daher ein gemeinsames Heer aus Zemščina und Opričnina an die Oka ab. Ihm gelang es, den neuerlichen Angriff des Krimchans Devlet-Giraj am 30. Juli bei Molodi südlich Moskaus zurückzuschlagen. Wohl in Reaktion auf diesen Erfolg ordnete Ivan IV. im August 1572 die Auflösung der Opričnina an – und ließ vermutlich durch den Hofarzt, Astrologen und Hexenmeister Elyseus Bomelius zahlreiche Opričniki vergiften [194: ZIMIN, 462]. Schließlich untersagte der Zar den Gebrauch des Wortes „Opričnina" sogar per Ukaz. Mancher Bojar kehrte daraufhin aus der Verbannung nach Hause zurück, um sein Gut vor dem Ruin zu bewahren.

Wie lässt sich der einzigartige Ausbruch der Opričnina nun erklären? Abgesehen von Beiträgen wie dem 1942 wiederaufgelegten Buche R. Ju. VIPPERS, der sein erstmals 1922 erschienenes Werk um Stalin-Zitate bereicherte und die Grausamkeit des Zaren als Apotheose der Staatsräson rechtfertigte, zeigt die vor allem von russischer Seite gepflegte Historiographie zur Opričnina vor und nach 1917 ein bemerkenswert hohes Maß an Kontinuität. Dabei stehen sich zwei Positionen gegenüber: Die ältere, von keinem geringeren als V. O. KLJUČEVSKIJ (1841–1911) vorgebrachte Sichtweise fasst die Opričnina als Unterdrückung einzelner potentieller Widersacher auf, während S. F. PLATONOV (1860–1933) – anders als KLJUČEVSKIJ kein Liberaler, sondern ein Monarchist – von einem Angriff auf die politische Ordnung und die Bojaren als Ganzes sprach. Laut KLJUČEVSKIJ hatte der Zar „die ganze Bojarenschaft in Verdacht und stürzte sich auf die Verdächtigen, indem er sie einzeln herausgriff, die ganze Klasse als solche aber an der Spitze der Landesregierung stehen ließ. Da er nicht die Möglichkeit hatte, eine ihm unbequeme Regierungsordnung zu stürzen, so machte er sich daran, einzelne verdächtige oder ihm besonders verhasste Personen zu vernichten" [10: II, 191]. Zugleich brachte KLJUČEVSKIJ die Psyche des Zaren ins Spiel, insbesondere dessen Labilität und Verfolgungswahn.

Phasen der Opričnina

Für KLJUČEVSKIJS Auffassung spricht, dass innerhalb der Opričnina tatsächlich mehrere Phasen erkennbar sind, in denen sich die Verfolgung auf bestimmte Kreise konzentrierte. So ließ Ivan in den ersten Tagen der Opričnina den Eroberer von Kazan', A. B. Gorbaty, mit Sohn und Schwiegersohn enthaupten; S. J. Menšoj-Ušaty, ein Nachkomme der Fürstendynastie von Jaroslavl', wurde nach Kazan' verbannt. Dessen umfangreiche Ländereien gingen an den Fiscus. Auch die Fürsten von Rostov fielen in Ungade. Zusammen mit den Fürstengeschlechtern von Šuja und Starodub stellten diese vier Geschlechter die stärkste Gruppierung in der Duma; bei Hofe übten sie gleichfalls erheblichen Einfluss aus. Die Verfolgung lief jedoch keineswegs geradlinig ab; von 280 Angehörigen des Suzdaler Adels blieben zwei Drittel unbehelligt – wie andererseits das 1570 massakrierte Novgorod außerhalb des „abgeteilten" Territoriums lag. 1566 ließ der Zar von den Repressalien wieder ab und gestattete zahlreichen Verbannten, nach Moskau zurückzukehren. Um eine angebliche Verschwörung des Stallmeisters I. P. Fedorov-Čeljadnin niederzuschlagen, flammte der Terror 1568 aber neuerlich auf, wobei 128 Bedienstete des Stallmeisters umgebracht wurden. In diesem Zusammenhang kam auch I. B. Kolyčev ums Leben, ein langjähriger Dienstmann der Teilfürsten von Starica bzw. von Ivans vermeintlichem Widersacher Vladimir Andreevič. Da Fedorov lange Zeit dem Bojarengericht in Moskau vorgestanden hatte, fielen der Opričnina zugleich zahlreiche Moskauer Beamte zum Opfer. Das Verfahren gegen Fedorov allerdings wurde durch eine Farce ersetzt. Bevor Ivan das Zeichen gab, Fedorov zu erstechen, ließ er ihn den Thron besteigen und kniete vor ihm nieder [189: SKRYNNIKOV, 155].

S. B. VESELOVSKIJ

Diese personenbezogene Interpretation der Opričnina suchte S. B. VESELOVSKIJ (1876–1953) – vielleicht der bedeutendste russische Historiker seiner Generation – 1940 durch eine Analyse der Seelenmesseregister zu untermauern. Kurz vor seinem Tod befahl der Zar, Listen seiner Opfer anzufertigen, um für deren Seelenheil „in aller Ewigkeit" zu beten. Obwohl diese Register nur in problematischen Abschriften erhalten sind, verbirgt sich hier manche Erkenntnis. Unter 3300 aufgeführten Personen werden dabei 2060 namentlich genannt, davon etwa 400 auch mit Familiennamen. Zum überwiegenden Teil rechneten diese 400 nicht den Bojaren zu, sondern dem Dienstadel.

Dessen hoher Anteil lässt sich wohl damit erklären, dass die Opričniki bei jedem verhafteten Bojaren auch mehrere seiner Dienstleute festnahmen. Dennoch wird an dieser Stelle deutlich, dass nicht in erster Linie „die Bojaren" terrorisiert wurden [192: 477–478].

Gegenüber dem individualisierenden Historismus von KLJUČEVSKIJ und VESELOVSKIJ suchte S. F. PLATONOV die Erforschung der Opričnina auf sozialhistorische Grundlagen zu stellen. Er sah die Opričnina nicht als Institution zum persönlichen Schutz des Zaren an, sondern als Versuch, die traditionellen Vorrechte der Teilfürsten zu brechen, insbesondere um die alte, auf Erbgütern beruhende Eigentumsordnung durch Einführung des Dienstguts abzulösen. Dieser Umbruch stärkte die Autokratie gerade dort, wo sie bislang hinter den Bojaren zurückstand. Damit rückte PLATONOV die Opričnina in die Nähe einer politischen Umgestaltung. Allerdings ließ PLATONOV keinerlei Zweifel daran, dass viele Verdächtigungen haltlos waren. Zudem habe die Opričnina eine Zerrüttung des Landes heraufbeschworen, deren ungeahntes Ausmaß die Durchsetzung autokratischen Rechts gegen den Hochadel jedoch in keinerlei Weise aufwog. Als Schüler Platonovs baute der Leningrader Historiker P. A. SADIKOV (1891–1942) dessen Thesen weiter aus. In einer posthum veröffentlichten Studie beurteilte er die Opričnina als planvolles Unternehmen, fiel dabei aber seinen Quellen zum Opfer, die sich zumeist auf den Ausbau der Ämter bezogen. Dennoch erweiterte sich die Debatte über die Intention der Opričnina zu einer Beurteilung ihrer Folgen. Dabei sah SADIKOV die Opričnina als durchaus erfolgreich an, habe sie die bojarische Opposition doch von der Macht verdrängt: An die Stelle feudaler Zersplitterung trat ein mächtiger Zentralstaat [186: 63]. Die Ključevskij-Anhänger begriffen die Opričnina dagegen als erfolglos, da Moskau nach dem Tode Ivans IV. erneut bojarischen Machtkämpfen ausgesetzt war. An der autokratischen Verfassung habe sich nichts verändert.

In neueren Untersuchungen zum sozialen Hintergrund der Opričnina lebten eher die Thesen KLJUČEVSKIJS auf. So stellte G. N. BIBIKOV aufgrund der Dienstlistenbücher 1961 fest, dass Gebiete von Fürsten und Bojaren in schwächerem Maße in die Opričnina einbezogen wurden als Ländereien mittlerer und kleiner Pomeščiki – die den Kern der Opričniki ausmachten [160]. Noch detaillierter hat V. B. KOBRIN die Opričniki analysiert, indem er etwa 300 Biographien verglich. KOBRIN wies nach, dass Ivan IV. nicht ungern Söhne der Altmoskauer Bojarenfamilien zur Opričnina-Duma heranzog. Damit brach die These zusammen, die Führung der Opričniki entstamme mehrheitlich dem mittleren oder niederen Adel [175]. Dass der Streit um die Bewertung der Opričnina mittlerweile deutlich abgeflaut ist, resultiert insbesondere aus einem Vermittlungsversuch A. A. ZIMINS (1920–1980), auch er einer der großen Kenner der Moskauer Zeit. Seine 1964 erschienene Untersuchung der Opričnina fasste diese einerseits als Abrechnung mit politischen Widersachern wie Vladimir Andreevič von Starica an; andererseits aber wies ZIMIN auf die Stärkung zentralstaatlicher Elemente auch auf Kosten der Kirche hin. Durch Liquidierung der letzten

Teilfürstentümer habe Ivan IV. die Selbstherrschaft stärken wollen – und dafür Tausende von Menschen geopfert [194: 479–80].

Dieser vermittelnden Interpretation schließt sich in vielem auch die 1999 erschienene Darstellung zur Epoche Ivans IV. von B. N. FLORJA an. Zudem wirkt PLATONOVs Erwartung nahezu naiv, die wirre Politik Ivans IV. sei ausgerechnet bei der Opričnina einer klaren Linie gefolgt. Vom Blick auf die Territorien der Opričnina geht schon deshalb eine begrenzte Erklärung aus, weil die Opričniki ja auch Gebiete der Zemščina überfielen – nicht zuletzt Novgorod. Auf der anderen Seite gehörte etwa Kostroma niemals zu einem Teilfürstentum, wurde aber dennoch der Opričnina zugeschlagen. Auch in den abgeteilten Gebieten trat nicht jeder Dienstmann in die Opričnina ein, sondern nur die zuverlässigsten. Hier stößt man auf einen Punkt, den beide Sichtweisen nicht ausreichend beleuchten, griff Ivan IV. zur Disziplinierung seines „Ordens" doch auf Mittel des Klosters zurück. So fasste er eine Mönchsregel ab, pflegte nicht selten die Messe einzuläuten und disputierte über kirchliche Fragen [169: FLORJA, 190–92]. Auch auf diesem Feld gab sich Ivan jedoch widersprüchlich. Dass er vor kirchlichen Dingen offenbar tiefen Respekt empfand, zeigt die bei Staden überlieferte Geschichte *Der Narr von Pskov* seines Zusammenstoßes mit dem Gottesnarren von Pskov, Mikula. Dieser hatte dem Zaren geraten, das Plündern besser einzustellen und Pskov zu verlassen, um einem großen Unglück zu entgehen. Dessen ungeachtet raubte der Zar die Glocken der Dreieinigkeits-Kathedrale. Als sein bestes Ross jedoch einging, suchte Ivan das Weite [189: SKRYNNIKOV, 179]. Nüchtern betrachtet lässt sich diese Flucht allerdings eher mit dem Aberglauben des Zaren begründen als mit dessen Ehrfurcht vor der Kirche; so verspürte Ivan keinerlei Hemmung, den Novgoroder Erzbischof Pimen 1570 unmittelbar nach der Messe verhaften und foltern zu lassen.

Nicht viel besser erging es manchem Metropoliten von Moskau. Nach dem Tode Makarijs 1563, der zu den geistigen Wegbereitern der Zarenkrönung von 1547 gehörte und sich immer wieder für die in Ungnade gefallenen Fürsten verwandt hatte, misslang Ivans Versuch, den Stuhl des Metropoliten mit einem Willfährigen zu besetzen. Nach nur zweijähriger Amtszeit legte Afanasij 1566 nach Einführung der Opričnina sein Amt nieder und zog sich ins Čudov-Kloster zurück. Daraufhin schlug Ivan den Bischöfen die Wahl des Erzbischofs von Kazan' vor, German *Widerstand der* Polev, ließ diesen jedoch nach nur zwei Tagen im Amt wieder fallen, da sich auch *Kirche* Polev als Gegner der Opričnina erwies. Auf Initiative des Stallmeisters I. P. Fedorov-Čeljadnin wurde daraufhin dessen Verwandter, der Abt Filipp des Solovki-Klosters, nach Moskau beordert; dieser war wegen seiner Teilnahme an der Rebellion des Fürsten Andrej Ivanovič von Starica 1537 ins Kloster gegangen. Obwohl auch Filipp den Zaren zur Auflösung der Opričnina drängte, konnte Ivan aus Rücksicht auf den Klerus mit Filipp nicht mehr wie mit German Polev verfahren. Als sich Filipp dazu bereit erklärte, in Staatsangelegenheiten Stillschweigen zu bewahren, wurde er zum Metropoliten erhoben. Während des Verfahrens gegen Fedorov war Filipp allerdings Manns genug, dem Zaren während des Sobor im Juni 1566 den Segen zu verweigern. Im März 1568 rief Filipp während des Gottesdienstes sogar zur Beendigung der Opričnina auf. Nachdem sich die Opričniki zunächst an den Nahestehenden des Metropoliten gerächt hatten, wurde dieser am 4. November 1568 seines Amtes enthoben und im Jahr darauf vom berüchtigten Anführer der Opričniki, Maljuta Skuratov, eigenhändig erdrosselt.

Alles in allem erscheint die Opričnina zunächst in historiographischer Hinsicht als aufschlussreich. Während russische Geschichte des 18. und 19. Jahrhunderts maßgebend von Amerikanern und Deutschen geschrieben wurde, blieben Russen bei der Erforschung der Opričnina weitgehend unter sich. Sowohl für die Bewertung der Autokratie als auch für die der sozialen Kräfte stand ihnen die Bedeutung der Opričnina klar vor Augen. Das westliche Interesse an der russischen Geschichte aber erwacht grosso modo erst mit Peter dem Großen. Die Verkürzung der westlichen Perspektive tritt auch deshalb so deutlich hervor, weil sich die großen russischen Historiker ihrer Zeit wie KLJUČEVSKIJ, PLATONOV, VESELOVSKIJ oder ZIMIN nur der Epoche vor 1700 gewidmet haben. Nicht zu Unrecht baute ihr Geschichtsbild auf der Annahme auf, die Moskauer Zeit habe etwas mit Russland zu tun; genau dies sei bei der Petersburger bisweilen fraglich. Unter dieser Voraussetzung fiel der Opričnina eine Schlüsselstellung zu. Zunächst belegt sie *ex negativo*, dass Autokraten eben keine Despoten waren; eine Parallele zur Opričnina findet sich nicht. Vor allem aber offenbart der Blick auf die Metropoliten Makarij, Afanasij, German Polev und Filip ein immenses Ausmaß an Widerstand, das die Kirche dem Missbrauch der Macht entgegensetzte. Auch dies war dazu angetan, die Moskauer Ära aufzuwerten, die Petersburger aber als „unecht" zu betrachten, ließen Peter und seine Nachfolger das Amt des Patriarchen doch unbesetzt.

Resümee

2. WURZELN DER LEIBEIGENSCHAFT

Die Ursprünge der Schollenbindung als zentraler Voraussetzung der Leibeigenschaft waren vor 1917 heftig umstritten. Während die einen behaupteten, Moskau habe die Bauern per Ukaz zu Leibeigenen herabgedrückt, entgegneten die anderen, an der Entstehung der Leibeigenschaft sei der Zarenstaat nicht unmittelbar beteiligt gewesen. Vielmehr gehe sie auf die Verschuldung der Bauern zurück. Diese Auffassung, die die Schollenbindung zum privatrechtlichen Phänomen zwischen Bauern und Gutsherrn erklärte, wurde bis 1917 als weitgehend korrekt empfunden. Im 18. und frühen 19. Jahrhundert hatten jedoch Historiker wie V. N. Tatiščev und N. M. Karamzin auf eine Reihe von Ukazen der Jahre zwischen 1597 und 1607 verwiesen, die der bäuerlichen Abwanderung ein Ende setzen wollten. Die Richtigkeit dieser Auffassung kann aufgrund der nachrevolutionären Forschungsergebnisse kaum noch bezweifelt werden. Neun Dokumente belegen die Einführung der „Verbotsjahre" unmittelbar, erklärten den

Ukaz oder Brauch?

bäuerlichen Abzug also für illegal. Sie alle ergingen im Zeitraum zwischen 1581 und 1592 [684: PORTMANN]. Auf ganz unterschiedliche Weise wirkten wohl beide Stränge, Gesetzes- und Gewohnheitsrecht, auf die Schollenbindung hin, nur dass unsere Quellen fast ausschließlich der ersten Gruppe entstammen. Hinzu traten weitere Ursachen der Schollenbindung, vor allem eine demographische Krise, die zunehmende Knappheit an Arbeitskräften sowie die Ausbreitung des Dienstgutes.

Bis zur Mitte des 15. Jahrhunderts garantierte die Woche vor und nach dem St. Georgstag am 26. November den Bauern das Recht auf freien Abzug. Dieses Recht war deshalb so bedeutsam, weil die Mongolenherrschaft eine erhebliche Verschiebung der ostslavischen Bevölkerung ausgelöst hatte. Ziel dieser Nordwanderung war der besser zu verteidigende Waldgürtel, der sich im 14. und 15. Jahrhundert durch Brandrodung allmählich lichtete. Begünstigt wurde diese Binnenkolonisation durch die Verleihung von Privilegien wie Selbstverwaltung, Eigengericht und befristetem Steuernachlass. Seit der zweiten Hälfte des 14. Jahrhunderts schlug das Pendel jedoch zurück. Von 1349 bis 1352, von 1360 bis 1366 und von 1417 bis 1427 suchten Pestepidemien die ostslavische Bevölkerung heim; während des Tatareneinfalls von 1408 wurden zahllose Bauern vertrieben oder verschleppt; zudem lösten Missernten in der ersten Hälfte des

Wüstung 15. Jahrhunderts nicht weniger als zehn Hungersnöte aus. Der tiefe demographische Einschnitt beschwor eine Welle der Siedlungsverödung herauf, so dass im Gebiet um Moskau teilweise mehr als die Hälfte der Dörfer verwüstete. Ebenso stark wurde Tver' erfasst, doch Novgorod kam glimpflicher davon [670: GOEHRKE, 98–107]. Da brachliegender Boden aus Sicht der Grundherrn seinen Wert einbüßte, erwirkte sich das große Dreifaltigkeitskloster bei Moskau zwischen 1455 und 1462 vom Großfürsten das Recht, einzelnen Bauern den Abzug zu verweigern.

Die Flucht vor Hunger und Pest verringerte die Zahl der Bauern jedoch weiter. Das Gerichtsbuch von 1497 versuchte daher die Bevölkerung festzuhalten, indem Artikel 57 den Fortzug der Bauern auf je eine Woche vor und nach dem 26. November beschränkte. Damit dehnte der entstehende Zentralstaat seinen Regelungsanspruch auf eine Frage aus, die bis dahin unter Gewohnheitsrecht fiel. Zugleich bahnte sich die Ablösung regional unterschiedlicher Bräuche durch eine landeseinheitliche Regelung an. Das Gesetzbuch des Zaren Ivan IV. von 1550 bekräftigte diese Absicht und bestätigte das bäuerliche Kündigungsrecht in der Fassung von 1497. Dass die Binnenkolonisation bis zur Mitte des 16. Jahrhunderts unter diesen Bedingungen lebhaft fortschritt, lässt sich vielerorts erkennen. In den Waldgebieten des Nordens, deren Siedlungskerne noch am Ende des 15. Jahrhunderts zu einem erheblichen Anteil verödet lagen, setzte ein intensiver Zuzug ein. Mit dem Einmarsch der Truppen Ivans IV. in Livland 1558 brach diese neuerliche Kolonisationsepoche jedoch ab. Da sowohl Polen-Litauen als auch Schweden in den Krieg eingriffen, sah sich Ivan außerstande, eine schnelle Entscheidung herbeizuführen, so dass sich dieser Krieg über ein Vierteljahrhundert hinziehen sollte.

Insbesondere im Nordwesten wurde die Bevölkerung der Dörfer von durchziehenden Truppen derart dezimiert, dass die Regierung den eingehenden Meldungen keinen Glauben schenkte und die Grundbücher überprüfen ließ. Im Šeloner Fünftel, einem der Kreise des Novgoroder Landes, stellte man 1571 bereits eine Wüstung von mehr als der Hälfte aller Siedlungen fest; im Kreis Moskau lagen 1585 fast drei Viertel aller Höfe öd. Wegen dieser Bevölkerungsverluste hob die Regierung 1580/81 die Abzugsfreiheit der Bauern durch Einführung der so genannten Verbotsjahre auf. Ob dies durch einen generellen Ukaz geschah oder durch eine Reihe von Erlassen, die nur für bestimmte Jahre bzw. für einzelne Regionen Geltung hatten, ist nach wie vor unklar; schon wegen der lückenhaften Quellen wird Einhelligkeit hier kaum zu erzielen sein. De jure unterlagen entlaufene Bauern der Rückführung zum bisherigen Gutsbesitzer. Gewisse Anzeichen sprechen für die Annahme, dass sich die Verbotsjahre zunächst nur auf die westlichen, vom livländischen Krieg besonders verheerten Landstriche bezogen. Einer Rekonstruktion V. I. KORECKIJS zufolge könnte 1592/93 noch dazu ein Verbot auf landesweiter Ebene ergangen sein [673]. Zugleich wurde dem Dienstmann offenbar eine Klagefrist von fünf Jahren eingeräumt, wenn andere Gutsbesitzer seine Bauern an sich gebracht hatten. Durch Ukaz vom 24. November 1597 dehnte man diese Frist auch auf die von sich aus entlaufenen Bauern aus. Nach einer vorübergehenden Aufhebung der Verbotsjahre durch Boris Godunov 1601/02 in Reaktion auf eine Hungersnot verlängerte Moskau die Frist zur Läuflingssuche 1607 vorübergehend auf fünfzehn Jahre. Nutznießer dieser Regelung war der niedere Adel, der sich infolge dienstlicher Abwesenheit oftmals außerstande sah, seiner Läuflinge innerhalb der bis dahin vorgesehenen fünf Jahre habhaft zu werden. Zugleich wurde die Aufnahme fremder Bauern erstmals unter Strafe gestellt.

Verbotsjahre

Da die Existenz von Fristjahren aber dennoch die Möglichkeit bot, den Rechtsbruch der Hofflucht durch Verjährung zu legalisieren, brachte der kleine und mittlere Dienstadel sein Anliegen immer wieder vor. Im Hinblick darauf hob das Gesetzbuch von 1649 die Fristjahre auf und besiegelte die Schollenbindung [667: CULPEPPER]. Dass sich die Reglementierung des Abzugsrechts (seit 1497) so langwierig gestaltete, erklärt sich vor allem dadurch, dass Obrigkeit und Kleinadel unterschiedliche Interessen verfolgten. Nicht selten entliefen die Bauern vom niederen zum höheren Adel, weil ihnen dieser aufgrund seiner materiellen Vorteile bessere Lebensbedingungen bieten konnte. Während die niederen Dienstleute ihre Bauern mithilfe langer Fristjahre wiedererlangen wollten, lag den Großgrundbesitzern an kurzen Fristjahren, um den Status der Übersiedler alsbald zu legalisieren. Paradoxerweise profitierte auch Moskau von der Fluchtbewegung, weil diese zur Aufsiedlung und militärischen Sicherung der neuerworbenen Gebiete im Süden beitrug. Die endgültige Entscheidung in diesem Interessenkonflikt führte erst der Moskauer Aufstand von 1648 herbei, der nicht zuletzt von Teilen der unteren Dienstleute getragen wurde und dem Zaren Aleksej Michajlovič das Gesetzbuch von 1649 abnötigte (I.A.3).

Fristjahre

Das Ineinandergreifen von demographischen Einbrüchen und Schollenbindung bezeichnet freilich nur die äußere Seite des Weges in die Leibeigenschaft. Erklärt ist damit noch wenig. Die Entstehung der Gutsherrschaft beruhte auch auf einem weiteren Ursachenstrang, dem Aufkommen des *Pomest'e* oder Dienstgutes. Dessen Anfänge gehen zurück in die Zeit nach Angliederung der Stadtrepublik Novgorod 1478 an das Großfürstentum Moskau. Da die territoriale Erweiterung eine Truppenstationierung zumal an der Westgrenze erforderte, siedelte Ivan III. rund 2000 zumeist aus der Umgebung Moskaus stammende adlige Dienstleute auf Novgoroder Gebiet an. Zum Zweck des Lebensunterhalts wurde jeder von ihnen mit Land ausgestattet. Entgegen den Vereinbarungen ließ sich Ivan III. nicht davon abhalten, den latent vorhandenen Widerstand der Novgoroder auch dadurch zu brechen, dass mehr als tausend bisherige Erbgutbesitzer ihres Novgoroder Landes enteignet und in östliche Gebiete zwangsumgesiedelt wurden. Dort erhielten sie dann Dienstgüter. Der Übergang zum Dienstgut hat die Entstehung der Schollenbindung aber auch dadurch begünstigt, dass er auf eine Vereinheitlichung verschiedener bäuerlicher Gruppen hinwirkte. Da um die Mitte des 16. Jahrhunderts fast zwei Drittel der Ackerfläche im Kern des Reiches an geistliche und weltliche Grundherrn überschrieben waren, konnte das dringend benötigte Reservoir zur Vergabe von Dienstgütern nur auf Kosten bislang weitgehend freier Bauern aufgebracht werden. Als Ländereien im Besitz des Großfürsten in Dienstgüter umgewandelt wurden, gerieten die darauf siedelnden weitgehend freien Bauern in Abhängigkeit vom Dienstadel und glichen sich im Status an den der Gutsbauern an. Für die Durchsetzung der Leibeigenschaft war diese Nivellierung von zentraler Bedeutung, da sie die Schollenbindung als gleichsam unausweichliches Schicksal aller Bauern erscheinen ließ. Zudem höhlte das Aufkommen der Maxime „Ohne Dienst kein Land" das bäuerliche Besitzrecht am Boden aus.

Privatobrigkeit Auf dem Weg zur Gutsherrschaft war die Schollenbindung aber nur einer von mehreren Schritten. Vor seinen Bauern fungierte der Gutsherr nicht nur als Grundherr, sondern auch als Gerichtsherr und schließlich sogar als Leibherr. Zunächst ging mit Ausbreitung des Dienstgutes die Steuerhoheit auf den Gutsbesitzer über. Aufgrund der schnellen Ausdehnung Moskaus war die Lokalbehörde mit der Aufgabe des Steuereinzugs hoffnungslos überfordert. Diesem Dilemma suchte sich die Hauptstadt mit einer Aufwertung der Dienstgutbesitzer zu entziehen und setzte diese in ihren Dörfern als Steuerbeamten ein. Damit übernahm der Adel die Pflicht, die Abgaben seiner Bauern einzuziehen und an den Fiscus abzuführen. Ihm oblag die niedere Gerichtsbarkeit, er hob Rekruten aus. Schließlich gab die Obrigkeit seit 1675 auch zum Verkauf von Bauern ohne Land ihr Placet. In aller Regel waren es kleine Gutsherrn, die auf diese Weise zu Geld kommen wollten. Dagegen trat der bessergestellte Adel als Käufer auf. Nicht zu Unrecht gilt die Entstehung der Leibeigenschaft daher als Fundamentalvorgang, der in fast allen dörflichen Lebensbereichen einen tiefen Einschnitt auslöste. 1. War die russische Agrarverfassung noch des 15. und 16. Jahrhunderts zumeist durch Streusiedlungen geprägt, breitete sich seither – zunächst auf den dichter besiedelten Gebieten – die Bodenumverteilungsgemeinde aus, weil sie der Obrigkeit den Steuereinzug erheblich erleichterte [679: MOON, 212–13; 625: HARTLEY, 79; eher unbedarft 269: DIXON, 89]. 2. In dieser Gemeinde musste der erfolgreich wirtschaftende Bauer für den erfolglosen geradestehen und dessen Steuer übernehmen; im Grunde wurde wirtschaftliches Engagement durch die kollektive Steuerhaftung bestraft. 3. Durch die Abschnürung von Stadt und Land behinderte die Schollenbindung auch die Urbanisierung, die ohnehin noch in den Anfängen steckte und auch jetzt nur sehr langsam zunahm. 4. Auch der Rechtsstaat fand eher ungünstige Bedingungen vor: Aus der Sphäre der Gesetzlichkeit brach die Leibeigenschaft aus, denn hier herrschten Bräuche, nicht selten auch Willkür. 5. Schließlich zeugt die Leibeigenschaft davon, wie schwer sich der Zarenstaat im Zentrum (Autokratie), in den Provinzen (Voevode bzw. Gouverneur) und auf den Dörfern (Gutsherrschaft) mit horizontalen bzw. Vertragsbeziehungen tat, da er sich auf allen drei Ebenen vertikalen bzw. Verordnungsbeziehungen überantwortet hat. Einer vertikalen Beziehung mangelt es jedoch an Anlehnung oder Kontrolle, so dass sie die dauerhafte Reichweite von Herrschaft reduziert und Tendenzen zur Eigenmächtigkeit fördert.

Ist die eingangs erwähnte Kontroverse zwischen Befürwortern und Gegnern der Ukaz-Theorie mittlerweile beigelegt, zeichnen sich bei der Erforschung der Leibeigenschaft dennoch weiße Flecken ab. Immer wieder wurde die Gemeinde anhand offizieller Dokumente bzw. aus Sicht vorgesetzter Ämter beschrieben – wer aber fragte nach den inoffiziellen Quellen, die jede Gemeinde selbst hinterließ? Immer wieder ist zwar von „der Gemeinde" die Rede – Fallstudien zu einer ganz bestimmten Gemeinde aber blieben die Ausnahme [967: ŠČEPETOV; 960: HOCH]. Immer wieder ist von „den Bauern" die Rede; kaum ein Historiker aber versuchte, „dem Bauern" auch einen Namen zu geben [765: KURMAČEVA]. Bislang fehlt die Perspektive des Individuums daher nahezu ganz. Ausgelöst durch die Beobachtung patriarchalischer Zustände nicht nur in den Gemeinden, sondern auch in den Familien ist die Forschung jedoch auf dem Wege dorthin [713: RANSEL]. *Forschungsdefizit*

3. SPALTUNG DER KIRCHE

Dass sich in der russischen Kirche seit 1667 ein tiefer Riss auftat, der Hierarchie und Altgläubige voneinander trennte, geht auf dreierlei Ursachenstränge zurück. Da ist zunächst der politische. 1645 wurde in Moskau ein neuer Druckhof eingerichtet, der mit zwölf Pressen und ca. 160 Handwerkern die Größe seiner Vorläufer im 16. Jahrhundert deutlich übertraf. Hier wurden nicht nur Ukaze im Umlauf gebracht, sondern auch kirchliches Schrifttum. Da die bisherigen Texte von Hand kopiert wurden, wichen sie an unzähligen Stellen voneinander ab. Daher setzte die Drucklegung die Sichtung und Vereinheitlichung dieser Va- *Politische Ursachen* rianten voraus – eine Aufgabe, die nur von einer geistlichen Akademie bewältigt werden konnte, wie sie seit 1632 aber nur in Kiev bestand. 1640 hatte der dortige Metropolit, Petro Mohyla, dem Zaren zwar vorgeschlagen, auch in Moskau eine Akademie zu gründen, war jedoch auf taube Ohren gestoßen, standen die Ukrainer doch in Moskau unter Verdacht, Umgang mit Jesuiten zu pflegen. 1654 sollte der Anschluss der Ukraine an den Zarenstaat für neuerlichen Anlass sorgen, auf Angleichung der liturgischen Texte zu dringen. Vor diesem Hintergrund warf der politische Zusammenschluss die Frage einer Kirchenreform auf.

Kirchliche Ursachen Etwas weiter muss man bei der theologischen Kontroverse ausholen. Die einen betrieben insofern eine Angleichung der Kiever und Moskauer Kultur, als sie die Sonderentwicklung Moskaus seit dessen Autokephalie 1448 umzukehren versuchten. Zum energischen Fürsprecher der Wiederannäherung an das griechische Vorbild – dem Kiev stärker als Moskau die Treue gehalten hatte – erwuchs der 1652 zum Patriarchen aufgerückte Nikon. Einer Bauernfamilie bei Nižnij Novgorod entstammend, war Nikon als Abt des Moskauer Novospasskij-Klosters in die Umgebung des jungen Zaren Aleksej Michajlovič gelangt. Mit dessen Unterstützung stieg Nikon 1648 zum Metropoliten von Novgorod auf. Dieser Nikon machte sich nach der Ernennung zum Patriarchen energisch daran, bisher übliche „Missbräuche" zu bereinigen. Neben einer Korrektur des Glaubensbekenntnisses standen hierbei fünf Fragen im Mittelpunkt: Das Zweifingerkreuz (mit Zeige- und Mittelfinger als Symbol für die zwei Naturen Christi) wollte Nikon ersetzen durch das von ihm für griechisch gehaltene Dreifingerkreuz (als Ausdruck der Dreifaltigkeit), den Gesang des zweifachen Halleluja durch den des dreifachen, die Bezeichnung „Isus" durch „Iisus" sowie die Prozession in westliche Richtung durch die in östliche. Das *mnogoglasie* (gleichzeitige Abwicklung verschiedener Teile der Liturgie zwecks Zeitersparnis) hatte bereits die Synode von 1649 durch das *edinoglasie* ersetzt.

Avvakum Gegen derartige „Ketzereien" begehrte ein Teil der Kirche leidenschaftlich auf. Dieser gruppierte sich um den Protopopen Avvakum, einem Popensohn, der wie Nikon der Umgebung von Nižnij Novgorod entstammte und – gleichfalls wie Nikon – zunächst dem Kreis der Moskauer „Eiferer" um den Zaren angehört hatte [215: HELLER]. Da Nikon die Rückendeckung des Zaren genoss, trug die Revolte gegen die Neuerung Avvakum und den Seinen schon 1653 auf Beschluss einer ersten Moskauer Reformsynode Haft und Verbannung ein. 1667 wurde er exkommuniziert und endete 1682 auf dem Scheiterhaufen. Wie konnte es über ausnahmslos rituellen Fragen jedoch zu einer derartigen Eskalation kommen, dass sich die Einführung der nikonianischen Neuerungen zu einer Spaltung der Kirche auswuchs? Riten gehen auf Dogmen zurück: Wer gefälschte (nikonianische) Ikonen küsste oder sich falsch bekreuzigte, verfiel aus Sicht Avvakums der Gotteslästerung. Falsche Ikonen solle ein aufrechter Christ daher nicht küssen, sondern verbrennen; ebenso galt dem Altgläubigen das Dreifingerkreuz als Zeichen des Antichrist. Avvakum aber sah sich im Bunde mit Gott; so schrieb er in seinem Lebensbericht – eine der ersten russischen Autobiographien – immer wieder von Zeichen und Wundern [104]. Nicht zuletzt wurde Avvakum von einer antiwestlichen Stimmung geleitet. Zum Beispiel brachte er gegen neue Ikonen vor, sie stellten den Erlöser mit deutschem Bierbauch oder gerötetem Antlitz dar.

Nachdem Nikon die Oberhand erlangte hatte, schoss er jedoch über das Ziel hinaus und verfocht, dass der Patriarch dem Zaren übergeordnet sei. Das byzantinische Ideal der Symphonia zwischen weltlicher und kirchlicher Macht schob Nikon resolut beiseite, um sich ausgerechnet der „lateinischen" Idee einer Priorität des *sacerdotium* über das *imperium* zu verschreiben. Dieselbe Synode, die 1667 Avvakum exkommunizierte und die Kirchenspaltung somit für unwiderruflich erklärte, enthob Nikon seines Amtes und verbannte ihn ins Ferapontov-Kloster nach Beloozero.

Drittens kamen auch soziale Gesichtspunkte zum Tragen. Vor allem unter Bauern und Kosaken fand der altgläubige Protest Gehör; die einen begehrten gegen die Gutsherrn und die 1649 endgültig verankerte Schollenbindung auf, die andern gegen den Abbau der alten Kosakenfreiheiten im Zuge einer sich verstärkenden Reglementierung durch Moskau. In Opposition gegen die moskaufreundliche Politik der Kosakenführung waren es besonders die kosakischen Unterschichten, die sich mit den Altgläubigen solidarisierten [553: DRUŽININ]. Wie selbstverständlich empfanden Bauern wie Kosaken das alte Recht als gut und widersetzten sich dem Neuen daher auch in der Kirche. Wohl zum letzten Mal in der russischen Geschichte machte sich wirtschaftliche Not auf religiösem Felde Luft; so wurde der Volksaufstand unter Sten'ka Razin von 1670/71 nicht zuletzt von Altgläubigen getragen; vor allem aber sorgte 1676 die Revolte des Solovki-Klosters im Weißen Meer für ein Fanal altgläubiger Unbeugsamkeit. Es bedurfte zehnjähriger Belagerung, bis Solovki fiel [558: MICHELS]. Hier im russischen Norden entstand zudem die Gemeinde am Vyg (östlich des Onega-Sees), die sich zu einem wirtschaftlichen wie theologischen Zentrum entwickeln sollte [klassisch 953: CRUMMEY; vgl. 962: JUCHIMENKO]. Aber nicht nur in den Norden hatten sich die Altgläubigen vor der blutigen Verfolgung durch die Amtskirche geflüchtet, auch Wolga und Don sollten zu Zentren altgläubigen Lebens werden. Die geographische Verteilung – Amtskirche im Zentrum, Altgläubige an der Peripherie – spiegelte damit nicht nur den traditionell schwachen Wirkungskreis der Moskauer Schriftkultur wieder. Zugleich erinnert sie daran, dass die Macht des Monarchen mit zunehmender Entfernung von Moskau zu versickern begann.

Soziale Aspekte

Unter den mehr als zwanzig Glaubensgemeinschaften der Altgläubigen stehen sich zwei Hauptgruppen gegenüber: Die „Priesterlosen" (*bezpopovcy*) sowie die gemäßigteren „Popovcy", die sich mangels eigener Seminare durch Anwerbung von Konvertiten behalfen. Da die Bezpopovščina aus einer gesteigerten eschatologischen Erwartung lebte – Zar, Kirche und Priester sah sie dem Antichrist verfallen –, lag es im Grunde nahe, sich ohne Popen zu behelfen und die Sakramente von Laien vollziehen zu lassen. Sei Gottesgnade nicht zu erwarten, dann walte auch über der Ehe kein Segen. Konsequenterweise lehnte ein Teil der

Hauptgruppen des Raskol

Priesterlosen daher die Familie ab; sie sei durch Sünde verdorben. Den Priestertreuen unter den Altgläubigen warfen die Bezpopovcy Unterwerfung vor, gingen die Gemäßigten mit dem Staat des Antichrist ja auch manchen Kompromiss ein: In Klöstern wie Starodub (bei Černigov) oder Irgiz (bei Samara), zudem auch beim Rogožskoe-Friedhof in Moskau unterzog man flüchtige Popen der „Besserung" (*isprava*). Wenn sich diese von der Amtskirche losgesagt hatten, empfingen sie die Salbung. In Ermangelung von Konvertiten nahmen allerdings auch die Popovcy zum Laienpriestertum Zuflucht. Anders als die Priesterlosen hingen viele der Popovcen nicht mehr dem Glauben an den leibhaftigen Satan in Gestalt Nikons oder dann Peters des Großen an, sondern sahen die Welt eher vom geistigen und daher unsichtbaren Antichrist regiert. Auch dass die Gnade völlig entschwunden sei, glaubten die Priestertreuen nicht. Anders als bei den Priesterlosen, die sich über Ehe und Abendmahl zerstritten, riss die Polemik innerhalb der Popovcy auch keine so tiefe Gräben auf. Ein Teil suchte sogar sich mit der Amtskirche ins Benehmen zu setzen. 1799 trat eine Delegation der Popovcen vom Rogožskoe-Friedhof in Moskau vor den Senat, um gegen formelle Anerkennung der Hierarchie zur Pflege des alten Ritus einen rechtmäßigen Klerus zu erbitten (*edinoverie*). Als der Zar den Popovcen daraufhin den Metropoliten Platon von Moskau zuwies und diesen Ukaz am Rogožskoe-Friedhof am 24. Juni 1799 vor Tausenden von Altgläubigen verkünden ließ, galt dieser Tag den Popovcen fortan als „zweites Ostern" [544: SMOLITSCH II, 171–74].

Bedeutung des Raskol

Wer nach den Spuren der Altgläubigen in der Geschichte Russlands fragt, stößt zunächst auf deren umfangreiche Kolonisationstätigkeit. Die Flucht in die Wälder versprach Schutz vor Strafexpeditionen der Regierung; hier in der Wildnis entstanden Einsiedeleien und Gemeinden, die zur Ausbreitung des Raskol erheblich beitrugen, zogen von hier doch auch Prediger aus, um die Bauern der umliegenden Dörfer durch eindringliche Beschwörung des Jüngsten Gerichts zur Umkehr aufzufordern. Im russischen Norden boten die geographischen Bedingungen Zuflucht vor den Häschern der Obrigkeit; in Starodub unterstellten sich altgläubige Kaufleute dem ukrainischen Hetmanat; ebensolchen Unterschlupf fand der Raskol jenseits der Wolga. Mit dem Nachlassen der Verfolgung unter Peter dem Großen zogen insbesondere die großen Jahrmärkte altgläubige Kaufleute an, etwa der 1641 vom Zaren bestätigte zu Makar'ev (ab 1817 in Nižnij Novgorod). Von der Wolga breitete sich der Raskol mit der Frühindustrialisierung in den Ural aus [569: ZEN'KOVSKIJ, 386–399; auch zu Sibirien 562: POKROVSKIJ]. So galten die ab 1702 errichteten Hüttenbetriebe der Demidovs durchaus zu Recht als Zentren des Raskol [963: KAFENGAUZ; seither 961: HUDSON]. Dass nicht wenige der Altgläubigen wirtschaftlich sehr erfolgreich waren, ergab sich zunächst aus dem Status einer Minderheit, die bis 1762 noch dazu religiöser Verfolgung ausgesetzt war. Wenn überhaupt, konnten sich die Altgläubigen eine Duldung ihres Ritus nur erkaufen. Noch dazu waren ihnen Wirkungsbereiche außerhalb von Handel und Industrie ohnehin versperrt. Dieser Zwang, sich zu behaupten, spornte viele der altgläubigen Kaufleute zu einem so regen Unternehmungsgeist an, dass die Führung des Raskol nach 1700 dem Kaufmannsstand zufiel. Auch die Rogožskoe-Gemeinde in Moskau, die unter Katharina II. zur führenden der Popovščina aufstieg, wurde von Getreidehändlern geleitet. Nicht zuletzt sprach der größere Wohlstand vieler Altgläubigen dafür, der Amtskirche den Rücken zu drehen. So gehörten zahlreiche Fuhrleute in den Moskauer Kutschervorstädten der altgläubigen Kirche an.

<small>Rogožskoe-Gemeinde</small>

Wie sich das Altgläubigenviertel am Moskauer Rogožskoe-Friedhof zu einem in ganz Russland bekannten Zentrum auch der Wohltätigkeit und Krankenpflege verwandelte – gerade während der Pest von 1770/71 –, stiegen die Klöster der Altgläubigen zu Mittelpunkten kirchlicher Bildung auf. Einerseits hatten sie sich jenseits der Wolga angesiedelt, andererseits im russischen Norden, wo dem am Vyg im russischen Norden die größte Bedeutung zukam. Die literarische Entfaltung der Bezpopovcen ging hier vor allem auf Andrej Denisov zurück, den wohl produktivsten Autor der alten Kirche. Ihm werden mehr als hundert Werke zugeschrieben. Auch sein Bruder Semen Denisov machte sich als theologischer Schriftsteller einen Namen, insbesondere durch den *Russischen Weinberg*, eine Hagiographie des Raskol. Wie emsig die Altgläubigen beim Abschreiben vornikonianischen Schrifttums waren, zeigt sich etwa daran, dass der Schließung des Klosters am Vyg 1855 mehr als 3000 Handschriften zum Opfer fielen. Nicht zuletzt zeichneten sich die Klöster der Altgläubigen auch durch ihre Schulen aus, so dass die Alphabetisierung von Altgläubigen die von Anhängern der Amtskirche deutlich überschritt.

Verfolgt man die Geschichte des Raskol bis ins 19. Jahrhundert, fällt der Blick auf verschiedene Phasen. Bis 1762 musste sich die alte Kirche verstecken: Hatte der Ukaz vom 17. April 1685 den Übertritt zum alten Glauben unter schwere Strafen gestellt und sogar den – für Ketzer üblichen – Feuertod angedroht, ließ Peter von der Verfolgung des Raskol ab, belegte die Altgläubigen aber mit einer Doppelsteuer. Nach dem Aufstand des Kondratij Bulavin, dem sich Donkosaken und Altgläubige anschlossen, kehrte Peter 1709 allerdings zur Drangsalierung des Raskol zurück. Dennoch ist unverkennbar, dass die Entstehung der alten Kirche auch für die Intellektualisierung der neuen von Bedeutung war. Der namhafte Theologe und Schriftsteller Simeon Polockij (1629–1680), der sowohl die Akademie in Kiev (gegr. 1632) als auch die der Jesuiten in Wilna (gegr. 1578) besucht hatte, eröffnete im Zaikonispasskij-Kloster bei Moskau 1665 eine Schule. Polockij vertraute man die Erziehung der Zarenkinder an; 1678 ließ er bei Hofe sogar eine Druckerei einrichten. Auf Polockijs Einfluss, der sich lebhaft an der Debatte gegen Avvakum beteiligt hatte, ging 1687 auch die Gründung der Slavisch-Griechisch-Lateinischen Akademie in Moskau zurück. Mit ihrer Entstehung drückt sich ein mehrfacher Umbruch aus: Einerseits bekannte sich nun auch die Orthodoxie zum Lehrberuf, andererseits bezeugte das Prädikat der *lateinischen* Akademie die Absicht einer Öffnung nach Westen auch auf Seiten der Kirche.

<small>Simeon Polockij</small>

Eine Verbesserung der Lage trat für die Altgläubigen seit Peter III. ein: 1762 gestand man ihnen das Recht der Zeugenaussage zu, ebenso das passive Wahlrecht und die Freiheit der Ansiedlung. Konnten Altgläubige lange Zeit nur in Polen-Litauen drucken, ab 1701 dann außerdem in Mogilev [567: VOZNESENSKIJ, 55], räumte Katharina II. ihnen dieses Recht auch im Zarenreich ein. Sogar ihr Ritus fand Billigung; die pejorative Bezeichnung *raskol'niki* (eigentlich „Spalter") schied aus dem offiziellen Sprachgebrauch aus. Nachdem Alexander I. durch Ukaz vom 26. März 1822 das Existenzrecht der Altgläubigen ausdrücklich bestätigt hatte, lebten jedoch unter Nikolaus I. mit der Hinwendung zum offiziellen Nationalismus die Repressalien wieder auf. Dennoch wird die Verbreitung der Altgläubigen um 1860 auf zehn Prozent der russischen Gesamtbevölkerung geschätzt. Insbesondere durch Einflüsse der Narodniki nahm seither auch die Erforschung des Raskol zu. An erster Stelle wäre hier A. S. PRUGAVIN (1850–1920) zu nennen, der 1871 wegen Teilnahme an Studentenunruhen aus Moskau nach Archangel'sk verbannt wurde. Hier stieß er auf altgläubige Gemeinden, die ihm, da vom westlichen Materialismus kaum berührt, das Wesen russischer Bauern besonders rein zu verkörpern schienen [563]. Bis 1917 erlebte das Studium der Altgläubigen somit einen deutlichen Aufschwung.

Im Westen begann sich das Interesse erst nach der Revolution zu regen, insbesondere mit der bis heute wertvollen Darstellung von P. PASCAL zu Avvakum von 1938 [561]. Wie sehr das 17. Jahrhundert in der Erforschung der Altgläubigen bis heute dominiert, hat zuletzt G. MICHELS eindrücklich dokumentiert. Dabei neigt er einer Auffassung zu, die der Debatte um Nikons Neuerungen keine sehr große soziale Reichweite beimisst. Noch dazu hätten keineswegs alle Antinikonianer auch den Weg zur entstehenden altgläubigen Kirche gefunden. Insbesondere unter den Laien habe das Schisma zunächst nur geringes Echo ausgelöst [559]. Ein besonderes Verdienst hat sich G. MICHELS auch dadurch erworben, dass er auf die Rolle von Frauen bei der Verbreitung des alten Glaubens verwies [738]. Durchaus gelungen ist auch die Studie von R. ROBSON, die eher kulturgeschichtliche Interessen verfolgt. Da sich ROBSON dem 19. Jahrhundert widmet, verfügt er zum Kirchendesign wie zur Ikonographie über vielfältige Quellen. Während sich die Ikone der Amtskirche im 19. Jahrhundert dem Realismus unterwarf, hielt die der Altgläubigen an bewährten Charakteristika fest (kein Fluchtpunkt, kein Zentrallicht). Zudem brachte die altgläubige Gemeinde Ikonen besonders starke Verehrung entgegen. Hier galt die Ikone nicht als Symbol, sondern als Substanz der göttlichen Gnade [564: 75–95].

4. ABSOLUTISMUS IN RUSSLAND?

Schon für Mittel- und Westeuropa gilt der Begriff des Absolutismus als sperrig; im Hinblick auf Russland aber nimmt die Tücke noch zu. Dabei wirkten zwei Kontroversen auf eine Schärfung des Problembewusstseins hin. In vorsichtiger Abkehr vom Dogma des Historischen Materialismus diskutierten sowjetische Forscher zwischen 1966 und 1971 die sozialen Voraussetzungen des russischen

Absolutismus. Die einen verfochten wie S. D. Skazkin die These, in Westeuropa wie in Russland sei die Entstehung der absoluten Monarchie mit dem Auftreten der modernen Bourgeoisie und der Genese des Kapitalismus verbunden. Dagegen sahen die anderen wie B. F. Poršnev die Hauptfunktion des Absolutismus gerade in Russland darin, die Interessen des Adels nicht gegen die Bourgeoisie, sondern gegen die Bauern und städtischen Unterschichten zu verteidigen. Besondere Beachtung fand R. Mousniers Gegenüberstellung eines westlichen und eines ostelbischen Absolutismus; während der westliche ein Gleichgewicht zwischen Adel und Bürgern errichtet habe, baute der ostelbische auf der Macht des gutsbesitzenden Adels auf [865: SCHARF]. Eine derartig grobe Kategorienbildung aber wird der historischen Vielfalt nicht gerecht; weder hatte der Zarenstaat eine Epoche von Konfessionskriegen durchlitten, wie sie in West- und Mitteleuropa für das Entstehen absolutistischer Bestrebungen grundlegend war, noch lassen sich die Interessen von Adel und Obrigkeit kurzerhand gleichsetzen.

Die jüngere Generation russischer Historiker vertritt offenere Positionen. Übereinstimmend erblickten A. N. MEDUŠEVSKIJ und O. A. OMEL'ČENKO in zwei 1993 erschienenen Monographien die eigentliche Leistung des russischen Absolutismus im Ausbau von Verwaltung und Gesetzgebung. Recht deutlich zeichnet sich in beiden Untersuchungen die Tendenz ab, den russischen Absolutismus als Streben nach Europäisierung aufzufassen. In der Tat stammten die Reformprinzipien Peters des Großen und Katharinas II. aus dem Westen [301; 307]. Beide Autoren laufen jedoch Gefahr, das Ausmaß der Europäisierung zu überschätzen, denn mit zunehmender Entfernung vom Hof nahm deren Einfluss ab. Gänzlich übergangen wird die Frage nach dem Verhältnis zwischen Autokratie und Absolutismus. Standen dem Autokraten verglichen mit absolutistischen Monarchen denn nicht die größeren Rechte zu? In der Tat war der Moskauer Herrscher zu keinerlei Rücksicht auf Institutionen genötigt, wohl aber zur Einhaltung der christlichen Gebote und der Tradition. Gewisse, dem Westen entlehnte und gemeinhin dem Absolutismus zugeschriebene Phänomene aber lassen sich auch in der russischen Autokratie verfolgen. Dies betrifft zunächst die Ablösung der Landesversammlung durch die Bürokratie. 1549 begann eine neue Ära, als Ivan IV. eine so genannte Befriedungsversammlung nach Moskau berief. Ihr gehörten vor allem die sich ohnehin in Moskau aufhaltenden Dienstleute aus der Provinz an, dazu auch einige Kaufleute. Zustimmungspflichtig aber war die Ausschreibung von Steuern nicht. Zwar haben zumindest zwei dieser *sobory* – der von 1613 durch Wahl Michail Romanovs und der von 1648 durch Beschluss des Uloženie – tief greifende Spuren in der Geschichte Russlands hinterlassen; wie L. V. ČEREPNIN (1905–1977), einer der namhaften Historiker seiner Zeit, bestätigt hat, konnte es sich Zar Aleksej nach 1653 jedoch leisten, die Landesversammlung nicht mehr einzuberufen [208: 327–37]. Ging das Gesetzbuch von 1649 so unmittelbar auf die Tätigkeit einer Landesversammlung zurück, dass es die Bezeichnung *sobornoe uloženie* erhielt, wurden zwischen 1700 und 1804 in aller

_{Absolutismus als Verwestlichung}

Regel Verwaltungsausschüsse mit der Zusammenstellung eines neuen Gesetzbuches betraut. Alle zehn dieser Gremien gelangten jedoch nicht zum Ziel – wie 1767 auch die Große Kommission aus Landesdeputierten gescheitert ist.

Stehendes Heer Besonders deutlich schlugen sich westliche Einflüsse beim Übergang zum stehenden Heer nieder. 1631 sandte Moskau Beauftragte in den Westen, um Soldaten anzuheuern. Als besonders erfolgreich erwies sich der Schotte Alexander Lesly, der 7539 Söldner anwarb, von denen auch 4633 in Russland eintrafen. Zusammen mit dem Dänen Indrik van Dam stellte Lesly dort fünf Infanterieregimenter auf, die nach dänischem Vorbild einexerziert wurden. Zum ersten Mal wurden russische Soldaten von westlichen Offizieren befehligt. Nach der Niederlage gegen die polnischen Truppen im Kampf um Smolensk 1634 mussten die ausländischen Söldner das Zarenreich jedoch wieder verlassen [216: HELLIE, 170–71]. Daneben griff die Obrigkeit in das Sozialsystem ein, etwa durch Abschaffung der Rangplatzordnung *(mestničestvo)* 1682, die zur Nivellierung des Adels im 18. Jahrhundert beitrug, oder durch Angleichung der ländlichen wie städtischen Unterschichten nach Erlass der Kopfsteuer 1719 [253: ANISIMOV]. Schließlich traten gerade am Petersburger Hof Bestrebungen zu wahrhaft absolutistischer Prachtentfaltung auf: Peter der Große suchte den Glanz der neuen Residenz durch Architektur und Malerei zu steigern [754: CRACRAFT], Katharina II. durch Theater und Literatur. Diese Selbstdarstellung hat unlängst R. S. WORTMAN verfolgt, wobei er die Rolle Katharinas als Minerva und *legislatrix* in den Mittelpunkt rückt [605]. Ein Manko seines Werks besteht allerdings im Desinteresse an der Ideengeschichte [zum „Gemeinwohl" 309: PAVLENKO].

Die zweite Kontroverse um den Begriff des Absolutismus geht auf den britischen Historiker N. HENSHALL zurück, der 1992 einmal mehr belegte, die englische und französische Krone seien über den Versuch nicht hinausgekommen, individuelle und korporative Steuerfreiheiten zu beschränken. Der hieraus abgeleitete Schluss, der Absolutismus sei nichts als „Mythos" gewesen, wird von deutschen Historikern zumeist aber abgelehnt. Stattdessen verweisen sie auf die Entwicklung zum Steuer-, Militär- und Verwaltungsstaat [vgl. u. a. 258: ASCH]. Preußen ist hier ein gutes Beispiel: Um sich vom Einspruch der Stände zu lösen, strebte der brandenburgische Kurfürst Friedrich Wilhelm I. die Ablösung der Kontribution durch die Akzise an. Erstere musste vom Landtag gebilligt

Niedergang der werden, letztere ließ sich ohne Zutun der Stände in Permanenz am Stadttor
Stände erheben. Wer sich dieser Neuerung widersetzte wie 1662 der Königsberger Bürgersprecher Hieronymus Roth, fand sich hinter Gittern wieder. Legt man einen derartigen Umbruch als Kennzeichen des Absolutismus an, hat es diesen in Russland zweifelsohne nicht gegeben: Stände – noch dazu mit dem Recht auf Steuerbewilligung – waren in Moskau unbekannt [235: PHILIPP; 240: STÖKL], nicht aber Ränge wie Bojaren oder D'jaken, die sich nach der Dienstlaufbahn ergaben und zugleich die Sitzordnung in der Duma bestimmten. Artikel 98 des Gerichtsbuches von 1550 bestätigte zwar das Mitspracherecht der Duma – mehr aber auch nicht. Sogar während der Opričnina vermochten die Bojaren Ivan IV.

nicht in den Arm zu fallen, sondern waren ihm gänzlich ausgeliefert. Auch im 17. Jahrhundert lässt sich die Duma, deren Mitgliederzahl bis 1682 auf 171 zunahm, eher als Verwaltungs- denn als ständisches Interessenorgan begreifen. Peter hatte daher mit keinerlei Widerstand zu rechnen, als die Bojarenduma mit Bildung des Senats 1711 erlosch. Zwecks Erhöhung der Verwaltungseffizienz gewährte Katharina II. Adel wie Bürgertum 1785 schließlich das Recht, Korporationen zu bilden; von ständischem Selbstbewusstsein war aber auch jetzt nur wenig zu finden [287: JONES; 306: MUNRO].

Vor dem Hintergrund derartiger Probleme wurde der Begriff des Absolutismus in zweifacher Weise auf Russland angewandt. Zunächst diente er als Epochenbezeichnung, zum Beispiel bei P. DUKES für das 17. und 18. Jahrhundert [274] bzw. bei J. LEDONNE nur für das 18. Jahrhundert. Als Merkmal dieser Ära sah LEDONNE den Ausbau des Behördenapparats an, vor allem des Polizei-, Justiz- und Steuerwesens. Diese These wirkt nicht immer ganz überzeugend, weil LEDONNE die zahlreichen neuen Ämter nur aufgrund der Rechtslage schildert. Wo aber ließe sich von Recht auf Wirklichkeit schließen? Durch diese Einseitigkeit entwirft LEDONNE ein nahezu ungetrübtes Bild von der Effizienz des russischen Polizei- und Verwaltungsapparats und versteigt sich zur These, das Passsystem sei ein „Instrument absoluter Kontrolle" der Horizontalmobilität gewesen [292: 151]. Hier haben Regionaluntersuchungen wie die von N. V. KOZLOVA zum Läuflingswesen an der Wolga einen anderslautenden Befund ergeben, demzufolge man nicht die Kontrolle von Seiten der Obrigkeit, wohl aber die Unkontrolliertheit der Leibeigenschaft als absolut bezeichnen müsste [965].

Ein zweiter Ansatz begreift Absolutismus als Prozess, gerade im Hinblick auf die vielfältigen Rationalisierungsbestrebungen der Obrigkeit. Insbesondere G. OESTREICH fasste die Leistung des Absolutismus im städtischen Bereich zunächst als Bemühung um Sozialregulierung zusammen, gefolgt vom Versuch einer Sozialdisziplinierung zur Einübung von Zucht. Der Reiz dieser Auffassung liegt darin, dass sie die verfassungshistorische Perspektive durchbricht und sozialgeschichtlich erweitert: Aus trockenen Paragraphen treten Volk und Alltag heraus [323: SCHULZE]. Zu Russland liegt eine spezielle Untersuchung bislang zwar nicht vor; dennoch ist unübersehbar, dass insbesondere Peter den Regelungsanspruch der Obrigkeit erheblich erweiterte – auch auf solche Bereiche, in denen sich Herrschaft bislang kaum geltend gemacht hatte. Damit trat die *Policey* auch in Russland hervor, ein Begriff, den Peter erstmals mit Schaffung des Petersburger Generalpolizeimeisters vom 25. Mai 1718 verwendete. Das Moskauer Polizeistatut vom 9. Juni 1722 markierte daher den Beginn eines Prozesses, in dessen Verlauf die Obrigkeit ihren Regelungsanspruch auf immer neue Bereiche ausdehnte und Fragen, die bis dahin im Belieben des Einzelnen standen, einer gesetzlichen Bestimmung unterwarf. Dies geschah einmal auf mittelbarem Wege, indem der Zar Verbote, immer häufiger auch Gebote erließ, ohne ein spezifisches Organ mit der Durchsetzung zu betrauen. Nach Lage der Dinge war jedoch klar, dass nur die Polizei derartige Anordnungen durchsetzen

Absolutismus als Epochenbezeichnung

Sozialdisziplinierung

konnte. Zum Beispiel wurde 1737 verboten, im Umkreis von dreißig Werst um Moskau Holz einzuschlagen; ein Jahr darauf untersagte man die Jagd im Umkreis von 50 Werst; innerhalb Moskaus seien keine Bären mehr zu halten; Verheiratete sollten nicht getrennt leben; eheliche und uneheliche Geburten seien zu unterscheiden; Eltern sollten ihre Kinder im Katechismus unterweisen; nach der Beisetzung sei keine Trauerkleidung mehr zu tragen. Daneben wurden der Polizei aber auch unmittelbar neue Aufgaben zugewiesen. Auch hier müssen wenige Beispiele genügen. So wurde die Polizei zur Revision ebenso wie zur Eintreibung der Kopfsteuer herangezogen, sie sollte an Bettler Almosen verteilen und die Fürsorge für Geisteskranke übernehmen – eine Aufgabe, die bisher den Klöstern oblag. 1734 wurde der Polizei auch die Aufsicht über die Manufakturen zugeschoben, 1761 sogar die über das Verhältnis von Gutsherren zu ihren Leibeigenen. Durch diese Inflation von Aufgaben geriet die Polizei schließlich ebenso zum Wächter über die Qualität von Ikonen wie darüber, dass Männer und Frauen das Dampfbad nicht länger gemeinsam aufsuchten [321: SCHMIDT, 341–42].

Kritik   Allerdings wartet das Konzept der Sozialdisziplinierung auch mit erheblichen Schwächen auf. Der Schluss von Soll auf Ist kommt der Kapitulation des Historikers gleich. Ein Argument erwächst aus dem Versuch einer Sozialdisziplinierung erst dann, wenn der Vollzug ersichtlich wird – und dies setzt die Analyse archivalischer Quellen voraus. Nach N. F. DEMIDOVA hat sich die Zahl der höheren Moskauer Beamten, der so genannten *D'jaken*, von 1624 bis 1700 verdreifacht; zumeist gingen diese aus den Schreibern hervor [211: 77]. Damit stellte DEMIDOVA zwar die außerordentliche Dynamik bürokratischen Wachstums vor 1700 heraus; zur Realisierung Moskauer Vorgaben war damit aber nichts gesagt. Auch Peter ist mit dem Versuch einer Trennung von Administrative und Judikative in den Gouvernements glattweg gescheitert; die Anzahl verwaltungserfahrener Männer reichte nicht aus [312: PETERSON]. Zudem entstammten diese zumeist dem Militär und wiesen keine höhere Bildung auf. Zur Unterbürokratisierung der Provinz tritt die Frage nach der Ausbildung eines Rechtsbewusstseins in der Bevölkerung – auch dies ein erhebliches Forschungsdefizit. Recht und Gesetz übten in Russland schon deshalb nicht die Wirkung wie in Westeuropa aus, weil der frühneuzeitliche Zarenstaat den Vollzug des Straf- und Steuerrechts weithin dem Gutsherrn überließ. Auf dem Kontinent der Leibeigenschaft galt jedes Gut als eigener Rechtsbezirk, weitgehend abgeschirmt vor dem Zugriff des Gesetzgebers. Anders als im Westen, wo die frühneuzeitliche Obrigkeit eine Verrechtlichung sozialer Beziehungen und Konflikte anstrebte, konnte der Zarenstaat derartige Ansätze vor Aufhebung der Leibeigenschaft 1861 nur mühsam geltend machen [340: HUDSON].

Konfessio-   Zu überdenken wäre im russischen Zusammenhang auch die Konfessionalisierung? sionalisierungsthese, nach W. REINHARD die Herstellung institutioneller und theologischer Kohärenz von calvinistischen, lutherischen oder katholischen Bevölkerungsgruppen. Gerade auf dem Bildungsweg setzten sich bis zur Mitte des 17. Jahrhunderts regulierte Verhaltensnormen durch, so dass die Konfessionalisierung auch der weltlichen Herrschaft zugute gekommen sei. Verfechter dieser Auffassung müssen sich allerdings fragen lassen, wie sie den unbestreitbaren Bedeutungsverlust der Religion vom 16. bis 18. Jahrhundert erklären. Taugt Konfessionalisierung als Leitbegriff, wenn der Weg zur Säkularisierung führt? Im Rahmen des Zarenreiches treten weitere Einwände hervor, die sich aus dem Fehlen der Abgrenzung gegenüber Territorien anderer Konfessionen ergeben (wie im Deutschen Reich), aus dem multiethnischen bzw. multireligiösen Charakter des zarischen Imperiums, vor allem aber aus den Spezifika der Orthodoxie. Für eigenständige Initiativen der Kirche war hier wenig Raum; vielmehr wurde diese nurmehr dienstbar gemacht. So sah sich die Moskauer Geistlichkeit durch Ukaz vom 14. Februar 1702 zur Führung von Kirchenbüchern verpflichtet, um Geburts- und Todesfälle – aus fiskalischen Gründen – zu vermerken. Es schien daher nur konsequent, das seit 1700 verwaiste Patriarchat 1721 zum Kirchenamt (Heiligster Synod) umzugestalten; in diesem Sinne erblickte Peter im Klerus eine „geistliche regulirte Miliz" [515: CRACRAFT, 294].

Erhebliche Probleme birgt auch der Begriff des „aufgeklärten Absolutismus", Aufgeklärter
etwa durch die Frage, ob Aufklärung und Absolutismus vereinbar seien. Einerseits Absolutismus
nahmen Historiker an, dass Monarchen zur Verwirklichung aufgeklärten Ideenguts in eine konstitutionelle Beschränkung ihrer Rechte hätten einwilligen müssen, diese Selbstbescheidung aber ebenso unrealistisch gewesen sei wie der gesamte Versuch eines aufgeklärten Absolutismus [257: ARETIN, 39]. Andererseits wurde behauptet, der aufgeklärte oder Reformabsolutismus habe durch vermehrte Reflexion eine Intensivierung von Herrschaft bezweckt. Wohl zu Recht befand D. GEYER daher, der aufgeklärte Absolutismus habe die absolute Monarchie keineswegs abgelöst, sondern durch neue Rechtfertigung konserviert [277: 178]. In dieser Spätphase des Absolutismus, wie ihn Österreich unter Joseph II., Preußen unter Friedrich II., Schweden unter Gustav III. oder Russland unter Katharina II. durchlebten, verstand sich der Monarch nicht mehr als letzter Herr, sondern als erster Diener des Gemeinwesens. Daher berief sich der Herrscher nicht auf das Gottesgnadentum, sondern auf seine Pflicht. Art. 519 des Nakaz von 1767 umschrieb dies wie folgt: „Wir aber halten dafür und schätzen es uns zum Ruhme zu sagen, daß Wir unsers Volkes wegen erschaffen sind." Allerdings schien sich schon Peter dem Diktat der Nützlichkeit zu beugen, so dass der Senatsukaz vom 22. Oktober 1721 dessen Erhebung zum Imperator mit den außerordentlichen Verdiensten „seiner höchst glorreichen Regierung" während des Nordischen Krieges begründete. In anderer Hinsicht ist der Begriff des aufgeklärten Absolutismus aber sehr wohl imstande, zwischen Peter und Katharina eine scharfe Grenze zu ziehen. Während Peters Städtereformen die Kaufleute ordentlich schröpfen wollten, dachte Katharina schon weiter. Seien die Gesetze verbessert, reife der Ertrag von selbst. Auch dies hat die Große Instruktion von 1767 unnachahmlich formuliert: „Man muß durch die Gesetze den Bürgern gute Sitten ins Herz flößen, nicht aber durch Leib- oder Lebensstrafe die Gemüter niederschlagen" [95: Art. 83]. Hatte das Militärstatut von 1715 die Brutalisierung

des Strafvollzugs auf einen Höhepunkt getrieben, rückten Elisabeth und Katharina davon deutlich ab. Ganz im Geiste der Aufklärung wurde die Prügelstrafe 1785 zumindest für Klerus, Adel und Bürger beseitigt.

5. Stimmen der Aufklärung

Anders als Scholastik und Renaissance hat die Aufklärung als erste europäische Geistesströmung auch Russland erreicht. Durchaus zu Recht kann sie auch hier als Auftakt der Moderne gelten: Erstmals traten einige der Gebildeten aus dem Dienst geistlicher und weltlicher Macht heraus, um sich dem Versuch eines Denkens jenseits der Tradition zu verschreiben. Aus historischer Sicht stechen hierbei drei Fragen hervor: Nach Hauptvertretern der russischen Aufklärung, nach Institutionen und Medien sowie nach der Rezeption. Vergleichsweise intensiv wurde nur der erste Aspekt erforscht. Hier wäre zunächst Ivan Pososkov (1652–1726) zu nennen, ein Bauernsohn, dem der Aufstieg zum Manufakturbesitzer gelang. Immer wieder meldete er sich mit Denkschriften zu Wort; so forderte er nach der russischen Niederlage in der Schlacht von Narva 1700, die Armee zu verstärken. Dieser aufrechte Orthodoxe, der für Andersgläubige wenig Sympathie übrig hatte, wollte an der kirchlich geprägten Sittsamkeit des alten Moskau zwar nicht rütteln. Dennoch polemisierte er in seinem Hauptwerk von 1724, dem *Buch über Armut und Reichtum*, gegen die Privilegien des Adels, plädierte für einen ökonomischen Aufschwung wie für die Pflege des Rechtswesens und die Schaffung eines Gesetzbuchs, das von Deputierten aller Stände einschließlich der Bauern zu billigen sei. Die Notwendigkeit von Schulen sah er ein, tat sich mit den Wissenschaften aber noch schwer, vor allem wenn deren Erkenntnisse wie bei der Astronomie von der Bibel abwichen. Bei seiner Kritik der Behörden nahm Pososkov jedoch kein Blatt vor den Mund und prangerte Peters Lieblingsbeschäftigung, den Schiffsbau, ebenso an wie Verschwendung und Korruption [114]. Diese erst 1842 gedruckte Ausarbeitung scheint Peters Umgebung auch erreicht zu haben – nur löste sie ungeahnte Folgen aus. Bei der Verhaftung kirchlicher Kritiker der Reformen geriet 1725 auch Pososkov in die Mühlen der Justiz und wurde in der Peter-Pauls-Festung inhaftiert, wo er im Jahr darauf verstarb [zuletzt 850: Zajceva]. In vieler Hinsicht steht Pososkov daher als Beispiel für den Zwiespalt der russischen Aufklärung: Angeregt, ja geradezu ermutigt durch den Reformeifer, mit dem Peter Russland „von oben" erneuern wollte, hielt sich Pososkov für berufen, nun auch für Impulse „von unten" zu sorgen. Diese Illusion kam ihn teuer zu stehen. Offenbar wies die russische Aufklärung schon im frühen 18. Jahrhundert zwei Gesichter auf: Ein oftmals zynisches, getragen von der Obrigkeit, und ein zumeist recht naives der Intellektuellen.

Allerdings brachte Russland auch solche Aufklärer hervor, denen kein tragischer Weg beschieden war, so den Universalgelehrten Michail Lomonosov (1711–1765). Wie Pososkov ging Lomonosov nicht aus dem Kreis der Arrivierten hervor, sondern entstammte einer Fischersfamilie am Weißen Meer. Nach Studien in Petersburg und Deutschland trat er zunächst als Adjunkt, dann als Professor in die Petersburger Akademie ein. In diesem Amt konnte sich Lomonosov zahlreichen Disziplinen zuwenden, so der Physik, Chemie, Astronomie, Geologie, Geographie, Wirtschaft, Geschichte und Philologie; zugleich sorgte diese Anstellung dafür, dass Lomonosovs Verhältnis zu Vaterland und Zarenhof eher harmonische Züge trug. Die Zarin Elisabeth scheint er außerordentlich verehrt zu haben; aus Anlass ihrer Thronbesteigung 1741 – eigentlich beruhend auf einer Palastrevolution – verfasste er eine leidenschaftliche Ode, die neue Herrscherin auch als Beschützerin wissenschaftlicher Freiheit verherrlichend. Nach Verbreitung von Bildung zu streben, galt ja Lomonosov als höchstes Glück.

Als Historiker hat sich Lomonosov vor allem durch seine Polemik gegen die in Petersburg zunächst tonangebenden deutschen Geschichtsforscher hervorgetan, etwa den aus Herford stammenden Gerhard Friedrich Müller [855: BLACK]. Zur Entstehung des ersten Staatswesens der Ostslaven, der Kiever Rus', sah Müller den entscheidenden Anstoß von den Normannen ausgehen, die den Dnepr als Handelsweg zwischen Ostsee und Orient befuhren. Lomonosov dagegen vertrat die antinormannische Richtung, die Eigenständigkeit der Kiever Entwicklung betonend. In seiner posthum veröffentlichten „Älteren russischen Geschichte vom Beginn des russischen Volkes bis zum Tode des Großfürsten Jaroslav im Jahre 1054" führte Lomonosov diese Auffassung näher aus. Im ersten Teil stellte er das ostslavische Leben vor Ankunft des Warägers Rurik dar, seinen Stolz auf den Fortschritt auch in dieser Epoche nicht verhehlend: „Nicht wenige Zeugnisse besitzen wir dafür, dass es in Russland nicht so düster zuging, wie viele ausländische Schriftsteller es uns weismachen wollen" [831: PAVLOVA/FEDOROV, 367]. Beim Publikum löste Lomonosovs Studie erstaunliches Interesse aus; sie erschien in einer Auflage von 2400 Stück und wurde 1768 auch ins Deutsche übersetzt. An eine „Geschichte des Russischen Reiches unter Peter I." wagte sich Lomonosov gleichfalls heran, blieb allerdings in der Materialsammlung stecken. Da mit der Ausarbeitung kein geringerer als Voltaire beauftragt wurde, fiel Lomonosov die Ehre zu, seinen französischen Kollegen mit Quellen zu versorgen. Als Voltaire 1757 mehrere Kapitel seines Werkes in Petersburg einreichte, war es wiederum Lomonosov, der eine Durchsicht vornahm. Auf seinen Hinweis ließ Voltaire etwa die Bezeichnung Peters als *Imperator* fallen, um den russischen Duktus vom „Zaren" nicht zu verletzen. Bei der Beschreibung der Strelitzenaufstände gab Voltaire streckenweise sogar wörtlich eine Schrift Lomonosovs wieder. Offenbar fließen auch in Lomonosovs Werk bittere Züge ein, da er sich, obschon in der russischen Geschichte weitaus besser bewandert, als Handlanger eines im Westen Bekannteren bescheiden musste [allg. 799: BUTORINA].

Lomonosov als Historiker

Die umfassendste Gesamtdarstellung der russischen Geschichte, die das 18. Jahrhundert hervorgebracht hat, geht auf Vasilij Tatiščev (1686–1750) zurück. Einer adligen Familie aus Pskov entstammend, trat er zunächst in die Armee ein und nahm an der Schlacht von Poltava teil. 1713/14 reiste er zu

Vasilij Tatiščev

Studien nach Berlin, Dresden und Breslau. Aufgrund seiner geographischen Interessen übertrug das Bergkollegium Tatiščev 1720 den Bau von Hochöfen im Ural, wie Tatiščev später auch zum Gouverneur von Astrachan' ernannt wurde. Seine ab 1768 in fünf Bänden erschienene russische Geschichte, die bis zum Ende des 16. Jahrhunderts reicht, schöpft erstmals aus so zentralen Quellen wie der Nestorchronik oder dem Gerichtsbuch Ivans IV. von 1550. Tatiščevs Werk, das G. F. Müller knapp zwanzig Jahre nach dessen Tod herausgab, widerlegt die alte These vom historischen Desinteresse der Aufklärung auch im Hinblick auf Russland; zugleich hat die umfangreiche, jetzt von A. A. ČERNOBAEV zusammengetragene Literatur über Tatiščev jedoch immer wieder gezeigt, dass der Aufklärungshistorie zu einer soliden Quellenkritik noch das philologische Rüstzeug fehlte [45].

Andrej Bolotov   Eine neue Phase der russischen Aufklärung brach mit Andrej Bolotov an (1738–1833), denn nun sollte das neue Licht auch der Provinz aufgehen. Da sein Vater als russischer Offizier in Livland stationiert war, sprach Bolotov fließend Deutsch und ging der Generalität während der Besetzung Königsbergs im Siebenjährigen Krieg als Dolmetscher zur Hand. Zugleich bemühte sich Bolotov um Verbindung zu den dortigen Professoren. 1762 quittierte er den Dienst und zog sich auf sein Gut Dvorjaninovo bei Tula zurück, wo er seine Erfahrungen als Landwirt in Form einer Enzyklopädie systematisierte. Da es diesem Provinzschriftsteller bei den Petersburger Journalen zu träge zuging, gründete er 1768 eine eigene Zeitschrift *Der Ländler* (Sel'skij žitel'). Das Spektrum von Bolotovs Themen begann sich nun spürbar auszuweiten: So verfasste er eine Moralphilosophie für Kinder oder 1784 eine „Anleitung zu wirklicher Glückseligkeit". In seinem Nachlass fanden sich mehr als 80 Manuskripte, darunter Dramen, Übersetzungen oder Arbeiten zur Elektrizität. Die wohl größte Bedeutung kommt seinen Erinnerungen zu, die vollständig erstmals 1870/73 gedruckt wurden. Leben und Alltag des russischen Landadels hat Bolotov hier so meisterhaft eingefangen, dass ihm sein Werk dauerhaften Ruhm auch in der Literaturgeschichte eintrug. Der Bruch mit dem Alten, der das 18. Jahrhundert durchzog, wird in Bolotovs Erinnerungen an vielen Stellen unnachahmlich illustriert. Ein Beispiel muss hier genügen. 1771 brach in Moskau die Pest aus und nun heißt es bei Bolotov: „Die Popen, auf ihren eigenen Nutzen bedacht, hielten trotz der großen Ansteckungsgefahr so genannte Bittprozessionen ab; sie empfahlen die Verehrung wundertätiger Heiliger, von denen es allerorts reichlich Bilder gab, um die Pestseuche zu bannen. Dem Aberglauben schienen in jenen Tagen keine Grenzen gesetzt! Volksversammlungen wie die genannten waren jedoch eher dazu angetan, die Epidemie weiter zu verbreiten *Essig oder* als sie einzudämmen" [85: II, 140]. Hier drang die Aufklärung in den Alltag ein, *Weihwasser?* wie Bolotov auch keine Hemmung verspürte, sich vor der Pest nicht länger mit Weihwasser zu schützen, sondern mit desinfizierendem Essig [zuletzt 829: NEWLIN].

Scheinen politisch bedingte Konflikte bei Bolotov zu fehlen, brachen diese im Fall Nikolaj Novikovs (1744–1816) überdeutlich hervor. Auch Novikov entstammte einer landadligen Familie, die mit einem Besitz von 700 Leibeigenen vermögend genug war, um ihren Sprössling auf das soeben gegründete Gymnasium der Universität Moskau zu entsenden. Reüssiert hat der Filius dort allerdings nicht. Vielmehr fand sich Novikov 1760 wegen Schwänzerei hinausgeworfen, verbrachte sieben Jahre beim Militär und diente der Petersburger Bürokratie als Sekretär bei den Sitzungen der gesetzgebenden Versammlung Katharinas – wo Novikov für seine späteren Satiren wohl genügend Stoff sammeln konnte. Als sich Katharina 1769 einmal mehr als aufgeklärt präsentierte und zur Gründung von Journalen aufrief, ließ sich Novikov dies nicht zweimal sagen. 1769/70 brachte er *Die Drohne* ('Truten') heraus, gefolgt von Zeitschriften, die ihm nicht nur finanziellen Gewinn eintrugen – die Auflage der *Drohne* kletterte auf 1400 Exemplare –, sondern auch den Rang des populärsten Schriftstellers seiner Generation. Über Missbräuche der Leibeigenschaft zog er ebenso her wie über Korruption im Amt, Eitelkeit oder Unmoral. Zeitweise reichten Novikovs Einkünfte dafür aus, zwei Waisenschulen zu unterstützen. Einem zentralen Anliegen der Aufklärung, staatlicher Initiative durch private zuvorzukommen, gab er hiermit ein Beispiel.

M. M. Cheraskov, Rektor der 1755 gegründeten Universität Moskau, verpachtete die Universitätsdruckerei 1779 an Novikov. Damit musste sich dieser einmal mehr nicht nur am Schreibpult, sondern auch in der Praxis bewähren: Er baute ein Netz von 22 Buchläden auf. Zeitweise stellte sein Betrieb ein Drittel der russischen Buchproduktion her. 1785 begann Novikovs Stern jedoch zu sinken, als Katharina ihn religiöser Freigeisterei bezichtigte und den Moskauer Metropoliten Platon beauftragte, Novikovs Sortiment aus 461 Titeln einmal genauer zu mustern. Obwohl Platon einen günstigen Rapport abfasste, wurde Novikos Vertrag als Pächter der Moskauer Universitätsdruckerei 1787 nicht verlängert. 1792 ordnete die Zarin sogar Novikovs Verhaftung an, weil dieser in Verdacht stand, die Altgläubigen in zu günstiges Licht gestellt zu haben. Als das Verhör eine Verbindung Novikovs zu Katharinas missliebigem Sohn Paul aufdeckte, gleichfalls ein Freimaurer, war es um Novikov geschehen: Zu fünfzehn Jahren Haft verurteilt, gelangte Novikov erst 1796 nach Katharinas Tod und Pauls Machtantritt wieder auf freien Fuß – überschuldet, krank, gebrochen. Wie Pososkov ist auch Novikov an überkommenen Strukturen gescheitert, die zu läutern sein ursprünglicher Antrieb war [vor allem 812: JONES].

Novikov in Moskau

Mit Alexander Radiščev (1749–1802) hat die russische Aufklärung ein weiteres, ebenso prominentes Opfer hervorgebracht. Nach achtjährigem Privatunterricht bei Moskauer Professoren trat Radiščev in das Pagenkorps Katharinas ein, erhielt ein Stipendium für die Universität Leipzig, wo er sich zeitgleich mit Goethe aufhielt, und kehrte 1771 als Jurist nach Petersburg zurück. Hier kam Radiščev nicht mehr zurecht: Nach anderthalb Jahren als Protokollführer beim Senat schlug er sich als Gerichtsoffizier durch, dann beim Petersburger Zoll. Vor der Kluft zwischen Alltag und Anspruch zog sich Radiščev schreibend in die Kammer zurück. Hier entstand sein Hauptwerk, *Die Reise von Petersburg nach Moskau*,

Alexander Radiščev

ein Höhepunkt der russischen Aufklärung. Ein argloser Zensor ließ sich zwar finden, ein Verleger aber nicht: Radiščev schaffte sich daher selbst eine Druckmaschine an, mit der er bis Ende Mai 1790 die ersten 650 Exemplare seiner imaginären Reisebeschreibung fertigstellte. 25 Stück bot er einem Petersburger Buchhändler an, dem das Publikum die Bücher förmlich aus den Händen riss. Als das anonyme Werk knapp einen Monat später in die Hände der Zarin gelangte, war der Spuk vorbei. In Ketten geschmiedet trat Radiščev den Weg nach Sibirien an, doch hatte sein Buch schon das Ausland erreicht. Sechs Kapitel der *Reise* erschienen 1793 auch in deutscher Übersetzung [808: GRASSHOF, 342–49]. Ganz im Sinne vieler Aufklärer sah Radiščev das Glück als letztes Ziel menschlichen Lebens an, vermochte davon aber in Russland, dem Abgrund der Leibeigenschaft, nichts zu entdecken. Radiščevs Freiheitsode gipfelt daher in den Worten: „Brich ab des Sklaventumes Nacht,/Laß Tell und Brutus nochmals wecken,/Ergreif die Macht und laß erschrecken/Vor Deinem Wort der Zaren Macht" [116: 194]. Gehörte Pososkov seiner pragmatischen Auffassung wegen der Frühaufklärung an, vertritt der hundert Jahre später geborene Radiščev das letzte, radikalisierte Stadium der *lumières*. Seine intellektuelle Entwicklung wurde daher immer wieder verfolgt, zumeist jedoch von Literaturhistorikern [822: MCCONNELL].

Forschungsdefizit
Lomonosov, Novikov und Radiščev, die „Großfürsten der russischen Aufklärung", fanden in der Forschung derart intensive Beachtung, dass für zwei andere, ebenso zentrale Bereiche nur wenig Aufmerksamkeit blieb. Weitgehend missachtet wurde das Fußvolk der Aufklärung, also die Winkelschreiber und Kammergelehrten, obwohl sie es doch waren, die das neue Anliegen aus den Hörsälen in die Provinzen trugen. Über die soziale Zusammensetzung dieser Männer sind wir daher ebenso schlecht im Bilde wie über ihre Studienfächer und die Frage, wie sich das Gedankengut der Aufklärung auf dem mühsamen Weg von Petersburg bis Perm verändert hat. Ein zweites Defizit klafft in der Ideengeschichte. Obschon deutlich anspruchsvoller als die personenorientierte Aufklärungshistorie und durch einschlägige Wörterbücher [38] eigentlich gut erschlossen, liegt dieses Feld bislang nahezu brach. Als eine der wenigen Ausnahmen verdient die 1991 erschienene Studie des amerikanischen Slavisten S. L. BAEHR daher besondere Beachtung. Am Beispiel des Paradiesmythos verfolgt er die allmähliche Entchristlichung utopischen Denkens von Simeon· Polockij bis Antioch Kantemir, das mit der Französischen Revolution einen jähen Abbruch erfuhr [795]. Auf ebenso profunde Weise hat sich der Berliner Osteuropahistoriker M. SCHIPPAN mit der Idee des Friedens befasst – auch sie ein Kernmotiv der Aufklärung [838].

Welche Foren standen den Illuminaten nun zur Verfügung? Lange Zeit waren diese offizieller Natur – ein grundsätzliches Problem der russischen Aufklärung. Den Auftakt umschreibt die 1724 gegründete Akademie der Wissenschaften zu Petersburg, die ihre Tätigkeit aber erst im Jahr darauf (nach dem Tode Peters) beginnen konnte. Wie sehr Peter die Akademie am Herzen lag, ist etwa daraus ersichtlich, dass er ihr seine Bibliothek vermachte. Deren 1978 gedruckter Katalog verzeichnet 1663 Werke, davon 783 in russischer Sprache [261]. Beraten durch Leibniz, dem der Zar 1711 in Torgau begegnet war, und dessen Schüler Christian Wolff gelang die Anwerbung einer ganzen Reihe vielversprechender Gelehrter, darunter des Mathematikers Leonhard Euler, des Arztes und Naturforschers Johann Georg Gmelin oder des Historikers und Geographen Gerhard Friedrich Müller. Seit 1728 gab die Akademie auch die erste russische Zeitung *Vedomosti* heraus, die ab 1702 in Moskau gedruckt worden war. Bis 1710 wurden dazu die alten Lettern verwandt. Als man daranging, die Zeitung nach Einführung der neuen Schrift mit Illustrationen zu bereichern, stieg die Auflage auf etwa 4000 Exemplare [790: TOMSINSKIJ]. Während sich die sowjetische Forschung zur Akademie nicht selten darin gefiel, den Beitrag der Ausländer herunterzurechnen, tat sich die vorrevolutionäre Historiographie hier leichter. Als Materialsammlung ist die zweibändige, 1870/73 veröffentlichte Geschichte der Akademie von P. P. PEKARSKIJ (1827–1872) daher bis heute von grundlegender Bedeutung [832]. Zudem hat PEKARSKIJ, ab 1864 selbst Mitglied der Akademie, eine umfassende Darstellung der Wissenschaften unter Peter verfasst, insbesondere der Philologie, Mathematik und Geschichte [833].

Wie mühsam die Anfänge höherer Bildung in Petersburg waren, zeigt die Finanznot, die den Lehrbetrieb der Akademie von 1732 bis 1738 weitgehend zum Erliegen brachte. Auch in den fünfziger Jahren wurden aber nicht mehr als zwanzig Studenten gezählt. Hielt sich die unmittelbare Wirkung der Akademie also in Grenzen, lässt sich die indirekte kaum überschätzen. Aufgeklärte Bestrebungen hielten auch andernorts Einzug, so durch die Arbeit von I. K. Kirilov, Obersekretär des Senats, der 1727 die erste ausführliche Beschreibung der russischen Provinzen anfertigte [96] und 1734 die erste Generallandkarte des Reiches initiierte. Fast ein Ableger der Akademie war auch die von Lomonosov entworfene Universität zu Moskau, gegründet 1755. Sie umfasste drei Fakultäten mit insgesamt zehn Lehrstühlen, davon vier in der philosophischen. Auch Jura und Medizin waren vertreten, nicht aber Theologie. Zudem gliederte man der Universität ein Gymnasium mit Abteilungen für den Adel sowie für die übrigen Stände an. Bis 1809 stieg die Zahl der Gymnasien reichsweit auf 32, die der Schüler auf 2800. Da der Brand von Moskau 1812 zahlreiche Dokumente vernichtet hat, ist die Quellensituation zur Frühgeschichte der Universität spürbar schlechter als zur Akademie in Petersburg. Demzufolge hat die Universität unter Historikern weitaus geringeres Interesse gefunden, so dass die 1855 erschienene Darstellung der Moskauer Universitätsgeschichte von S. P. ŠEVYREV noch 1998 nachgedruckt werden konnte [841; zur Tätigkeit deutscher Gelehrter 834: PETROV; 838: SCHIPPAN].

Nicht nur in personeller, sondern auch in materieller Hinsicht stieß die Universität in neue Dimensionen vor. Im Apothekenbau wurde 1756 eine Druckerei eingerichtet, der eine Buchhandlung und ein Geschäft für Schreibwaren angehörte. Diese Druckerei ist das markanteste Beispiel dafür, welche Eigendynamik die Aufklärung auch in Russland auslöste. Nikolaj Novikov, von 1755 bis 1760 selbst Zögling des Moskauer Gymnasiums, übernahm 1779 eine zehnjährige Pacht der Druckerei. Wie die gelungene Analyse G. MARKERS zur Entwicklung des russischen Buchmarkts gezeigt hat, trat auch das Zarenreich nach 1750 in den Sog der „Leserevolution" ein: Wurden von 1756 bis 1760 insgesamt noch 262 Buchtitel produziert, verließen von 1771 bis 1775 bereits 958 Ausgaben die Presse. Nach 1771 nahm auch die Anzahl der privaten Druckereien deutlich zu, die 1783 bereits für ein Viertel aller Bücher verantwortlich zeichneten. Die wohl erstaunlichste Umschichtung registriert MARKER bei den Inhalten. Schlugen religiöse Werke bis 1755 mit einem Anteil von 46 Prozent zu Buche, stellten sie 1797 nurmehr siebzehn Prozent aller Titel [769: 60, 230; aufbauend auf 61: Svodnyj katalog]. Die Erklärung dieses Umbruchs aber macht Marker zu schaffen. Hier zeigt sich, dass die Erforschung der russischen Aufklärung bislang von Philologen geprägt wurde; eine Verflechtung von Sozial- und Kulturgeschichte liegt im Argen und grundlegende Prozesse wie Säkularisierung oder Rationalisierung blieben fast außer Betracht. Dieser Dunkelzone sind auch die nichtoffiziellen Podien der Aufklärung zuzurechnen, vor allem Salons und Lesegesellschaften. Recht häufig wurden nur die Freimaurer thematisiert, zuletzt von D. SMITH, dessen 1999 veröffentlichte Untersuchung auch Archivalien heranzieht. Dennoch gelingt es ihm nicht, eine alte Schwäche seiner Zunft zu vermeiden, da er sich immer wieder mit Geistesgrößen wie Novikov befasst, zur Breitenwirkung der Logen aber kaum etwas aussagt [842]. An der Auffassung vom elitären Charakter der russischen Freimaurer vermag SMITH daher kaum zu rütteln.

Rezeption   Zur Rezeption aufgeklärten Denkens – eigentlich ja die Schlüsselfrage, um über Erfolg oder Misserfolg der Aufklärung *à la russe* zu entscheiden – liegen bislang nur wenige Arbeiten vor. Sowjetischen Historikern galt die Rezeptionsgeschichte als recht abgelegen, da die Forderungen des Historischen Materialismus nur mit Inhalten zu befriedigen waren, und die westliche Forschung sah sich von Archiven lange Zeit abgeschnitten. Daher muss man sich auch hier nicht selten mit vorrevolutionären Arbeiten begnügen, etwa mit der 1915 gedruckten Untersuchung von V. BOČKAREV zum kulturellen Leben der Provinz unter Katharina II. Gestützt auf die Quellen zur Großen Kommission 1767 gelingt es ihm, ein recht scharfes Bild von den Grenzen der Schriftkultur zu zeichnen. Im Gouvernement Orenburg lag der Anteil adliger Analphabeten bei 60 Prozent, im Gouvernement Archangel'sk bei 28 Prozent, in Petersburg bei fünf Prozent [751: 12; 779: SAMARIN]. Bei den bürgerlichen Wahlberechtigten erreichten Analphabeten in den ukrainischen Gouvernements mit 73 Prozent den höchsten Stand (Adel sechs Prozent), deutlich mehr als in Nižnij Novgorod (48 Prozent, Adel elf Prozent) oder Moskau (33 Prozent, Adel siebzehn Prozent). Auch Katharina hat derartige Schwankungen nicht zu beseitigen vermocht, beschränkte sich ihre Bildungspolitik ja darauf, Volksschulen nur in Kreis- und Gouvernementsstädten einzurichten, nicht aber auf dem Land [dazu neuerdings 783: SMAGINA; eigens zur Volksaufklärung 776: POLZ]. Auch dass die Provinzdrucker ganze fünf Prozent zur russischen Buchproduktion beisteuerten, spricht für die eher begrenzte Wirkung der russischen Aufklärung [769: MARKER, 135]. Diesen Eindruck hat unlängst auch B. N. MIRONOV in seiner russischen Sozialgeschichte bestätigt. Er bilanziert die Reformen Katharinas mit den Worten, dass eine ständeübergreifende Stadtgesellschaft nicht entstanden sei [642: I, 496]. Auch in Russland wäre daher von verschiedenen Aufklärungen zu sprechen, etwa der bürokratischen, der akademischen oder der adligen, nur dass deren gemeinsame Basis schwerer als im Westen zu greifen ist.

Die Reduktion der Aufklärung bei ihrem Gang von West nach Ost tritt im Zarenreich zudem durch ihren Verordnungscharakter hervor; dessen berühmteste Frucht ist und bleibt der Nakaz Katharinas [95]. Auch die aufgeklärte Verwaltung scheint aber nicht imstande, die Initiative einer bürgerlichen Gesellschaft zu ersetzen. Mit der sozialen Beschränkung (auf ein schmales Lesepublikum bzw. auf den Adel) geht eine ideelle einher, da der russischen Aufklärung das Antiklerikale lange Zeit fehlte. 1769 brachte D. S. Aničkov zwar eine Doktorarbeit zum Druck, die eine „natürliche", das hieß vernunftgemäße Gottesverehrung diskutierte – und auf Intervention des Metropoliten von Moskau verbrannt wurde. Schon 1771 aber trat Aničkov als Mathematikprofessor in die Universität ein. Eine Zuspitzung der Aufklärung gegen die Kirche, die ja über keinerlei Pfründen gebot, gelang also nicht. Diesem Zweck genügte eine andere Frage: Die Leibeigenschaft. Mit ihr ließ sich der Zarenstaat trefflich an den Pranger stellen, nur lief diese Radikalisierung – anders als in Frankreich – auf die Isolation der Aufklärer hinaus. Blieb die russische Aufklärung in politischer Hinsicht also nahezu folgenlos, schnitt sie in kultureller durch die Übernahme neuzeitlicher Wissenschaft womöglich tiefer ein als im Westen.

Grenzen der Aufklärung

C. 19. UND FRÜHES 20. JAHRHUNDERT

1. Wege zur Stadt

Von den großen Prozessen des 19. Jahrhunderts hinterließ die Urbanisierung in Russland vielleicht die tiefste Spur. Auch Schriftsteller haben sie immer wieder verfolgt, so Anton Čechov in der *Steppe*, Abschied vom Dorf mit Abschied von Kindheit und Geborgenheit gleichsetzend. Historiker sind jedoch gut beraten, die sonnige Meile der Belletristik alsbald zu verlassen und auch im Dickicht nach Wahrheit zu suchen. Zumindest vier Schneisen bieten sich dazu an: Der strukturhistorische Zugang, der sozialhistorische, der kulturhistorische und schließlich der anthropologische, der nach dem Individuum fragt.

Infolge der Rivalität zwischen lateinischer Kirche und Staat gelang es den mittelalterlichen Städten des Westens, die Souveränität des Landesherrn zu durchbrechen und rechtliche Autonomie zu erlangen. Den Städten der Rus' blieb der Schritt zum eigenen Recht (wie in Byzanz und den islamischen Ländern) jedoch verwehrt, weil sich zwischen Staat und Kirche kein Freiraum, kein Dualismus anbahnte, sondern der Staat die Oberhand behielt [984: MUMENTHALER; einführend auch 630: HITTLE]. Diese Ausgangslage hat die Geschichte der russischen Stadt in nahezu jeder Hinsicht geprägt: Ein Bürgertum tat sich schwer, ja konnte als Stand kaum erwachsen. Durch das fehlende Marktmonopol vermochten die russischen Städte auch wirtschaftlich nicht viel in die Waagschale zu werfen. Anders als in Westeuropa ging in Russland sogar die einsetzende Industrialisierung zunächst mit keiner Ausbreitung der Städte einher. Vor allem die Spinn- und Webbetriebe beruhten auf Heimarbeit, mit der sich Bauern im Moskauer Industriegebiet das erforderliche Zubrot verschafften. Zentren der Frühindustrialisierung siedelten sich insbesondere in den Gouvernements um Moskau als Schwerpunkt der Textilfabrikation an sowie in Tula, im Ural und im Gouvernement Olonec für die Metallverarbeitung.

Fehlendes Stadtrecht

Vor allem aber sorgte das Fehlen städtischer Autonomie dafür, dass Russland sehr lange ein Land der Dörfer blieb. Während die kleinen Ortschaften im Verlauf des 19. Jahrhunderts stagnierten, explodierte das Wachstum der großen. In der ersten Hälfte des 19. Jahrhunderts bahnte sich dieser Wandel nur an; zwischen 1811 und 1863 stieg die Zahl der Städte mit mehr als 50 000 Einwohnern von fünf auf vierzehn. Gemessen an der Gesamtzahl der Städter blieb der Bevölkerungsanteil dieser Städte mit 27 bzw. 28 Prozent jedoch annähernd konstant. Nach der Bauernbefreiung sprang die durchschnittliche Zuwachsrate der Stadtbevölkerung allerdings auf jährlich 2,5 Prozent (gegenüber 1,6 Prozent nach 1800). Seit 1861 hatte sich die Stadtbevölkerung nach amtlichen Angaben damit nahezu verdoppelt und umfasste 1897 rund zwölf Mio. Unter 930 registrierten Städten zählte man in diesem Jahr bereits 52, in denen mehr als 50 000 Menschen lebten. Damit wies die amtliche Statistik im europäischen Russland

Urbanisierung

etwa dreizehn Prozent Städter aus. De facto lag deren Anteil aber deutlich höher, da sich der statistische Stadtbegriff (Orte von mehr als 2000 Einwohnern) gegen den offiziellen nicht durchgesetzt hatte. Ein Beispiel dafür ist Ivanovo-Voznesensk, das Zentrum der Textilindustrie im Gouvernement Vladimir, wo während der Revolution von 1905 der erste Sowjet entstand. Dieses „russische Manchester" wurde offiziell erst 1871 als Stadt registriert, als dort fast 15 000 Arbeiter tätig waren. Stellt man den Stadtbegriff also nicht länger auf eine juristische, sondern auf eine statistische Grundlage, ergibt sich für 1897 ein ansehnlicher Sprung von dreizehn auf 32 Prozent der Bevölkerung. Um 1900 war die Urbanisierung daher stärker fortgeschritten, als offizielle Quellen zum Ausdruck brachten.

Der außerordentliche Zuwachs der Stadtbevölkerung beruhte vor allem auf Migration. Petersburg zählte 1867 etwa 0,5 Mio. Einwohner, 1897 bereits 1,2 Mio. Im gleichen Zeitraum wuchs Moskau von 0,3 auf eine Million. Diese Zuwanderung speiste sich vor allem aus stadtnahen bzw. stärker industrialisierten Gebieten; hier zählte die bäuerliche Familie im Durchschnitt fünf Köpfe, in den abgelegenen Regionen neun. Überschaut man die 50 Gouvernements des europäischen Russland, wiesen 1897 nur vier eine Stadtbevölkerung von mehr als 25 Prozent auf: Petersburg (67 Prozent), Moskau (46 Prozent) sowie Livland und Cherson mit den Metropolen Riga bzw. Odessa (jeweils 29 Prozent).

Migration

Aus sozialhistorischer Perspektive steht vor allem die Frage nach dem Umfang der Mobilität, den Lebens- und Arbeitsbedingungen der Städter sowie dem Ausmaß der sozialen Konflikte im Mittelpunkt. Besonders detailliert lässt sich die nach 1861 einsetzende Zunahme der Dorfflucht anhand der Passstatistiken verfolgen. De jure hatte zwar jeder Bauer einen Anspruch auf einen Pass; de facto türmten sich davor jedoch Hindernisse auf, da sich der Steuerdruck auf die Zurückbleibenden bis zur Abschaffung der Solidarhaftung 1903 durch jeden Abziehenden erhöhte. Der Willkür der Dorfbehörden stand auch hier ein weites Feld offen, konnte doch jeder Antrag auf Ausstellung eines Passes bis 1894 ohne Begründung abgelehnt werden. Zudem war der Antrag auf einen Pass mit Gebühren je nach Laufzeit belastet, die erst 1894 im Zuge von Wittes Industrialisierungspolitik gesenkt wurden [Tabellen bei 614: BURDS, 74–75]. Während die ältere Forschung den Migrationsprozess vor allem im Hinblick auf die Städte betrachtet hat [638: LAUE; 632: JOHNSON; 611: BRADLEY], kehren neuere Arbeiten die Blickrichtung um und fragen nach den Folgen für die Dörfer. Von der Frauengeschichte [727: ENGEL] profitieren sie dabei ebenso wie von differenzierten Migrationsmodellen. Zum Beispiel unterscheidet E. G. ECONOMAKIS zwischen regionaler, Kreis- und Kettenmigration [619: 142].

In welcher Weise waren die Städte auf den Zustrom von Migranten nun vorbereitet? Die Einrichtung von Stadtdumen 1870 – entsprechend der von Zemstva 1864 – erkannte den russischen Mittelschichten zumindest in Teilen ein Mitspracherecht zu; je nach Steuerleistung wurden sie drei Kurien zugeteilt, so dass in Petersburg und Moskau etwa drei Prozent der Städter das Stimmrecht besaßen. Zumindest die Bessergestellten wurden also ermuntert, ihre Interessen un-

Integration?

überhörbar zu artikulieren; dies hat D. R. BROWER in seiner Studie zur russischen Stadt zwischen 1850 und 1900 als Schritt zu einer Zivilgesellschaft bewertet [612: 104]. Arbeiter-Bauern blieb das Wahl- und Organisationsrecht allerdings verwehrt, so dass Betroffene innerhalb des politischen Systems ihre Belange kaum vertreten konnten. Mit administrativen Mitteln aber – und nur die blieben ja übrig – kam man dem Andrang kaum nach. Während der konservativen Gegenbewegung unter Alexander III. reduzierte das Stadtstatut von 1890 den Entscheidungsspielraum der Kommunen sogar wieder und weitete die Befugnisse der Provinzialverwaltung aus. Umso deutlicher trat die Abhängigkeit der russischen Städte zutage, denen das Zentrum die Mittel zur Bewältigung der sozialen Frage vorenthielt.

Drei Bereiche waren es, in denen die Kommunalpolitik besonders gefordert war: Gesundheitswesen, Fürsorge und Erziehung. Auch wenn die Ausgaben auf diesen drei Feldern deutlich zunahmen und mehr als die Hälfte des Budgets verschlingen sollten, konnte dies nicht verhindern, dass sich in vielen Städten zwei Zonen, ja zwei Gesellschaften gegenüberstanden. Während dem Zentrum die übergroße Mehrheit kommunaler wie privater Investitionen zufiel, zog in der *Der Stadtrand, eine* Vorstadt die Verelendung ein. Überdeutlich trat der Kontrast zwischen kleinem *Dunkelzone* Stadtkern und weitläufigem Stadtrand etwa in der Straßenbeleuchtung hervor, nahm die Anzahl der Laternen mit zunehmender Entfernung von der Stadtduma doch so rapide ab, dass die nächtliche Vorstadt nur das Sternenlicht kannte. Da sich die Mehrheit der Zuwanderer – zumeist junge Bauern, die als Ungelernte nach Arbeit suchten, um die Familie zu unterstützen – der billigen Mieten wegen im Ring der Außenviertel aufhielt, nahm die Überbelegung von Wohnraum hier extreme Formen an; nach 1860 wurden zunächst die Keller vermietet und als auch die nicht mehr reichten, teilte man Räume nach Ecken auf. Um 1890 stellte das Gesundheitsamt auf der Petersburger Vasil'evskij-Insel fest, dass 5500 Arbeiter in 86 Wohnungen logierten. Unter diesen Voraussetzungen wirkt es nicht erstaunlich, dass mancherorts (wie in Kiev) noch 1907 die Cholera grassierte.

Was hielt die beiden Zonen der Städte zusammen? Politische Institutionen waren dazu kaum in der Lage; nach der Revision des Stadtstatuts von 1890 hatten in Petersburg und Moskau nurmehr ein Prozent der Städter das Wahlrecht inne. Die Polizei war es auch nicht, konnte der jüdische Historiker SIMON DUBNOV (1860–1941) in seinen Memoiren doch mit heimlichen Stolz davon berichten, wie er sich 1880 mit dem gefälschten Gesellenbrief eines Uhrmachers in Petersburg einquartierte: Während die Polizei das jüdische Aufenthaltsrecht im Zentrum streng überwachte, konnte man sich mit ihr in der Vorstadt „viel leichter verständigen" [131: 54–55]. Schon eher führte die Straßenbahn, mit deren Elektrifizierung Kiev nach 1890 den Anfang machte, beide Zonen zusammen, *Schulwesen* und wohl auch vom Bildungswesen gingen integrative Funktionen aus. Gerade hier konnten viele Städte Erfolge verzeichnen; so eröffnete Moskau 1867 die erste öffentliche Grundschule, die Bauernkindern das Schulgeld erließ. Wie nachhaltig diese Bildungsoffensive gerade die Vorstadt erreichte, illustriert die Angabe, dass bis 1905 pro Jahr durchschnittlich mehr als sieben neue Moskauer Schulen gegründet wurden. Die Zahl der Schüler wuchs jährlich um mehr als tausend. Trotz steten Zustroms analphabetischer Zuwanderer vom Lande nahm der Anteil Lesefähiger deutlich zu; 1910 lag er in Moskau bei 81 Prozent der Männer und 56 Prozent der Frauen, im deutlich „moderneren" Petersburg bei 85 bzw. 64 Prozent.

Einerseits kam das Schulwesen zwar dem Bedarf vieler Betriebe an ausgebildeten Belegschaften entgegen – zentrales Erfordernis der Industrialisierung, von der viele Arbeiter-Bauern infolge anziehender Konjunktur bis 1900 und ab 1908 auch profitierten. Andererseits aber weitete die Alphabetisierung den Kreis der politischen Öffentlichkeit aus; damit mussten die Wellen der Politisierung mehr und mehr über die Dämme schlagen, mit denen sich das Ancien Régime umgab. Insbesondere war die Autokratie mit der Hypothek belastet, dass sie immer noch am Ständesystem festhielt. Von 1859 bis 1864 tagte unter dem Vorsitz von A. F. Stackelberg, einem Beamten des Innenministeriums, zwar eine Kommission, die nach dem Studium der Gewerbestatuten Westeuropas 1862 ein Gesetzesprojekt vorlegte und die Schaffung eines freien Marktes als wünschenswert bezeichnete. Dessen Ausbreitung hätte den Vorrechten der Kaufleute ebenso wie den ständischen Korporationen von Kleinbürgern, Kaufleuten und Ehrenbürgern ein Ende gemacht. Theoretisch wäre damit die gesetzliche Anerkennung des Proletariats verbunden gewesen, der Übergang zu intensiverem Arbeitsschutz sowie die Einrichtung von Gewerbegerichten, paritätisch zusammengesetzt aus Arbeitgebern und Arbeitnehmern. Alles in allem lief das Plädoyer der Stackelberg-Kommission auf eine umfassende Sozialreform hinaus – scheiterte jedoch wie so viele Projekte am Einspruch von oben [385: PUTTKAMER, 30–31; 657: SCHMIDT, 48–49]. Stackelberg-Kommission

Vor allem trug das Fortbestehen der Stände dazu bei, die Umwandlung der hohen regionalen Mobilität in soziale Aufwärtsmobilität zu verringern. Zumeist blieben Bauern de jure auch als Arbeiter Bauern, da ihnen der Übertritt in den Stand der Kleinbürger infolge mangelnder Steuerleistung verwehrt blieb – von dem der Kaufleute und Ehrenbürger ganz zu schweigen. Bei zunehmender Regionalmobilität gefährdete die Undurchlässigkeit der Ständepyramide jedoch die politische Stabilität: Während Arbeiter etwa in den USA vergleichsweise durchlässige Strukturen vorfanden und seltener in sozialdemokratische Parteien eintraten als ihre westeuropäischen Kollegen – die größere soziale Aufwärtsmobilität in den USA demzufolge eine konsensorientierte Politik erleichterte –, sahen sich die russischen Arbeiter einer weniger beweglichen Sozialordnung ausgesetzt, da die rechtlichen Ständebarrieren innerhalb der Klassen hier ja fortexistierten. Zur Radikalisierung der russischen Arbeiterbewegung trug diese Verhärtung wesentlich bei. Sozialer Ausschluss, politischer Stillstand und ökonomische Misere entluden sich immer wieder in erbitterten Arbeitskämpfen. Moskau wurde von derartigen Konflikten erstmals zwischen 1885 und 1888 bzw. von 1895 bis 1898 erschüttert; in den Folgejahren überstieg die Streikbereitschaft im Umkreis der Stadt die von Moskau selbst aber ganz deutlich – Stände auch hier äußert sich der erwähnte Bruch zwischen Stadtkern und Stadtrand. Seit 1903, als die revolutionäre Bewegung für Koordination sorgte, brachen auch branchenübergreifende Streiks aus. Alles in allem ist die Sozialgeschichte der Stadt auch in Russland grundlegend, um so entscheidende Kategorien wie Generation und Geschlecht, Bildung und Besitz gewichten zu können und Konfliktursachen zu begreifen.

Allerdings regte sich mit der Wiederbelebung kulturhistorischer Interessen seit Ende der achtziger Jahre der Vorwurf, die Sozialgeschichte huldige der Statistik, vergesse aber den Menschen. Dass kulturgeschichtliche Inspiration auch für das späte Zarenreich fruchtbar werden kann, hat der amerikanische Historiker M. D. STEINBERG am Beispiel der Drucker zu zeigen versucht. Er schildert den Arbeitgeber als Patriarchen, der ausdauernd um die Verbesserung der Arbeitsbedingungen rang und sich in Solidaritätsgesten übte, Weihnachten also mit seinen Leuten zur Messe ging und das Fest dann am Arbeitsplatz fortsetzte. Auch die Arbeiterkultur gelangt ausgiebig zur Sprache. Insbesondere der Wodka sorgte für intensive Gruppendynamik; Alkohol galt als gesund, da er gegen Bleistaub immunisiere, als segensreich, da er Wahrnehmung und Gedächtnis ausschalte, und als Garant der Solidarität. Um diese zu bekräftigen, wurde sogar nach Beerdigungen die Hälfte des eingesammelten Geldes für den anschließenden Umtrunk verwandt [785: 80]. Zwar macht dieser kulturhistorische Ansatz plausibel, warum die Moskauer Drucker beim Streik vom September 1903 die beachtliche Geschlossenheit von 80 Prozent erreichten – warum dieser Streik jedoch ausbrach, wird nur durch die Frage nach antagonistischen Kräften ersichtlich. Licht wie Schatten einer kulturgeschichtlichen Perspektive treten hier deutlich hervor.

Arbeiterkultur

Volkstümliche Lesestoffe

Wohl geschickter war es daher, die kulturhistorische Seite der Urbanisierung nicht in den Druckereien, sondern im Gedruckten zu verfolgen, wie es J. BROOKS in einer nahezu klassischen Untersuchung populärer Lesestoffe getan hat. Mit zunehmender Alphabetisierung tat sich in den Städten ein Lesemarkt auf, der Räuberpistolen reißenden Absatz bescherte, so der vom *Bösewicht Nachtigall*, die eigentlich dem Märchen entstammte. Allerdings dienten derlei Geschichten nicht nur dem Nervenkitzel, sondern drückten auch eine patriarchalische Weltsicht aus; noch der frechste Räuber fand seiner patriotischen Verdienste wegen schließlich Gnade vor dem Zarenthron. Ganz unverkennbar, dass hier unterschwellig auch politische Aussagen popularisiert wurden. So brachte V. Suvorov 1898 ein Groschenheft heraus, das auf 32 Seiten die Entstehung des Zarenreiches als „Land alter Eichen, großer Ströme und vierer Meere" beschrieb [752: 242]. Ebenso populär waren Motive wie Hexen und böse Geister; hier wird die ländliche Herkunft vieler Leser spürbar. An die aufstrebenden Mittelschichten wandten sich dagegen Geschichten vom kleinen Mann, der sich zum Unternehmer mausert. Damit illustriert diese Studie das Weltbild einer Gesellschaft im Aufbruch, die sich in ihrer übergroßen Mehrheit als kulturell recht eigenständig und nicht allzu politisch entpuppt. Allerdings ist BROOKS Annäherung an die Volkskultur auch durch das Manko geprägt, dass kein Literaturwissenschaftler über das methodische Handwerkszeug verfügt, um zu einer trennscharfen Analyse des Lesepublikums zu gelangen.

Der vierte und letzte Weg, den Historiker bei der Untersuchung von Urbanisierungsprozessen beschritten haben, führt schließlich zum Träger aller Geschichte, der jedoch kaum zu greifen ist: Dem Individuum. Dabei haben – zumeist nach 1917 – zwar eine ganze Reihe von Arbeitern zur Feder gegriffen, um den eigenen Werdegang rückschauend festzuhalten. Dass sie zumeist aus den Reihen der Siegreichen, also der Bolschewiki hervorgingen, macht den Umgang mit diesen Quellen jedoch problematisch. Besonderes Augenmerk hat hier Semen Kanatčikov gefunden (1879–1940), der dem Dorf Gusevo bei Moskau entstammte und 1929 einen Lebensbericht erscheinen ließ. Zuvor hatte er als TASS-Korrespondent in Prag gearbeitet. Kanatčikovs Vater, der zeitweise als leibeigener Hoteldiener in Petersburg gearbeitet hatte, war im Alter von 50 Jahren nach Gusevo zurückgekehrt; nach eigener Aussage liebte er die Landarbeit zwar über alles – kam mit ihr aber nicht mehr zu Rande. Seitdem Semen im Nachbardorf die Schule besuchte, konnte er die Familie abends mit Episoden aus dem Alten Testament unterhalten; im Gegenzug steuerte sein Vater manches aus Petersburg bei, so die Geschichte des Attentats auf Alexander II. 1881, durchgeführt von der „Jüdin" Sofia Perovskaja und dem „Nahilisten" Andrej Željabov. Auf die Frage, was ein „Nahilist" denn sei, kam die erstaunliche Antwort: „Studenten und Gutsbesitzer" [141: 4]. Semen Kanatčikov

Wie so viele, die eigentlich Bauern waren, jedoch als Arbeiter ihr Brot verdienten, machte sich 1895 im Alter von sechzehn Jahren auch Semen Kanatčikov nach Moskau auf, wo ihn ein Arbeitstag von dreizehn Stunden erwartete. Diese Stadt war ein Schock: Die Älteren foppten ihn als „Dorflümmel" und doch war er gezwungen, mit vierzehn Männern auf engstem Raum zusammenzuwohnen, ja sich um das Fleisch in der Suppe zu balgen. Das größte Vergnügen, das ihm in Moskau begegnete, war das Erlebnis brennender Häuser – womöglich eine kontraphobische Reaktion auf die Depression nach der Ankunft. Die Ursachen seiner Radikalisierung werden allerdings nicht plausibel. Stärker als ideologische Fragen war es das Gruppenerlebnis, das Kanatčikov in die Kreise der Revolutionäre zog, so die Abende mit Lesungen, Singen und Tanzen. Nicht ganz überzeugend ist auch der Versuch, Kanatčikovs Politisierung als Krise der Religiosität aufzufassen [425: HERNANDEZ], da deren Ausmaß recht verschwommen bleibt. Vielmehr entlud sich auch in dieser Rebellion ein Generationskonflikt, schildert Semen seinen Vater doch als gewalttätigen Trinker, der seine Frau immer wieder misshandelte. In den Revolutionären jedoch sieht er Asketen, die dem Alkohol ebenso entsagen wie manch anderem Gelüst. Es ihnen gleichzutun, wird sein großes Ziel. Kanatčikov belegt sehr eindrücklich, dass gerade die subjektive Perspektive dem Historiker zu neuen Einsichten verhelfen kann. Diese Erträge jedoch einzuordnen, setzt die Kenntnis der sozialhistorischen Zusammenhänge voraus. Wie unterschiedlich die methodischen Zugänge zur Erforschung von Politisierung

Urbanisierung und Modernisierung daher auch sein mögen – nicht selten ergänzen sie sich, so dass jeder Blickwinkel seine Berechtigung hat.

2. Geschlechterrollen

Der Bedeutung des Geschlechterunterschieds nachzugehen, läuft nicht selten auf die Frage nach Machtbeziehungen hinaus. Obwohl Macht und Machtausübung Historiker von jeher beschäftigt haben, gelang die Wiederentdeckung der Geschlechtergeschichte erst in den letzten Jahrzehnten – und hätte ohne Zutun von Historikerinnen wohl weiter auf sich warten lassen. Hatte die Aufklärung den Grad der Zivilisation noch am Verhältnis von Mann und Frau ablesen wollen, schied die Frauengeschichte mit Aufkommen des Historismus aus dem Kanon „würdiger" Stoffe aus. Erst mit der Rückkehr kulturgeschichtlicher Interessen zog auch die Frauengeschichte wieder ins akademische Blickfeld ein. Da sich die Grenze zwischen Natur *(sex)* und Kultur *(gender)* jedoch nur selten verorten lässt, weitete sich die Frauengeschichte zur Geschlechtergeschichte aus. Diesen Weg haben auch die Forschungen zur russischen Geschichte eingeschlagen, wobei das 19. und 20. Jahrhundert weitaus mehr Beachtung als die Frühe Neuzeit fand.

Heidnische Frauen? Eine erste Kontroverse entspann sich über der Frage, ob ostslavische Frauen der Naturreligion länger als Männer die Treue hielten. Diese zuvor nicht ganz selten geäußerte These lehnte die amerikanische Historikerin Eve Levin jedoch entschieden ab. Vorchristliche Religionen hätten Frauen keineswegs größere Vorteile eröffnet als das Christentum; vielmehr waren diese eindeutig männlich orientiert und dominiert [734]. Dagegen trug die Christianisierung den Frauen eine Statusverbesserung ein; nicht durch Zufall war es eine Frau, die sich in Kiev als erste taufen ließ. 957 erkundete die Fürstin Ol'ga nicht nur in Byzanz die Chancen für den Aufbau einer eigenständigen Kirche, sondern bat 959 auch König Otto I. um Entsendung von Missionaren. Dass Frauen länger als Männer am Heidentum festhielten, stellte auch Nada Boš-kovska in Abrede; sie wies daraufhin, das weibliche Eintreten für die Bewahrung der spirituellen Welt habe, da ungewohnt, nurmehr größere Beachtung gefunden [721: 411]. Obwohl die Vorherrschaft des Mannes auch in der Rus' außer Frage stand, waren Frauen in Rechtssachen durchaus handlungsfähig. Insbesondere Witwen kamen alle juristischen und ökonomischen Befugnisse zu, um den Familienbesitz zu erhalten [732: Goehrke, 69]. Dieser Zustand überdauerte auch das 16. Jahrhundert; jedoch büßten Frauen aus regierenden Fürstenhäusern mit Ausbreitung der Moskauer Herrschaft an Handlungsraum zwangsläufig ein. Politische Macht auszuüben, erschien nunmehr als obsolet.

Trotz andauernder Benachteiligung baute sich die Geschlechterdifferenz mit zunehmender Modernisierung in mancher Hinsicht allmählich ab, so durch Eintritt von Frauen in Schule und Hochschule, in bislang Männern vorbehaltenen Berufen oder in Politik und Öffentlichkeit. In der Literatur zur russischen

Geschichte standen dabei zwei Aspekte im Vordergrund: Zum einen die Sozialgeschichte von Bäuerinnen, Arbeiterinnen und Intellektuellen, zum andern der Anteil von Frauen in politischen Bewegungen. Weltweit bewältigen Frauen den größeren Anteil der Arbeit – nicht zuletzt auf dem Dorfe. Dennoch blieb ein bäuerlicher Haushalt in so hohem Maße auf die Zusammenarbeit von Frau und Mann angewiesen, dass nach einem Sterbefall die Zurückbleibenden zu verarmen drohten. Um die Steuerfähigkeit zu erhalten, erkannten die Gemeinden aber auch Witwen als Mitglieder an.

Bäuerinnen

Welch tiefe demographische Folgen die Modernisierung auf dem Lande auslöste, zeigt etwa der Unterschied im Heiratsalter zwischen der zentralen Gewerberegion um Moskau und dem zentralen Agrargebiet auf der Schwarzen Erde. Nach 1880 heirateten Bäuerinnen um Moskau im Durchschnitt mit 22 Jahren (Bauern 24), auf der Schwarzen Erde aber bereits mit 19 Jahren (Bauern 23). Zudem legte die beginnende Abwanderung von Männern in die Stadt den zurückbleibenden Frauen neue Verantwortung auf, wie der Zyklus agrarischer Tätigkeit zeigt. Hatten Männer bislang gepflügt und Frauen gedüngt, mussten Frauen mit zunehmender Industrialisierung die gesamte Feldarbeit meistern. Da Frauen ihren Ehepartner eigenständig aussuchen konnten, genossen Saisonarbeiter bessere Heiratsaussichten als Bauern: Sie brachten mehr Geld nach Hause und galten als pfiffiger. Zudem hatten Frauen abwesender Männer nicht unter deren Brutalität zu leiden [727: ENGEL, 73]. Im „Weiberland", wo viele Männer nach Moskau oder Petersburg gezogen waren, lag die Geburtensterblichkeit unter der in entlegenen, nicht von der Migration erfassten Gebieten, die Alphabetisierung auch von Frauen aber darüber. Kehrte jedoch eine Bäuerin aus der Stadt zurück, war es um ihre Reputation geschehen; nicht zuletzt unterstellte man ihr, der Feldarbeit kaum mehr gewachsen zu sein. Nach 1861, als die Verkleinerung der Äcker die Einkommen schmälerte, wandten sich viele Bauersfrauen der Heimarbeit zu [729: FARNSWORTH/VIOLA, 65].

Je näher zu Metropolen wie Petersburg und Moskau, umso eher traten nun auch Frauen in die Fabriken ein. Durch Einstufung in schlechtere Lohngruppen setzte sich die Benachteiligung von Frauen in der neuen Lebenswelt jedoch fort. In einer bis heute maßgebenden Studie wies die amerikanische Historikerin ROSE GLICKMAN 1984 deutlich darauf hin, dass die industrielle Arbeit eine weitaus schärfere Abgrenzung zwischen männlicher und weiblicher Tätigkeit nach sich zog als die agrarische [731]. 1885 stellten Frauen in Petersburg bereits 45 Prozent der Belegschaften in der Textilbranche (Moskau 31 Prozent), während die Metallindustrie zu diesem Zeitpunkt noch keine einzige Arbeiterin registrierte. Auch im Altersaufbau traten zwischen Männern und Frauen erhebliche Abweichungen zutage: Frauen wurden in jüngerem Alter als Männer in die Fabriken geschickt. So entfiel ein Drittel der Arbeiterinnen auf die Gruppe der Fünfzehn- bis Neunzehnjährigen (Arbeiter 24 Prozent), während Männer länger als Frauen in der Stadt blieben. Mit der geringeren Urbanisierung, Alphabetisierung und Politisierung von Frauen mag zusammenhängen, dass ihre Streikfreudigkeit die von

Arbeiterinnen

Männern auch nicht annähernd erreichte. Als die besser bezahlte Nachtarbeit für Frauen und Kinder 1885 verboten wurde, waren es daher nicht selten die Arbeiter, die in den Ausstand traten. Allerdings verspürten die Männer hier ein erhebliches Eigeninteresse: Sie wollten das Einkommen ihrer Frauen wahren [731: 159]. In summa klafft auf dem Feld der Sozialgeschichte russischer Arbeiterinnen noch eine deutliche Forschungslücke, da der Anteil von Frauen innerhalb der Linken ungleich häufiger behandelt wurde [vgl. die Bibliographie von 59: RUTHCHILD].

Autorinnen

Während die Frauenbewegung in Westeuropa aus der bürgerlichen Gesellschaft hervorging, lag die Initiative in Russland, wo ein Wirtschaftsbürgertum fehlte, bei den Intellektuellen. Auf den ersten Blick erlangte die Gruppe der Autorinnen zwar beachtliche Größe; von 1850 bis 1890 belief sich die Zahl der Schriftstellerinnen auf etwa 2000. Dennoch bauten sich vor der Zulassung von Frauen zu höheren Schulen gewaltige Barrieren auf. Wenige Jahre nach der Öffnung der Hochschulen für Frauen sahen sich diese 1863 wieder ausgeschlossen, da die Obrigkeit sie des Nihilismus, ja sogar des Zigarettenrauchens verdächtigte. Nur aufgrund von Protektion bei Hofe richtete die Petersburger Universität 1870 öffentliche Vorlesungen auch für Frauen ein. Schon wegen eines Semesterbeitrags von 25 Rubeln tummelten sich hier vor allem die höheren Stände. In Moskau fanden derartige Kurse, die sich zumal den Naturwissenschaften sowie alten und neuen Sprachen widmeten, seit 1869 statt. Die Einführung derartiger Veranstaltungen konnte jedoch nicht verhindern, dass mehr und mehr junge Frauen den Weg nach Zürich auf sich nahmen, um dort zu studieren. 1873 erließ die russische Regierung sogar ein Verbot des Studiums im Ausland. Gleichwohl verwandelte sich das Zürich dieser Jahre zu einem Stelldichein russischer Revolutionärinnen [739: NEUMANN]. Ausgenommen die Ausbildung von Ärztinnen und Apothekerinnen, die in Militärlazaretts gebraucht wurden, blieb es der Revolution von 1905 vorbehalten, das Bildungsangebot für Frauen schlagartig zu verbessern. Seither wurden Frauenkurse in Städten wie Kiev, Kazan', Char'kov, Tiflis, Dorpat oder Warschau eröffnet. Erstmals konnten Frauen auch Jura und Theologie belegen [733: JOHANSON, 100].

Frauen in der Partei

Die langjährige Diskriminierung von Frauen löste allerdings eine Radikalisierung aus, zu der BEATE FIESELER eine methodisch bemerkenswerte Analyse vorgelegt hat. Auf der Basis biographischer Lexika trug sie die Lebensläufe von 374 Bolschewikinnen zusammen (von insgesamt 2100 aktiven Genossinnen vor 1904). Auf diesem Wege, der politische, Sozial- und Geschlechtergeschichte zusammenführt, stellte B. FIESELER vor 1905 einen Frauenanteil von etwa fünfzehn Prozent innerhalb der Bolschewiki fest, vor 1917 aber nurmehr von elf Prozent. Auch in führenden Ämtern hatten Frauen zwischen 1905 und 1917 prozentual einen deutlichen Rückgang zu verzeichnen (von 22 auf 14 Prozent). Offenbar fiel es Frauen durch ihre familiären Pflichten auch in diesem Fall schwerer, kontinuierliches Engagement zu zeigen. Dass die Geschlechtergeschichte zu so mancher Entdeckung führen kann, zeigt sich auch im Bildungsvergleich. Hier waren weibliche Parteimitglieder den Genossen weit überlegen; vor 1905 wiesen 67 Prozent der Frauen eine höhere Bildung auf, aber nur 46 Prozent der Männer. Zu erklären ist dieser Kontrast wohl dadurch, dass ein Großteil der Frauen in studentischen Zirkeln der Partei beitrat, viele Männer aber in Fabriken. Trotz der im Durchschnitt weitaus besseren Bildung erreichten Frauen die höchste Führungsebene der Partei aber nur selten. Dem emanzipatorischen Pathos zum Trotz entpuppte sich die sozialdemokratische Partei daher als „ein Spiegelbild der Gesellschaft, gegen die sie kämpfte" [730: 51]. Schließlich prägten männliche und weibliche Parteimitglieder auch im Hinblick auf ihre nationale Herkunft unterschiedliche Muster aus. 41 Prozent der Frauen waren jüdischer Herkunft, aber nur 36 Prozent der Männer; umgekehrt lag der Anteil der Ukrainer mit zehn Prozent deutlich höher als der von Ukrainerinnen (fünf Prozent). Hier bestätigt sich, dass Jüdinnen der stärkeren Entrechtung wegen auch stärkere Bildungs- und Emanzipationsbestrebungen zeigten als orthodoxe Frauen.

3. RUSSISCHER NATIONALISMUS UND NATIONALITÄTEN

Am 12. Februar 1802 schaffte ein Ukaz in Moskau und Petersburg die obligatorische Nachtwache ab, da sie den Betroffenen, aber auch der Polizei als zu beschwerlich erschien. Stattdessen bestellte man feste Nachtwächter, die im Sold der Stadtkasse standen [113: PSZ 27, Nr. 20143]. Dass Modernisierung Differenzierung und Angleichung zugleich umfasst, lässt sich an diesem Beispiel ebenso deutlich ablesen wie der Übergang von Ständen zu Gesellschaft bzw. von Obrigkeit zu Staat: Die ständerechtlich fixierten Privilegien der Wohlgeborenen, von nächtlichen und anderen Diensten befreit zu sein, büßten ihr Gewicht ein; ob arm oder reich, groß oder klein – sie alle traten nach und nach in die Gesellschaft ein, deren Steuern zur Deckung öffentlicher Ausgaben verwendet wurden. Soziale Angleichung jedoch erforderte auch in diesem Fall bürokratische Differenzierung, um die professionelle Nachtwache effizienter als die bisherige zu gestalten. Zugleich erhebt moderne Staatlichkeit einen intensiveren Herrschaftsanspruch: Der Obrigkeit konnte man sich notfalls entziehen, so durch unauffälliges Verlassen des Postens, dem Staat und dessen dauerhaftem Steuerbegehren jedoch weitaus schwerer. Wie jeder gesteigerte Anspruch bedurfte auch dieser einer Rechtfertigung, wollte er von Dauer sein. Damit unterlag der Staat einem höheren Legitimitätsbedarf als die frühneuzeitliche Obrigkeit. Partizipation zu gewähren, bot hier die einfachste Lösung – nur dass sie unter autokratischen Bedingungen kaum denkbar war. Um dem Legitimitätsdefizit im Sinne der liberalen Idee abzuhelfen, fehlten in Russland fast alle Voraussetzungen, so Konstitution, Rechtsstaat und Gewaltenteilung. Offenbar blieben dem Zarenstaat nur die nationalen Mythen, um vom Wunsch nach Mitsprache abzulenken. Bei näherem Hinsehen entpuppte sich jedoch auch der Nationalismus als tückisch: Nation im politischen Sinne lief ja ebenfalls auf

Stunde der Nachtwächter

Legitimität

Parolen wie Emanzipation heraus – und das hieß am Thron zu sägen. Damit blieb dem Zarenstaat keine andere Wahl, als den Nationalismus „von unten" durch einen abwehrenden Nationalismus „von oben" zu ersetzen. Hier haben Historiker insbesondere die Frage nach den gedanklichen Modellen diskutiert, mit denen der offizielle Nationalismus aufwartete. Zur Rezeption und den Trägerschichten als zweiter Kernfrage der Nationalismusforschung liegen uns dagegen nur wenige Arbeiten vor.

Dass Politik der Ideen zwingend bedarf, sie zumeist aber aus dem kulturellen Raum importiert, zeigte sich in der Denkschrift des Historikers und Schriftstellers N. M. Karamzin (1766–1826) aus dem Jahre 1811. Schon deren Titel *Über das alte und neue Russland* verkündete eine Polarität, die Liebe zum Vaterland allein aus dem Vermächtnis der Tradition herleiten wollte. Peter der Große habe aus seinem Volk bessere Europäer, aber schlechtere Russen gemacht. Schon eher hielt es Karamzin mit Katharina II.: Zwar habe der Hof vergessen, wie man Russisch spricht – doch welche Glorie ging von dieser Zarin aus! „Sollen Ausländer die polnische Teilung doch verurteilen – wir holten uns das Unsrige" [151: 132].

Nachdem die Revolte der Dekabristen 1825 das entstehende Legitimitätsdefizit offengelegt hatte, übernahm es der Bildungsminister S. S. Uvarov, den bislang recht nebulösen Reichspatriotismus Karamzinscher Prägung in eine Formel zu pressen [360: WHITTAKER]. Äußerlich lehnte sich diese zwar unübersehbar an die Triade der französischen Revolution an, lief inhaltlich aber auf das Gegenteil des Nationalismus von 1789 hinaus, nunmehr „Orthodoxie, Autokratie und Volkstum" zum Inbegriff Russlands erklärend. Wie Karamzin hielt auch Uvarov an der Selbstherrschaft fest; anders als dieser versuchte er dem konservativen Dogma aber zumindest einen Hauch von Sozialbezug beizugeben – daher das unüberbietbar vage *narodnost'* (Volkstum). Die Konservativen waren es damit zufrieden; ihr Häuflein schmolz im Laufe der Zeit aber zusammen, auch weil die Slavophilie in den russischen Nationalismus ein kritisches Element einzuschmuggeln versuchte und damit gewissen Anklang fand. Insbesondere A. S. Chomjakov (1804–1860), der letzte Slavophile, begriff die russische Idee nicht als Zustand, sondern als Prozess, der den Zwiespalt zwischen Freiheit und Notwendigkeit überwinden und hinaufführen solle zum Gipfel der Menschlichkeit [848: WALICKI, 179–238].

Konstantin Aksakov (1817–1860) wollte den Zarenstaat sogar mit der These legitimieren, dieser werde niemals die Freiheit des Volkes beschneiden – ein Standpunkt, wie er revolutionärer kaum sein konnte, passte die Leibeigenschaft ja ganz und gar nicht in dieses Bild. Auch die slavophile Verherrlichung des Volkes musste auf offizieller Seite Argwohn hervorrufen. So verstand der Schriftsteller S. P. Ševyrev (1806–1864), der seit 1841 auch der Petersburger Akademie angehörte, *narodnost'* als Sammlung aller Kräfte zur Erfüllung der Bestimmung des Volkes. So wolkig derartige Bekenntnisse auch wirken mussten, deutete sich hier doch ein Programm an, das dem offiziellen Nationalismus als Ideologie des status quo keinesfalls geheuer war. Unter den Slavophilen fand Uvarov daher wenig Bündnispartner. Zwar glaubten auch sie an das autokratische Vermächtnis und verschafften ihm Eingang in die Feuilletons; zur Verteidigung des Bestehenden aber war die Slavophilie wenig geeignet. Dafür hatten die Slavophilen zu nah am utopischen Denken gebaut; dafür unterlagen sie einer zu hohen Dynamik: Nachdem die religiös geprägten Elemente der slavophilen Idee – insbesondere Chomjakovs Glaube an die *sobornost'* [802: CHOLODNYJ] – in der zweiten Hälfte des 19. Jahrhunderts eine deutliche Säkularisierung erlebten, trat aus dem Streulicht der Slavophilie der Koloss des Panslavismus hervor. Organisatorischen Rückhalt fand dieser insbesondere in der 1857 gegründeten „Moskauer Slavischen Wohltätigkeitsgesellschaft", zeitweise geleitet von M. P. Pogodin (1800–1875), einem Historiker, den unlängst K. B. UMBRASKO gewürdigt hat [844; vgl. 835: PICHT). Slavophile

Weiteren Auftrieb erhielten die Bestrebungen auf dem zweiten Slavenkongress in Moskau 1867. De facto konnte von einer allslavischen Strömung zu diesem Zeitpunkt allerdings kaum die Rede sein, hatte der Zarenstaat die polnischen Erhebungen von 1830/31 und 1863 doch blutig niedergeschlagen. Stärker als der erste Slavenkongress 1848 in Prag ummäntelte der zweite daher einen Panrussismus, dessen Programm sich vom slavophilen Gedanken klar unterschied: Der Glaube an den Mythos *narodnost'* war weitaus geringer und die Forderung nach außenpolitischer Solidarität mit den Südslaven deutlich lauter, insbesondere während der Balkankriege von 1875 bis 1878. Das Abrücken von religiösen Inhalten trat daher ebenso deutlich hervor wie die allmähliche Annäherung an den offiziellen Nationalismus.

Zwischen Panslavismus und Obrigkeit blieb dennoch so mancher Konfliktherd bestehen. Aus Sicht des Zaren musste eine Verbrüderung der Slaven als geradezu lachhaft gelten, lief sie doch auf eine Aushöhlung der russischen Vormachtstellung hinaus. Die Panslavisten wiederum konnten sich nicht damit abfinden, dass sich die russische Diplomatie auf dem Berliner Kongress 1878 bereitfand, Teile des eroberten Territoriums in Bulgarien erneut den Osmanen zu überantworten. I. S. Aksakov (1823–1886), der Pogodin 1875 als Vorsitzender der „Moskauer Slavischen Wohltätigkeitsgesellschaft" abgelöst hatte, brach darüber in derartige Polemik aus, dass seine Gesellschaft unterdrückt wurde – und er selbst aus Moskau ausgewiesen [805: CIMBAEV; 820: LUKASHEVICH]. Dabei hatte N. Ja. Danilevskij (1822–1885) eine resolut panslavistische Außenpolitik in seinem Werk *Russland und Europa* von 1869 sogar historisch abgeleitet. Russland sei kein Teil Europas, sondern bilde zusammen mit den Slaven einen eigenen Kulturtypus. Anders als die vorangehenden sei nur Russland in der Lage, zum ersten Mal in der Geschichte eine ausgewogene Zivilisation zu entfalten, gleichermaßen religiös wie politisch, sozial wie wirtschaftlich. Zu deren Verwirklichung aber hätten die Slaven das Joch fremder Herren abzuschütteln, um sich einem gemeinsamen Reich unter Führung des Zaren einzugliedern. Konsequenterweise sah Danilevskij als einzigen Prüfstein sinnvoller Außenpolitik die Verwirklichung der slavischen Einheit an [796: BALUEV; 824: MACMASTER]. Panslavisten

Nach 1880 mauserte sich der offizielle Nationalismus endgültig zur Staatsideologie, einerseits bedingt durch den Regierungsantritt Alexanders III. im Jahre 1881 nach dem Attentat auf seinen Vater wie andererseits durch das Wirken K. P. Pobedonoscevs. Dieser wachte nicht nur über die Erziehung des Thronfolgers, sondern seit 1880 auch über die oberste Kirchenbehörde. Um jedwede Assoziation zwischen Volkstum und Volksherrschaft zu durchkreuzen, suchte Pobedonoscev „Volkstum" nicht selten durch „Volkswohl" zu ersetzen. Zugleich fügte Pobedonoscev in das Gebäude des offiziellen Nationalismus manchen Stein slavophiler Herkunft ein, so durch die Auffassung, jede Regierung habe Ausdruck einheitlichen Willens zu sein. Von den reformorientierten Bestrebungen der Slavophilie war jedoch keine Rede mehr; in mancher Hinsicht vergleichbare Programme kehrten erst um 1900 mit Ausbreitung der Liberalen in die Diskussion zurück. So schob der bedeutende Publizist P. B. Struve (1870–

Nationalismus der Opposition

1944), der sich vom Marxisten zum Kadetten läutern sollte, dem Nationalismus ein konstitutionelles Programm unter: Außenpolitisch habe der russische Verfassungsstaat seine Macht auszudehnen, so auf den Balkan und das Bassin des Schwarzen Meeres. Insbesondere solle sich Russland der deutschen Konkurrenz erwehren. In der Innenpolitik aber trat Struve für eine Liberalisierung ein, auch im Hinblick auf die Juden. Mit Ausnahme der Finnen und Polen sah er die Assimilation aller Nationalitäten durch die Russen jedoch als unumgänglich an [442: PIPES]. Eine derartige Verknüpfung wirtschaftlicher wie nationaler Bestrebungen betrieben nach 1905 nicht nur Teile der Konstitutionellen Demokraten (*Kadetten*), sondern auch die Progressisten, eine Partei, die insbesondere die Exportinteressen von Moskauer Textilunternehmern vertrat. Bedeutsam an diesem liberal gefärbten Nationalismus war, dass Männer wie Struve Nation und Staat zur Deckung bringen wollten, Staat und Zarentum aber nicht länger synonym setzten. Der Dynastie Romanov gedachte man bestenfalls repräsentative Funktionen zuzugestehen. Damit hatte der Nationalismus endgültig das Lager der Liberalen erreicht. Da sie die politische Bühne Russlands aber nicht als erste Partei betreten hatten (wie im Westen), sondern als letzte, erreichte auch diese Strömung des russischen Nationalismus keine Massenbasis mehr.

Rezeption

Dies leitet über zur zweiten der eingangs erwähnten Kernfragen: Welches Echo fanden die verschiedenen Flügel des Nationalismus? Hier klafft ein erhebliches Forschungsdefizit, wurde Nationalismus bislang eher ideen- bzw. diskursgeschichtlich betrachtet, kaum aber sozialhistorisch. Allerdings wirft die Frage nach den Trägerschichten auch erhebliche Schwierigkeiten auf: Ein Vereinswesen, wie es dem Nationalismus gerade in Deutschland zugute kam, hat sich in Russland nicht entfaltet. Auch ein bürgerliches Milieu ist oftmals kaum greifbar. Zudem fällt ein quantifizierendes Urteil schon deshalb schwer, weil politische Zusammenschlüsse bis 1905 verboten waren. Da Zeitungen politische Unterschiede fast wie Parteien ausprägten, lassen sich gewisse Hinweise jedoch ihrer Auflagenstärke entnehmen. Wirkte die Zensur noch unter Nikolaus I. auf eine Entpolitisierung der wenigen Zeitungen hin, brach mit der vorsichtigen Liberalisierung der Presseaufsicht 1865 eine neue Ära an. In Petersburg sollte sich die Zahl der Zeitungen bis 1880 auf 22 verdoppeln. Ebenso zahlreich schossen die Blätter in den Gouvernements aus dem Boden; hier sprang die Zahl der Titel von neun auf 28. Um das Jahr 1867 als Beispiel zu nehmen, als der Moskauer Slavenkongress einer nationalistisch gefärbten Propaganda dankbaren Anlass bot, erzielte zu diesem Zeitpunkt jedoch kein nationalistisch orientiertes Blatt die höchste Auflage, sondern die eher liberal – und das hieß oppositionell – gesinnten *Russkie Vedomosti* in Moskau (16000). Damit waren die *Moskovskie Vedomosti* auf den zweiten Rang verwiesen (14000), die M. N. Katkov zu einem Sprachrohr des Chauvinismus verwandelt hatte. 1863 trat Katkov, der zeitweise auch den Außenminister A. M. Gorčakov hinter sich wusste, für die entschlossene Unterdrückung des polnischen Aufstandes ein, der eine Stärkung des „russischen Elements" innerhalb Polens zu folgen habe. Konstitutionelle Gedanken blitzten hier derart selten auf, dass Katkov im Jahresbericht der Zensur für 1863 ob seiner nationalistischen Oden sogar gelobt wurde. Mit größter Selbstverständlichkeit brachte Katkov auch das Kunststück fertig, die russische Nation als Geist und Seele des Imperiums auszurufen, den Polen die Nation aber vorzuenthalten. Gegenüber den liberalen und reformorientierten Blättern blieben die *Moskovskie Vedomosti* jedoch auf ein Drittel aller Leser beschränkt [386: RENNER, 180–81].

1890 auf dem Höhepunkt der Russifizierungspolitik Alexanders III. hatte sich die Tagespresse bereits in verschiedene Gattungen differenziert. Neben den seriösen Zeitungen drängte die Boulevardpresse vor, so der *Svet*, der sich ganz unverhüllt zu Uvarovs „Triade" bekannte und eine Auflage von 60000 Stück erreichte. Diese vergleichsweise hohe Verbreitung zeigt, dass die Botschaft des russischen Nationalismus unter kleinen und mittleren Kaufleuten bzw. Beamten durchaus Beachtung fand. Anders als die Oberschichten konnten sich diese von Partizipation nur wenig versprechen, schon mehr jedoch von Ausgrenzung konkurrierender Nationalitäten.

Presse

Auch in dieses Milieu aber schnitt das Jahr 1905 unerhört ein, denn die Revolution von Bauern, Arbeitern und Nationalitäten stellte schlagartig klar, dass der defensive, auf Erhaltung des status quo bedachte Nationalismus gescheitert war. Uvarovs Versuch, Nation als politische Gemeinschaft durch eine unpolitische Gemeinde zu ersetzen, wuchs sich zu einer tiefen Krise aus: Sie machte urplötzlich deutlich, dass dem Bann des offiziellen Nationalismus nur das offizielle Russland erlegen war – dies aber so gründlich, dass der Glaube, Reformen brauche man nicht, fast dazu führte, zu Reformen kaum mehr fähig zu sein. Uvarovs Bestreben, dem emanzipatorischen Nationalismus die Spitze zu nehmen, war zwar gelungen, dies aber um den Preis eigener Erstarrung. Sie trug dem russischen Nationalismus das Odium krasser Überlebtheit ein, so dass die Dumazeit eine Kräfteumschichtung zugunsten der Liberalen erlebte. Aufgrund des indirekten Wahlrechts brachten die Wahlergebnisse dies weitaus schwächer zum Ausdruck als die Zeitungen: So verhielt sich die Auflage der größten konservativen Zeitung *(Novoe Vremja)* zur größten liberalen *(Russkoe Slovo)* 1904 wie 1 zu 1,5, 1914 aber wie 1 zu 10.

<small>Scheitern des offiziellen Nationalismus</small>

Warum war der Versuch einer nationalistischen Integration des Zarenstaats so deutlich misslungen? Die erste uneinlösbare Hypothek des russischen Nationalismus war wohl politisch. Im Anschluss an den Aufstand der Dekabristen 1825 konzipiert, lief der offizielle Nationalismus auf eine Verhinderungsstrategie hinaus. Außer erfundenen Mythen hatte dieses Konzept wenig zu bieten – und blieb die Antwort auf die Legitimitätskrise des Zarenstaats eigentlich schuldig. Während der Nationalismus im Westen die Öffentlichkeit vom Zuschauer zum Akteur umformte, schlug dieser Wandel in Russland nicht durch. Auch in sozialer Hinsicht trat ein Defizit auf. Auf die höheren Mittelschichten wirkte Uvarovs Konzept wenig begeisternd, blieb ihnen der Staat Möglichkeiten zu politischer Artikulation doch schuldig. Mancherorts paarte sich Nationalismus nicht selten mit Fortschritt, in Russland aber lange mit Reaktion. Der nationalen Idee ein Ventil nach außen zu verschaffen, erwies sich offenbar als unzureichende Perspektive wirtschaftlicher Expansion. P. B. Struve unternahm zwar den Versuch, den bisherigen Nationalismus der Untertanen konstitutionell aufzubrechen. Dieser liberal geprägte Versuch aber erfolgte so spät, dass die nationale Idee durch die autokratische bereits vergiftet war. Noch dazu lag sowohl der offizielle wie der progressive Nationalismus wegen der Bildungsvoraussetzungen wie

<small>Dilemma des liberalen Nationalismus</small>

eingeschnürt. Im Landesdurchschnitt waren bei den Männern 1897 ca. 70 Prozent Analphabeten, bei den Frauen sogar 87 Prozent. Hier sind allerdings erhebliche Schwankungen zu verzeichnen, wies das Gouvernement Estland nurmehr fünf Prozent Analphabeten auf, das Gouvernement Ufa aber 93. In Petersburg lag der Anteil der Analphabeten 1910 nurmehr bei fünfzehn Prozent der Männern bzw. bei 36 Prozent der Frauen (Moskau 19 bzw. 44 Prozent). Weithin unerforscht ist bislang die Verflechtung zwischen Orthodoxie und Nationalismus, sei es im Hinblick auf gemeinsame Ziele, sei es bei der Frage nach der Verbreitung nationaler Konzepte beim hohen und niederen Klerus.

<small>Vielvölkerreich</small>

Ein weiteres Dilemma ergab sich daraus, dass der russische Nationalismus unter den Bedingungen eines Vielvölkerreiches sezessionistisch gesinnte Kräfte aufweckte. Staat und Nation waren nicht kongruent. Wohlweislich hatte die Nationalitätenpolitik des Zarenstaats bis ins frühe 19. Jahrhundert eher behutsame Ziele verfolgt, vor allem die Aufrechterhaltung des status quo sowie die Anerkennung der Eliten nach Eingliederung in das Imperium. Resultierend aus dieser Tradition umfasste der Anteil der Russen am Erbadel 1897 weniger als 40 Prozent. Ein Beispiel für die überlieferte Nationalitätenpolitik bietet die Aufnahme der tatarisch-muslimischen Oberschicht in den erblichen Adel nach Eroberung der Chanate von Kazan' und Astrachan' 1552 und 1556. Die tatarischen Reiter dienten seitdem im Moskauer Heer, wie auch die Lokalverwaltung der Tataren überdauerte. Auch in der Übereinkunft von Perejaslavl', die Moskau 1654 mit dem Hetman der Dnepr-Kosaken Bogdan Chmel'nickij abschloss, garantierte der Zar die kosakischen Privilegien, ein eigenes Rechtswesen, Selbstverwaltung sowie freie Wahl des Hetmans. Nach der Eroberung Estlands und Livlands 1710 gewährte Peter den Ritterschaften und Städten auf Grundlage von Kapitulationen ebenfalls die überlieferte Verwaltungsautonomie; der Nystädter Frieden von 1721 stellte daraus sogar eine völkerrechtliche Bindung her. Noch das Statut über die Verwaltung der sibirischen Ethnien, 1822 entworfen von keinem geringeren als M. M. Speranskij, verlieh Nomaden wie Jägern und Sammlern einen eigenen Rechtsstatus. *Kooptation der Eliten*

Einen anderen Weg schlug Petersburg ein, als es nach den Teilungen Polens um die Behandlung jüdisch besiedelter Territorien in Litauen, Weißrußland und der Ukraine ging [903: THADEN]. Reichsweit wurden Juden unter Restriktionen in bislang ungeahntem Ausmaß gestellt (II.C.4). Mit Aufkommen des offiziellen Nationalismus rückte der Zarenstaat von der bewährten Linie einer Kooperation mit den Nationalitäten jedoch generell ab. Zunächst waren hiervon die Polen betroffen, über die nach Niederwerfung des Aufstands von 1830/31 ein Strafgericht sondergleichen hereinbrach. So schnürte Petersburg die nach 1772 annektierten Gebiete immer fester an sich: Die regionale Selbstverwaltung hob man auf, schloss die Universität von Wilna, um in Kiev eine russische Hochschule zu eröffnen, und führte die russische Sprache in Amtsstube, Gericht und Schule ein. 1839 befahl Nikolaus I. sogar die Aufhebung der unierten Kirche. Auch in den drei Ostseegouvernements blies zeitweise ein schärferer Wind, richtete die Orthodoxie 1836 in Riga ein Bistum ein, das Massentaufen von Esten und Letten organisierte. Bis dahin war es zu Missionsversuchen allein bei Muslimen und Animisten gekommen. *Kulturelle Russifizierung*

Noch resoluter rückte der Zarenstaat nach dem polnischen Aufstand des Jahres 1863 von der Kooperationspolitik ab. 1864 zielte die Landreform darauf ab, die polnischen und ukrainischen Bauern zu begünstigen, den polnischen Adel als Hauptträger der Revolte aber zu bedrücken. Hinzu trat der Versuch, das Polnische zurückzudrängen. Die 1869 begründete Universität Warschau pflegte daher nur russischsprachige Lehrveranstaltungen; 1879 wurde der Gebrauch des Polnischen in den Schulen des Königreichs Polen sogar unter Strafe gestellt. Auch in Litauen, Weißrussland und der Ukraine leitete Petersburg Maßnahmen gegen die Vorrangstellung der polnischen Sprache und Kultur ein. Sogar die dort entstehenden Nationalbewegungen sah man in offiziellen Kreisen als faule Frucht polnischer Umtriebe an, so dass der Innenminister P. A. Valuev 1863 den Druck von Büchern in ukrainischer Sprache untersagte, die entstehende Belletristik allerdings ausgenommen. Kurz darauf erweiterte die Regierung das Druckverbot auf weißrussische und litauische Veröffentlichungen. Nicht zuletzt machten sich derartige Bestrebungen auch im Hinblick auf die Ostseegouvernements Estland, Livland und Kurland geltend. 1868 warf der Slavophile Jurij Samarin den deutschen Oberschichten Separatismus vor, ja forderte dazu auf, die überlebten Privilegien der Deutschen endlich aufzuheben und die estnischen und lettischen Bauern von deren Joch zu befreien. Die Verbreitung von Samarins in Prag gedruckter Streitschrift *Das russisch-baltische Küstenland* suchte das In- *Forderung nach Russifizierung* nenministerium zwar zu unterdrücken; dennoch zogen auch im Baltikum neue Bräuche ein. 1867 löste das Russische Deutsch als Amtssprache ab, 1877 verbesserte die Einführung der russischen Städteordnung das Mitspracherecht der Esten, Letten und Russen – wie es deren zunehmendem Bevölkerungsanteil in Riga, Dorpat und Reval auch entsprach. 1888 führte Petersburg in den Ostseeprovinzen das russische Polizeiwesen ein, 1889 die russische Justizreform und 1893 erfasste die Welle der Russifizierung auch die Universität Dorpat – nunmehr als Jur'ev bezeichnet. Energischem Protest zum Trotz erfolgte die Lehre mit Ausnahme der Theologie nunmehr auf Russisch [880: HALTZEL; zu Dorpat/Tartu 894: PISTOHLKORS]. Spätestens hier zeigte sich, dass die Politik der Angleichung sehr widersprüchlich war: Einerseits wollte sie die Vorrangstellung der Deutschen abbauen, andererseits aber die Stabilität im Zeichen der Autokratie erhöhen. Dies jedoch setzte das Einvernehmen mit den deutschen Oberschichten voraus.

Von den Russifizierungsversuchen besonders betroffen waren Ukrainer und Weißrussen; da Sprecher des offiziellen Nationalismus deren Recht auf kulturelle Eigenständigkeit nicht einsehen wollten, wurde die nationale Idee hier mit besonderer Härte verfolgt. Im Falle der Ukraine führte dies dazu, dass sich ukrainische Patrioten nach 1870 zumeist in der habsburgischen Westukraine sammelten [889: KOZIK], obwohl die zum Zarenreich zählende Dneprukraine sowohl in historischer als auch in sozialer Hinsicht eigentlich bessere Voraussetzungen aufwies: Hier war die Erinnerung an das Kosaken-Hetmanat von 1648 noch wach, hier setzte im Eisenbahnzeitalter eine rapide Industrialisierung ein.

Nationale Bewegungen

Welches Potential die entstehenden Nationalbewegungen vorfanden, bemaß sich insbesondere am Alphabetisierungsgrad. Dabei lagen die Esten 1897 deutlich an der Spitze (94 Prozent), gefolgt von den Letten (85 Prozent) und den Deutschen (78 Prozent). Nach den protestantischen Nationalitäten folgten die Juden mit 50 Prozent, wobei Männer mit 64 Prozent auch in diesem Fall deutlich vor Frauen standen (36 Prozent). Die nächste Gruppe setzte sich aus den katholischen Nationalitäten des Reiches zusammen, also den Litauern (48 Prozent) und den Polen (42 Prozent). Schließlich wären die Orthodoxen zu nennen, wobei Russen mit 29 Prozent zu Buche schlugen, Weißrussen mit 20 und Ukrainer mit 19 Prozent. An dieser Stelle erweist sich, dass die repressive Nationalitätenpolitik nicht ganz folgenlos war: Wenn ein Bauernvolk wie die Litauer einen höheren Anteil von Lesefähigen aufwies als die Adelsnation der Polen, ist dies nur durch den Druck der Russifizierung im Bildungswesen erklärbar. Einen ähnlichen Eindruck vermittelt die Ukraine. Noch im 18. Jahrhundert hatte das ukrainische Bildungsniveau das der Russen im Durchschnitt übertroffen, fiel im Zuge der Sprachenpolitik dann aber zurück [394: YEKELCHYK].

Bewertung

In der Bewertung dieser Vorgänge legt die jüngere Forschung größere Vorsicht als die ältere an den Tag. Die von THADEN/HALTZEL 1981 eingeführte Beschränkung des Begriffs Russifizierung auf eine freiwillige, administrative oder kulturelle Variante hat vielerorts Anklang gefunden [904: 8]. T. WEEKS wies auf die Kluft zwischen russischem Anspruch und dessen Durchsetzung hin [905: 108–09];

A. KAPPELER betonte, die russische Politik habe weniger auf Integration als auf Segregation und Diskriminierung abgezielt [883: 225], und R. P. GERACI stellte das Unfertige der russischen Leitideen heraus [879: 347]. Ganz im Sinne derartiger Auffassungen ging E. J. LAZZERINI 1997 am Beispiel der Krimtataren auf deren Widerstand gegen die Angleichung ein [891]. Primär waren viele dieser Bewegungen jedoch nicht gegen das Zentrum gerichtet, sondern gegen privilegierte Nationalitäten in der Region. Unbestreitbar jedoch ist, dass die Diskriminierung der Nationalitäten zur Erschütterung des Reiches wesentlich beitrug. Dies zeigte sich 1905.

Besonders heftig erwies sich die Revolution überall dort, wo die Nationalbewegung im Zuge der Modernisierung aus den Studierstuben hinaus auf die Straße drang. Dabei resultierte die Wucht der ersten russischen Revolution nicht zuletzt daraus, dass sich der nationale Impuls in Polen, im Baltikum und im Kaukasus mit sozialen Forderungen von Bauern und Arbeitern wie mit den liberalen der Intelligenz verband. Nachdem der Petersburger „Blutsonntag" am 9. Januar 1905 zum Signal geworden war (I.D.3), eskalierten die Konflikte zunächst in Polen. Am 28. Januar wurde dort der Generalstreik proklamiert, am 10. Februar der Schulboykott. Ebenso prompt sprang der Aufstand auf Riga über. Im Frühjahr und Sommer schlossen sich lettische Landarbeiter der Erhebung an, die mehr als ein Drittel der liv- und kurländischen Güter in Brand setzten. Massive Landarbeiterrevolten erfassten seit dem Frühsommer die rechtsufrige Ukraine und von Baku oder Tiflis breiteten sich bürgerkriegsähnliche Zustände auch im Kaukasus aus. Eine besondere Zuspitzung erlebte das Gouvernement Kutaisi, wo georgische Bauern die „Gurische Republik" ausriefen. Im östlichen Transkaukasien kam es zu blutigen Auseinandersetzungen zwischen Muslimen und Armeniern, denen mehrere Tausend Menschen zum Opfer fielen. Damit erreichte die Erschütterung im Westen und Süden des Reiches ein Ausmaß, wie es die innerrussischen Gebiete kaum zu verzeichnen hatten. Die Regierung tat daher gut daran, sich dem Druck zu beugen: Am 17. April und 1. Mai 1905 ergingen Toleranzedikte sowohl für Altgläubige als auch für Angehörige nichtorthodoxer Konfessionen. Gleichfalls am 1. Mai wurde das Polnische und Litauische erneut als Schulsprache zugelassen, desgleichen der Landkauf von Polen. Noch größere Bedeutung hatte das Oktobermanifest, das durch Garantie der bürgerlichen Freiheiten auch nationale Zusammenschlüsse begünstigte. Insbesondere in Polen nahm die Schärfe politischer Auseinandersetzung dennoch weiter zu. Nationale Parteien riefen aber auch die Esten, Letten und Litauer ins Leben; so hielten die Litauer vom 4. bis 6. Dezember 1905 einen Landtag (*Sejmas*) in Wilna ab, der sich für nationale Autonomie als Grundlage demokratischer Reformen aussprach. Die Juden dagegen standen einmal mehr als Opfer da: Im Zuge der Revolution überzog insbesondere die Ukraine eine Welle von Pogromen, ausgelöst nicht selten von der russischen Rechten. Wie paradox sich der Antisemitismus hier gebärdete, zeigt etwa der Vorwurf, dass „die Juden" gleichermaßen als Kapitalisten wie als Revolutionäre galten.

Revolution von 1905

4. Juden im Zarenreich

1897 wurden im Russischen Reich ca. 5,2 Mio. Juden gezählt. Unter Hinzurechnung von ca. zwei Mio. vor allem im österreichischen Galizien und 1,2 Mio. in Polen lebten damit vier Fünftel der jüdischen Weltbevölkerung von 10,6 Mio. in Osteuropa. Bis 1772 bot Polen-Litauen den jüdischen Gemeinden ein gemeinsames Dach; im *Waad* (Rat) besaßen sie ein eigenes Organ, das für Polen in Lublin ansässig war bzw. ab 1623 für Litauen in Brest. Nach den Teilungen Polens aber trennten sich die Wege der Juden Osteuropas, da die jüdische Bevölkerung der an Russland gefallenen Territorien anders als im französisch besetzten Herzogtum Warschau und 1867/68 in Österreich-Ungarn keine Emanzipation erlebte. Ganz im Sinne der Aufklärung postulierte Katharina II. zwar Gleichheit als Grundlage der Eingliederung von Juden in die Stadtstände; auch das bisher übliche, diskriminierende *žid* wurde durch *evrej* (Hebräer) ersetzt. Der gesetzlich bekundete Wille, Juden den Städtern gleichzustellen, zerbrach jedoch am Konkurrenzdenken russischer Kaufleute. Als 1788/89 erstmals auch Juden der ersten Moskauer Kaufmannsgilde beitraten, wurden die Kaufleute beim Stadtkommandanten vorstellig und brachten die Klage vor, dass die Preisunterbietung der jüdischen Kaufleute die russischen ruiniere. Des weiteren stünden Juden im Ruf, Münzen zu fälschen. In Reaktion auf diese Eingabe ordnete der Staatsrat am 23. Dezember 1791 an, Juden dürften den Stadtständen nur in den Teilungsgebieten (in diesem Fall Weißrusslands) beitreten. Damit war nicht nur das anfänglich proklamierte Ziel der Gleichstellung hinfällig; wie sich zeigen sollte, verwies dieser Präzedenzfall auf die Errichtung des jüdischen Ansiedlungsrayon: Bestehend aus fünfzehn Gouvernements im Westen des Zarenreiches schottete der Rayon die übergroße Mehrheit der russischen Juden durch Übersiedlungsverbot von den innerrussischen Gouvernements ab. Auch innerhalb des Rayon stand den Juden das Wohnrecht nur in Städten zu, nicht auf dem Land – obwohl 1772 zwei Drittel der weißrussischen Juden auf dem Lande ansässig waren. Zudem verpflichtete Katharina am 23. Juni 1794 die jüdische Bevölkerung zur doppelten Steuerleistung; hiermit mag sie bezweckt haben, zur Kolonisation Neurusslands beizutragen, wo den Siedlern Steuerfreiheit winkte [941: REST, 121; tw. unbedarft 929: KLIER].

Wie in so vielen Fragen bot der Regierungsantritt Alexanders I. im Jahre 1801 Chancen zu einer Revision auch der Lage von Juden. Zu diesem Zweck konstituierte sich 1802 ein Komitee, um die bisherigen, recht unsystematischen Gesetze zu kodifizieren und die materielle Lage der jüdischen Bevölkerung zu verbessern. Dazu wurden auch jüdische Stellungnahmen eingeholt. Bestehend aus vier engen Beratern des Zaren – A. Czartoryski, St. Potocki, N. N. Novosil'cev und P. G. Deržavin – legte das Komitee ein Statut vor, das am 9. Dezember 1804 in Kraft trat. Insbesondere um die „Absonderung" der Juden, ihre Verschiedenheit in Sprache und Tracht sowie um ihren „Mangel an Aufklärung" zu überwinden, bezweckte das Statut eine Angleichung der Juden an die Russen – dies in deutlicher

Wendung gegen das Denken der Aufklärung, das jüdische Sprache und Religion toleriert hatte. Um die Juden „aus dem Stande der moralischen und bürgerlichen Erniedrigung zu ziehen", strebte das Statut zunächst an, sie „nützlichen" Berufen zuzuführen. Jüdischen Kindern wurde der Weg in russische Bildungsinstitutionen daher ausdrücklich eröffnet; auf den höheren Schulen aber sei die überlieferte Tracht abzulegen. Aus dem Ziel der Assimilation ergab sich zweitens auch die sprachliche Angleichung, waren Rechtsakte aller Art in Russisch, Polnisch oder Deutsch abzufassen. Drittens versuchte der Staat unter Androhung von Sanktionen, die jüdische Bevölkerung zur Einschreibung in die russischen Stadtstände zu veranlassen, auch um die Interessen des Fiscus zu wahren. Diese Zuweisung ließ sich zugleich als Gelegenheit nutzen, um auf eine Russifizierung der Namen hinzuwirken. Schließlich gelangten auch die Organe jüdischer Selbstverwaltung auf den Prüfstand; zunächst ließ man den *Kahal* (Gemeinde) zwar bestehen, schon um sich seiner Dienste zwecks Erfassung der jüdischen Gemeindemitglieder zu versichern. Auf Dauer jedoch vertrugen sich Assimilation und Autonomie nicht; im Königreich Polen wurde der Kahal daher 1821 beseitigt, in Russland 1844.

Zudem fixierte das Statut von 1804 die Zusammensetzung des Rayon, wie sie mit gewissen Abänderungen bis zur Februarrevolution 1917 Bestand haben sollte: Er umfasste die drei litauischen Gouvernements Kovno, Wilna und Grodno, die drei weißrussischen Gouvernements Vitebsk, Minsk und Mogilev, die drei ukrainischen Černigov, Poltava und Kiev (ausgenommen die Stadt Kiev selbst), die beiden südwestlichen Gouvernements Wolhynien und Podolien sowie vier Gouvernements in Neurussland, und zwar Cherson (mit Ausnahme von Nikolaev), Ekaterinoslav, Taurien (mit Ausnahme von Sevastopol' und Jalta) sowie Bessarabien. Bis 1825 zählten auch das Gouvernement Astrachan' und der Kaukasus hinzu.

Struktur des Rayon

Als Vordenker des offiziellen Nationalismus hat S. S. Uvarov unter Nikolaus I. die Assimilationsbemühungen noch forciert. Beraten von Max Lilienthal, einem Rabbiner aus München, der 1839 in Riga eine deutschsprachige jüdische Schule gegründet hatte, richtete das Volksbildungsministerium im Rayon ein Netz von Schulen ein. Deren Curriculum war auf zeitgemäße Bildungsinhalte ausgerichtet, ja strebte im Grunde eine Öffnung der jüdischen Gemeinden an. Zu diesem Zweck richtete der Staat 1847 Rabbinerseminare in Žitomir und Wilna ein. In der älteren Literatur war man sich einig, dass diese Seminare in den jüdischen Gemeinden zumeist auf Ablehnung stießen. Auch wenn die Bürokratie zum Besuch der russischen Schulen einen gewaltigen Anreiz schuf – Absolventen waren von der für Juden erhöhten Einberufungsquote befreit – habe sich der Besuch dieser Schulen nur langsam durchgesetzt [948: STANISLAWSKI, 106]. Als Petersburg 1873 die Schließung der zwei Rabbinerseminare und etwa 70 weiterer Schulen anordnete, sei dies in Reaktion auf das Scheitern erfolgt. Neuere Arbeiten wie die von V. DOHRN verweisen dagegen auf die Erfolge des Wilnaer Seminars als „Multiplikator der Modernisierung und der Säkularisierung" [914: 399].

Gleichwohl fand die Assimilierungsoffensive eher im Südteil des Rayon Anklang – und auch dort nur phasenweise –, im Norden jedoch kaum.

Litauen In Litauen gingen jüdische Gemeinden auf das Mittelalter zurück, da die Großfürsten nach den mitteleuropäischen Pestpogromen von 1349/50 für Zuwanderer Privilegien ausgesprochen hatten, so 1388. Darin sicherten sie den Gemeinden weitgehende Autonomie zu: Synagogen und Friedhöfe erklärte die Urkunde für steuerfrei, garantierte Juden Gewerbefreiheit wie das Recht auf Bodenbesitz, ja unterstellte das jüdische Gemeinwesen dem Schutz des Großfürsten. Obwohl de jure und de facto auch hier nicht identisch sind, war damit eine Grundlage für die Ausbreitung jüdischer Gemeinden wie für die Verdichtung institutioneller Autonomie im *Waad* geschaffen; von 1623 bis 1764 trat dieser zu 37 Sitzungen zusammen. Nach seiner Aufhebung schrieb die Adelsrepublik 1764 eine Zählung der Juden aus, die für Polen 587 658 und für Litauen 157 649 Steuerpflichtige ermittelte. Hatte der jüdische Bevölkerungsanteil in Wilna 1797 bei 62 Prozent gelegen (3 152 von 5 014), ging er im 19. Jahrhundert zurück und betrug 1897 nurmehr 43 Prozent (63 841 von 154 532). Einerseits resultierte diese Abnahme aus dem Zuzug von Polen und Litauern, andererseits aus der Emigration jüdischer Städter. Aufbauend auf Tradition, solider demographischer Grundlage und gewisser Autonomie galt die jüdische Gemeinde Wilnas als Hochburg der Traditionalisten, deutlich erkennbar im Wirken des „Gaon" Elija ben Juda Solomon Salman (1720–1797). Aus der Nähe von Grodno stammend, soll er mit sechs Jahren in der Synagoge von Wilna gepredigt haben; mit dreizehn machte er sich an die Erschaffung des Golem – zumindest in der Legende. Nach einer Wanderschaft durch Polen und Deutschland hatte er als moralisches und intellektuelles Vorbild im Sinne der Tradition solchen Zulauf, dass ein Verwandter ihm 1768 in Wilna ein Lehrhaus einrichtete [919: ETKES]. Nicht zuletzt auf den Einfluss von traditionsbewussten Männern wie dem Gaon war es zurückzuführen, dass die jüdische Aufklärung Wilna nur mit Verzögerung erfasste. Auch dies trug – wie das Ausbleiben einer Emanzipation im westlichen Sinne – dazu bei, dass die Assimilationsbestrebungen der russischen Regierung in Wilna zunächst nicht den gewünschten Erfolg erzielten [Forschungsbericht bei 944: SCHMIDT].

Ukraine Von diesen Strukturen wich die Mittelzone des Rayon deutlich ab. Hier hatte der Kosakenaufstand unter Bohdan Chmel'nyc'kyj gegen die polnische Krone 1648 ein Massaker unter den ukrainischen Juden ausgelöst, zu dem Nathan Hanover, Rabbiner zu Ostroh, eine Chronik sondergleichen hinterließ [92]. Im Vertrag zu Zboriv sicherte die Krone den Kosaken 1649 sogar zu, in den Wojewodschaften Kiev, Černigov und Braclav weder Juden noch Jesuiten zu dulden. Durch diesen Bruch jüdischer Siedlungskontinuität ermangelte den im 18. Jahrhundert wieder entstehenden ukrainischen Gemeinden die Autorität der litauischen. Nicht aus Zufall lagen die Zentren der antirabbinisch gestimmten, schwärmerischen *Chassidim* etwa in Podolien, wo der Baal Schem Tow (1700–1760) große Resonanz auslöste.

Schließlich zum Südteil der alten Kulturlandschaft zwischen Ostsee und Schwarzem Meer: Aus der Ukraine und Podolien wanderten Arbeitsuchende nach Neurussland ab, dessen Küstenstreifen 1791 vom Osmanischen Reich an das der Zaren gefallen war. Durch ihre Tätigkeit im Weizenhandel trugen Juden insbesondere zum Aufstieg von Odessa bei. 1897 stellten Russen etwa die Hälfte der 400 000 Einwohner, Juden ein Drittel. Während sich die jüdische Vorschule, der *Cheder*, in Litauen als Bollwerk überlieferter Werte zu behaupten wusste, wurde es in Odessa anders gemacht: 1826 eröffnete der Kahal dort eine Schule, die moderne Bildungsinhalte vertrat, also Mathematik, Biologie, Geographie sowie Französisch oder Deutsch [951: ZIPPERSTEIN]. Auch eine der Synagogen schloss sich dem „deutschen" (im Grunde ja nur Berliner) Ritus der Reformierten an und alsbald blieb die große Mehrheit der Geschäfte auch am Sabbat geöffnet – ganz anders im strenggläubigen Wilna.

Neurussland

Die vergleichsweise hohe Assimilationsbereitschaft insbesondere der jüdischen Oberschichten Odessas brach mit dem Pogrom von 1871 schlagartig ab. Zwar hatte die Schwarzmeermetropole Pogrome auch 1821 und 1859 erlebt, die insbesondere auf die Konkurrenz von Juden und Griechen zurückgingen. Vor allem der Krimkrieg trieb etliche Griechen in den Ruin, da er die bisherigen Handelsrouten mit Westeuropa blockierte. Auf diese Weise kamen nicht wenige der griechischen Dockarbeiter um Lohn und Brot – und sahen jüdische Konkurrenten als Sündenbock an. Sowohl 1821 und 1859 war die Obrigkeit den Opfern allerdings beigesprungen, um die Ausschreitungen energisch zu unterdrücken. Ganz anders 1871: Vom 27. bis 31. Mai war es der Mob, der Odessa regierte. In den jüdischen Vierteln blieb fast keine Straße unversehrt; sechs Menschen kamen ums Leben und 21 wurden verletzt. Ganz unverkennbar erwiesen sich diesmal auch Russen als Angreifer.

Bei der Frage nach den Hintergründen ist unübersehbar, dass die großen Erwartungen an die Reformen Alexanders II. zu diesem Zeitpunkt ebenso großer Enttäuschung Platz machten. Insbesondere die Modalitäten der Bauernbefreiung von 1861 hatten im Schwarzerdegebiet – also im Hinterland Odessas – Zahllose um ihren Boden gebracht. Die Folge war ein Strom russischer Landflüchtlinge, der mit einem zweiten aus jüdischen Migranten zusammentraf. Allein von 1854 bis 1873 hat sich der jüdische Bevölkerungsanteil Odessas verdreifacht (von 17 000 auf 52 000). Eigentlich entscheidend für die Wucht des Odessaer Pogroms von 1871 aber war die Indifferenz der Behörden; nur so konnte sich ein Zwischenfall zu einer Katastrophe auswachsen, die ganze Viertel in Schutt und Asche legte. Das Attentat auf Alexander II. vom 1. März 1881 löste insbesondere im Südteil des Rayon sogar eine ganze Welle von Pogromen aus. Im Hinblick auf diesen „offiziellen Antisemitismus" des Gewährenlassens nahm die jüngere Forschung eine bemerkenswerte Neubewertung vor. Während der Generation eines Simon Dubnov (1860–1941) die treibende Rolle des Staates vor Augen stand, wird diese Auffassung durch sozialhistorische Ansätze seit den siebziger Jahren bezweifelt. Als Urheber der Pogrome fiel der Blick seither

Ursachen der Pogrome

insbesondere auf Wander- und Eisenbahnarbeiter, also in vielfacher Hinsicht deklassierte Gruppen [Forschungsbericht bei 912: BOYSEN]. Außer Frage steht jedoch, dass 1871 ein tiefer Einschnitt auch der jüdischen Ideengeschichte war; die bisherige Assimilationsfreude machte dem Zionismus Platz.

Wie die Regierung auf die antijüdischen Ausschreitungen reagierte, zählt zu den Paradoxien des Zarenreiches. Zwar richtete der Innenminister N. P. Ignat'ev im Rayon Kommissionen ein, um die vermeintliche Ausbeutung von Russen durch Juden zu durchkreuzen. Ignat'ev strebte an, das jüdische Wohnrecht außerhalb der Städte und Flecken des Ansiedlungsrayons ebenso aufzuheben wie die jüdische Nutzung von Grund und Boden auf dem Lande. Insbesondere wollte er Juden den ländlichen Alkoholausschank und Handel an christlichen Feiertagen untersagen. Entschiedenen Einspruch legte das Finanzministerium unter N. Ch. Bunge ein; dieser wies auf die bedeutsame Rolle der Juden im russischen Wirtschaftsleben hin. Auf Investoren sei Russland nach wie vor dringend angewiesen. Dennoch erging am 3. Mai 1882 das jüdische Ansiedlungs- und Bodennutzungsverbot. Noch dazu trat 1883 ein Ausschuss unter K. I. Palen zusammen, der nach fünfjähriger Debatte einen Bericht mit liberaler Zielsetzung vorlegte. Die Diskriminierung sei einzustellen, um Russland durch Gleichberechtigung aller Bürger zu dauerhaftem Aufschwung zu verhelfen [149: Obščaja zapiska]. Alexander III. jedoch erteilte den Kommissionsvorschlägen eine Abfuhr – die Misere der Autokratie damit schlagartig offenlegend. Wie bei anderen Fragen auch wurden die neuralgischen Punkte zwar benannt, ja sogar konkrete Reformvorschläge veröffentlicht. Dem Schritt zur Tat hat sich der zaudernde Koloss des Zarenstaats aber auch hier verweigert. Vielmehr nahm Alexander III. zu neuen Repressalien Zuflucht: 1887 erging ein Numerus clausus für Juden an höheren Schulen und 1891 wurden mehr als 10000 jüdische Handwerker aus Moskau vertrieben. Hatte der jüdische, ab 1872 in Petersburg lebende Dichter Jehuda Löb Gordon Russland noch 1863 als neues Eden gepriesen, das Juden alle Chancen eröffne [947: STANISLAWSKI, 50], schlug diese Euphorie kaum zwei Jahrzehnte später in Entsetzen um: Waren von 1840 bis 1880 knapp 200000 russische Juden in die USA ausgewandert, sprang deren Zahl bis 1914 auf mehr als eine Million.

Ebenso schwerwiegend erscheinen die politischen Konsequenzen, die die jüdische Intelligenz in Reaktion auf den Antisemitismus zog. Das politische Spektrum differenzierte sich mehr und mehr, wobei die Zionisten als erste mit der Überlieferung brachen. Zunächst ein Verfechter der Assimilation, verfasste der Odessaer Arzt Leon Pinsker (1821–1891) 1882 in deutscher Sprache (und anonym) einen Mahnruf zur *Autoemanzipation*. Um der Pathologie des Antisemitismus zu entgehen, bleibe den Juden nur der Ausweg, sich zur Nation zu formieren. „Nicht die bürgerliche Gleichstellung der Juden in dem einen oder anderen Staate vermag diesen Umschwung herbeizuführen, sondern einzig und allein die Autoemanzipation des jüdischen Volkes als Nation, die Gründung eines eigenen jüdischen Kolonistengemeinwesens, welches dereinst unsere eigene, unveräußerliche Heimat, unser Vaterland werden soll" [150: 28–29]. Jahre vor Theodor Herzl hatte

Pinsker damit einen Grundstein zum politischen Zionismus gelegt. Während sein Aufruf in Deutschland kein allzu großes Echo auslöste, wurde Pinsker in Russland als Retter gefeiert. Als Präsident der 1884 in Kattowitz gegründeten *Chowewe Zion*-Bewegung der Palästinafreunde vermochte Pinsker jüdische Auswanderer und Kolonisten auch materiell zu unterstützen. Zugleich führte *Chowewe Zion* bislang russisch schreibende Schriftsteller wie Jehuda Lewanda mit hebräisch publizierenden wie Moses Löb Lilienblum zusammen. Da die palästinafreundliche Zeitung *Ha-Melits* aber mehr als 1 500 Exemplare absetzte, lässt sich kaum von einer Massenbewegung sprechen [921: FRANKEL, 116]; auch Ortsvereine entstanden nur in größeren Städten wie Moskau, Odessa, Warschau, Białystok, Wilna, Kowno, Minsk, Poltava und Rostov.

Fand der Zionismus eher in den pogromerschütterten Gouvernements der Ukraine und Neurusslands Beachtung, wurde der „Allgemeine Jüdische Arbeiterbund", erste sozialistische Partei des Zarenreiches, 1897 in Wilna gegründet. Sechs der dreizehn Gründer entstammten dieser Stadt, zehn von ihnen hatten hier gearbeitet. Dabei war Wilna im Hinblick auf seine Industriestruktur, die nach wie vor im Zeichen kleiner und mittlerer Betrieben stand, alles andere als ein natürliches Zentrum der Arbeiterbewegung. Viel eher hat es den Anschein, als zeige sich auch an dieser Stelle der alte Unterschied zwischen dem chassidisch-schwärmerisch geprägten Südteil des Rayon, der nun für die Flucht in den Zionismus optierte, und dem eher nüchtern eingestellten Norden. Zudem hatte sich die jüdische Kultur in Litauen ihrer Umgebung in geringerem Maße geöffnet als in der Ukraine und in Neurussland. Auch dies begünstigte das Aufkommen einer autochthon jüdischen Arbeiterorganisation, wie sie Odessa – obschon weitaus stärker industrialisiert – nicht hervorbrachte; vielmehr reihten sich jüdische Proletarier dort in die russisch dominierte Arbeiterbewegung ein. Der „Bund" jedoch kämpfte für die nationale und soziale Gleichheit der jüdischen Bevölkerung, für die Anerkennung des Jiddischen als Nationalsprache und für dessen Förderung in Kultur und Unterricht, aber gegen den Zionismus. Seit 1898 gehörte der „Bund" als autonome Fraktion der Russischen Sozialdemokratischen Arbeiterpartei (SDAPR) an, ging seit 1903 jedoch eigene Wege. Zwischen Zionisten und Bundisten siedelten sich alsbald weitere Organisationen an; so schuf auch der aus der Ukraine stammende Beer Borochov 1901 in *Poale Zion* eine sozialistisch-zionistische Partei, die das Ziel der Emigration aufrecht hielt, denn der Klassenkampf des jüdischen Proletariats sei ja mit dessen nationalen Bestrebungen vereinbar. Unter Beteiligung von David Ben-Gurion betonte die seit 1906 auch in Palästina vertretene *Poale Zion* allerdings weniger den Klassenkampf als landwirtschaftliche Siedlungsarbeit.

Nach Zionisten und Bundisten machten die jüdischen Sozialdemokraten eine dritte Bewegung aus. Zu ihnen hat der amerikanische Soziologe R. BRYM eine methodisch vorbildliche Untersuchung vorgelegt, die anhand von 207 Lebensläufen jüdischer Revolutionäre Milieu mit Meinung korreliert. Danach votierte die Mehrheit der revolutionären Intelligenz im nördlichen Teil des Rayon,

Der Bund

Sozialdemokraten

also in Litauen und Weißrussland, für den Bund, im Süden des Rayon für den Zionismus, während das Verlassen des Rayon nach Moskau oder Petersburg eine Radikalisierung auslöste, die den Bolschewiki zugutekam. Der Bund sprach vor allem das weitgehend homogene jüdische Arbeitermilieu im Norden an, der Zionismus dagegen die jüdischen Minderheiten in Gewerbe und Handel des Südens. Warum sich auch bei den Sozialdemokraten ein erheblicher Anteil von Revolutionären jüdischer Herkunft fand, erklärt BRYM mit der mangelnden Aufnahmebereitschaft der russischen Mittelschichten [913].

Liberale   Den Liberalen schließlich bot erst das Befreiungsmanifest von 1905 die Möglichkeit zu politischer Tätigkeit. Eng mit den Konstitutionellen Demokraten (Kadetten) verbunden, versuchten sie die Reichsduma zur Durchsetzung jüdischer Interessen zu nutzen und dem Antisemitismus auf diese Weise entgegenzutreten [923: GASSENSCHMIDT]. Eine nahezu gespenstische Gelegenheit dazu ergab sich während des Prozesses gegen Mendel Bejlis, der in Kiev eines Ritualmordes beschuldigt wurde. Zur Deckung der Anwaltskosten hatten jüdische Dumamitglieder gesammelt – nicht ganz erfolglos, wie Bejlis' Freispruch vom Oktober 1913 bewies.

Die Intensität der Debatte zwischen den Hauptströmungen jüdischen säkularen Denkens machte das Vorrücken der Politisierung zwar überdeutlich; dennoch hinterlässt ein kritischer Blick in die Forschung den Eindruck, diese habe dem städtisch-intellektuellen Judentum weitaus mehr Beachtung als der Bevölkerungsmehrheit im Schtetl gewidmet. Bedingt durch dieses Defizit wurde die Dynamik der Politisierung im Schtetl oftmals überzeichnet. Diesem Bild tritt die ethnologisch inspirierte Mikrostudie von YAFFA ELIACH zu Ejšiski bei Wilna jetzt eindrucksvoll entgegen, da sie die Kraft alter Gewerbe und Bräuche bis 1914 nachzeichnen kann [916]. Durch das geringe Interesse an ethnologischen Fragen, wie es für die Zeit nach 1917 kennzeichnend war, steht eine derart umfassende Arbeit für andere Gebiete des Rayon noch aus.

5. DEMOKRATIE IN SICHT?

Was aus dem 20. Jahrhundert geworden wäre, hätte sich Russland nach 1905 zur Demokratie entwickelt, ist doch bedenkenswert. Nach dem zu fragen, was nicht geschah, schärft zugleich den Blick für die Ursachen des tatsächlich Eingetretenen. Zweifel an der Zwangsläufigkeit des Realen sind damit jedoch nicht unterstellt. Vollkommen unstrittig ist daher die Bedeutung des Ersten Weltkrieges als Kernursache der Revolution. Ob das Zarenreich nach 1905 freilich vor der Wandlung zum liberalen Rechtsstaat stand oder nicht, darüber streiten sich die Gelehrten, wobei man drei Generationen bzw. Positionen unterscheiden könnte. Keinen Zweifel an der Konsolidierung konstitutioneller Prinzipien nach 1905 verspürten Emigranten wie der aus Petersburg stammende, ab 1954 als Professor in Frankfurt/M. lehrende V. LEONTOVITSCH (1902–1959). Seine 1957 erschienene

"Geschichte des Liberalismus in Russland" [818] schöpfte insbesondere aus den Memoiren demokratischer Dumapolitiker, die das Parlament schon deshalb verklärten, um die alleinige Verantwortung für die russische Katastrophe den Bolschewiki anzulasten. Eher unkritisch fiel auch das Bild von Nikolaus II. aus, dem LEONTOVITSCH bescheinigt, er habe am Oktobermanifest festhalten wollen [818: 382; konträr jetzt 455: VERNER]. Obwohl auch LEONTOVITSCH die Wahlrechtsänderung vom 3. Juni 1907 als Staatsstreich bezeichnet, brachten Historiker dieser Generation für die Auflösung der Duma doch gewisses Verständnis auf. Wegen der Zunahme der Linken habe dem Parlament die Bereitschaft gefehlt, mit der Regierung zusammenzuarbeiten.

Mit dem Vordringen der Sozialgeschichte seit den sechziger Jahren kam es hier zu einer krassen Umwertung. Erstmals waren es keine Exilrussen mehr, die bestimmende Interpretationen vorlegten, sondern deren Schüler. In Reaktion auf L. H. HAIMSONS These von der Polarisierung zwischen Staat und Gesellschaft vor 1914 (I.D.3) [423] prüfte TH. VON LAUE 1965 das politische System als Ganzes und gelangte zum Urteil: „There was no chance for a liberal-constitutional Russia whatsoever" [430: 46]. Wie HAIMSON wies er dabei auf die Isolation der Duma hin; auch habe Russland eine Mittelschicht im westlichen Sinne nicht gekannt. Zugleich machte LAUE darauf aufmerksam, die wirtschaftliche Entwicklung sei der politischen enteilt. So gesehen kam die Industrialisierung zu schnell, dennoch aber nicht schnell genug, um Russlands äußere Souveränität gegen die Westmächte zu gewährleisten. Dieses Verdikt wurde durch zahlreiche Studien untermauert. So rechnet auch D. GEYERS Studie über den russischen Imperialismus von 1977 die Krise des „Scheinkonstitutionalismus" sowie die Unzufriedenheit im agrarischen Milieu zu Ursachen der systeminternen Spannung. Ein Teil der Presse, so GEYER, habe sogar die Neigung geschürt, aus der gesellschaftlichen Identitätskrise in chauvinistische Ideologeme zu flüchten, wie sie der Julikrise 1914 zugrunde lagen [371: 232]. In der Tat hat die Forschung das Versagen der konstitutionellen Autokratie in vielen Bereichen nachgezeichnet: Der Ausbau der Grundschulen auf dem Lande kam nicht voran, weil sich die Kirche staatlichen Vorgaben widersetzte [758: EKLOF]; die Einführung einer Sozialversicherung für Arbeiter suchten die Unternehmer 1912 für ihre Zwecke auszunutzen [653: ROOSA]; anstatt die Renitenz der Arbeiter wie geplant zu verringern, nahm diese nur zu. Gerade die sozialhistorischen Analysen zum Proletariat und zu den Gewerkschaften bewiesen daher, dass die Arbeiterschaft dem Zarenstaat ein bedrohlicher Fremdkörper blieb [438: MCKEAN; 437: MCDANIEL; 413: ENGELSTEIN; 402: BONNELL]. Nicht durch Zufall wählten die Gewerkschaftsdelegierten der Petersburger Metallarbeiter im April 1913 eine Führung, die mehrheitlich aus Bolschewiki bestand.

Auch in politischer Hinsicht sahen viele Historiker das System des 3. Juni als gescheitert an. Obschon durch die Wahlrechtsänderung von 1907 gefügig gemacht, bot das Parlament P. A. Stolypin keine dauerhafte Mehrheit. Nur mit äußerster Mühe gelang es dem Ministerpräsidenten daher Anfang 1910, die Einführung der

Zemstva in neun westlichen Gouvernements (Litauen, Weiß- und Südwestrussland) durchzusetzen; gerade jetzt aber ließ ihn der Reichsrat im Stich und versagte seine Zustimmung. Als das Gesetz daraufhin als Notverordnung erlassen wurde, vertiefte sich die Vertrauenskrise zwischen Regierung und Parlament [428: HOSKING; unlängst 456: WALDRON]. Nicht ganz zu Unrecht zog M. MALIA 1994 daher den Schluss: „Wäre Russland der Schock des Ersten Weltkrieges erspart geblieben, hätte es dennoch eines Wunders bedurft, um Russland den organischen und friedlichen Übergang in eine konstitutionelle Demokratie zu ermöglichen" [435: 110].

Dennoch hat sich im letzten Jahrzehnt eine dritte Auffassung ausgeprägt, die das Erreichen liberaler Zustände zwar gleichfalls für unabsehbar erklärt, die Errungenschaften des Zarenreiches aber weitaus stärker betont als zuvor. Ein wesentlicher Anstoß dazu stammte von der Wirtschaftsgeschichte, deren neuere Beiträge die These von Russlands industrieller Rückständigkeit zurückweisen. Seit 1885 war der Aufschwung sogar kräftig genug, dass auch untere Einkommensgruppen daran Anteil hatten. Damit konnte jeder Haushalt vor 1913 deutlich mehr verbrauchen als in der Generation zuvor [622: GATRELL, 46]. Auch im Hinblick auf die Bauern hat sich die Auffassung verbreitet, diese hätten vom Wirtschaftswachstum profitiert und leisteten ihrerseits einen erheblichen Beitrag zur Industrialisierung. Vielleicht noch stärkere Motive eines Umdenkens

Zivilgesellschaft gingen vom Konzept der Zivilgesellschaft aus, die durch Marktwirtschaft, Rechtsstaat und Öffentlichkeit in kritischer Distanz zum Staat entsteht. Dieser Ansatz hat für Russland gerade deshalb Bedeutung, weil Bürger und Bürgertum hier kaum fassbar sind. Einzelne, insbesondere Moskauer Unternehmerdynastien wie die Rjabušinskie oder die Morozovy wurden zwar immer wieder behandelt, so im Blick auf ihre Wirtschaftserfolge [460: WEST; 648: OWEN; 654: RUCKMAN] oder auf ihre Begeisterung für die Kunst [772: NORMAN; 749: BAYER]. In der politischen Öffentlichkeit jedoch blieb dieses Häuflein zu Wirkungslosigkeit verdammt.

Das Modell der Zivilgesellschaft erweitert den Blick daher auf den Gesamthorizont der Verfassung und hier tritt in der Tat mancher Fortschritt des Zarenstaates zutage. Grundlegende Bedeutung für die Entstehung der Markt-
Marktwirtschaft wirtschaft ist zum Beispiel die Herausbildung fester Eigentumsrechte. Hierzu brachte R. PIPES 1974 die Behauptung vor, das Moskauer Russland habe durch Aufkommen des Dienstgutes ein Privateigentum an Grund und Boden beseitigt [16]. Gegen diese These führte H.-H. NOLTE 1983 gewichtige Gegenargumente an [589; grundlegend 579: ÈL'JAŠEVIČ]. 1998 meldete sich PIPES nochmals zu Wort und verwies auf die Liberalisierung von Handel und Manufaktur durch Katharina II. Das Jahr 1762 sei deshalb die Geburtsstunde privaten Eigentums in Russland, weil nunmehr Angehörige aller Stände Betriebe eröffnen durften [592]. Obwohl eine neuere umfassende Untersuchung zur Entwicklung der Besitzrechte noch aussteht – aber sehr verdienstvoll wäre –, herrscht über die Existenz privater Eigentumsformen spätestens seit der zweiten Hälfte des 18. Jahrhunderts damit Einigkeit. Wie die Liberalisierung des bislang staatlich

geprägten Getreidehandels gleichfalls unter Katharina zeigt, nahm seither auch der freie Warenverkehr als weitere Grundvoraussetzung der Marktwirtschaft zu [645: MUNRO]. Dort, wo Geographie oder Infrastruktur den Käufer erreichbar machten, hat in den Jahrzehnten nach 1861 auch die bäuerliche Wirtschaft die Anpassung an den Markt bewältigt [675: LÖWE; 662: WHEATCROFT; zurückhaltender 680: MORITSCH; 681: PALLOT]. Eine solide Schicht politisch loyaler Mittelbauern aufwachsen zu sehen, war Stolypin in den wenigen ihm beschiedenen Jahren von 1906 bis 1911 jedoch nicht vergönnt.

Damit zum Rechtsstaat, den insbesondere die Zemstvo- und Gerichtsreformen von 1864 auf den Weg brachten. Auch die Universitäts- und Bildungsreformen Alexanders II. ließen sich hier anfügen. Schon LEONTOVITSCH machte aber kein Hehl daraus, dass die Bauern daran keinen Anteil hatten [818: 231]; dies hat die neuere Forschung nachdrücklich bestätigt [573: BABEROWSKI]. Während sich der Dreiklang aus Stadt, Bildung und Besitz von Instanzen umgeben sah, die geltendes Recht einklagbar machten, vermochten die Justizreformen gegen Willkür und Analphabetismus bei den Geschworenen wenig auszurichten. Dieses Dilemma hätte sich durch eine Ausweitung der Mitspracherechte vorderhand nur vergrößert. Beachtlicher Freiraum im Fundament des Rechtsstaats tat sich zudem bei den Nationalitäten auf, die 1897 ca. 56 Prozent der Reichsbevölkerung stellten. Gerade im Kaukasus und in Mittelasien musste sich der Zarenstaat mit der Fortexistenz von Gewohnheitsrechten abfinden, die Strafverfolgung immer noch für Privatsache hielten. Auch bei der Prüfung des politischen Systems fällt die Bilanz neuerdings anders aus. Von „Scheinkonstitutionalismus" ist kaum noch die Rede, klafften Verfassungstext und -wirklichkeit ja nicht nur in Russland auseinander. Die 2001 erschienene Stolypin-Monographie von A. ASCHER verweigert Russland zwar das Prädikat des Rechtsstaats, stellt Stolypin – wie seinerzeit LEONTOVITSCH – aber wieder in eher günstiges Licht. So bezeichnet es ASCHER als reine Spekulation, dass Stolypin mit seinem Latein 1911 am Ende gewesen sei. Vielmehr habe dieser vor dem Attentat noch einen ganzen Katalog von Reformen verfolgt [399: 392].

Rechtsstaat

Was nun die Öffentlichkeit als drittes Kennzeichen der Zivilgesellschaft angeht, lässt der Zarenstaat auch hier eine Wandlung erkennen. Nicht nur Parteien und Parlament waren nach 1905 entstanden, sondern auch eine Presse, die vielfältige Ansichten auszudrücken half. Die Zahl der Tageszeitungen nahm sprunghaft zu, so in Petersburg von zwölf Blättern 1904 auf 56 zwei Jahre darauf; nur blieb die Schicht der Käufer sehr dünn. Das zarte Pflänzchen der Tagespresse war aber nicht nur durch den Verdrängungswettbewerb gefährdet, sondern auch durch die Zensur, die in neun größeren Städten Zweigstellen unterhielt (Moskau, Warschau, Tiflis, Kiev, Odessa, Riga, Wilna, Reval und Dorpat) und überall sonst vom Gouverneur ausgeübt wurde [363: BALMUTH; 801: CHOLDIN]. Der regellose Zustand der Pressegesetze erlaubte es sogar, notfalls alle Artikel zu verbieten bis auf diejenigen für die Selbstherrschaft und über das Wetter. Unter diesen Bedingungen erscheint es fast als erstaunlich, dass die Mehrheit der Zeitungen in

Öffentlichkeit

Distanz zur Regierung stand [439: MCREYNOLDS]. Während die Auflagen der konservativen Blätter vor 1914 zurückgingen, gewannen die liberalen sogar immer neue Leser (s. o. I.D.3). Dennoch wird man den Typus der hier entstandenen Öffentlichkeit eher als schwach einordnen, da er – wie das Parlament – erheblichen Einfluss ausübte, aber keine Macht. Wie weit also kam die Zivilgesellschaft? Hier wäre M. HILDERMEIER wohl zuzustimmen, wenn er zur Antwort gelangt: „Sicher weiter, als man in den letzten zwei bis drei Jahrzehnten im Zeichen der sozialhistorischen Forschung meinte" [426: 136] – aber nicht weit genug, um die Autokratie zu verjagen und die Revolution zu verhindern.

6. MODERNISIERUNG ALS PROBLEM

Modernisierungstheorie

Den großen Wandel des 19. Jahrhunderts haben Sozialhistoriker lange Zeit als Modernisierung beschrieben. Ausgehend von der englisch-französischen Doppelrevolution – in England industriell, in Frankreich politisch – bündelt diese Theorie eine Reihe von Hauptfaktoren, die sich gegenseitig beschleunigen: 1. Demographischer Wandel durch Abnahme der Geburtensterblichkeit und Zunahme des Lebensalters; 2. Wirtschaftliches Wachstum durch Industrialisierung, 3. Zunahme regionaler wie sozialer Mobilität, 4. Vordringen von Bürokratie und Recht, 5. Vermehrung menschlichen Wissens, 6. Rückgang magisch-religiöser Vorstellungen durch Säkularisierung bzw. Rationalisierung, 7. Wandel der Mentalitäten, so indem Großgruppen wie Klasse oder Nation an die Stelle real erlebbarer wie Dorf und Familie treten, sowie 8. Ausbau politischer Partizipation und allmählicher Demokratisierung. Ganz im Sinne dieser umfassenden Beschleunigung sah Lewis Mumford die Uhr als „Schlüsselmaschine" des Industriezeitalters an. Dabei besteht die Leistung der Modernisierungstheorie vor allem darin, den Transformationsprozess in Tiefe und Breite zu erfassen. Ein weitgehend ungetrübtes Verhältnis zur Modernisierungstheorie zeichnete frühere Wirtschaftshistoriker wie A. GERSCHENKRON aus, der die russische Industrialisierung dementsprechend als rückständig bewertet hat. Ausgehend von Kennzeichen wie billiger Arbeit, Vorherrschaft des agrarischen Sektors und großer ökonomischer Bedeutung des Staates leitete er aus dem Konzept relativer Rückständigkeit sogar die politische Entwicklung bis zum Stalinismus ab [623].

Kritik

Um die Rahmenbedingungen des epochalen Umbruchs im Westen herauszuarbeiten und deren globale Folgen zu erklären, mangelt es bislang an überlegenen Alternativen zur Modernisierungstheorie. Dennoch hat dieses Konzept – auch für Russland – derart vehemente Kritik ausgelöst, dass es als Ganzes zur Debatte steht. Gerade neuere Untersuchungen beleuchteten die erheblichen Leistungen des Zarenstaats: So wies P. GATRELL in seiner russischen Wirtschaftsgeschichte das Verdikt der Rückständigkeit kategorisch zurück:

Schwerwiegende Phänomene wie Massenanalphabetismus, hohe Geburtensterblichkeit oder Hungersnöte habe Russland im frühen 20. Jahrhundert erheblich zu reduzieren vermocht [622: 231]. Noch dazu entpuppt sich die Kategorie der Rückständigkeit als normativ, da sie Russland an Voraussetzungen maß, die es nicht kannte. Erst recht übten Kulturhistoriker Kritik, die das Interesse vielmehr auf Ideen und individuelle wie kollektive Identitäten lenken wollten. Im Hinblick auf die Stadtgeschichte, die dem Phänomen der Moderne doch recht nahe steht, brachte D. R. BROWER vor, dass Modernisierung auf Resultate schiele, nicht auf Ursprünge. Setze man jedoch bei den Ursprüngen an, sei eher von Entwicklung zu sprechen, nicht von Rückständigkeit. In einer ersten Phase habe die russische Urbanisierung bis 1900 Migration und Wirtschaftswachstum ausgelöst, danach in einer zweiten ab 1900 den Übergang zur Politisierung der verschiedenen Schichten und Ethnien sowie eine Zunahme der Opposition gegen die Autokratie [612: 321–23]. Eine deutliche Abkehr vom Modernisierungsmuster kündigt sich auch in der Agrargeschichte an. Zum Beispiel fasst D. MOON in seiner Geschichte des russischen Dorfes Bauern als Handelnde auf – und nicht als Opfer anonymer Strukturen, die das Dorf im Gefolge der Modernisierung überwalzten. Mit dieser Verschiebung des Blicks von „oben" nach „unten" treten die beharrenden Kräfte weitaus deutlicher als bislang hervor; so arbeitet MOON mehr Kontinuitäten als Brüche heraus und bezeichnet die bäuerliche Lebenswelt stellenweise sogar als zeitlos [679: 340]. Auch für die Zeit nach 1861 wurde das Ausmaß der Modernisierung deutlich relativiert, insbesondere weil Arbeiter-Bauern vorgerückten Alters ja zumeist ins Dorf zurückkehrten [dazu jetzt 619: ECONOMAKIS, 51–101].

Die ethnologische Forschung hatte an der Modernisierungstheorie gleichfalls vieles auszusetzen; auch hier dehnt die neuere Literatur den Freiraum der Individuen deutlich aus, so in der umfassenden Darstellung des russischen Dorfes von M. M. GROMYKO, die das demokratische Element der Bauerngemeinde sogar zu einem zeitübergreifenden Leitbild stilisiert [487: 443]. Jedweder Fortschrittsseligkeit erteilt GROMYKO den Abschied, um Traditionsbezug und Frömmigkeit anders als lange üblich wieder aufzuwerten. In ihrer Untersuchung des dörflichen Glaubens bettet auch die amerikanische Slavistin LINDA IVANITS das 19. Jahrhundert in eher archaische Zusammenhänge ein, zum Beispiel indem sie auf die andauernde Popularität magischer Heiler verweist [490: 122; vgl. 503: RYAN]. Zu den vom Teufel „Besessenen", denen der Volksglaube gleichfalls heilsame Kräfte zuschrieb, hat CHRISTINE WOROBEC 2001 eine Studie auf quantitativer Grundlage veröffentlicht. Ihr gelang es, zwischen 1861 und 1926 nicht weniger als 146 derartige Fälle nachzuweisen, wobei die Mehrheit auf Bäuerinnen entfiel [746: 208]. Alles in allem rücken diese Arbeiten so deutlich vom Modernisierungsdogma ab, dass sich die Frage stellt, ob die bisherige Geschichtsschreibung einer Ideologisierung zum Opfer fiel, indem sie das neue, laute und schnelle Russland überbetonte, das alte, stille und langsame aber geraume Zeit übersah.

Freiräume

194   II. Grundprobleme und Tendenzen der Forschung

Besonders deutlich tritt das Überzogene der Modernisierungstheorie vielleicht in den Arbeiten jener hervor, denen Feldforschung im vorstalinistischen Russland noch möglich war. Dabei haben die aus den zwanziger Jahren stammenden Arbeiten der Basler Slavistin ELSA MAHLER (1886–1970) zum russischen Norden ihre Bedeutung als Fundus bis heute bewahrt. Beschleunigung als vermeintliches Kernmoment der Modernisierung blieb hier eine Randerscheinung – und wurde verurteilt: Die Lieder des russischen Nordens, wohl der urwüchsigste Teil des Zarenreiches, den die Christianisierung erst nach und nach erreichte, sehen des Menschen Zeit dahingleiten wie Wasser und Wolken. Dort war der Glaube an die Schicksalsbindung allen Lebens noch ungebrochen: „Wohin der Strom fließt, dahin muß er auch fließen" [497: 243]. Nach bäuerlichem Denken löste jedwede Stigma der Beschleunigung Verlust, ja Verderben aus. Mit dem Stigma der Zügigkeit belegt Geschwindigkeit das dörfliche Weltbild den Dieb, der sich aus dem Staube macht [480: AFANASJEW II, 856]; vor allem aber ist es der Tod, der urplötzlich ins Leben schneidet und in den nordrussischen Liedern durchweg mit dem Beiwort „jäh" erscheint. Weitab von Straße und Eisenbahn, vermochte das Erbe der Langsamkeit im russischen Norden bis in die Moderne zu überdauern. Mit Ausrücken der ersten ethnographischen Expeditionen in das unendliche Reservat des russischen Nordens um 1800 war das gelehrte Petersburg nahezu fassungslos, welcher Reichtum mündlicher Erinnerung dort noch im Umlauf war [507: TOKAREV, 111–141]; hier hatte, obschon ihrer vorchristlichen Motive wegen von Kirche und Obrigkeit seit Jahrhunderten verboten, sogar die alte Totenklage überdauert.

Alles in allem breitete sich daher Skepsis gegenüber modernisierender Unbedingtheit aus. Offenbar wird man Russland eher gerecht, wenn man die oftmals einseitige Ausrichtung der Modernisierungstheorie auf Innovation erweitert und zugleich nach der Schwerkraft von Traditionen fragt. Damit kommt das Konzept der partiellen Modernisierung zum Zuge. Der alte Satz, Bruchstellen seien Fundstellen, bewahrheitet sich auch hier, lenkt die Kategorie der Teilmodernisierung den Blick auf Russlands innere Gegensätze beim Gang in die Moderne und damit auf einen Bruch, der ins Mark des Zarenstaats führt. Besonders deutlich tritt diese Kluft am Verhältnis zu Beschleunigung und Zeit hervor, das im russischen Zusammenhang unlängst D. H. KAISER und R. C. WILLIAMS untersucht haben [705; 719]. Der erste Zar Ivan IV. strebte nicht mehr als innere Angleichung an, keine Beschleunigung. Wenn der westfälische Abenteurer Heinrich von Staden dem Zaren zugute hielt, dieser habe im ganzen Russlande *ein glaub, ein gewichte, ein mass* eingeführt, war damit auch ein Zeitmaß gemeint [121: 81]. So hatte die Regierung Ivans den Kalender revidiert und auf den Synoden von 1547 und 1549 etliche Provinzheilige ausgemustert – und deren Feiertage. Stattdessen wurden 39 Heilige zumeist Moskauer Herkunft als gesamtrussisch kanonisiert (s. o. I.A.1). In der Tat schien die Annäherung von Peripherie und Zentrum vorrangiges Ziel des ersten Zaren zu sein, um die bisherigen Teilfürstentümer auf das Zentrum auszurichten. Zugleich deutet sich an dieser Stelle an, dass die zeitbestimmende Macht des Klerus gegenüber der des Zaren und seiner Ämter im Niedergang war.

Seit Peter dem Großen jedoch bekannten sich die Zaren zum Fortschritt, da er Gleichberechtigung mit dem Westen verhieß. Die militärisch erzwungene Beschleunigung lief auf eine Umwertung aller Werte hinaus, versuchte sie die bisherige Schicksalsergebenheit durch den Anspruch zu ersetzen, das Leben aus eigenem Ratschluss zu meistern. In diesem Sinne wagte es Peter, das von und zu Gott führende Band der Zeit schlagartig umzulenken, um mit der byzantinischen Ära am 1. Januar 1700 zu brechen. Diese hatte die Schöpfung nach den Vorgaben der Septuaginta auf den 1. September 5 509 vor Christi Geburt datiert; stattdessen stellte Peter den russischen Kalender auf die in protestantischen Ländern seinerzeit übliche julianische Zeitrechnung um. Aufbauend auf Peters Anspruch, die Zeit zu regieren, erklärte auch Katharina II. die Beschleunigung zum Zweck ihrer Herrschaft. So lautet Artikel zehn der Instruktion von 1767: „Ein weitläufiges Reich setzt eine unumschrenkte Gewalt in derjenigen Person voraus, die solches regiert. Die Geschwindigkeit in der Entscheidung der Sachen, die aus fernen Orten einlaufen, muß die Langsamkeit ersetzen, die aus dieser weiten Entfernung entstehet" [95]. Diesem Kultus der Schnelligkeit schloss sich der Adel begeistert an; voller Stolz trug etwa der Kursker Gutsbesitzer Ivan Annenkov 1762 die Anschaffung einer silbernen Taschenuhr in sein Tagebuch ein [82: 793]. Hinfort trieb ihn diese Uhr nicht nur auf der Reise nach Petersburg an, wo er einer Kommission angehörte, sondern auch bei seiner Tätigkeit als Immobilienhändler im heimatlichen Gouvernement.

In Reaktion auf den Aufstand der Dekabristen 1825 vollzog Nikolaus I. eine jähe Abkehr vom Kitzel der Beschleunigung. Da westlicher Herkunft, entfremde der Götze des Fortschritts die Russen ihrer selbst und stürze das Land ins Chaos der Revolution. Stattdessen entwarf der Volksbildungsminister S. S. Uvarov die Losung von „Orthodoxie, Autokratie und Volkstum", um jedweden Wandel zu bannen. Dennoch förderte die Regierung den Industrieaufbau und insbesondere den der Eisenbahn, die die Verknappung der Zeit per Geschwindigkeit besonders sinnfällig macht. Seither stand Russland als Paradebeispiel für ein gespaltenes Zeitsystem: Dass Russland viele technische Anleihen aus dem Westen übernehmen konnte, bescherte der Industrialisierung hier ein größeres Tempo als im Westen. Nicht zuletzt beruhte das beschleunigte Wirtschaftswachstum gerade auf der Tätigkeit von Ministerien und Großunternehmen. Obwohl der Zarenstaat zu einem erhöhten Modernisierungstempo einerseits also entscheidend beitrug, stemmte er sich dessen Konsequenzen andererseits erbittert entgegen und versuchte, in politischer Hinsicht alles beim alten zu lassen. Man baute Dämme, aber brauchte Kanäle.

Système à deux vitesses

Ging die Beschleunigung seit Peter „von oben" aus, kehrte sich dies seit 1861 um. Die neue Zeit machte den Bauern Beine; in der Fabrik wurde Pünktlichkeit erbarmungslos einexerziert. Nach 1905 waren es daher die Gewerkschaften, die ihre Mitglieder zu rechtzeitigem Erscheinen am Arbeitsplatz bewegten, um Geschlossenheit und Macht zu demonstrieren [785: STEINBERG, 241–42]. Hier winkte die Chance, den durch Eintritt in das Regiment der Uhr zunächst erlittenen

Autonomieverlust wieder auszugleichen. Demgegenüber büßte der bisherige Impulsgeber des Staates an Initiative ein; massiver Autoritätsverfall ergab sich gerade daraus, dass der Zarenstaat Partizipation zunächst zu gewähren schien, sich ihr dann aber wieder verschloss. Als der Adel, der mit der neuen Situation entweder langsam oder gar nicht zu Rande kam, bei den ersten Zemstvawahlen von 1865/67 mit rund 42 Prozent der Sitze gegenüber Bauern (38 Prozent) und Städtern (20 Prozent) in die Minderheit geriet, wurden die Konservativen hellhörig. Demzufolge verschob das zweite Zemstvostatut 1890 die Kurienverteilung, so dass der Adel mit 57 Prozent die Oberhand erhielt [368: EMMONS/ VUCINICH]. Einem vergleichbaren Muster folgte die Stadtreform von 1870, die Alexander III. ebenfalls revidierte. Schließlich setzte der Zarenstaat auch bei der Reichsduma zunächst Erhebliches in Gang, das alsbald wieder abgebremst wurde: Nachdem in der ersten und zweiten Duma fortschrittsbegierige Linke dominiert hatten, verschaffte die Wahlordnung vom Juni 1907 den gemäßigten Kräften die Mehrheit und drosselte das Tempo.

Legitimitätsverfall   Vor diesem Hintergrund trug die gespaltene Modernisierung entscheidend dazu bei, die Legitimität des Zarenstaates zu untergraben. Konsens zwischen Regierenden und Regierten beruht auf Religion, Tradition und Verfahren wie Wahl oder Krönung sowie auf Erfolg. Durch Einsetzen der Modernisierung trat in der Gewichtung dieser Faktoren eine Verschiebung ein: Da jede Beschleunigung mit Entwertung einhergeht, musste in einer Krise der Tradition auch die einer Herrschaft aus Gottes Gnaden fragwürdig werden. Mit dem Verblassen der überlieferten Legitimitätsformen geriet der Staat somit unter Leistungszwang. Aus Sicht der Gesellschaft bemaß sich diese Leistung vor allem daran, ob er imstande war, die Folgen von Verstädterung und Industrialisierung sozialstaatlich aufzufangen. Auch darin verweigerten sich die Zaren der „neuen" Zeit, nach wie vor auf Privilegien der alten pochend. Ein Netz der Wohlfahrt warf dieser Staat nicht aus. Hier rächte sich die langjährige Unterdrückung von freiem Wahlrecht und freier Öffentlichkeit, hätten Presse und Parteien Bemühungen zur Absicherung ihrer Klientel ja weitaus früher vorangetrieben und der reformorientierten Strömung innerhalb der Bürokratie vielleicht zur Initiative verholfen. Insbesondere bei der Bekämpfung von Analphabetismus und Hungersnot hatte die Autokratie auch beachtliche Erfolge vorzuweisen; das politische System aber gegen den Widerstand der alten Eliten zu erneuern, dazu erwies sich die Spanne zwischen 1905 und 1914 als zu kurz. In aller Konsequenz lief der Glaube an eine Teilbarkeit der Modernisierung wohl auf die Ansicht hinaus, die Dampflok sei ein Samovar. Die Illusion, man könne Fabriken eröffnen, Parlamente aber schließen, saß derart tief, dass ihr noch der Sowjetstaat folgte. Die Lektion der Zaren schlug er damit zwar aus, doch hat er sie scheiternd bestätigt.

III. Quellen und Literatur

A. GRUNDLAGEN UND EINZELNE EPOCHEN

1. Gesamtdarstellungen

1. L. V. Abramov, O. I. Borodina, O. M. Ščerbakova, Istorija Rossii, 4 Bde., Moskau 1993.
2. E. Donnert, Russland 860–1917. Von den Anfängen bis zum Ende der Zarenzeit, Regensburg 1998.
3. G. L. Freeze (Hg.), Russia. A History, Oxford 1997.
4. H. Haumann, Geschichte Russlands, München 1996.
5. M. Hellmann, K. Zernack, G. Schramm, Handbuch der Geschichte Russlands, 3 Bde., Stuttgart 1981–2002.
6. E. Hösch, Geschichte Russlands. Vom Kiever Reich bis zum Zerfall des Sowjetimperiums, Stuttgart 1996.
7. O. Hoetzsch, Grundzüge der Geschichte Russlands, Stuttgart 1949.
8. G. Hosking, Russland. Nation und Imperium 1552–1917, Berlin 2000.
9. A. Kappeler, Russische Geschichte, München 1997.
10. W. Kljutschewskij, Geschichte Russlands, 4 Bde., Stuttgart 1925–1926.
11. L. Kochan, J. Keep, The Making of Modern Russia. From Kiev Rus' to the Collapse of the Soviet Union, London 1997.
12. D. Lieven, Empire. The Russian Empire and Its Rivals, London 2000.
13. M. Malia, Russia under Western Eyes. From the Bronze Horseman to the Lenin Mausoleum, London 1999.
14. H. H. Nolte, Kleine Geschichte Russlands, Stuttgart 1998.
15. Očerki istorii SSSR, 5 Bde., Moskau 1955–1956.
16. R. Pipes, Russland vor der Revolution. Staat und Gesellschaft im Zarenreich, München 1984.
17. H. v. Rimscha, Geschichte Russlands, Darmstadt 1983.
18. N. V. Riasanovsky, A History of Russia, New York 1993.
19. G. Stökl, Russische Geschichte, Stuttgart 1990.
20. H.-J. Torke, Einführung in die Geschichte Russlands, München 1997.

2. Nachschlagewerke

21. Ènciklopedičeskij slovar' Brokgauz-Efron, 82 Bde., Petersburg 1890–1904.
22. Evrejskaja ènciklopedija, 16 Bde., Petersburg 1906–1913.
23. E. HÖSCH, H. J. GRABMÜLLER, Daten der russischen Geschichte. Von den Anfängen bis 1917, München 1981.
24. Istoriki Rossii. Biografii, Moskau 2001.
25. Lexikon der russischen Kultur, hg. von N. FRANZ, Darmstadt 2002.
26. Modern Encyclopedia of Russian and Soviet History, 58 Bde., New York 1976–1994.
27. N. C. NOONAN, C. NECHEMIAS (Hg.), Encyclopedia of Russian Women's Movements, London 2001.
28. K. ONASCH, Liturgie und Kunst der Ostkirche in Stichworten unter Berücksichtigung der Alten Kirche, Leipzig 1981.
29. Otečestvennaja istorija, 3 Bde., Moskau 1994–2000.
30. J. PAXTON, Imperial Russia. A Reference Handbook, New York 2001.
31. L. M. PJATECKIJ, Spravočnik po istorii Rossii s drevnejšich vremen do našich dnej, Moskau 1995.
32. S. G. PUSHKAREV (Hg.), Dictionary of Russian Historical Terms from the Eleventh Century to 1917, London 1970.
33. Russkaja istoričeskaja biblioteka, 39 Bde., Petersburg 1872–1927.
34. A. I. SERKOV, Russkoe masonstvo 1734–2000 gg. Ènciklopedičeskij slovar', Moskau 2001.
35. D. N. ŠILOV, Gosudarstvennye dejateli rossijskoj imperii 1802–1917. Biobibliografičeskij spravočnik, Petersburg 2001.
36. Slavjanskaja mifologija, Moskau 1995.
37. Slovar' russkogo jazyka XI-XVII veka, Moskau 1975 ff.
38. Slovar' russkogo jazyka XVIII veka, Moskau 1984 ff.
39. Sovetskaja istoričeskaja ènciklopedija, 16 Bde., Moskau 1961–1976.
40. H. J. TORKE (Hg.), Lexikon der Geschichte Russlands, München 1985.

3. Bibliographien

41. F. v. ADELUNG, Kritisch-literärische Übersicht der Reisenden in Russland bis 1700, 2 Bde., Petersburg 1846.
42. R. BARTLETT, PH. CLENDENNING, Eighteenth Century Russia. A Select Bibliography of Works Published since 1955, Newtonville, Mass. 1981.
43. Bibliografičeskij ukazatel' literatury po issledovanija pravoslavija, staroobrjadčestva i sektantstva v sovetskoj istoričeskoj nauke, Moskau 1974.
44. D. BRANDES, M. BUSCH, Bibliographie zur Geschichte und Kultur der Russlanddeutschen, Bd. 1. Von der Einwanderung bis 1917, München 1994.

45. A. A. ČERNOBAEV, Bibliografija proizvedenij V. N. Tatiščeva i literatury o nem, Moskau 1995.
46. A. E. FLEROV, Ukazatel' knig po voprosam vospitanija i obučenija, 2 Bde., Moskau 1905-1906.
47. E. I. JAKUŠKIN, Obyčnoe pravo, 2 Bde., Jaroslavl' 1875-1896.
48. I. M. KAUFMANN, Russkie biografičeskie i bibliografičeskie slovari, Moskau 1955.
49. V. E. KEL'NER, D. A. Ėl'jaševič, Literatura o evrejach na russkom jazyke 1890-1947, Petersburg 1995.
50. F. TH. KÖPPEN, Bibliotheca Zoologica Rossica, 2 Bde., Petersburg 1905-1908.
51. M. KULIKOWSKI, A Bibliography of Slavic Mythology, Columbus, Ohio 1989.
52. F. I. LEONTOVIČ, Istorija russkogo prava, Bd. 1, Warschau 1902.
53. A. V. MEZ'ER, Slovarnyj ukazatel' po knigovedeniju, 3 Bde., Moskau 1931-1934.
54. N. L. PUŠKAREVA, Ėtnografija vostočnych slavjan v zarubežnych issledovanijach 1945-1990, Petersburg 1997.
55. N. L. PUŠKAREVA, Russkaja ženščina. Istorija i sovremennost'. Dva veka izučenija „ženskoj temy" russkoj i zarubežnoj naukoj 1800-2000. Materialy i bibliografii, Moskau 2000.
56. D. M. ROSSIJSKIJ, Istorija vseobščej i otečestvennoj mediciny i zdravoochranenija. Bibliografija 996-1954 gg., Moskau 1954.
57. N. A. RUBAKIN, Sredi knig, 3 Bde., Moskau 1911-1915.
58. A. RUSTEMEYER, D. SIEBERT, Alltagsgeschichte der unteren Schichten im Russischen Reich 1861-1914, Stuttgart 1997.
59. R. G. RUTHCHILD, Women in Russia and the Soviet Union. An Annotated Bibliography, New York 1993.
60. F. K. SACHAROV, Literatura istorii i obličenija russkogo raskola, 3 Bde., Tambov 1887-1900.
61. Svodnyj katalog russkoj knigi graždanskoj pečati XVIII v. 1725-1800, 5 Bde., Moskau 1963-1967.
62. V. VODOFF (Hg.), Histoire des slaves orientaux des origines à 1689. Bibliographie des sources traduites en langues occidentales, Paris 1998.
63. E. YASSIF, Jewish Folklore. An Annotated Bibliography, New York 1986.
64. P. A. ZAJONČKOVSKIJ, Istorija dorevoljucionnoj Rossii v dnevnikach i vospominanijach, 4 Bde., Moskau 1976-1984.
65. P. A. ZAJONČKOVSKIJ, Spravočniki po istorii dorevoljucionnoj Rossii, Moskau 1978.
66. W. ZALEWSKI, Fundamentals of Russian Reference Work in the Humanities and Social Sciences, New York 1985.
67. D. K. ZELENIN, Bibliografičeskij ukazatel' russkoj ėtnografičeskoj literatury o vnešnom byte narodov Rossii 1700-1910 gg., Petersburg 1913.

4. ZEITSCHRIFTEN

68. Cahiers du monde russe, 1959 ff.
69. Canadian-American Slavic Studies, 1966 ff.
70. Forschungen zur osteuropäischen Geschichte, 1954 ff.
71. Istoričeskie zapiski, 1937 ff.
72. Istorija SSSR, 1957–1991.
73. Jahrbücher für Geschichte Osteuropas, 1936–1941, 1953 ff.
74. Jahrbuch für Geschichte der sozialistischen Länder Europas, 1956–1993.
75. Otečestvennaja istorija, 1992 ff.
76. Russian History, 1973 ff.
77. Russian Review, 1941 ff.
78. Slavic Review, 1941 ff.
79. Slavonic and East European History, 1922 ff.

5. QUELLEN ZUR FRÜHEN NEUZEIT

80. Allgemeines russisches Land-Recht, Danzig 1723.
81. Altrussisches Hausbuch „Domostroj", Leipzig 1987.
82. I. ANNENKOV, Dnevnik, in: Materialy po istorii SSSR, Bd. 5. Moskau 1957, 661–823.
83. M. T. BELJAVSKIJ (Hg.), Dvorjanskaja imperija XVIII v. Osnovnye zakonodatel'nye akty. Sbornik dokumentov, Moskau 1960.
84. L. E. BERRY, R. O. CRUMMEY (Hg.), Rude and Barborous Kingdom. Russia in the Accounts of Sixteenth-Century English Voyagers, Madison, Mil. 1968.
85. A. T. BOLOTOW, Leben und Abenteuer des Andrej Bolotow, von ihm selbst für seine Nachkommen aufgeschrieben, 2 Bde., München 1989.
86. K. BUSSOV, Moskovskaja chronika 1584–1613, Moskau 1961.
87. N. D. ČEČULIN (Hg.), Nakaz Ekateriny II., dannyj kommissii o sočinenii proekta novogo uloženija, Petersburg 1907.
88. A. G. CHRUŠČEVA, Vospominanija, in: Russkij Archiv 1901, 4, 529–544.
89. Geistliches Reglement, Petersburg 1721.
90. J. G. GEORGI, Beschreibung aller Nationen des Russischen Reiches, 4 Bde., Petersburg 1776–1780.
91. E. B. EMČENKO (Hg.), Stoglav. Issledovanie i tekst, Moskau 2000.
92. N. HANOVER, Abyss of Despair (Yeven Metzulah). The Famous 17th Century Chronicle Depicting Jewish Life in Russia and Poland during the Chmielnicki Massacres of 1648–1649, London 1983.
93. R. HELLIE (Hg.), The Muscovite Law Code (Ulozhenie) of 1649, Irvine, Cal. 1988.

94. S. v. HERBERSTEIN, Moskowia, Weimar 1975.
95. Katharinä der Zweiten Kaiserin und Gesetzgeberin von Russland Instruction für die zur Verfertigung des Entwurfs zu einem neuen Gesetzbuche verordnete Comission, Riga 1768.
96. I. K. KIRILOV, Cvetuščee sostojanie vserossijskogo gosudarstva, Moskau 1977.
97. V. V. KOLESOV, V. V. ROŽDESTVENSKAJA (Hg.), Domostroj, Petersburg 2001.
98. M. KOMAROW, Die ausführliche und wahrhaftige Geschichte des russischen Gauners Wanka Kain, Kassel 1978.
99. J. G. KORB, Tagebuch der Reise nach Russland, hg. von G. KORB, Graz 1968.
100. G. K. KOTOŠICHIN, O Rossii v carstvovanie Alekseja Michajloviča, Petersburg 1906.
101. Kriegsreglement vom 30.3.1716, in: Polnoe sobranie zakonov, Bd. 5, Nr. 3006, 203–453.
102. Prince A. M. Kurbsky's History of Ivan IV, hg. von J. L. I. FENNELL, Cambridge 1965.
103. The Correspondence between Prince A. M. Kurbsky and Tsar Ivan IV. of Russia 1564–1579, hg. von J. L. I. FENNELL, Cambridge 1963.
104. Das Leben des Protopopen Awwakum, hg. von R. JAGODITSCH, Berlin 1930.
105. M. W. LOMONOSSOW, Ausgewählte Schriften in zwei Bänden, Berlin 1961.
106. A. G. MAN'KOV (Hg.), Sobornoe uloženie 1649 g., Leningrad 1987.
107. J. MARGERET, The Russian Empire and Grand Duchy of Muscovy, hg. von C. S. L. DUNNING, Pittsburg 1983.
108. I. A. MASSA, A Short History of the Beginnings and Origins of these Present War in Muscow under the Reign of Various Sovereigns to the Year 1610, Toronto 1982.
109. C. MEISKE (Hg.), Das Sobornoe Uloženie von 1649, 2 Bde., Halle/S. 1985.
110. A. OLEARIUS, Vermehrte newe Beschreibung der moskowitischen und persischen Reyse, hg. von D. LOHMEIER, Tübingen 1971.
111. P. S. PALLAS, Reise durch verschiedene Provinzen des Russischen Reiches, 3 Bde., Graz 1967.
112. I. PERESVETOV, Sočinenija, hg. von A. A. ZIMIN, Moskau 1956.
113. Polnoe sobranie zakonov rossijskoj imperii. Sobranie pervoe, 45 Bde., Petersburg 1830.
114. I. POSOSHKOV, The Book of Poverty and Wealth, hg. von A. P. VLASTO, L. R. LEWITTER, London 1987.
115. A. POSSEVINO, Moscovia, hg. von H. F. GRAHAM, Pittsburgh 1977.
116. A. N. RADISTSCHEW, Reise von Petersburg nach Moskau, Berlin 1961.
117. Das Recht der Monarchen, Berlin 1724.
118. Rußisch-kaiserliche Polizeiordnung. Erster Theil, Petersburg 1782.

119. P. RYTSCHKOW, Orenburgische Topographie, Leipzig 1983.
120. M. M. SHCHERBATOV, On the Corruption of Morals in Russia, hg. von A. LENTIN, Cambridge 1969.
121. H. V. STADEN, Aufzeichnungen über den Moskauer Staat, hg. von F. T. EPSTEIN, Hamburg 1964.
122. J. STÄHLIN, Originalanekdoten von Peter dem Großen, Leipzig 1988.
123. F. C. WEBER, Das veränderte Russland, 3 Bde., Hildesheim 1992.

6. QUELLEN ZUM 19. UND FRÜHEN 20. JAHRHUNDERT

124. CH. ARONSON, A Jewish Life under the Tsars, hg. von N. MARSDEN, Oxford 1983.
125. I. S. BELLIUSTIN, Description of the Clergy in Rural Russia, hg. von G. L. FREEZE, Ithaca, N. Y. 1985.
126. A. D. CAULAINCOURT, Mit Napoleon in Russland, Bielefeld 1938.
127. C. V. CLAUSEWITZ, Der russische Feldzug von 1812, Stuttgart 1985.
128. T. W. CLYMAN, J. VOWLES (Hg.), Russia through Women's Eyes. Autobiographies from Tsarist Russia, New Haven, Conn. 1996.
129. A. D. CUSTINE, Russische Schatten. Nördlingen 1985.
130. S. V. DMITRIEV, Vospominanija, Jaroslavl' 1999.
131. S. DUBNOW, Mein Leben, Berlin 1937.
132. N. F. DUBROVIN (Hg.), Otečestvennaja vojna v pis'mach sovremennikov 1812–1815 gg., Petersburg 1882.
133. N. DUROVA, The Cavalry Maiden. Journals of a Russian Officer in the Napoleonic Wars, hg. von M. F. ZIRIN, Bloomington, Ind. 1988.
134. A. N. ENGELHARDT, Letters from the Country 1872–1887, hg. von C. A. FRIERSON, New York 1993.
135. B. M. FIRSOV, I. G. KISELEVA (Hg.), Byt velikorusskich krest'jan-zemlepašcev. Opisanie materialov ėtnografičeskogo bjuro knjazja V. N. Teniševa. Na primere vladimirskoj gubernii, Petersburg 1993.
136. G. L. FREEZE (Hg.), From Supplication to Revolution. A Documentary Social History of Imperial Russia, New York 1988.
137. A. V. HAXTHAUSEN, Studien über die inneren Zustände, das Volksleben und insbesondere die ländlichen Einrichtungen Russlands, 3 Bde., Hannover 1847–1852.
138. A. J. Herzen, Erlebtes und Gedachtes, Weimar 1953.
139. K. IUSUPOV, I. SAVKIN (Hg.), Russkaja filosofija sobstvennosti XVIII-XX v., Petersburg 1993.
140. N. JADRINZEW, Sibirien. Geographische, ethnographische und historische Studien, Jena 1886.

141. S. I. KANATCHIKOV, Autobiography. A Radical Worker in Tsarist Russia, hg. von R. E. ZELNIK, Stanford, Cal. 1986.
142. P. I. KEPPEN, Devjataja revizija. Issledovanie o čisle žitelej v Rossii v 1851 godu, Petersburg 1861.
143. P. v. KÖPPEN, Statistische Reise ins Land der donischen Kosaken durch die Gouvernements Tula, Orel und Woronesch im Jahre 1850, Petersburg 1852.
144. J. G. KOHL, Petersburg in Bildern und Skizzen, 2 Bde., Dresden 1841.
145. A. LABZINA, Days of a Russian Noblewoman, hg. von G. MARKER, DeKalb, Ill. 2001.
146. H. LEMKE (Hg.), Deutsch-russische Wirtschaftsbeziehungen 1906–1914, Berlin 1991.
147. A. LEROY-BEAULIEU, Das Reich der Zaren und die Russen, 3 Bde., Berlin 1884–1889.
148. A. W. NORDHOF, Die Geschichte der Zerstörung Moskaus im Jahre 1812, hg. von C. SCHARF, München 2000.
149. Obščaja zapiska vysšej komissii dlja peresmotra dejstvujuščich o evrejach v imperii zakonov 1883–1888, Petersburg 1889.
150. L. PINSKER, Autoemanzipation, Berlin 1882.
151. R. PIPES (Hg.), Karamzin's Memoir on Ancient and Modern Russia. A Translation and Analysis, Cambridge, Mass. 1959.
152. B. SAVINKOV, Erinnerungen eines Terroristen, Nördlingen 1985.
153. P. SCHEIBERT (Hg.), Die russischen politischen Parteien von 1905 bis 1917. Ein Dokumentationsband, Darmstadt 1972.
154. L. TROTZKI, Mein Leben. Versuch einer Autobiographie, Frankfurt/M. 1974.
155. D. M. WALLACE, Russia. London 1877.
156. P. WENGEROFF, Memoiren einer Großmutter. Bilder aus der Kulturgeschichte der Juden Russlands im 19. Jahrhundert, 2 Bde., Berlin 1919.
157. S. JU. WITTE, Erinnerungen, Berlin 1923.

7. ANFÄNGE DES ZARENREICHES

158. N. ANGERMANN, Studien zur Livlandpolitik Ivan Groznyjs, Marburg/L. 1972.
159. A. BERELOWITCH, La hiérarchie des égaux. La noblesse russe d'Ancien Régime XVIe-XVIIe siècles, Paris 2001.
160. G. N. BIBIKOV, K voprosu o social'nom sostave opričnikov Ivana Groznogo, in: Trudy gosudarstvennogo istoričeskogo muzeja 14 (1941) 5–28.
161. S. BOGATYREV, The Sovereign and his Counsellors. Ritualised Consultations in Muscovite Political Culture 1350s-1570s, Helsinki 2000.
162. H. W. CAMPHAUSEN, Die Bojarenduma unter Ivan IV. Studien zur altmoskauer Herrschaftsordnung, Frankfurt/M. 1985.

163. A. L. CHOROŠKEVIČ, Die Opričnina und der Charakter des russischen Staates in der sowjetischen Historiographie, in: FOG 52 (1996) 69–92.
164. R. O. CRUMMEY, The Formation of Muscovy 1304–1613, London 1987.
165. B. L. DAVIES, The Town Governors in the Reign of Ivan IV., in: RH 14 (1987) 77–143.
166. H. W. DEWEY, The 1550 Sudebnik as an Instrument of Reform, in: JGO 10 (1962) 161–180.
167. E. DONNERT, Russland an der Schwelle der Neuzeit, Berlin 1972.
168. A. I. FILJUŠKIN, Istorija odnoj mistifikacii. Ivan Groznyj i „Izbrannaja Rada", Moskau 1998.
169. B. N. FLORJA, Ivan Groznyj, Moskau 1999.
170. V. GLÖTZNER, Das Moskauer Zartum und die byzantinische Kaiseridee, in: Saeculum 21 (1970) 393–418.
171. C. GOEHRKE, Zum Problem von Bevölkerungsziffer und Bevölkerungsdichte des Moskauer Reiches im 16. Jahrhundert, in: FOG 24 (1978) 65–85.
172. R. HELLIE, The Origins of Denunciation in Muscovy, in: RH 24 (1997) 11–27.
173. M. HELLMANN, Moskau und Byzanz, in: JGO 17 (1969) 321–344.
174. A. KAPPELER, Moskau und die Steppe. Das Verhältnis zu den Nogai-Tataren im 16. Jahrhundert, in: FOG 46 (1992) 87–105.
175. V. B. KOBRIN, Sostav opričnogo dvora Ivana Groznogo, in: Archeografičeskij ežegodnik za 1959 god, 16–91.
176. N. SH. KOLLMANN, Kinship and Politics. The Making of the Muscovite Political System 1345–1547, Stanford, Cal. 1987.
177. A. K. LEONT'EV, Obrazovanie prikaznoj sistemy upravlenija v russkom gosudarstve, Moskau 1961.
178. D. M. MILLER, The Coronation of Ivan IV of Moscow, in: JGO 15 (1967) 559–74.
179. P. NITSCHE, Translatio imperii? Beobachtungen zum historischen Selbstverständnis im Moskauer Zartum um die Mitte des 16. Jahrhunderts, in: JGO 35 (1987) 321–338.
180. N. E. Nosov, Očerki po istorii mestnogo upravlenija russkogo gosudarstva pervoj poloviny XVI veka, Moskau 1957.
181. D. OSTROWSKI, The Mongol Origins of Muscovite Political Institutions, in: SR 49 (1990) 525–542.
182. D. OSTROWSKI, Muscovy and the Mongols. Cross-Cultural Influences on the Steppe Frontier 1304–1589, Cambridge 1998.
183. M. PERRIE, The Image of Ivan the Terrible in Russian Folklore, Cambridge 1987.
184. M. T. POE, „A People Born to Slavery". Russia in Early Modern European Ethnography 1476–1748, Ithaca, N. Y. 2000.

185. D. B. ROWLAND, The Third Rome or the New Israel, in: RR 55 (1996) 591–614.
186. P. A. SADIKOV, Očerki po istorii opričniny, Moskau 1950.
187. N. V. SINICYNA, Tretij Rim. Istoki i évoljucija russkoj srednevekovoj koncepcii XV-XVI vv., Moskau 1998.
188. R. G. SKRYNNIKOV, Carstvo terrora, Petersburg 1992.
189. R. G. SKRYNNIKOW, Iwan der Schreckliche und seine Zeit, München 1992.
190. I. I. SMIRNOV, Očerki političeskoj istorii russkogo gosudarstva 30–50-ch godov XVI veka, Moskau 1958.
191. M. N. TICHOMIROV, Rossija v XVI stoletii, Moskau 1962.
192. S. B. VESELOVSKIJ, Issledovanija po istorii opričniny, Moskau 1963.
193. N. N. ZARUBIN (Hg.), Biblioteka Ivana Groznogo, Leningrad 1982.
194. A. A. ZIMIN, Opričnina Ivana Groznogo, Moskau 1964.
195. A. A. ZIMIN, Die Opričnina Ivan Groznyjs in der historischen Literatur, in: JGSLE 7 (1963) 217–258.
196. A. A. ZIMIN, I. S. Peresvetov i ego sovremenniki. Očerki po istorii russkoj obščestvenno-političeskoj mysli srediny XVI veka, Moskau 1958.
197. A. A. ZIMIN, Reformy Ivana Groznogo, Moskau 1960.

8. DAS 17. JAHRHUNDERT

198. G. V. ABRAMOVIČ, Knjaz'ja Šujskie i rossijskij tron, Leningrad 1991.
199. K. APPEL, Die Auseinandersetzung um die kirchliche Gerichtsbarkeit im Moskauer Russland 1649–1701, Phil. Diss. Berlin 1966.
200. P. AVRICH, Russian Rebels 1600–1800, New York 1972.
201. A. P. BOGDANOV, Moskovskaja publicistika poslednej četverti XVII veka, Moskau 2001.
202. M. M. BOGOSLOVSKIJ, Zemskoe samoupravlenie na russkom severe v XVII veke, 2 Bde., Moskau 1909–1912.
203. N. BOŠKOVSKA, „Dort werden wir alle Bojaren sein". Bäuerlicher Widerstand im Russland des 17. Jahrhunderts, in: JGO 37 (1989) 345–386.
204. P. B. BROWN, Muscovite Government Bureaus, in: RH 10 (1983) 269–330.
205. V. I. BUGANOV, Moskovskoe vosstanie 1662 goda, Moskau 1960.
206. V. I. Buganov, Razin i razincy, Moskau 1995.
207. P. BUSHKOVITCH, Religion and Society in Russia. The Sixteenth and Seventeenth Century, Oxford 1992.
208. L. V. ČEREPNIN, Zemskie sobory russkogo dvorjanstva v XVI-XVII vv., Moskau 1978.
209. B. N. ČIČERIN, Oblastnyja učreždenija Rossii v XVII veke, Moskau 1856.
210. R. O. CRUMMEY, Aristocrats and Servitors. The Boyar Elite in Russia 1613–1689, Princeton, N. J. 1983.

211. N. F. DEMIDOVA, Služilaja bjurokratija v Rossii i ee rol' v formirovanii absoljutizma, Moskau 1987.
212. CH. S. L. DUNNING, Russia's First Civil War. The Time of Troubles and the Founding of the Romanov Dynasty, University Park, Pa. 2001.
213. A. S. ELEONSKAJA, Russkaja publicistika vtoroj poloviny XVII veka, Moskau 1978.
214. G. P. ENIN, Voevodskoe kormlenie v Rossii v XVII veke. Soderžanie naseleniem uezda gosudarstvennogo organa vlasti, Petersburg 2000.
215. W. HELLER, Die Moskauer „Eiferer für die Frömmigkeit" zwischen Staat und Kirche 1642–1652, Wiesbaden 1988.
216. R. HELLIE, Enserfment and Military Change in Muscovy, Chicago 1971.
217. R. HELLIE, Slavery in Russia 1450–1725, Chicago 1982.
218. R. HELLIE, The Structure of Modern Russian History: Toward a Dynamic Model, in: RH 4 (1977) 1–22.
219. L. HUGHES, Russia and the West. The Life of a Seventeenth-Century Westernizer. Prince Vasily Vasil'evich Golitsyn 1643–1714, Newtonville, Mass. 1984.
220. L. HUGHES, Sophia, Regent of Russia 1657–1704, London 1990.
221. A. S. KAMIŃSKI, Republic vs Autocracy. Poland-Lithuania and Russia 1686–1697, Cambridge, Mass. 1993.
222. E. L. KEENAN, Muscovite Political Folkways, in: RR 45 (1986) 115–181.
223. M. KHODARKOVSKY, The Stepan Razin Uprising. Was it a „Peasant War"? In: JGO 42 (1994) 1–19.
224. V. A. KIVELSON, The Devil Stole his Mind. The Tsar and the 1648 Moscow Uprising, in: AHR 98 (1993) 733–756.
225. N. SH. KOLLMANN, By Honour Bound. State and Society in Early Modern Russia, Ithaca, N. Y. 1999.
226. J. T. KOTILAINE, Opening a Window on Europe. Foreign Trade and Military Conquest on Russia's Western Border in the 17th Century, in: JGO 46 (1998) 495–530.
227. E. KRAFT, Moskaus griechisches Jahrhundert. Russisch-griechische Beziehungen und metabyzantinischer Einfluss 1619–1694, Stuttgart 1995.
228. S. O. KRISTENSEN, Istorija Rossii XVII v., Moskau 1989.
229. A. LONGWORTH, Alexis, Tsar of all the Russians, London 1984.
230. A. G. MAN'KOV, Uloženie 1649 g. Kodeks feodal'nogo prava Rossii, Leningrad 1980.
231. A. I. MARKEVIČ, Istorija mestničestva v moskovskom gosudarstve v XV-XVII veke, Odessa 1888.
232. H.-H. NOLTE, Religiöse Toleranz in Russland 1600–1725, Göttingen 1969.
233. A. P. PAVLOV, Gosudarev dvor i političeskaja bor'ba pri Borise Godunove, Petersburg 1992.

234. M. PERRIE, Pretenders and Popular Monarchism in Early Modern Russia, Cambridge 1995.
235. W. PHILIPP, Zur Frage nach der Existenz altrussischer Stände, in: FOG 27 (1980) 64–76.
236. S. F. PLATONOV, Očerki po istorii smuty v moskovskom gosudarstve XVI–XVII vv., Moskau 1937.
237. G. A. SANIN, Otnošenie Rossii i Ukrainy s krymskim chanstvom v seredine XVII veka, Moskau 1987.
238. J. J. SANTICH, More Moscovitico: The Role of the Jesuits in the Westernization of Russia 1582–1689, New York 1995.
239. C. B. STEVENS, Soldiers on the Steppe. Army Reform and Social Change in Early Modern Russia, DeKalb, Ill. 1995.
240. G. STÖKL, Gab es im Moskauer Staat Stände? In: JGO 11 (1963) 321–342.
241. H.-J. TORKE, Autokratie und Absolutismus in Russland. Begriffsklärung und Periodisierung, in: U. HALBACH (Hg.), Geschichte Altrußlands in der Begriffswelt ihrer Quellen, Stuttgart 1986, 32–49.
242. H.-J. TORKE, Gab es im Moskauer Reich des 17. Jahrhunderts eine Bürokratie? In: FOG 38 (1986) 276–298.
243. H.-J. TORKE, Die staatsbedingte Gesellschaft im Moskauer Reich. Zar und Zemlja in der altrussischen Herrschaftsverfassung 1613–1689, Leiden 1974.
244. ST. TROEBST, Schwellenjahr 1667? Zur Debatte über den „Durchbruch der Neuzeit" im Moskauer Staat, in: Berliner Jahrbuch für Osteuropäische Geschichte 1995, 2, 151–171.
245. G. G. WEICKHARDT, Bureaucrats and Boiars in the Muscovite Tsardom, in: RH 10 (1983) 331–356.
246. G. G. WEICKHARDT, Political Thought in Seventeenth-Century Russia, in: RH 21 (1994) 311–337.
247. V. P. ZAGOROVSKIJ, Belgorodskaja čerta, Voronež 1969.

9. DAS 18. JAHRHUNDERT

248. N. N. ALEXEIEV, Beiträge zur Geschichte des russischen Absolutismus im 18. Jahrhundert, in: FOG 6 (1958) 7–81.
249. J. T. ALEXANDER, Catherine the Great. Life and Legend, New York 1989.
250. J. T. ALEXANDER, Emperor of the Cossacks, Lawrence, Ka. 1973.
251. E. V. ANISIMOV, Empress Elizabeth. Her Reign and her Russia 1741–1761, Gulf Breeze, Fl. 1995.
252. E. V. ANISIMOV, Gosudarstvennye preobrazovanija i samoderžavie Petra velikogo, Petersburg 1997.
253. E. V. ANISIMOV, Podatnaja reforma Petra I., Leningrad 1982.
254. E. V. ANISIMOV, The Reforms of Peter the Great. Progress through Coercion in Russia, London 1993.

255. E. V. ANISIMOV, Rossija v seredine XVIII v. Bor'ba za nasledie Petra, Moskau 1986.
256. E. V. ANISIMOV, Vremja petrovskich reform, Leningrad 1989.
257. K. O. v. ARETIN, Katharina die Große und das Phänomen des Aufgeklärten Absolutismus, in: E. HÜBNER (Hg.), Russland zur Zeit Katharinas II. Köln 1998, 33–40.
258. R. G. ASCH (Hg.), Der Absolutismus – ein Mythos? Strukturwandel monarchischer Herrschaft, Köln 1996.
259. R. P. BARTLETT, Catherine II's Charter to the State Peasantry, in: CASS 23 (1989) 36–57.
261. E. I. BOBROVA (Hg.), Biblioteka Petra I. Ukazatel'-spravočnik, Leningrad 1978.
262. M. M. BOGOSLOVSKIJ, Oblastnaja reforma Petra vel. Provincija 1719–1727 gg., Moskau 1902.
263. M. M. BOGOSLOVSKIJ, Petr I. Materialy dlja biografii, 5 Bde., Moskau 1940–1948.
264. C. BRYNER, The Issue of Capital Punishment in the Reign of Elizabeth Petrovna, in: RR 49 (1990) 389–416.
265. V. BUGANOW, Peter der Große. Persönlichkeit und Epoche, Köln 1989.
266. X. COQUIN, La grande commission législative 1767–1768. Les cahiers de doléances urbains (Province de Moscou), Paris 1972.
267. J. CRACRAFT (Hg.), Peter the Great Transforms Russia, Lexington, Mass. 1991.
268. S. DIXON, Catherine the Great, London 2001.
269. S. DIXON, The Modernization of Russia 1676–1825, Cambridge 1999.
270. E. DONNERT, Peter der Große, Wien 1989.
271. E. DONNERT, Politische Ideologie der russischen Gesellschaft zu Beginn der Regierungszeit Katharinas II., Berlin 1976.
272. P. DUKES, Catherine the Great and the Russian Nobility, Cambridge 1967.
273. P. DUKES, Catherine II's Enlightened Absolutism and the Problem of Serfdom, in: W. E. BUTLER (Hg.), Russian Law. Historical and Political Perspectives. Leiden 1977, 93–115.
274. P. DUKES, The Making of Russian Absolutism 1613–1801, London 1982.
275. I. V. FAIZOVA, „Manifest o vol'nosti" i služba dvorjanstva v XVIII stoletii, Moskau 1999.
276. J. G. GARRARD (Hg.), The Eighteenth Century in Russia, Oxford 1973.
277. D. GEYER, Der Aufgeklärte Absolutismus in Russland. Bemerkungen zur Forschungslage, in: JGO 30 (1982) 176–189.
278. D. GEYER, „Gesellschaft" als staatliche Veranstaltung. Bemerkungen zur Sozialgeschichte der russischen Staatsverwaltung im 18. Jahrhundert, in: JGO 14 (1966) 21-50.
279. D. GEYER, Peter und St. Petersburg, in: JGO 10 (1962) 181–200.

280. N. B. GOLIKOVA, Političeskie processy pri Petre, Moskau 1957.
281. JU. V. GOT'E, Istorija oblastnogo upravlenija v Rossii ot Petra I do Ekateriny II, 2 Bde., Moskau 1913–1941.
282. P. HOFFMANN, Russland im Zeitalter des Absolutismus, Vaduz 1988.
283. E. HÜBNER, J. KUSBER, P. NITSCHE (Hg.), Russland zur Zeit Katharinas II., Köln 1998.
284. L. A. J. HUGHES, Russia in the Age of Peter the Great, New Haven, Conn. 1998.
285. B. S. ITENBERG, Rossija i velikaja francuzskaja revoljucija, Moskau 1988.
286. R. E. JONES, Catherine II and the Provincial Reform of 1775. A Question of Motivation, in: CSS 3 (1970) 497–512.
287. R. E. JONES, The Charter to the Nobility: A Legislative Landmark? In: CASS 23 (1989) 1–16.
288. R. E. JONES, The Emancipation of the Russian Nobility 1762–1785, Princeton, N. J. 1973.
289. R. E. JONES, Provincial Development in Russia. Catherine II and Jacob Sievers, New Brunswick, N. J. 1984.
290. A. B. KAMENSKIJ, The Russian Empire in the Eighteenth Century. Searching for a Place in the World, London 1997.
291. B. KNABE, Die Struktur der russischen Posadgemeinden und der Katalog der Beschwerden und Forderungen der Kaufmannschaft 1762–1767, in: FOG 22 (1975), 1–396.
292. J. P. LEDONNE, Absolutism and Ruling Class. The Formation of the Russian Political Order 1700–1825, New York 1991.
293. J. P. LEDONNE, Ruling Russia. Politics and Administration in the Age of Absolutism 1762–1796, Princeton, N. J. 1984.
294. J. LUKOWSKI, The Partitions of Poland 1772, 1793, 1795, London 1999.
295. I. D. MADARIAGA, Autocracy and Sovereignty, in: CASS 16 (1982) 369–387.
296. I. D. MADARIAGA, Catherine II and the Serfs, in: SEER 52 (1974) 34–62.
297. I. D. MADARIAGA, Russia in the Age of Catherine the Great, London 1981.
298. R. E. MCGREW, Paul I of Russia 1754–1801, Oxford 1992.
299. T. MAURER, „Russland ist eine Europäische Macht". Herrschaftslegitimation im Jahrhundert der Vernunft und der Palastrevolten, in: JGO 45 (1997) 577–596.
300. R. K. MASSIE, Peter der Große. Sein Leben und seine Zeit, Frankfurt/M. 1984.
301. A. N. MEDUŠEVSKIJ, Utverždenie absoljutizma v Rossii, Moskau 1994.
302. B. MEEHAN-WATERS, Autocracy and Aristocracy. The Russian Service Elite of 1730, New Brunswick, N. J. 1982.
303. N. N. MOL'ČANOV, Diplomatija Petra velikogo, Moskau 1990.
304. D. MORRISON, „Trading Peasants" and Urbanization in Eighteenth-Century Russia, New York 1987.

305. M. G. MÜLLER, Die Teilungen Polens 1772, 1793, 1795, München 1984.
306. G. MUNRO, The Charter to the Towns Reconsidered, in: CASS 23 (1989) 17-35.
307. O. A. OMEL'ČENKO, „Zakonnaja monarchia" Ekateriny II. Prosveščennyj absoljutizm v Rossii, Moskau 1993.
308. K. A. PAPMEHL, Freedom of Expression in Eighteenth Century Russia, Den Haag 1971.
309. N. I. PAVLENKO, Idei absoljutizma v zakonodatel'stve XVIII v., in: Absoljutizm v Rossii XVII-XVIII vv., Moskau 1964, 389-427.
310. N. I. PAVLENKO, Petr velikij, Moskau 1990.
311. D. PETERS, Politische und gesellschaftliche Vorstellungen in der Aufstandsbewegung unter Pugačev 1773-1775, in: FOG 17 (1973) 9-364.
312. C. PETERSON, Peter the Great's Administrative and Judicial Reforms, Stockholm 1979.
313. M. A. REJSNER, Obščestvennoe blago i absoljutnoe gosudarstvo, in: Vestnik prava 1902, 9/10, 1-124.
314. M. RAEFF, Origins of the Russian Intelligentsia. The Eighteenth-Century Nobility, San Diego 1966.
315. D. RANSEL, The Politics of Catherinian Russia. The Panin Party, New Haven, Conn. 1975.
316. H. ROGGER, National Consciousness in Eighteenth-Century Russia, Cambridge, Mass. 1960.
317. A. V. ROMANOVIČ-SLAVATINSKIJ, Dvorjanstvo v Rossii ot načala XVIII v. do otmeny krepostnogo prava, Petersburg 1870.
318. C. SCHARF, Katharina II., Deutschland und die Deutschen, Mainz 1995.
319. C. SCHARF (Hg.), Katharina II., Russland und Europa, Mainz 2001.
320. M. SCHIPPAN, Die Einrichtung der Kollegien in Russland zur Zeit Peters I., in: FOG 51 (1996) 1-382.
321. C. SCHMIDT, Sozialkontrolle in Moskau. Justiz, Kriminalität und Leibeigenschaft 1649-1785, Stuttgart 1996.
322. A. SCHÖNLE, Garden of the Empire. Catherine's Appropriation of the Crimea, in: SR 60 (2001) 1-23.
323. W. SCHULZE, Gerhard Oestreichs Begriff „Sozialdisziplinierung" in der Frühen Neuzeit, in: ZHF 14 (1987) 265-302.
324. V. I. SEMEVSKIJ, Krest'jane v carstvovanie imp. Ekateriny II, 2 Bde., Petersburg 1881.
325. S. M. TROICKIJ, Finansovaja politika russkogo absoljutizma XVIII v., Moskau 1966.
326. S. M. TROICKIJ, Russkij absoljutizm i dvorjanstvo v XVIII v. Formirovanie bjurokratii, Moskau 1974.
327. D. C. WAUGH, We Have Never Been Modern. Approaches to the Study of Russia in the Age of Peter the Great, in: JGO 49 (2001) 321-345.

328. R. WITTRAM, Peter I. Czar und Kaiser. Zur Geschichte Peters des Großen in seiner Zeit, 2 Bde., Göttingen 1964.
329. A. ZAMOYSKI, The Last King of Poland, New York 1997.

10. VON 1800 BIS 1861

330. S. A. ČIBIRJAEV, Velikij russkij reformator. Žizn', dejatel'nost', političeskie vzgljady M. M. Speranskogo, Moskau 1989.
331. N. M. DRUŽININ, Gosudarstvennye krest'jane i reform P. D. Kiseleva, 2 Bde., Moskau 1946–1958.
332. U. EICH, Russland und Europa. Studien zur russischen Deutschlandpolitik in der Zeit des Wiener Kongresses, Köln 1986.
333. J. L. EVANS, The Petrashevskij Circle 1845–1849, Den Haag 1974.
334. J. T. FLYNN, S. S. UVAROVS „Liberal Years", in: JGO 20 (1972) 481–491.
335. J. T. FLYNN, The University Reform of Alexander I 1802–1835, Washington 1988.
336. D. M. GOLDFRANK, The Origins of the Crimean War, London 1994.
337. J. GOODING, The Liberalism of Michael Speransky, in: SEER 64 (1986) 401–424.
338. J. M. HARTLEY, Alexander I., London 1994.
339. R. HAYWOOD, Russia Enters the Railway Age 1842–1855, New York 1999.
340. H. D. HUDSON, „Even If You Cut Off Our Heads": Russian Peasant Legal Consciousness in the First Half of the Nineteenth Century, in: CASS 35 (2001) 1–18.
341. W. B. LINCOLN, Nicholas I. Emperor and Autocrat of All the Russias, DeKalb, Ill. 1989.
342. A. A. LOBANOV-ROSTOVSKY, Russia and Europe 1789–1825, New York 1968.
343. A. M. MARTIN, Romantics, Reformers, Reactionaries. Russian Conservative Thought and Politics in the Reign of Alexander I., DeKalb, Ill. 1997.
344. A. G. MAZOUR, The First Russian Revolution 1825. The Decembrist Movement. Its Origins, Development and Significance, Stanford, Cal. 1967.
345. S. V. MIRONENKO, Samoderžavie i reformy. Političeskaja bor'ba v Rossii v načale XIX v., Moskau 1989.
346. V. I. MOROZOV, Gosudarstvenno-pravovye vzgljady M. M. Speranskogo, Petersburg 1999.
347. F. A. PETROV, Stanovlenie sistemy universitetskogo obrazovanija v Rossii v pervye desjatiletija XIX veka, Moskau 1999.
348. W. M. PINTNER, Russian Economic Policy under Nicholas I., Ithaca, N. Y. 1967.
349. M. RAEFF, The Decembrist Movement, Englewood Cliffs, N. J. 1966.

350. M. RAEFF, Michael Speransky. Statesman of Imperial Russia 1772–1839, Den Haag 1957.
351. N. V. RIASANOVSKY, Nicholas I and Official Nationality in Russia 1825–1855, Berkeley, Cal. 1959.
352. N. V. RIASANOVSKY, A Parting of Ways. Government and the Educated Public in Russia 1801–1855, Oxford 1976.
353. C. A. RUUD, S. A. STEPANOV, Fontanka 16. The Tsar's Secret Police, Montreal 1999.
354. M. M. SAFONOV, Problema reform v pravitel'stvennoj politike Rossii na rubeže XVIII i XIX vv., Leningrad 1988.
355. P. S. SQUIRE, The Third Department. The Establishment and Practices of the Political Police in the Russia of Nicholas I, Cambridge 1968.
356. S. F. STARR, Decentralisation and Self-Government in Russia 1830–1870, Princeton, N. J. 1972.
357. F. W. THACKERAY, Antecedents of Revolution. Alexander I and the Polish Kingdom 1815–1825, Boulder, Col. 1980.
358. M. THULL, Russland in den Augen Napoleons I., in: JGO 21 (1973) 531–559.
359. G. THURSTON, P. D. Kiselev and the Development of a Russian Legal Consciousness, in: CSS 19 (1985) 1–27.
360. C. H. WHITTAKER, The Origins of Modern Russian Education. An Intellectual Biography of Count Sergei Uvarov 1786–1855, DeKalb, Ill. 1984.
361. M. F. ZLOTNIKOV, Kontinental'naja blokada i Rossija, Moskau 1966.

11. VON 1861 BIS 1905

362. B. V. ANAN'IČ (Hg.), Krizis samoderžavija v Rossii 1895–1917, Leningrad 1984.
363. D. BALMUTH, Censorship in Russia 1865–1905, Washington 1979.
364. R. F. BYRNES, Pobedonostsev. His Life and Thought, Bloomington, Ind. 1968.
365. A. COHEN, Russian Imperialism. Development and Crisis, London 1996.
366. B. EKLOF, J. BUSHNELL, L. ZAKHAROVA (Hg.), Russia's Great Reforms 1855–1881, Bloomington, Ind. 1994.
367. T. EMMONS, The Russian Landed Gentry and the Peasant Emancipation of 1861, Cambridge, Mass. 1968.
368. T. EMMONS, W. S. VUCINICH (Hg.), The Zemstvo in Russia. An Experiment in Local Government, Cambridge, Mass. 1982.
369. D. FIELD, The End of Serfdom. Nobility and Bureaucracy in Russia 1855–1861, Cambridge, Mass. 1976.

370. K. FRÖHLICH, The Emergence of Russian Constitutionalism 1900–1904. The Relationship between Social Mobilization and Political Group Formation in Pre-Revolutionary Russia, Boston 1981.
371. D. GEYER, Der russische Imperialismus. Studien über den Zusammenhang von innerer und auswärtiger Politik 1860–1914, Göttingen 1977.
372. A. GRENZER, Adel und Landbesitz im ausgehenden Zarenreich. Der russische Landadel zwischen Selbstbehauptung und Anpassung nach Aufhebung der Leibeigenschaft, Stuttgart 1995.
373. M. F. HAMM (Hg.), The City in Late Imperial Russia, Bloomington, Ind. 1986.
374. A. E. IVANOV, Studenčestvo Rossii konca XIX – načala XX veka. Social'no-istoričeskaja sud'ba, Moskau 1999.
375. F. B. KAISER, Die russische Justizreform von 1864, Leiden 1972.
376. TH. H. V. LAUE, Sergej Witte and the Industrialization of Russia, New York 1963.
377. W. B. LINCOLN, The Great Reforms. Autocracy, Bureaucracy and the Politics of Change in Imperial Russia, DeKalb, Ill. 1990.
378. E. S. LJAKOVIČ, A. S. REVUŠKIN, Universitety v istorii i kul'ture dorevoljucionnoj Rossii, Tomsk 1999.
379. D. A. J. MACEY, Government and Peasant in Russia 1861–1906. The Prehistory of the Stolypin Reforms, DeKalb, Ill. 1987.
380. T. MAURER, Hochschullehrer im Zarenreich. Ein Beitrag zur russischen Sozial- und Bildungsgeschichte, Köln 1998.
381. S. K. MORRISEY, Heralds of Revolution. Russian Students and the Mythologies of Radicalism, New York 1998.
382. V. A. NARDOVA, Samoderžavie i gorodskie dumy v Rossii v konce XIX – načale XX veka, Petersburg 1994.
383. D. OFFORD, The Russian Revolutionary Movement in the 1880s, Cambridge 1986.
384. N. M. PIRUMOVA, Zemskaja intelligencija i ee rol' v obščestvennoj bor'be do načala XX veka, Moskau 1986.
385. J. V. PUTTKAMER, Fabrikgesetzgebung in Russland vor 1905, Köln 1996.
386. A. RENNER, Russischer Nationalismus und Öffentlichkeit im Zarenreich 1855–1875, Köln 2000.
387. R. G. ROBBINS, Famine in Russia 1891–1892. The Imperial Government Responds to a Crisis, New York 1975.
388. H. ROGGER, Russia in the Age of Modernization and Revolution 1881–1917, London 1984.
389. P. SCHEIBERT, Die russische Agrarreform von 1861, Köln 1973.
390. G. I. ŠČETININA, Studenčestvo i revoljucionnoe dviženie v Rossii. Poslednjaja četvert' XIX v., Moskau 1987.
391. O. V. VOLOBUEV (Hg.), Liberal'noe dviženie v Rossii 1902–1905 gg., Moskau 2001.

392. P. WALDRON, The End of Imperial Russia 1855–1917, London 1997.
393. F. W. WCISLO, Reforming Rural Russia. State, Local Society and National Politics 1855–1914, Princeton, N. J. 1990.
394. S. YEKELCHYK, The Nation's Clothes. Constructing a Ukrainian High Culture in the Russian Empire, in: JGO 49 (2001) 230–239.
395. P. A. ZAIONCHKOVSKY, The Russian Autocracy under Alexander III, Gulf Breeze, Fl. 1976.
396. P. A. ZAJONČKOVSKIJ, Provedenie v žizn' krest'janskoj reformy 1861 g., Moskau 1958.
397. R. E. ZELNIK, Labor and Society in Tsarist Russia. The Factory Workers of St. Petersburg 1855–1870, Stanford, Cal. 1971.

12. VON 1905 BIS 1917

398. A. ASCHER, The Revolution of 1905, 2 Bde., Stanford, Cal. 1988–1992.
399. A. ASCHER, P. A. Stolypin. The Search for Stability in Late Imperial Russia, Stanford, Cal. 2001.
400. A. JA. AVRECH, Carizm i četvertaja duma 1912–1914 gg., Moskau 1981.
401. E. BIRTH, Die Oktobristen 1905–1913. Zielvorstellungen und Struktur. Stuttgart 1974.
402. V. BONNELL, Roots of Rebellion. Workers' Politics and Organizations in St. Petersburg and Moscow 1900–1914, Berkeley, Cal. 1983.
403. E. N. BURDZHALOV, Russia's Second Revolution. The February 1917 Uprising in Petrograd, Bloomington, Ind. 1987.
404. E. W. CLOWES, S. D. KASSOW, J. L. WEST (Hg.), Between Tsar and People. Educated Society and the Quest for Public Identity in Late Imperial Russia, Princeton, N. J. 1991.
405. M. S. CONROY, P. A. Stolypin. Practical Politics in Late Tsarist Russia, Boulder, Col. 1976.
406. D. DAHLMANN, Die Provinz wählt. Russlands Konstitutionell-Demokratische Partei und die Dumawahlen 1906–1912, Köln 1996.
407. V. A. DEMIN, Gosudarstvennaja Duma Rossii 1906–1917. Mechanizm funkcionirovanija, Moskau 1996.
408. V. S. D'JAKIN, Buržuazija, dvorjanstvo i carizm v 1911–1914 gg. Razloženie tret'eijunskoj sistemy, Leningrad 1988.
409. V. S. D'JAKIN (Hg.), Byl li šans u Stolypina? Petersburg 2002.
410. R. S. EDELMAN, Gentry Politics on the Eve of the Russian Revolution. The Nationalist Party, New Brunswick, N. J. 1980.
411. R. S. EDELMAN, Proletarian Peasants. The Revolution of 1905 in Russia's Southwest, Ithaca, N. Y. 1987.
412. T. EMMONS, The Formation of Political Parties and the First National Elections in Russia, Cambridge, Mass. 1983.

413. L. ENGELSTEIN, Moscow 1905. Working-Class Organization and Political Conflict, Stanford, Cal. 1982.
414. B. G. FEDOROV, Petr Stolypin: „Ja verju v Rossiju", 2 Bde., Petersburg 2002.
415. C. FERENCZI, Außenpolitik und Öffentlichkeit in Russland 1906–1912, Husum 1982.
416. C. FERENCZI, Nationalismus und Neoslawismus in Russland vor dem Ersten Weltkrieg, in: FOG 34 (1984) 8–127.
417. R. Š. GANELIN, Rossijskoe samoderžavie v 1905 godu. Reformy i revoljucija, Petersburg 1991.
418. P. GATRELL, Government, Industry and Rearmament in Russia 1900–1914. The Last Argument of Tsarism, Cambridge 1994.
419. A. GEIFMAN, Russia under the Last Tsar. Opposition and Subversion 1894–1917, Oxford 1999.
420. A. GEIFMAN, Thou Shalt Kill. Revolutionary Terrorism in Russia 1894–1917, Princeton, N. J. 1993.
421. L. H. HAIMSON (Hg.), The Politics of Rural Russia 1905–1914, Bloomington, Ind. 1979.
422. L. H. HAIMSON, Das Problem der sozialen Stabilität im städtischen Russland 1905–1917, in: D. GEYER (Hg.), Wirtschaft und Gesellschaft im vorrevolutionären Russland, Köln 1975, 304–332.
423. L. H. HAIMSON, „The Problem of Political and Social Stability in Urban Russia on the Eve of the War and Revolution" Revisited, in: SR 59 (2000) 848–875.
424. T. HASEGAWA, The February Revolution. Petrograd 1917, Seattle 1981.
425. R. HERNANDEZ, The Confessions of Semen Kanatchikov. A Bolshevik Memoir as Spiritual Biography, in: RR 60 (2001) 13–35.
426. M. HILDERMEIER, Russland oder wie weit kam die Zivilgesellschaft? In: M. HILDERMEIER, J. KOCKA (Hg.), Europäische Zivilgesellschaft in Ost und West, Frankfurt/M. 2000, 113–148.
427. H. HOGAN, Forging Revolution. Metalworkers, Managers and the State in St. Petersburg 1890–1914, Bloomington, Ind. 1993.
428. G. A. HOSKING, The Russian Constitutional Experiment. Government and Duma 1907–1914, Oxford 1973.
429. D. A. KOCJUBINSKIJ, Russkij nacionalizm v načale XX stoletija, Moskau 2001.
430. TH. H. v. LAUE, The Chances for Liberal Constitutionalism, in: SR 24 (1965) 34–46.
431. TH. H. v. LAUE, Of the Crisis in the Russian Polity, in: J. SH. CURTISS (Hg.), Essays in Russian and Soviet History, Leiden 1963, 303–322.
432. D. C. B. LIEVEN, Russia and the Origins of the First World War, London 1983.
433. H. G. LINKE, Das zarische Russland und der Erste Weltkrieg. Diplomatie und Kriegsziele, München 1982.

434. U. LISZKOWSKI, Zwischen Liberalismus und Imperialismus. Die zaristische Außenpolitik im Urteil Miljukovs und der Kadettenpartei 1905–1914, Stuttgart 1974.
435. M. MALIA, Vollstreckter Wahn. Russland 1917–1991, Stuttgart 1994.
436. R. TH. MANNING, The Crisis of the Old Order. Gentry and Government, Princeton, N.J. 1982.
437. T. MCDANIEL, Autocracy, Capitalism and Revolution in Russia, Berkeley, Cal. 1988.
438. R. B. MCKEAN, St. Petersburg between the Revolutions. Workers and Revolutionaries June 1907 – February 1917, New Haven, Conn. 1990.
439. L. MCREYNOLDS, The News under Russia's Old Regime. The Development of a Mass-Circulation Press, Princeton, N.J. 1991.
440. T. S. PEARSON, Russian Officialdom in Crisis. Autocracy and Local Self-Government, Cambridge 1989.
441. R. PIPES, Struve. Liberal on the Left 1870–1905, Cambridge, Mass. 1970.
442. R. PIPES, Struve. Liberal on the Right 1905–1948, Cambridge, Mass. 1980.
443. D. C. RAWSON, Russian Rightists and the Revolution of 1905, Cambridge 1995.
444. H. REICHMAN, Railwaymen and Revolution. Russia 1905, Berkeley, Cal. 1987.
445. R. REXHEUSER, Dumawahlen und lokale Gesellschaft. Studien zur Sozialgeschichte der russischen Rechten vor 1917, Köln 1980.
446. T. RIHA, A Russian European. Paul Miliukov in Russian Politics. Notre Dame, Ill. 1969.
447. H. ROGGER, Russia in the Age of Modernization and Revolution 1881–1917, London 1983.
448. A. S. SENIN, Aleksandr Ivanovič Gučkov, Moskau 1996.
449. S. J. SEREGNY, Russian Teachers and Peasant Revolution. The Politics of Education in 1905, Bloomington, Ind. 1989.
450. T. SHANIN, Russia 1905–1907. Revolution as a Moment of Truth, London 1986.
451. G. SIDOROVNIN, P. A. Stolypin. Žizn' za otečestvo, Saratov 2002.
452. A. F. SMIRNOV, Gosudarstvennaja duma rossijskoj imperii 1906–1917. Istoriko-pravovoj očerk, Moskau 1998.
453. M. K. STOCKDALE, Paul Miliukov and the Quest for a Liberal Russia 1880–1918, Ithaca, N.Y. 1996.
454. G. D. SURH, 1905 in Petersburg. Labor, Society and Revolution, Stanford, Cal. 1989.
455. A. M. VERNER, The Crisis of Russian Autocracy. Nicholas II and the 1905 Revolution, Princeton, N.J. 1990.
456. P. WALDRON, Between Two Revolutions. Stolypin and the Politics of Renewal in Russia, DeKalb, Ill. 1998.

457. M. WEBER, Zur Russischen Revolution von 1905, hg. von W. J. MOMMSEN, Tübingen 1996.
458. R. WEINBERG, The Revolution of 1905 in Odessa. Blood on the Steps, Bloomington, Ind. 1993.
459. N. B. WEISSMAN, Reform in Tsarist Russia. The State Bureaucracy and Local Government 1900–1914, New Brunswick, N. J. 1981.
460. J. L. WEST, The Moscow Progressists, 2 Bde., Ph.D. Princeton, N. J. 1975.
461. J. L. WEST, The Rjabušinskij Circle. Russian Industrialists in Search of a Bourgeoisie 1909–1914, in: JGO 32 (1984) 358–377.
462. R. E. ZELNIK (Hg.), Workers and Intelligentsia in Late Imperial Russia. Realities, Representations, Reflections, Berkeley, Cal. 1998.

B. HISTORISCHE TEILBEREICHE

1. Historische Geographie

463. M. Bassin, Imperial Visions. Nationalist Imagination and Geographical Expansion in the Russian Far East 1840–1865, Cambridge 1999.
464. J. H. Bater, R. A. French (Hg.), Russian Historiographical Geography, 2 Bde., London 1983.
465. V. I. Buganov (Hg.), Istoričeskaja geografija Rossii XVIII v., Moskau 1981.
466. L. V. Danilova, A. K. Sokolov (Hg.), Tradicionnyj opyt prirodopol'zovanija v Rossii, Moskau 1998.
467. V. Z. Drobižev, I. D. Koval'čenko, Istoričeskaja geografija SSSR, Moskau 1973.
468. A. V. Dulov, Geografičeskaja sreda i istorija Rossii. Konec XV – seredina XIX v., Moskau 1983.
469. V. A. Esakov, Očerki istorii geografii v Rossii XVIII – načalo XX veka, Moskau 1999.
470. C. Goehrke, Geographische Grundlagen der russischen Geschichte. Versuch einer Analyse des Stellenwerts geographischer Gegebenheiten im Spiel der historischen Kräfte, in: JGO 18 (1970) 161–204.
471. C. Goehrke, Historische Geographie Russlands. Entwicklung als Fach, Definitionsprobleme und Darstellungen, in: JGO 23 (1975) 381–418.
472. R. Hellie (Hg.), The Frontier in Russian History, in: RH 19 (1992) 1–513.
473. A. Kappeler, Russlands „Frontier" in der Frühen Neuzeit, in: R. G. Asch (Hg.), Frieden und Krieg in der Frühen Neuzeit, München 2001, 599–613.
474. M. K. Ljubavskij, Istoričeskaja geografija Rossii v svjazi s kolonizaciej, Petersburg 2000.
475. S. G. Marks, Road to Power. The Trans-Siberian Railroad and the Colonization of Asian Russia 1850–1917, Ithaca, N. Y. 1991.
476. H. C. Prince, Real, Imagined and Abstract Worlds of the Past, in: Progress in Geography 3 (1971) 1–86.
477. C. Schmidt, Straße und Wald im Zarenreich, in: AKG 78 (1996) 303–323.
478. V. P. Semenov (Hg.), Rossija. Polnoe geografičeskoe opisanie našego otečestva, 19 Bde., Petersburg 1899–1913.
479. V. S. Zekulin, Istoričeskaja geografija. Predmet i metody, Leningrad 1982.

2. Historische Ethnologie

480. A. N. Afanas'ev, Poētičeskija vozzrenija slavjan na prirodu, 3 Bde., Moskau 1865–1869.
481. A. N. Afanasjew, Russische Volksmärchen, 2 Bde., München 1985.

482. M. M. BALZER (Hg.), Shamanism. Soviet Studies of Traditional Religion in Siberia and Central Asia, London 1990.
483. V. I. BELOV, Povsednevnaja žizn' russkogo severa, Moskau 2000.
484. O. BÖSS, Geschichte des russischen Nordens 1725–1917. Ein Bericht über das sowjetrussische Schrifttum seit 1945, in: JGO 13 (1965) 539–584.
485. F. CONTE, L'héritage païen de la Russie. Le Paysan et son univers symbolique, Paris 1997.
486. Ėtničeskaja istorija narodov severa, Moskau 1982.
487. M. M. GROMYKO, Mir russkoj derevni, Moskau 1991.
488. F. HAASE, Volksglaube und Brauchtum der Ostslaven, Breslau 1939.
489. J. V. HANEY (Hg.), The Complete Russian Folktale, 2 Bde., London 1998–1999.
490. L. IVANITS, Russian Folk Belief, New York 1992.
491. D. H. KAISER, Death and Dying in Early Modern Russia, in: N. SH. KOLLMANN (Hg.), Major Problems in Early Modern Russian History, New York 1992, 217–258.
492. V. P. KUZNECOVA, K. K. LOGINOV, Russkaja svad'ba zaonež'ja. Konec XIX-načalo XX v., Petrozavodsk 2001.
493. C. LÉVI-STRAUSS, Die Struktur und die Form. Reflexionen über ein Werk von Wladimir Propp, in: C. LÉVI-STRAUSS, Strukturale Anthropologie, Bd. 2, Frankfurt/M. 1992, 135–168.
494. E. LEVIN, Dvoeverie and Popular Religion, in: S. K. BATALDEN (Hg.), Seeking God. The Recovery of Religious Identity in Orthodox Russia, Ukraine and Georgia, DeKalb, Ill. 1993, 31–52.
495. K. K. LOGINOV, Material'naja kul'tura i proizvodstvenno-bytovaja magija russkich zaonež'ja, Petersburg 1993.
496. E. MAHLER, Die russischen dörflichen Hochzeitsbräuche, Wiesbaden 1960.
497. E. MAHLER, Die russische Totenklage. Ihre rituelle und dichterische Deutung. Mit besonderer Berücksichtigung des großrussischen Nordens, Leipzig 1936.
498. V. PROPP, Die historischen Wurzeln des Zaubermärchens, München 1987.
499. V. PROPP, Morphologie des Märchens, München 1972.
500. V. JA. PROPP, Russkie agrarnye prazdniki, Petersburg 1995.
501. L. N. PUŠKAREV, Duchovnyj mir russkogo krest'janina po poslovicam XVII–XVIII vekov, Moskau 1994.
502. S. ROCK, What's in a Word? A Historical Study of the Concept Dvoeverie, in: CASS 35 (2001) 19–28.
503. W. F. RYAN, The Bathhouse at Midnight. An Historical Survey of Magic and Divination in Russia, London 1999.
504. I. SACHAROV, Skazanija russkogo naroda, 2 Bde., Petersburg 1841–1849.
505. A. SINJAWSKI, Iwan der Dumme. Vom russischen Volksglauben, Frankfurt/M. 1990.

506. A. N. SOBOLEV, Mifologija slavjan. Zagrobnyj mir po drevnerusskim predstavlenijam, Moskau 1999.
507. S. A. TOKAREV, Istorija russkoj ètnografii, Moskau 1966.
508. I. V. VLASOVA (Hg.), Russkij sever. Ètničeskaja istorija i narodnaja kul'tura XII-XX veka, Moskau 2001.
509. D. K. ZELENIN, Russische (ostslavische) Volkskunde, Berlin 1927.

3. KIRCHENGESCHICHTE

510. S. K. BATALDEN (Hg.), The Recovery of Religous Identity in Orthodox Russia, Ukraine and Georgia, DeKalb, Ill. 1993.
511. E. BENZ, Geist und Leben der Ostkirche, Hamburg 1957.
512. E. BRYNER, Der geistliche Stand in Russland. Sozialgeschichtliche Untersuchungen zu Episkopat und Gemeindegeistlichkeit der russischen orthodoxen Kirche im 18. Jahrhundert, Göttingen 1982.
513. A. S. CHOROŠEV, Političeskaja istorija russkoj kanonizacii XI-XVI vv., Moskau 1986.
514. V. K. CODIKOVIČ, Semantika ikonografii „strašnogo suda" v russkom iskusstve XV-XVI vekov, Ul'janovsk 1995.
515. J. CRACRAFT, The Church Reform of Peter the Great, London 1971.
516. S. DIXON, How Holy was Russia? Rediscovering Russian Religion, in: G. HOSKING, R. SERVICE (Hg.), Reinterpreting Russia, London 1999, 21-39.
517. H.-D. DÖPMANN, Die russische orthodoxe Kirche in Geschichte und Gegenwart, Berlin 1981.
518. L. ENGELSTEIN, Castration and the Heavenly Kingdom. A Russian Folktale, Ithaca, N. Y. 1999.
519. G. FEDOTOV, The Russian Religious Mind, 2 Bde., New York 1946-1966.
520. J. v. GARDNER, Gesang der russisch-orthodoxen Kirche bis zur Mitte des 17. Jahrhunderts, Wiesbaden 1983.
521. J. GLAZIK, Die russisch-orthodoxe Heidenmission seit Peter dem Großen. Ein missionsgeschichtlicher Versuch, Münster 1954.
522. G. L. FREEZE, The Parish Clergy in Nineteenth-Century Russia. Crisis, Reform and Counter-Reform, Princeton, N. J. 1984.
523. G. L. FREEZE, The Russian Levites. Parish Clergy in the Eighteenth Century, Cambridge, Mass. 1977.
524. E. E. GOLUBINSKIJ, Istorija kanonizacii svjatych v russkoj cerkvi, Moskau 1903.
525. E. HÖSCH, Orthodoxie und Häresie im alten Russland, Wiesbaden 1975.
526. G. A. HOSKING (Hg.), Church, Nation and State in Russia and Ukraine, New York 1991.
527. A. V. KAMKIN, Pravoslavnaja cerkov' na severe Rossii, Vologda 1992.

528. N. F. KAPTEREV, Patriarch Nikon i car' Aleksej Michajlovič, 2 Bde., Sergiev Posad 1912.
529. A. V. KARTAŠEV, Očerki po istorii russkoj cerkvi, 2 Bde., Paris 1959.
530. O. KIRIENKO, Dvorjanskoe blagočestie XVIII v., Moskau 2002.
531. A. I. KOMISSARENKO, Russkij absoljutizm i duchovenstvo v XVIII veke, Moskau 1990.
532. A. S. LAVROV, Koldovstvo i religija v Rossii 1700–1740 gg., Moskau 2000.
533. T. A. LISTOVA, Pravoslavnaja žizn' russkich krest'jan XIX-XX vekov. Itogi ėtnografičeskich issledovanij, Moskau 2001.
534. R. L. NICHOLS, T. G. STAVROU (Hg.), Russian Orthodoxy under the Old Regime, Minneapolis 1978.
535. N. NIKOL'SKIJ, Kirillo-Belozerskij monastyr' i ego ustrojstvo, 2 Bde., Petersburg 1897–1910.
536. K. ONASCH, Die Ikonenmalerei. Grundzüge einer systematischen Darstellung, Leipzig 1968.
537. K. ONASCH, Ikone, Kirche, Gesellschaft, Paderborn 1996.
538. K. ONASCH, Russische Kirchengeschichte, Göttingen 1967.
539. L. OUSPENSKY, La théologie de l'icône dans l'église orthodoxe, Paris 1982.
540. K. A. PAPMEHL, Metropolitan Platon of Moscow (Petr Levšin 1737–1812). The Enlightened Prelate, Scholar and Educator, Newtonville, Mass. 1983.
541. B. PLANK, Katholizität und sobornost'. Ein Beitrag zum Verständnis der Katholizität der Kirche bei den russischen Theologen in der zweiten Hälfte des 19. Jahrhunderts, Würzburg 1960.
542. A. A. SAVIČ, Soloveckaja votčina XV-XVII vv., Perm' 1927.
543. K.-D. SEEMANN, Die altrussische Wallfahrtsliteratur, München 1976.
544. I. SMOLITSCH, Geschichte der russischen Kirche 1700–1917, 2 Bde., Leiden 1964–1991.
545. I. SMOLITSCH, Leben und Lehre der Starzen. Der Weg zum vollkommenen Leben, Freiburg 1988.
546. I. SMOLITSCH, Russisches Mönchtum. Entstehung, Entwicklung und Wesen 988–1917, Würzburg 1953.
547. P. S. STEFANOVIČ, Prichod i prichodskoe duchovenstvo v Rossii v XVI-XVII vekach, Moskau 2002.
548. L. STEINDORFF, Memoria in Altrußland. Untersuchungen zu den Formen christlicher Totensorge, Stuttgart 1994.
549. P. V. VERCHOVSKIJ, Učreždenie duchovnoj kollegii i duchovnyj reglament, 2 Bde., Rostov 1916.
550. P. V. ZNAMENSKIJ, Duchovnye školy v Rossii do reformy 1808 goda, Kazan' 1881.
551. N. D. ZOL'NIKOVA, Sibirskaja prichodskaja obščina v XVIII veke, Novosibirsk 1990.

4. Altgläubige

552. W. L. BLACKWELL, The Old Believers and the Rise of Private Industrial Enterprise in Early Nineteenth Century Russia, in: SR 24 (1965) 407–424.
553. V. G. DRUŽININ, Raskol na Donu v konce XVII veka, Petersburg 1889.
554. H. FLEISCHHACKER, Der politische Antrieb der moskauischen Kirchenreform, in: JGO 2 (1937) 224–233.
555. P. HAUPTMANN, Altgläubiger Glaube. Der Kampf des Protopopen Avvakum gegen die Kirchenreformen des 17. Jahrhunderts, Göttingen 1963.
556. M. HILDERMEIER, Alter Glaube und neue Welt. Zur Sozialgeschichte des Raskol im 18. und 19. Jahrhundert, in: JGO 38 (1990) 372–398, 504–525.
557. N. LUPININ, Religous Revolt in the XVIIth Century. The Schism of the Russian Church, Princeton, N. J. 1984.
558. G. B. MICHELS, The Solovki Uprising. Religion and Revolt in Northern Russia, in: RR 51 (1992) 1–15.
559. G. B. MICHELS, At War with the Church. Religious Dissent in Seventeenth-Century Russia, Stanford, Cal. 1999.
560. H.-H. NOLTE, Die Reaktion auf die spätpetrinische Altgläubigenunterdrückung, in: KiO 19 (1976) 11–28.
561. P. PASCAL, Avvakum et les débuts du raskol. La crise religieuse au XVIIe siècle en Russie, Paris 1938.
562. N. N. POKROVSKIJ, Antifeodal'nyj protest uralo-sibirskich krest'janstaroobrjadcev v XVIII v., Novosibirsk 1974.
563. A. S. PRUGAVIN, Staroobrjadčestvo vo vtoroj polovine XIX v., Moskau 1904.
564. R. R. ROBSON, Old Believers in Modern Russia, DeKalb, Ill. 1995.
565. V. S. RUMJANCEVA, Narodnoe anticerkovnoe dviženie v Rossii v XVII veke, Moskau 1986.
566. G. SCHEIDEGGER, Endzeit. Russland am Ende des 17. Jahrhunderts, Bern 1999.
567. A. V. VOZNESENSKIJ, Staroobrjadčeskie izdanija XVIII-načala XIX veka, Petersburg 1996.
568. P. WALDRON, Religious Reform after 1905. Old Believers and the Orthodox Church, in: Oxford Slavonic Papers 20 (1987) 110–139.
569. S. ZEN'KOVSKIJ, Russkoe staroobrjadčestvo. Duchovnye dviženija semnadcatogo veka, München 1970.

5. Rechts- und Verfassungsgeschichte

570. V. A. ALEKSANDROV, Obyčnoe pravo krepostnoj derevni Rossii XVIII – načalo XIX v., Moskau 1984.
571. E. AMBURGER, Geschichte der Behördenorganisation Russlands von Peter dem Großen bis 1917, Leiden 1966.
572. B. V. ANAN'IČ (Hg.), Vlast' i reformy. Ot samoderžavnoj k sovetskoj Rossii, Petersburg 1996.
573. J. BABEROWSKI, Autokratie und Justiz. Zum Verhältnis von Rechtsstaatlichkeit und Rückständigkeit im ausgehenden Zarenreich 1864–1914, Frankfurt/M. 1996.
574. P. O. BOBROVSKIJ, Voennoe pravo v Rossii pri Petre vel. Artikul vojnskij, 3 Bde., Petersburg 1882–1898.
575. S. K. BOGOJAVLENSKIJ, Prikaznye sud'i v XVII veka, Moskau 1946.
576. M. CHERNIAVSKY, Tsar and People. Studies in Russian Myth, London 1961.
577. O. CRISP, L. EDMONDSON (Hg.)., Civil Rights in Imperial Russia, Oxford 1989.
578. M. D'JAKONOV, Vlast' moskovskich gosudarej, Petersburg 1889.
579. V. B. ÈL'JAŠEVIČ, Istorija prava pozemel'noj sobstvennosti v Rossii, 2 Bde., Paris 1948–1951.
580. N. A. GORSKAJA (Hg.), Sobstvennost' v Rossii. Srednevekov'e i rannee novoe vremja, Moskau 2001.
581. B. V. KOBRIN, Vlast' i sobstvennost' v srednevekovoj Rossii XV-XVI vv., Moskau 1985.
582. S. A. KOTLJAREVSKIJ, Vlast' i pravo. Problema pravovogo gosudarstva, Moskau 1915.
583. N. M. KORKUNOV, Russkoe gosudarstvennoe pravo, 2 Bde., Petersburg 1909.
584. V. N. LATKIN, Lekcii po istorii russkogo prava, Petersburg 1912.
585. N. I. LAZAREVSKIJ, Russkoe gosudarstvennoe pravo, Petersburg 1913.
586. J. P. LEDONNE, Russian Governors General 1775–1825. Territorial or Functional Administration? In: CMR 42 (2001) 5–30.
587. P. V. LUKIN, Narodnye predstavlenija o gosudarstvennoj vlasti v Rossii XVII veka, Moskau 2000.
588. H. NEUBAUER, Car und Selbstherrscher. Beiträge zur Geschichte der Autokratie in Russland, Wiesbaden 1964.
589. H.-H. NOLTE, Eigentumsrechte im Moskauer Russland, in: Staat und Gesellschaft in Mittelalter und Früher Neuzeit, Göttingen 1983, 226–244.
590. D. ORLOVSKY, The Limits of Reform. The Ministry of Internal Affairs in Imperial Russia 1802–1881, Cambridge, Mass. 1981.
591. W. M. PINTNER, D. K. ROWNEY, Russian Officialdom. The Bureaucratization of Russian Society from the Seventeenth to the Twentieth Century, Chapel Hill, N. C. 1980.

592. R. PIPES, Private Property Comes to Russia. The Reign of Catherine II, in: HUS 22 (1998) 431–442.
593. R. G. ROBBINS, The Tsar's Viceroys. Russian Provincial Governors in the Last Years of the Empire, Ithaca, N. Y. 1987.
594. D. ROWLAND, Did Muscovite Literary Ideology Place Limits on the Power of the Tsar (1540s-1660s)? In: RR 49 (1990) 125–155.
595. P. H. SALOMON (Hg.), Reforming Justice in Russia 1864–1894, London 1997.
596. B. A. USPENSKIJ, Car' i patriarch. Charizma vlasti v Rossii, Moskau 1998.
597. V. VAL'DENBERG, Drevnerussija učenija o predelach carskoj vlasti, Petrograd 1916.
598. S. B. VESELOVSKIJ, D'jaki i pod'jačie XV-XVII vv., Moskau 1975.
599. A. A. VEŠNJAKOV (Hg.), Institut vyborov v istorii Rossii, Moskau 2001.
600. M. F. VLADIMIRSKIJ-BUDANOV, Obzor istorii russkogo prava, Petersburg 1909.
601. G. W. WEICKHARDT, The Pre-Petrine Law of Property, in: SR 52 (1993) 663–679.
602. C. H. WHITTAKER, The Idea of Autocracy Among Eighteenth-Century Russian Historians, in: TH. SANDERS (Hg.), Historiography of Imperial Russia, London 1999, 17–44.
603. C. H. WHITTAKER, The Reforming Tsar. The Redefinition of Autocratic Duty in Eighteenth-Century Russia, in: SR 51 (1992) 77–98.
604. R. S. WORTMAN, The Development of a Russian Legal Consciousness, Chicago 1976.
605. R. S. WORTMAN, Scenarios of Power. Myth and Ceremony in Russian Monarchy, 2 Bde., Princeton, N. J. 1995–2000.
606. G. L. YANEY, The Systematization of Russian Government. Social Evolution in the Domestic Administration of Imperial Russia 1711–1905, Urbana, Ill. 1973.

6. SOZIAL- UND WIRTSCHAFTSGESCHICHTE

607. D. S. BABURIN, Očerki po istorii manufaktur-kollegii, Moskau 1939.
608. H. D. BALZER (Hg.), Russia's Middle Class. The Professions in Russian History, New York 1996.
609. W. BLACKWELL, The Beginnings of Russian Industrialization 1800–1860, Princeton, N. J. 1968.
610. A. N. BOCHANOV, Krupnaja buržuazija Rossii. Konec XIX v.-1914 gg., Moskau 1992.
611. J. BRADLEY, Muzhik and Muscovite. Urbanization in Late Imperial Russia, Berkeley, Cal. 1985.

612. D. R. BROWER, The Russian City between Tradition and Modernity 1850–1900, Berkeley, Cal. 1990.
613. W. C. BRUMFIELD (Hg.), Commerce in Russian Urban Culture 1861–1914, Washington 2001.
614. J. BURDS, The Social Control of Peasant Labor in Russia, in: E. KINGSTON-MANN, T. MIXTER (Hg.), Peasant Economy, Culture and Politics of European Russia 1800–1921, Princeton, N. J. 1991, 52–100.
615. P. BUSHKOVITCH, The Merchants of Moscow 1580–1650, Cambridge 1980.
616. A. S. ČERKASOVA, Masterovnye i rabotnye ljudi Urala v XVIII v., Moskau 1985.
617. V. S. DJAKIN, Germanskie kapitaly v Rossii. Ėlektro-industrija i ėlektričeskij transport, Leningrad 1971.
618. H. L. EATON, Decline and Recovery of the Russian Cities from 1500–1700, in: CASS 11 (1977) 220–252.
619. E. G. ECONOMAKIS, From Peasant to Petersburger, London 1998.
620. A. L. FITZPATRICK, The Great Russian Fair. Nizhnij Novgorod 1840–1890, London 1990.
621. G. L. FREEZE, The Soslovie (Estate) Paradigm and Russian Social History, in: AHR 91 (1986) 11–36.
622. P. GATRELL, The Tsarist Economy 1850–1917, London 1986.
623. A. GERSCHENKRON, Economic Backwardness in Historical Perpective, Cambridge, Mass. 1962.
624. J. A. GRANT, Big Business in Russia. The Putilov Company in Late Imperial Russia 1868–1917, Pittsburgh, Pa. 1999.
625. J. M. HARTLEY, A Social History of the Russian Empire 1650–1825, London 1999.
626. K. HELLER, Russische Wirtschafts- und Sozialgeschichte, Bd. 1. Die Kiever und die Moskauer Periode, Darmstadt 1987.
627. R. HELLIE, The Economy and Material Culture of Russia 1600–1725, Chicago 1999.
628. M. HILDERMEIER, Bürgertum und Stadt in Russland. Rechtliche Lage und soziale Struktur, Köln 1986.
629. M. HILDERMEIER, Das Privileg der Rückständigkeit. Anmerkungen zum Wandel einer Interpretationsfigur der neueren russischen Geschichte, in: HZ 244 (1987) 557–603.
630. J. M. HITTLE, The Service City. State and Townsmen in Russia 1600–1800, Cambridge, Mass. 1979.
631. H. D. HUDSON, Urban Estate Engineering in Eighteenth-Century Russia, in: CASS 18 (1984) 393–410.
632. R. E. JOHNSON, Peasant and Proletarian. The Working Class of Moscow in the Late Nineteenth Century, New Brunswick, N. J. 1979.
633. A. KAHAN, The Costs of „Westernization" in Russia: The Gentry and the Economy in the Eighteenth Century, in: SR 25 (1966) 40–66.

634. A. KAHAN, The Plow, the Hammer and the Knout. An Economic History of Eighteenth-Century Russia, Chicago 1985.
635. A. P. KORELIN, Dvorjanstvo v poreformennoj Rossii 1861–1904 gg. Sostav, čislennost', korporativnye organizacija, Moskau 1979.
636. J. KULISCHER, Russische Wirtschaftsgeschichte, Bd. 1, Jena 1925.
637. A. G. MAN'KOV, Ceny i ich dviženie v russkom gosudarstve XVI v., Leningrad 1951.
638. TH. V. LAUE, Russian Labor between Field and Factory, in: Californian Slavic Studies 3 (1964) 138–158.
639. V. G. LITVAK, Krest'janskoe dviženie v Rossii v 1775–1904 gg., Moskau 1989.
640. B. N. MIRONOV, Chlebnye ceny v Rossii za dva stoletija XVIII – XIX vv., Leningrad 1985.
641. B. N. MIRONOV, Russkij gorod v 1740 – 1860e gody, Leningrad 1990.
642. B. N. MIRONOV, Social'naja istorija Rossii, 2 Bde., Petersburg 1999.
643. B. N. MIRONOV, Vnutrennyj rynok Rossii vo vtoroj polovine XVIII – pervoj polovine XIX v., Leningrad 1981.
644. M. G. MÜLLER, Die Historisierung des bürgerlichen Projekts. Europa, Osteuropa und die Kategorie der Rückständigkeit, in: Tel Aviver Jahrbuch für deutsche Geschichte 29 (2000) 163–170.
645. G. E. MUNRO, Feeding the Multitudes. Grain Supply to St. Petersburg in the Era of Catherine the Great, in: JGO 35 (1987) 481–508.
646. J. NEUBERGER, Crime and Culture. Hooliganism in St. Petersburg 1900–1914, Stanford, Cal. 1985.
647. H.-H. NOLTE, Zur Stellung Osteuropas im internationalen System der Frühen Neuzeit. Außenhandel und Sozialgeschichte bei der Bestimmung der Regionen, in: JGO 28 (1980) 161–197.
648. TH. C. OWEN, Capitalism and Politics in Russia. A Social History of the Moscow Merchants 1855–1905, Cambridge 1981.
649. F. JA. POLJANSKIJ, Ėkonomičeskij stroj manufaktury v Rossii XVIII v., Moskau 1960.
650. A. J. RIEBER, Merchants and Entrepreneurs in Imperial Russia, Chapel Hill, N. C. 1982.
651. A. J. RIEBER, The Sedimentary Society, in: RH 16 (1989) 353–376.
652. F. N. RODIN, Burlačestvo v Rossii, Moskau 1975.
653. R. A. ROOSA, Workers' Insurance Legislation and the Role of the Industrialists in the Period of the Third Duma, in: RR 34 (1975) 410–456.
654. J. A. RUCKMAN, The Moscow Business Elite. A Social and Cultural Portrait of two Generations, DeKalb, Ill. 1984.
655. H. RÜSS, Herren und Diener. Die soziale und politische Mentalität des russischen Adels. 9.-17. Jahrhundert, Köln 1994.
656. P. G. RYNDZJUNSKIJ, Gorodskoe graždanstvo doreformennoj Rossii, Moskau 1958.

657. C. SCHMIDT, Ständerecht und Standeswechsel in Russland 1851–1897, Wiesbaden 1994.
658. L. N. SEMENOVA, Rabočie Peterburga v pervoj polovine XVIII v., Leningrad 1974.
659. A. M. SOLOV'EVA, Promyšlennaja revoljucija v Rossii v XIX v., Moskau 1990.
660. R. W. THURSTON, Liberal City, Conservative State. Moscow and Russia's Urban Crisis 1906–1914, Oxford 1987.
661. J. L. WEST, JU. A. PETROV (Hg.), Merchant Moscow. Images of Russia's Vanished Bourgeoisie, Princeton, N. J. 1998.
662. ST. G. WHEATCROFT, Crisis and the Condition of the Peasantry in Late Imperial Russia, in: E. KINGSTON-MANN, T. MIXTER (Hg.), Peasant Economy, Culture and Politics of European Russia 1800–1921, Princeton, N. J. 1991, 128–174.
663. E. K. WIRTSCHAFTER, Social Identity in Imperial Russia, DeKalb, Ill. 1997.
664. E. K. WIRTSCHAFTER, Structures of Society. Imperial Russia's „People of Various Ranks", DeKalb, Ill. 1994.

7. AGRARGESCHICHTE

665. V. A. ALEKSANDROV, Sel'skaja obščina v Rossii XVII – načalo XIX v., Moskau 1976.
666. R. BARTLETT (Hg.), Land Commune and Peasant Community in Russia. Communal Forms in Imperial and Early Soviet Society, London 1990.
667. J. M. CULPEPPER, The Legislative Origins of Peasant Bondage in Muscovy, in: FOG 14 (1969) 162–237.
668. B. EKLOF, S. P. FRANK (Hg.), The World of the Russian Peasant. Post-Emancipation Culture and Society, Boston, Mass. 1990.
669. C. GOEHRKE, Die Theorien über Entstehung und Entwicklung des „Mir", Wiesbaden 1964.
670. C. GOEHRKE, Die Wüstungen in der Moskauer Rus'. Studien zur Siedlungs-, Bevölkerungs- und Sozialgeschichte, Wiesbaden 1968.
671. E. KINGSTON-MANN, T. MIXTER (Hg.), Peasant Economy, Culture and Politics of European Russia 1800–1921, Princeton, N. J. 1991.
672. A. I. KOPANEV (Hg.), Istorija krest'janstva severo-zapada Rossii. Period feodalizma, Petersburg 1994.
673. V. I. KORECKIJ, Die Überführung der russischen Bauern in die Leibeigenschaft, in: E. DONNERT (Hg.), Historiographische Forschungen zur Geschichte Russlands, Halle/S. 1982, 167–196.
674. B. G. LITVAK, Krest'janskoe dviženie v Rossii v 1775–1904 gg. Moskau 1989.

675. H.-D. LÖWE, Die Lage der Bauern in Russland 1880-1905. Wirtschaftliche und soziale Veränderungen in der ländlichen Gesellschaft des Zarenreiches, St. Katharinen 1987.
676. N. A. MINENKO, Russkaja krest'janskaja obščina v zapadnoj Sibiri XVIII – pervaja polovina XIX v., Novosibirsk 1991.
677. B. MIRONOV, The Russian Peasant Commune after the Reform of the 1860s, in: SR 44 (1985) 438-467.
678. D. MOON, The Abolition of Serfdom in Russia 1762-1907, London 2001.
679. D. MOON, The Russian Peasantry 1600-1930. The World the Peasants Made, London 1999.
680. A. MORITSCH, Landwirtschaft und Agrarpolitik in Russland vor der Revolution, Wien 1986.
681. J. PALLOTT, Land Reform in Russia 1906-1917. Peasant Responses to Stolypin's Project of Rural Transformation, Oxford 1999.
682. J. PALLOTT (Hg.), Transforming Peasants. Society, State and the Peasantry 1861-1930, London 1998.
683. J. PALLOTT, D. J. B. SHAW (Hg.), Landscape and Settlement in Romanov Russia 1613-1917, Oxford 1990.
684. H.-P. PORTMANN, Die neuere sowjetische Forschung zu den Anfängen der Verknechtung der Bauern in Russland, in: JGO 34 (1986) 48-84.
685. N. L. RUBINŠTEJN, Sel'skoe chozjajstvo Rossii vo vtoroj polovine XVIII v., Moskau 1957.
686. A. L. ŠAPIRO, Russkoe krest'janstvo pered zakrepoščeniem, Leningrad 1987.
687. J. Y. SIMMS, The Crisis in Russian Agriculture at the End of the Nineteenth Century: A Different View, in: SR 36 (1977) 377-398.
688. S. B. VESELOVSKIJ, Feodal'noe zemlevladenie v severo-vostočnoj Rusi, Moskau 1947.
689. S. B. VESELOVSKIJ, Selo i derevnja v severo-vostočnoj Rusi XIV – XVI vv., Moskau 1936.
690. S. B. VESELOVSKIJ, Sošnoe pis'mo. Issledovanie po istorii kadastra i pososˇnogo obloženija moskovskogo gosudarstva, 2 Bde., Moskau 1915-1916.
691. JA. E. VODARSKIJ, Dvorjanskoe zemlevladenie v Rossii v XVII – pervoj polovine XIX v., Moskau 1988.
692. W. S. VUCINICH (Hg.), The Peasant in Nineteenth-Century Russia, Stanford, Cal. 1968.
693. C. D. WOROBEC, Peasant Russia. Family and Community in the Post-Emancipation Period, Princeton, N. J. 1991.

8. Alltag und Mentalität

694. M. AUST, Die Landvermessung im Moskauer Reich zur Zeit der Regentschaft Sof'ja Alekseevnas 1682–1689, in: JGO 48 (2000) 90–108.
695. M. BOGOSLOVSKIJ, Byt i nravy russkogo dvorjanstva v pervoj polovine XVIII veka, Moskau 1906.
696. D. CHRISTIAN, R. E. F. SMITH, Bread and Salt. A Social and Economic History of Food and Drink in Russia, Cambridge 1984.
697. D. CHRISTIAN, „Living Water". Vodka and Russian Society on the Eve ot Emancipation, Oxford 1990.
698. M. CONFINO, Société et mentalités collectives en Russie sous l'Ancien Régime, Paris 1991.
699. H. W. DEWEY, Trial by Combat in Muscovite Russia, in: Oxford Slavonic Papers 9 (1960) 21–31.
700. I. A. DŽIDAR'JAN, Predstavlenie o sčast'e v rossijskom mentalitete, Petersburg 2001.
701. M. GLANTS, J. Toomre (Hg.), Food in Russian History and Culture, Bloomington, Ind. 1997.
702. P. HERLIHY, The Alcoholic Empire. Vodka and Politics in Late Imperial Russia, Oxford 2002.
703. P. HERLIHY, Joy of the Rus'. Rites and Rituals of Russian Drinking, in: RR 50 (1991) 131–147.
704. D. H. KAISER, The Seasonality of Family Life in Early Modern Russia, in: FOG 48 (1982) 21–50.
705. D. H. KAISER, P. ENGEL, Time and Age-Awareness in Early Modern Russia, in: Comparative Studies in Society and History 35 (1993) 824–839.
706. B. H. KERBLAY, L'évolution de l'isba aux XIXe et XXe siècles, in: CMRS 18 (1972) 114–139.
707. A. M. KLEIMOLA, Good Breeding, Muscovite Style. „Horse Culture" in Early Modern Rus', in: FOG 50 (1995) 199–235.
708. O. E. KOŠELEVA, „Svoe detstvo" v drevnej Rusi i v Rossii épochi prosveščenija XVI – XVIII vv., Moskau 2000.
709. A. LINDENMEYR, Poverty is not a Vice. Charity, Society and the State in Imperial Russia, Princeton, N. J. 1996.
710. E. N. MARASINOVA, Psichologija élity rossijskogo dvorjanstva poslednej treti XVIII veka, Moskau 1999.
711. N. A. MINENKO, Russkaja krest'janskaja sem'ja v zapadnoj Sibiri. XVIII – pervoj poloviny XIX v., Novosibirsk 1979.
712. W. POKHLEBKIN, A History of Wodka, London 1993.
713. D. L. RANSEL (Hg.), The Family in Imperial Russia. New Lines of Historical Research, Urbana, Ill. 1978.
714. C. SCHMIDT, Bauern und Bären im Gouvernement Olonec, in: JGO 39 (1991) 234–246.

715. J. SCHÜTZ, Russlands Samowar und russischer Tee, Regensburg 1986.
716. J. TOVROV, The Russian Noble Family. Structure and Change, New York 1987.
717. I. VAHROS, Zur Geschichte und Folklore der großrussischen Sauna, Helsinki 1966.
718. S. B. VESELOVSKIJ, Azartnye igry kak istočnik dochoda v moskovskom gosudarstve XVII v., in: Sbornik statej, posv. V. O. Ključevskomu, Moskau 1909, 291–316.
719. R. C. WILLIAMS, The Russian Revolution and the End of Time 1900–1940, in: JGO 43 (1995) 364–401.

9. GESCHLECHTERGESCHICHTE

720. C. B. BALIN, To Reveal our Hearts. Jewish Women Writers in Tsarist Russia, Cincinnati 2000.
721. N. BOŠKOVSKA, Die russische Frau im 17. Jahrhundert, Köln 1998.
722. B. E. CLEMENTS, B. A. ENGEL, C. D. WOROBEC (Hg.), Russia's Women. Accomodation, Resistance, Transformation, Berkeley, Cal. 1991.
723. J. T. COSTLOW, S. SANDLER (Hg.), Sexuality and the Body in Russian Culture, Stanford, Cal. 1993.
724. L. H. EDMONDSON, Feminism in Russia 1900–1917, London 1984.
725. B. A. ENGEL, Between the Fields and the City. Women, Work and Family in Russia 1861–1914, Cambridge 1994.
726. B. A. ENGEL, Mothers and Daughters. Women of the Intelligentsia in Nineteenth-Century Russia, Cambridge 1983.
727. B. A. ENGEL, The Woman's Side. Male Outmigration and the Family Economy in Kostroma Province, in: B. EKLOF, St. P. FRANK (Hg.), The World of the Russian Peasant. Post-Emancipation Culture and Society, Boston 1990, 65–80.
728. L. ENGELSTEIN, The Keys to Happiness. Sex and the Search for Modernity in Fin-de-Siècle Russia, Ithaca, N. Y. 1992.
729. B. FARNSWORTH, L. VIOLA (Hg.), Russian Peasant Women, Oxford 1992.
730. B. FIESELER, Frauen auf dem Weg in die russische Sozialdemokratie 1890–1917. Eine kollektive Biographie, Stuttgart 1995.
731. R. L. GLICKMAN, Russian Factory Women. Workplace and Society 1880–1914, Berkeley, Cal. 1984.
732. C. GOEHRKE, Die Witwe im alten Russland, in: FOG 38 (1986) 64–96.
733. C. JOHANSON, Women's Struggle for Higher Education in Russia 1855–1900, Montreal 1987.
734. E. LEVIN, The Role and Status of Women in Medieval Novgorod, Ph.D. Univ. Indiana 1983.

735. E. LEVIN, Sex and Society in the World of Orthodox Slavs 900–1700, Ithaca, N. Y. 1989.
736. J. MCDERMID, A. HILLYAR, Revolutionary Women in Russia 1870–1917. A Study in Collective Biography, Manchester 2000.
737. J. MCDERMID, A. HILLYAR, Women and Work in Russia 1880–1930. A Study in Continuity through Change, London 1998.
738. G. B. MICHELS, Muscovite Elite Women and Old Belief, in: HUS 19 (1995) 428–450.
739. D. NEUMANN, Studentinnen aus dem Russischen Reich in der Schweiz 1867–1914, Zürich 1987.
740. B. PIETROW-ENKER, Russlands „neue Menschen". Die Entwicklung der Frauenbewegung von den Anfängen bis zur Oktoberrevolution, Frankfurt/M. 1999.
741. N. PUSHKAREVA, Women in Russian History. From the Tenth to the Twentieth Century, London 1997.
742. D. RANSEL, Mothers in Misery. Child Abandonment in Russia, Princeton, N. J. 1988.
743. M. RÜTHERS, Tewjes Töchter. Lebensentwürfe ostjüdischer Frauen im 19. Jahrhundert, Köln 1996.
744. R. STITES, The Women's Liberation Movement in Russia. Feminism, Nihilism and Bolshevism 1860–1930, Princeton, N. J. 1978.
745. W. G. WAGNER, Marriage, Property and Law in Late Imperial Russia, Oxford 1994.
746. C. D. WOROBEC, Possessed. Women, Witches and Demons in Imperial Russia, DeKalb, Ill. 2001.

10. KULTURGESCHICHTE

747. M. M. BACHTIN, Rabelais und seine Welt. Volkskultur als Gegenkultur, Frankfurt/M. 1987.
748. M. M. BALZER (Hg.), Russian Traditional Culture. Religion, Gender and Customary Law, Armonk, N. Y. 1992.
749. W. BAYER, Die Moskauer Medici. Der russische Bürger als Mäzen 1850 bis 1917, Wien 1996.
750. J. L. BLACK, Citizens for the Fatherland. Educators and Pedagogical Ideas in Eighteenth Century Russia, New York 1979.
751. V. BOČKAREV, Kul'turnye zaprosy russkogo obščestva načala carstvovanija Ekateriny II po materialam zakonodatel'noj kommissii 1767 g., Petrograd 1915.
752. J. BROOKS, When Russia Learned to Read. Literacy and Popular Literature 1861–1917, Princeton, N. J. 1985.

753. P. Burke, Helden, Schurken und Narren. Europäische Volkskultur in der Frühen Neuzeit, München 1985.
754. J. Cracraft, The Petrine Revolution in Russian Imagery, Chicago 1997.
755. O. R. Chromov, Russkaja lubočnaja kniga XVII – XIX vekov, Moskau 1998.
756. R. O. Crummey, Court Spectacles in Seventeenth-Century Russia. Illusion and Reality, in: D. C. Waugh (Hg.), Essays in Honor of A. A. Zimin, Columbus, Ohio 1985, 130–158.
757. H. W. Dewey, N. Callis, The Blessed Fools of Old Russia, in: JGO 22 (1974) 1–11.
758. B. Eklof, Russian Peasant Schools. Officialdom, Village Culture and Popular Pedagogy 1861–1914, Berkeley, Cal. 1986.
759. M. Fraume, The St. Petersburg Imperial Theaters. Stage and State in Revolutionary Russia 1900–1920, Jefferson, N. C. 2000.
760. F. Ph. Ingold, Der große Bruch. Russland im Epochenjahr 1913. Kultur, Gesellschaft, Politik, München 2000.
761. H. Jahn, Patriotic Culture in Russia during World War I, Ithaca, N. Y. 1995.
762. F. Kämpfer, Das russische Herrscherbild von den Anfängen bis zu Peter dem Grossen. Studien zur Entwicklung politischer Ikonographie im byzantinischen Kulturkreis, Recklinghausen 1978.
763. C. Kelly, Petrushka. The Russian Carnival Puppet Theatre, London 1990.
764. W. Koschmal, Der russische Volksbilderbogen. Von der Religion zum Theater, München 1989.
765. M. D. Kurmačeva, Krepostnaja intelligencija Rossii. Vtoraja polovina XVIII – načalo XIX veka, Moskau 1983.
766. D. S. Lichačev, A. M. Pančenko, Die Lachwelt des Alten Russland, München 1991.
767. Ju. M. Lotman, B. A. Uspenskii, Die Rolle dualistischer Modelle in der Dynamik der russischen Kultur (bis zum Ende des 18. Jahrhunderts), in: Poetica 9 (1977) 1–40.
768. Ju. M. Lotman, Russlands Adel. Eine Kulturgeschichte, Köln 1997.
769. G. Marker, Publishing, Printing and the Origins of Intellectual Life in Russia 1700–1800, Princeton, N. J. 1985.
770. P. N. Miljukov, Očerki po istorii russkoj kul'tury, 3 Bde., Moskau 1993–95.
771. A. F. Nekrylova, Russkie narodnye gorodskie prazdniki, uveselenija i zreliŝča. Konec XVIII – načalo XX veka, Leningrad 1988.
772. J. O. Norman, Pavel Tretiakov and the Merchant Art Patronage 1850–1900, in: E. W. Clowes, S. D. Kassow, J. L. West (Hg.), Between Tsar and People. Educated Society and the Quest for Public Identity in Late Imperial Russia, Princeton, N. J. 1991, 93–107.
773. M. J. Okenfuss, From School to Social Caste. The Divisiveness of Early-Modern Russian Education, in: JGO 33 (1985) 321–344.

774. A. M. PANČENKO, Russkaja kul'tura v kanun petrovskich reform, Leningrad 1984.
775. I. V. PODEEVA, V. P. PUŠKOV, A. V. DAVYKIN, Moskovskij pečatnyj dvor. Fakt i faktor russkoj kul'tury 1618–1652 gg., Moskau 2001.
776. P. POLZ, Die Volksaufklärung unter Katharina II., in: CASS 14 (1980) 367–388.
777. D. A. ROVINSKIJ, Russkie narodnye kartinki, 5 Bde., Petersburg 1881.
778. N. RHZEVSKY (Hg.), The Cambridge Companion to Modern Russian Culture, Cambridge 1998.
779. A. JU. SAMARIN, Čitatel' Rossii vo vtoroj polovine XVIII veka, Moskau 2000.
780. G. SCHEIDEGGER, Perverses Abendland – Barbarisches Russland. Begegnungen des 16. und 17. Jahrhunderts im Schatten kultureller Mißverständnisse, Zürich 1993.
781. M. SCHIPPAN, Sozialgeschichte, Religion und Volksaufklärung. Die Spezifik der Aufklärung in Russland, in: ZfS 39 (1994) 345–57.
782. C. A. SCHULER, Women in Russian Theatre. The Actress in the Silver Age, London 1996.
783. G. SMAGINA, Die Bildungspolitik Katharinas II., in: G. LEHMANN-CARLI, M. SCHIPPAN (Hg.), Russische Aufklärungsrezeption im Kontext offizieller Bildungskonzepte 1700–1825, Berlin 2001, 125–132.
784. G. I. SMAGINA, Akademija nauk i rossijskaja škola. Vtoraja polovina XVIII v., Petersburg 1996.
785. M. D. STEINBERG, Moral Communities. The Culture of Class Relations in the Russian Printing Industry 1867–1907, Berkeley, Cal. 1992.
786. A. G. TARTAKOVSKIJ, 1812 god i russkaja memuaristika, Moskau 1980.
787. A. G. TARTAKOVSKIJ, Russkaja memuaristika XVIII – pervoj polovine XIX v., Moskau 1991.
788. E. M. THOMPSON, Understanding Russia. The Holy Fool in Russian Culture, Lanham 1987.
789. I. THYRÊT, Between God and Tsar. Religious Symbolism and the Royal Women of Muscovite Russia, DeKalb, Ill. 2001.
790. S. M. TOMSINSKIJ, Pervaja pečatnaja gazeta Rossii, Perm 1959.
791. E. K. VALKENIER, Russian Realist Art. The State and Society: The Peredvizhniki and their Tradition, New York 1989.
792. O. JU. ZACHAROVA, Svetskie ceremonialy v Rossii XVIII – načala XX v., Moskau 2001.
793. R. ZGUTA, Russian Ministrels. A History of the Skomorokhi, Oxford 1978.

11. Geistes- und Ideengeschichte

794. D. S. Babkin, Process A. N. Radiščeva, Moskau 1952.
795. S. L. Baehr, The Paradise Myth in Eighteenth-Century Russia. Utopian Patterns in Early Secular Russian Literature and Culture, Stanford, Cal. 1991.
796. B. P. Baluev, Spory o sud'bach Rossii. N. Ja. Danilevskij i ego kniga „Rossija i Evropa", Moskau 1999.
797. P. N. Berkov, Istorija russkoj žurnalistiki XVIII v., Moskau 1952.
798. P. N. Berkov, Satiričeskie žurnaly N. I. Novikova, Moskau 1951.
799. T. S. Butorina, M. V. Lomonosov i značenie ego dejatel'nosti dlja razvitija prosveščenija, Archangel'sk 1986.
800. E. Bryner, N. M. Karamzin. Eine kirchen- und frömmigkeitsgeschichtliche Studie, Erlangen 1974.
801. M. T. Choldin, A Fence around the Empire. Russian Censorship of Western Ideas under the Tsars, Durham 1985.
802. V. I. Cholodnyj, Ideja sobornosti i slavjanofil'stvo, Moskau 1994.
803. P. K. Christoff, An Introduction to Nineteenth Century Slavophilism, 3 Bde., Den Haag 1961–82.
804. A. G. Cross, N. M. Karamzin. A Study of his Literary Career 1783–1803, London 1971.
805. N. I. Cimbaev, I. S. Aksakov v obščestvennoj žizni poreformennoj Rossii, Moskau 1978.
806. W. Düwel (Hg.), Geschichte der klassischen russischen Literatur, Berlin 1973.
807. D. Geyer, Die Idee der Freiheit in der osteuropäischen Geschichte, in: Leviathan 18 (1990) 327–38.
808. H. Grasshof, Russische Literatur in Deutschland im Zeitalter der Aufklärung, Berlin 1973.
809. C. Grau, Der Wissenschaftsorganisator, Staatsmann und Wissenschaftler Vasilij N. Tatiščev 1686–1750, Berlin 1963.
810. G. M. Hamburg, Boris Chicherin and Early Russian Liberalism, Stanford, Cal. 1992.
811. W. Heller, Kooperation und Konfrontation. M. V. Lomonosov und die russische Wissenschaft im 18. Jahrhundert, in: JGO 38 (1990) 1–24.
812. W. G. Jones, Nikolay Novikov. Enlightener of Russia, Cambridge 1984.
813. A. I. Jucht, Gosudarstvennaja dejatel'nost' V. N. Tatiščeva v 20-ch – načale 30-ch godov XVIII v., Moskau 1985.
814. A. G. Kuz'min, Tatiščev, Moskau 1987.
815. D. M. Lang, The First Russian Radical. Alexander Radishchev 1749–1802, London 1959.
816. R. Lauer, Geschichte der russischen Literatur, München 2000.

817. G. LEHMANN-CARLI, M. SCHIPPAN (Hg.), Russische Aufklärungsrezeption im Kontext offizieller Bildungskonzepte 1700–1825, Berlin 2001.
818. V. LEONTOVITSCH, Geschichte des Liberalismus in Russland, Frankfurt/M. 1957.
819. JU. M. LOTMAN, Sotvorenie Karamzina, Moskau 1998.
820. S. LUKASHEVICH, Ivan Aksakov 1823–1886. A Study in Russian Thought and Politics, Cambridge, Mass. 1965.
821. I. F. MARTYNOV, Knigoizdatel' Nikolaj Novikov, Moskau 1981.
822. A. MCCONNELL, A Russian Philosophe. Alexander Radishchev 1749–1802, Den Haag 1964.
823. T. MCDANIEL, The Agony of the Russian Idea, Princeton, N. J. 1996.
824. R. MACMASTER, Danilevsky. A Russian Totalitarian Philosopher, Cambridge 1967.
825. A. MASOERO, A. VENTURI (Hg.), Il pensiero sociale russo. Modelli stranieri e contesto nazionale, Mailand 2000.
826. K. MEYER, Russlands „erste" Universität. Zur Gründungsgeschichte der Universität Moskau 1755, in: JGO 50 (2002) 87–93.
827. E. MÜLLER, Russischer Geist in europäischer Krise. Ivan V. Kireevskij 1806–1856, Köln 1966.
828. V. C. NAHIRNY, The Russian Intelligentsia. From Torment to Silence, London 1983.
829. TH. NEWLIN, The Voice in the Garden. Andrei Bolotov and the Anxieties of Russian Pastoral 1738–1833, Evanston, Ill. 2001.
830. P. NITSCHE, Moskau – das Dritte Rom? In: GWU 42 (1991) 341–54.
831. G. E. PAVLOVA, A. S. FEDOROV, Michail Vasil'evič Lomonosov 1711–1765, Moskau 1988.
832. P. P. PEKARSKIJ, Istorija imperatorskoj akademii nauk v Peterburge, 2 Bde., Petersburg 1870–73.
833. P. P. PEKARSKIJ, Nauka i literatura v Rossii pri Petre velikom, 2 Bde., Petersburg 1862.
834. F. A. PETROV, Nemeckie professora v moskovskom universitete, Moskau 1997.
835. U. PICHT, M. P. Pogodin und die Slavische Frage, Stuttgart 1969.
836. L. N. PUŠKAREV, Jurij Križanic. Očerk žizni i tvorčestva, Moskau 1984.
837. A. N. ROBINSON, Bor'ba idej v russkoj literature XVII veka, Moskau 1974.
838. M. SCHIPPAN, Krieg und Frieden im russischen gesellschaftlichen Denken nach 1789, in: E. DONNERT (Hg.), Echo und Wirkungen der Französischen Revolution bei den slawischen Völkern und ihren Nachbarn, Frankfurt/M. 1996, 37–50.
839. M. SCHIPPAN, Die Moskauer Universität und deutsche Gelehrte in der zweiten Hälfte des 18. Jahrhunderts, in: G. LEHMANN-CARLI, M. SCHIPPAN (Hg.), Russische Aufklärungsrezeption im Kontext offizieller Bildungskonzepte 1700–1825, Berlin 2001, 207–33.

840. C. SCHMIDT, Aufstieg und Fall der Fortschrittsidee in Russland, in: HZ 263 (1996) 1–30.
841. S. P. ŠEVYREV, Istorija imperatorskogo moskovskogo universiteta 1755–1855, Moskau 1855.
842. D. SMITH, Working the Rough Stone. Freemasonry and Society in Eighteenth-Century Russia, DeKalb, Ill. 1999.
843. M. N. TICHOMIROV (Hg.), Istorija moskovskogo universiteta 1755–1955, Moskau 2000.
844. K. B. UMBRASKO, M. P. Pogodin. Čelovek, istorik, publicist, Moskau 1999.
845. S. V. UTECHIN, Geschichte der politischen Ideen in Russland, Stuttgart 1966.
846. A. WALICKI, The Controversy over Capitalism. Studies in the Social Philosophy of the Russian Populists, Oxford 1969.
847. A. WALICKI, A History of Russian Thought from the Enlightenment to Marxism, Oxford 1980.
848. A. WALICKI, The Slavophile Controversy. History of a Conservative Utopia in Nineteenth-Century Russian Thought, Oxford 1975.
849. R. WITTRAM, Das Freiheitsproblem in der inneren russischen Geschichte, in: JGO 2 (1954) 369–86.
850. L. ZAJCEVA, Rossija deržavnaja. Pervyj russkij ėkonomist i myslitel' Ivan Tichonovič Pososkov, Moskau 1995.

12. GESCHICHTE DER GESCHICHTSSCHREIBUNG

851. M. A. ALPATOV, Russkaja istoričeskaja mysl' i zapadnaja evropa. XVII – pervaja četvert' XVIII veka, Moskau 1976.
852. R. BÄCHTOLD, Karamzins Weg zur Geschichte, Basel 1946.
853. K. BITTNER, Herdersche Gedanken in Karamzins Geschichtsschau, in: JGO 7 (1959) 237–69.
854. J. L. BLACK, Nicholas Karamzin and Russian Society in the Nineteenth Century. A Study in Russian Political and Historical Thought, Toronto 1975.
855. J. L. BLACK, G.F. Müller and the Imperial Russian Academy, Montreal 1986.
856. J. L. BLACK, The „State School" Interpretation of Russian History, in: JGO 21 (1973) 509–30.
857. TH. BOHN, Russische Geschichtswissenschaft von 1880 bis 1905. Pavel N. Miljukov und die Moskauer Schule, Köln 1998.
858. R. F. BYRNES, V. O. Kliuchevskii. Historian of Russia, Bloomington, Ind. 1995.
859. N. I. CIMBAEV, Sergej Solov'ev, Moskau 1990.

860. K. D. GROTHUSEN, Die historische Rechtsschule Russlands. Ein Beitrag zur russischen Geistesgeschichte in der zweiten Hälfte des 19. Jahrhunderts, Gießen 1962.
861. S. L. PEŠTIČ, Russkaja istoriografija XVIII veka, 3 Bde., Leningrad 1961–71.
862. D. F. POPOV, Problema rossijskoj absoljutnoj monarchii (verchovnaja vlast') v russkoj istoričeskoj nauke, Moskau 1999.
863. N. V. RIASANOVSKY, The Image of Peter the Great in Russian History and Thought, New York 1985.
864. A. L. ŠAPIRO, Istoriografija s drevnejšich vremen do 1917 goda, Moskau 1993.
865. C. SCHARF, Strategien marxistischer Absolutismusforschung. Der Absolutismus in Russland und die Sowjethistoriker, in: Jahrbuch des italienisch-deutschen Instituts in Trient 5 (1979) 457–506.
866. A. v. SCHELTING, Russland und Europa im russischen Geschichtsdenken, Bern 1948.
867. A. v. SCHELTING, Russland und der Westen im russischen Geschichtsdenken der zweiten Hälfte des 19. Jahrhunderts, in: FOG 43 (1989) 1–240.
868. E. C. THADEN, The Rise of Historicism in Russia, New York 1999.
869. S. B. VESELOVSKIJ, Car Ivan Groznyj v rabotach pisatelej i istorikov, Moskau 1999.
870. A. YANOV, The Origins of Autocracy. Ivan the Terrible in Russian History, London 1981.

13. NATIONALITÄTEN

871. S. CH. ALIŠEV, Istoričeskie sud'by narodov srednego Povol'žja XVI – načalo XIX v., Moskau 1990.
872. H. BAUER, A. KAPPELER (Hg.), Die Nationalitäten des Russischen Reiches in der Volkszählung von 1897, 2 Bde., Stuttgart 1991.
873. R. BLOBAUM, Rewoljucja. Russian Poland 1904–1907, Ithaca, N. Y. 1995.
874. D. BRANDES, Von den Zaren adoptiert. Die deutschen Kolonisten und Balkansiedler in Neurußland und Bessarabien 1751–1914, München 1993.
875. D. R. BROWER, E. J. LAZZERINI (Hg.), Russia's Orient. Imperial Borderlands and Peoples 1700–1917, Bloomington, Ind. 1997.
876. M. BUSCH, Deutsche in St. Petersburg 1865–1914. Identität und Integration, Essen 1995.
877. W. DOWLER, Classroom and Empire. The Politics of Schooling Russia's Eastern Nationalities 1860–1917, Montreal 2001.
878. A. W. FISHER, The Crimean Tatars, Stanford, Cal. 1978.
879. R. P. GERACI, Window on the East. National and Imperial Identities in Late Tsarist Russia, Ithaca, N. Y. 2001.

880. M. HALTZEL, Der Abbau der deutschen ständischen Selbstverwaltung in den Ostseeprovinzen Russlands, Marburg 1977.
881. V. M. KABUZAN, Narody Rossii v XVIII veke. Čislennosť i etničeskij sostav, Moskau 1990.
882. V. M. KABUZAN, Narody Rossii v pervoj polovine XIX v. Čislennosť i etničeskij sostav, Moskau 1992.
883. A. KAPPELER, Russland als Vielvölkerreich. Entstehung, Geschichte, Zerfall, München 1992.
884. A. KAPPELER, Russlands erste Nationalitäten. Das Zarenreich und die Völker der mittleren Wolga vom 16. bis 19. Jahrhundert, Köln 1982.
885. M. KHODARKOVSKY, Russia's Steppe Frontier. The Making of a Colonial Empire 1500–1800, Bloomington, Ind. 2002.
886. M. KHODARKOVSKY, Where Two Worlds Met. The Russian State and the Kalmyk Nomads 1600–1771, Ithaca, N. Y. 1992.
887. V. A. KOČEKAEV, Nogajsko-russkie otnošenija v XV – XVIII vv., Alma-Ata 1988.
888. Z. E. KOHUT, Russian Centralism and Ukrainian Autonomy. Imperial Absorption of the Hetmanate 1760–1830, Cambridge, Mass. 1988.
889. J. KOZIK, The Ukrainian National Movement in Galicia 1815–1848, Edmonton, Alb. 1986.
890. R. G. KUZEEV, Narody srednego povolžja i južnogo Urala, Moskau 1992.
891. E. J. LAZZERINI, Local Accomodation and Resistance to Colonialism in Nineteenth Century Crimea, in: D. R. BROWER, E. J. LAZZERINI (Hg.), Russia's Orient. Imperial Borderlands and Peoples 1700–1917, Bloomington, Ind. 1997, 169–88.
892. J. W. LONG, From Privileged to Dispossessed. The Volga Germans 1860–1917, Lincoln, Neb. 1988.
893. C. NOACK, Muslimischer Nationalismus im Russischen Reich. Nationsbildung und Nationalbewegung bei Tataren und Baschkiren 1861–1917, Stuttgart 2000.
894. G. v. PISTOHLKORS (Hg.), Die Universitäten Dorpat/Tartu, Riga und Wilna/Vilnius 1579–1979, Köln 1987.
895. A. PLAKANS, The Latvians. A Short History, Stanford, Cal. 1995.
896. T. RAUN, Estonia and the Estonians, Stanford, Cal. 1987.
897. A.-A. RORLICH, The Volga-Tatars. A Profile in National Resilience, Stanford, Cal. 1986.
898. M. RYWKIN (Hg.), Russian Colonial Expansion to 1917, London 1988.
899. D. SCHORKOWITZ, Staat und Nationalitäten in Russland. Der Integrationsprozess der Burjaten und Kalmücken 1822–1925, Stuttgart 2001.
900. R. SCHWEITZER, Autonomie und Autokratie. Die Stellung des Großfürstentums Finnland im Russischen Reich in der zweiten Hälfte des 19. Jahrhunderts 1863–1899, Gießen 1978.

901. Ju. Slezkin, Arctic Mirrors. Russia and the Small Peoples of the North, Ithaca, N. Y. 1994.
902. R. G. Suny, The Making of the Georgian Nation, Bloomington, Ind. 1988.
903. E. C. Thaden, Russia's Western Borderlands 1710–1870, Princeton, N. J. 1984.
904. E. C. Thaden (Hg.), Russification in the Baltic Provinces and Finland 1855–1914, Princeton, N. J. 1981.
905. T. R. Weeks, Nation and State in Late Imperial Russia. Nationalism and Russification on the Western Frontier, DeKalb, Ill. 1996.
906. B. G. Williams, The Crimean Tatars. The Diaspora Experience of Forging a Nation, Leiden 2001.

14. Jüdische Geschichte

907. D. A. Amanzolova (Hg.), Evrejskie pogromy v rossijskoj imperii 1900–1916, Moskau 1999.
908. E. K. Aniščenko, Čerta osedlosti. Belarusskaja sinagoga v carstvovanie Ekateriny II, Minsk 1998.
909. I. M. Aronson, Troubled Waters. The Origins of the 1881 Anti-Jewish Pogroms in Russia, Pittsburgh, Pa. 1990.
910. G. Bensoussan, Une histoire intellectuelle et politique du sionisme 1860–1940, Paris 2002.
911. M. Berlin, Očerki ėtnografii evrejskogo narodonaselenija v Rossii, Petersburg 1861.
912. I. Boysen, Die revisionistische Historiographie zu den russischen Judenpogromen von 1881 bis 1906, in: Jahrbuch für Antisemitismusforschung 8 (1999) 13–42.
913. R. J. Brym, The Jewish Intelligentsia and Russian Marxism, London 1978.
914. V. Dohrn, Das Rabbinerseminar in Wilna 1847–1873. Zur Geschichte der ersten staatlichen höheren Schule für Juden im Russischen Reich, in: JGO 45 (1997) 379–400.
915. S. Dubnow, Geschichte des Chassidismus, 2 Bde., Berlin 1931.
916. Y. Eliach, There Once Was a World. A Nine-Hundred-Year Chronicle of the Shtetl of Eishyshok, Boston 1998.
917. D. A. Ėl'jaševič, Pravitel'stvennaja politika i evrejskaja pečat' v Rossii 1797–1917, Petersburg 1999.
918. G. Estraikh (Hg.), The Shtetl: Image and Reality, London 2000.
919. I. Etkes, The Gaon of Vilna. The Man and his Image, Berkeley, Cal. 2002.
920. D. E. Fishman, Russia's First Modern Jews. The Jews of Shklov, New York 1995.
921. J. Frankel, Prophecy and Politics. Socialism, Nationalism and the Russian Jews 1862–1917, Cambridge 1981.

922. Ch. Y. Freeze, Jewish Marriage and Divorce in Imperial Russia, Hanover, N. H. 2002.
923. C. Gassenschmidt, Jewish Liberal Politics in Tsarist Russia 1900–1914. The Modernization of Russian Jewry, Oxford 1995.
924. E. E. Haberer, Jews and Revolution in Nineteenth-Century Russia, Cambridge 1995.
925. H. Haumann, Geschichte der Ostjuden, München 1998.
926. G. D. Hundert (Hg.), Essential Papers on Hasidism, New York 1991.
927. E. H. Judge, Easter in Kishinev. Anatomy of a Pogrom, New York 1992.
928. J. D. Klier, Imperial Russia's Jewish Question 1855–1881, Cambridge 1995.
929. J. D. Klier, Russia Gathers Her Jews. The Origins of the „Jewish Question" in Russia 1772–1825, DeKalb, Ill. 1986.
930. J. D. Klier, Sh. Lambroza (Hg.), Pogroms. Anti-Jewish Violence in Modern Russian History, Cambridge 1992.
931. E. Lederhendler, The Road to Modern Jewish Politics. Political Tradition and Political Reconstruction in the Jewish Community of Tsarist Russia, New York 1989.
932. V. Levin, Russian Jewry and the Duma Elections 1906–1907, in: Jews and Slaves 7 (2000) 233–64.
933. E. Lohr, The Russian Army and the Jews. Mass Deportations, Hostages and Violence during World War I, in: RR 60 (2001) 404–19.
934. H. D. Löwe, Antisemitismus und reaktionäre Utopie. Russischer Konservatismus im Kampf gegen den Wandel von Staat und Gesellschaft 1890–1917, Hamburg 1978.
935. V. Lukin (Hg.), 100 evrejskich mestecek Ukrainy, 2 Bde., Petersburg 1998–2002.
936. E. Mendelsohn, Class Struggle in the Pale. The Formative Years of the Jewish Workers Movement in Tsarist Russia, Cambridge 1970.
937. B. Nathans, Beyond the Pale. The Jewish Encounter with Late Imperial Russia, Berkeley, Cal. 2002.
938. I. G. Oršanskij, Russkoe zakonodatel'stvo o evrejach. Očerki i issledovanija, Petersburg 1877.
939. M. Poliščuk, Evrei Odessy i Novorossii. Social'no-političeskaja istorija evreev Odessy i drugich gorodov Novorossii 1881–1904, Moskau 2002.
940. W. Z. Rabinowitsch, Lithuanian Hasidism, London 1970.
941. M. Rest, Die russische Judengesetzgebung von der ersten Polnischen Teilung bis zum „Položenie dlja evreev" 1804, Wiesbaden 1975.
942. H. Rogger, Jewish Policies and Right-Wing-Politics in Imperial Russia, London 1986.
943. H. L. Rubinstein, The Jews in the Modern World. A History since 1750, London 2002.

944. C. SCHMIDT, Neue Literatur zur Geschichte der Juden in Litauen, in: ZfO 50 (2001) 439–53.
945. G. SCHOLEM, Sabbatai Zwi. Der mystische Messias, Frankfurt/M. 1992.
946. A. SOKOLOWA, Architectural Space of the Shtetl-Street-House. Jewish Homes in the Shtetls of Eastern-Podolia, in: Trumah 7 (1998) 35–86.
947. M. STANISLAWSKI, For Whom do I Toil? Judah Leib Gordon and the Crisis of Russian Jewry, New York 1988.
948. M. STANISLAWSKI, Tsar Nicholas I and the Jews. The Transformation of Jewish Society in Russia 1825–1855, Philadelphia 1983.
949. H. J. TOBIAS, The Jewish Bund in Russia. From its Origins to 1905, Stanford, Cal. 1972.
950. CH. WYNN, Workers, Strikes and Pogroms. The Donbass-Dnepr Bend in Late Imperial Russia 1870–1905, Princeton, N. J. 1992.
951. S. J. ZIPPERSTEIN, Elusive Prophet. Ahad Ha'am and the Origins of Zionism, London 1993.

15. LOKALSTUDIEN

952. J. T. ALEXANDER, Bubonic Plague in Early Modern Russia. Public Health and Urban Disaster, Baltimore 1980.
953. R. O. CRUMMEY, The Old Believers and the World of Antichrist. The Vyg Community and the Russian State, London 1970.
954. S. P. FRANK, Crime, Cultural Conflict and Justice in Rural Russia 1856–1914, Berkeley, Cal. 1999.
955. K. GESTWA, Proto-Industrialisierung in Russland. Wirtschaft, Herrschaft und Kultur in Ivanovo und Pavlovo 1741–1932, Göttingen 1999.
956. V. N. GLAZ'EV, Vlast' i obščestvo na juge Rossii v XVII veke. Protivodejstvie ugolovnoj prestupnosti, Voronež 2001.
957. È. A. GORDIENKO, Novgorod v XVI veke i ego duchovnaja žizn', Petersburg 2001.
958. S. HARTMANN, Reval im Nordischen Krieg, Bonn 1973.
959. G. HAUSMANN, Universität und städtische Gesellschaft in Odessa 1865–1917. Soziale und nationale Selbstorganisation an der Peripherie des Zarenreiches, Stuttgart 1998.
960. S. L. HOCH, Serfdom and Social Control in Russia. Petrovskoe, a Village in Tambov, Chicago 1986.
961. H. D. HUDSON, The Rise of the Demidov Family and the Russian Iron Industry in the Eighteenth Century. Newtonville, Mass. 1986.
962. E. M. JUCHIMENKO, Vygovskaja staroobradčeskaja pustyn'. Duchovnaja žizn' i literatura, 2 Bde., Moskau 2002.
963. B. B. KAFENGAUZ, Istorija chozjajstva Demidovych v XVIII – XIX vv. Opyt issledovanija po istorii ural'skoj metallurgii, Moskau 1949.

964. V. A. KIVELSON, Autocracy in the Provinces. The Muscovite Gentry and Political Culture in the Seventeenth Century, Stanford, Cal. 1996.
965. N. V. KOZLOVA, Pobegi krest'jan v Rossii v pervoj treti XVIII veka, Moskau 1983.
966. A. C. MERZON, JU. A. TICHONOV, Rynok Ustjuga vel. XVII v., Moskau 1960.
967. K. N. ŠČEPETOV, Krepostnoe pravo v votčinach Šeremetevych 1708–1855, Moskau 1947.
968. A. A. SEVAST'JANOVA, Russkaja provincial'naja istoriografija XVIII veka, Moskau 1998.
969. K. N. SERBINA, Očerki iz social'no-ėkonomičeskoj istorii russkogo goroda. Tichvinskij posad v XVI-XVIII vv., Moskau 1951.
970. D. N. SMIRNOV, Očerki žizni i byta nižegorodcev XVII – XVIII vekov, Gor'kij 1978.
971. S. VOLKOV, Istorija kul'tury S. Peterburga s osnovanija do našich dnej, Moskau 2001.
972. S. J. ZIPPERSTEIN, The Jews of Odessa. A Cultural History 1794–1881, Stanford, Cal. 1986.

16. VERGLEICHE

973. G. ALEF, Byzantine and Russian Autocracy. A Comparison, in: FOG 50 (1985) 9–27.
974. M. BASSIN, Turner, Solov'ev and the „Frontier Hypothesis", in: Journal of Modern History 65 (1993) 473–511.
975. C. E. BLACK, The Modernization of Japan and Russia. A Comparative Study, New York 1975.
976. L. GREENFELD, Nationalism. Five Roads to Modernity, Cambridge, Mass. 1992.
977. M. J. HUTTON, Russian and West European Women 1860–1939. Dreams, Struggles and Nightmares, London 2001.
978. P. KOLCHIN, Unfree Labor. American Slavery and Russian Serfdom, Cambridge, Mass. 1987.
979. I. I. KOSTJUŠKO, Agrarnye reformy v Avstrii, Prussii i Rossii v perioda perechoda ot feodalizma k kapitalizmu, Moskau 1994.
980. D. LIEVEN, Abschied von Macht und Würden. Der europäische Adel 1815–1914, Frankfurt/M. 1995.
981. T. MAURER, Plädoyer für eine vergleichende Erforschung der jüdischen Geschichte Deutschlands und Osteuropas, in: GG 27 (2001) 308–26.
982. D. MOON, Peasants into Russian Citizens? A Comparative Perspective, in: Revolutionary Russia 9 (1996) 43–81.

983. E. Müller, Lorenz von Stein und Jurij Samarins Vision des absoluten Sozialstaats, in: JGO 15 (1967) 575–96.
984. R. Mumenthaler, Spätmittelalterliche Städte West- und Osteuropas im Vergleich. Versuch einer verfassungsgeschichtlichen Typologie, in: JGO 46 (1998) 39–68.
985. P. M. Pilbeam, The Middle Classes in Europa 1789–1914. France, Germany, Italy and Russia, London 1990.
986. N. L. Puškareva, Ženščiny Rossii i Evropy na poroge novogo vremeni, Moskau 1996.
987. M. Raeff, The Well-Ordered Police State. Social and Institutional Change through Law in the Germanies and Russia 1600–1800, New Haven, Conn. 1983.
988. C. Schmidt, Leibeigenschaft im Ostseeraum. Versuch einer Typologie, Köln 1997.
989. Ph. Schreiber, Pour une étude typologique des conditions d'accès des Juifs à la modernité 1750–1850, in: S. Cavaciocchi (Hg.), Le Migrazioni in Europa secc. XIII-XVIII, Florenz 1994, 415–40.

Anhang

ABKÜRZUNGEN

AHR	American Historical Review
AKG	Archiv für Kulturgeschichte
CASS	Canadian-American Slavic Studies
CSS	Canadian Slavic Studies
CMR	Cahiers du monde russe
CMRS	Cahiers du monde russe et soviétique
FOG	Forschungen zur osteuropäischen Geschichte
GG	Geschichte und Gesellschaft
GWU	Geschichte in Wissenschaft und Unterricht
HZ	Historische Zeitschrift
JGO	Jahrbücher für Geschichte Osteuropas
JGSLE	Jahrbücher für die Geschichte der sozialistischen Länder Europas
HUS	Harvard Ukrainian Studies
KiO	Kirche im Osten
PSZ	Polnoe Sobranie Zakonov
RR	Russian Review
SEER	Slavonic and East European Review
SR	Slavic Review
ZfO	Zeitschrift für Ostmitteleuropa-Forschung
ZfS	Zeitschrift für Slawistik
ZHF	Zeitschrift für historische Forschung

ZEITTAFEL

1533–1584	Ivan IV.
1547	Krönung Ivans zum Zaren
1549	Erste Landesversammlung (sobor)
1552	Eroberung von Kazan'
1555	Privilegien der Londoner Muscovy Company für Nordrussland
1558–1583	Livländischer Krieg
1564	Beginn des Moskauer Buchdrucks
1565–1572	Opričnina
1569	Beginn der Eroberung Sibiriens
1570	Strafgericht über Novgorod
1571	Die Krimtataren stecken Moskau in Brand
1581	Waffenstillstand von Jam Zapol'skij: Livland an Polen-Litauen
1583	Waffenstillstand an der Pljussa: Estland und Ingermanland an Schweden
1589	Gründung des Moskauer Patriarchats
1591	Letztmaliger Vorstoß der Krimtataren bis in die Nähe von Moskau
1598–1605	Boris Godunov
1601	Erlass von Verbotsjahren gegen den Bauernabzug
1603	Letzte Hansegesandtschaft in Moskau
1605–1613	Bürgerkrieg (Smuta)
1606/07	Volksaufstand unter Ivan Bolotnikov
1608/09	Einwanderung der Kalmücken aus Mittelasien
1610	Einnahme Moskaus durch polnische Truppen
1613–1645	Michail Romanov
1617	Frieden von Stolbovo: Ostkarelien und Ingermanland an Schweden
1618	Waffenstillstand von Deulino: Smolensk an Polen-Litauen
1645–1676	Aleksej Michajlovič
1648/49	Aufstand der Dnepr-Koskaken gegen Polen-Litauen
1649	Beschluss des Uloženie
1653	Letzte Landesversammlung
1654	Vereinbarung von Perejaslav: Moskauer Protektorat über die Ukraine
1654–1667	Nordischer Krieg
1654	Einnahme von Smolensk
1665	Einrichtung einer Postlinie zwischen Moskau und Riga
1667	Waffenstillstand von Andrusovo: Linksufrige Ukraine und Smolensk an Moskau
1667	Kirchenspaltung
1670/71	Volksaufstand unter Sten'ka Razin
1676–1682	Fedor Aleksejevič
1685	Unterstellung des Metropoliten von Kiev unter das Moskauer Patriarchat

1689–1725	Peter der Große
1699	Einführung des Rathauses
1700, 1.1.	Umstellung des Kalenders auf die julianische Ära
1700–1721	Großer Nordischer Krieg
1703	Erstdruck einer Zeitung (Vedomosti)
1703	Gründung von St. Petersburg
1709	Schlacht von Poltava
1710	Anordnung neuer Lettern
1710	Unterwerfung von Estland und Livland
1711	Treffen Peters mit Leibniz in Torgau
1714	Gründung von Ziffernschulen
1719–1722	Erste Revision (Zählung) zwecks Einführung der Kopfsteuer
1721	Peter nimmt den Kaisertitel an
1722	Einführung der Rangtabelle
1724	Gründung des Zentralarchivs alter Reichsakten in Moskau
1725	Eröffnung der Petersburger Akademie
1730–1740	Anna Ivanovna
1741–1761	Elisabeth
1741	Bering erreicht die Küste Alaskas
1741	Ukaz zur Abschaffung der Todesstrafe
1745	Die Akademie erstellt den ersten Atlas des Russischen Reiches
1755	Gründung der Universität Moskau
1762	Befreiungsmanifest Peters III.
1762–1796	Katharina II.
1764	Eröffnung des Moskauer Waisenhauses
1767–1769	Große Kommission
1768–1774	Türkischer Krieg: Russland besetzt den Nordrand des Schwarzen Meeres
1771	Eroberung des Krimchanats
1771	Pest in Moskau
1772	Erste Teilung Polens
1773–1775	Volksaufstand unter Pugačev
1775	Gouvernementsreform
1776	Entstehung des Bolschoj-Theaters in Moskau
1785	Gnadenurkunden für Adel und Städte
1790	Radiščevs „Reise von Petersburg nach Moskau" erscheint im Druck
1791	Polnische Verfassung vom 3. Mai
1793	Zweite Teilung Polens
1794	Polnischer Aufstand unter Tadeusz Kościuszko
1794	Einführung der jüdischen Doppelsteuer
1795	Dritte Teilung Polens
1795	Gründung der Öffentlichen Bibliothek in Petersburg
1796–1801	Paul I.
1800	Verbot des Buchimports nach Russland
1801	Annexion des Königreichs Georgien

1801–1825	Alexander I.
1801	Verbot der Folter
1802	Wiedereröffnung der Universität Dorpat
1803–1805	Gründung der Universitäten Wilna, Kazan' und Char'kov
1804	Erlass eines Juden-Statuts
1807	Bauernbefreiung im Herzogtum Warschau
1808–1809	Annexion Finnlands
1812	Frieden von Bukarest: Bessarabien an Russland
1812/13	Russlandfeldzug Napoleons
1815	Wiener Kongress: Das „Königreich Polen" erhält eine Verfassung und weitgehende Autonomie im Russischen Reich
1816	Eröffnung der Universität Warschau (1831 geschlossen)
1816–1819	Bauernbefreiung in Estland, Kurland und Livland
1824	Annexion der kasachischen Kleinen Horde
1825–1855	Nikolaus I.
1825	Dekabristenaufstand
1826–1828	Eroberung der Chanate von Eriwan und Nachitschewan
1829–1864	Kaukasischer Krieg
1830/31	Polnischer Aufstand
1833	Verbot des Verkaufs von Leibeigenen auf Märkten
1834	Einführung der russischen Verwaltungssprache in den ehemals polnisch-litauischen Gebieten
1834	Eröffnung der (russischen) Universität Kiev
1842–1851	Bau der Eisenbahnlinie Petersburg-Moskau
1848	Annexion der kasachischen Großen Horde
1853–1856	Krimkrieg: Verlust des südlichen Bessarabien
1855–1881	Alexander II.
1857	Zehnte und letzte Revision
1858	Einführung der Briefmarke
1860	Gründung von Vladivostok
1861	Aufhebung der Leibeigenschaft
1863/64	Polnischer Aufstand
1864	Zemstvo-Reform in 34 Gouvernements
1864	Justizreform
1865	Liberalisierung der Pressezensur
1865	Eroberung von Taschkent
1867	Verkauf Alaskas an die USA
1868	Eroberung von Samarkand
1869	Aufstand der kasachischen Kleinen Horde
1874	Einführung der allgemeinen Wehrpflicht
1874	„Gang ins Volk" revolutionärer Studenten
1875	Gründung des „Südrussischen Arbeiterbundes" in Odessa
1877	Einführung der russischen Städteordnung in den Ostseeprovinzen
1881	Tödliches Attentat auf Alexander II.
1881–1894	Alexander III.
1881	Judenpogrome in der Ukraine und in Warschau

1883	Gründung der „Befreiung der Arbeit" durch Plechanov und Aksel'rod in Genf (erste marxistische Organisation Russlands)
1884	Einrichtung der Fabrikinspektion
1886	Gründung der Sozialdemokratischen Partei Litauens in Wilna
1887	Abschaffung der Kopfsteuer (in Sibirien 1889)
1887	Einführung des Numerus Clausus für Juden an Schulen und Hochschulen
1888	Gründung der Universität Tomsk
1890	Deutsche Nichtverlängerung des Rückversicherungsvertrages mit Russland
1891–1903	Bau der Transsibirischen Eisenbahn
1892–1904	Finanzminister Witte forciert die Industrialisierung
1893	Umwandlung der deutschen Universität Dorpat in die russische Universität Jur'ev
1894–1917	Nikolaus II.
1897	Übergang zum Goldstandard
1897	Erste allgemeine Volkszählung
1903	Judenpogrom in Kišinev
1903	Generalstreik in Baku
1903	Spaltung der Sozialdemokraten in Menschewiki und Bolschewiki
1904/05	Japanischer Krieg
1905, 9.1.	Petersburger Blutsonntag; Beginn der Revolution
1905, 14.5.	Seeschlacht von Tsushima
1905, 17.10.	Oktobermanifest des Zaren
1905, Okt.–Dez.	In zahlreichen Städten entstehen Sowjets
1906, 20.2.	Manifest zur Einberufung der Reichsduma
1906, 24.4.–8.7.	Erste Duma
1906, 8.11.	Agrargesetz des Ministerpräsidenten Stolypin
1907, 20.2.–2.6.	Zweite Duma
1907–1912	Dritte Duma
1909	Erscheinen der „Wegzeichen"; ein Teil der Intelligenz wendet sich von der Revolution ab
1909	Gründung der Universität Saratov
1911	Zulassung von Frauen an Universitäten
1911–13	Ritualmordprozess gegen Mendel Bejlis in Kiev
1912–1917	Vierte Duma
1912–1914	Legales Erscheinen der „Pravda" in Petersburg
1914, 19.7./1.8.	Deutsche Kriegserklärung
1915	Russischer Rückzug aus Polen, Litauen und Kurland
1916, Oktober	Beginn politischer Streiks in Petrograd
1916, 17.10.	Ermordung Rasputins
1917, Februar	Beginn der Brotverknappung in Petrograd
1917, 25.2.	Generalstreik in Petrograd
1917, 26.2.	Meuterei der Petrograder Garnison
1917, 27.2.	Erste Sitzung des Petrograder Sowjet
1917, 28.2.	Generalstreik in Moskau

1917, 1.3. Anerkennung des Provisorischen Dumakomitees durch den britischen und französischen Botschafter
1917, 2.3. Proklamation der Provisorischen Regierung, Abdankung Nikolaus' II.

REGISTER

Orts- und Personenregister
Autorennamen sind kursiv gesetzt

Adašev, Aleksej 4, 7, 9
Adrian 42
Afanas'ev, A. N. 127f., 194
Afanasij 10, 140f.
Aksakov, Ivan 78, 80, 91, 175
Aksakov, Konstantin 77, 91, 174
Alef, G. 129
Aleksandrovskaja Sloboda 9
Aleksej, Michajlovic 151
Alexander I. 60f., 63f., 68, 70–72, 124, 182
Alexander II. 81, 83, 87, 94
Alexander III. 86, 94–96, 135, 166, 177, 186
Andreevič, Vladimir 9f., 137
Andrusovo 27
Aničkov, D. S. 163
Anisimov, E. V. 152
Anna 44
Annenkov, Ivan 195
Arakčeev, A. A. 70
Aretin, K. O.v. 155
Armenien 61
Artemij 124
Ascher, A. 191
Asch, R. G. 152
Aserbeidschan 61
Asien 98, 116
Astrachan' 8
Avvakum 43, 146f., 150

Baberowski, J. 191
Bachtin, M. M. 40, 42
Baehr, S. L. 160
Bakunin, M. A. 92f.
Balašov, Gen. 66f.
Balmuth, D. 191
Baltikum 181
Baluev, B. P. 175
Baškin, Matvej 124
Baškiren 47
Bater, J. H. 120
Bathory, Stefan 11
Bayer, W. 190
Beccaria, C. 45

Bejlis, Mendel 188
Bekbulatovič, Simeon 11
Belinskij, V. G. 79f.
Bessarabien 65
Bestužev-Rjumin, M. P. 71
Bibikov, G. N. 139
Black, J. L. 157
Bludov, D. N. 71
Bobrinskij, V. A. 104
Bočkarev, V. 162
Böss, O. 121
Bogoslovskij, M. M. 36, 131
Bolotnikov, Ivan 15–17
Bolotov, Andrej 48, 158
Boltin, Ivan 132
Bonnell, V. 189
Bomelius, Elyseus 137
Borochov, Beer 187
Boškovska, N. 25, 170
Boysen, I. 186
Bradley, J. 165
Brooks, J. 168
Brower, D. R. 166, 193
Brussilov, A. A. 112
Brym, R. 187
Bryner, E. 127
Bühren 44
Bulygin, A. G. 99, 102
Bunge, N. Ch. 97, 186
Burds, J. 165
Burdžalov, E. N. 107
Burke, P. 42
Bussow, Konrad 12
Butorina, T. S. 157
Byzanz 129

Čaadaev, Petr 76
Čechov, Anton 98
Čerepnin, L. V. 151
Černobaev, A. A. 158
Černyševskij, N. G. 91f.
Char'kov 63
Cheraskov, M. M. 159
Cherniavskij, M. 134
Cherson 165

China 98
Chmel'nickij, Bogdan 20, 184
Choldin, H. T. 191
Cholodny, V. I. 175
Chomjakov, Alexej 77, 174
Čibirjaev, S. A. 133
Čičerin, B. N. 25
Cimbaev, N. I. 175
Clausewitz, Carl von 69
Conte, F. 122
Cracraft, J. 152, 155
Crummey, R. O. 147
Culpepper, J. M. 143
Czartoryski, Adam 54, 61–63, 65, 182

Daniel'son, N. F. 92
Danilevskij, N. Ja. 175
Daškov, V. A. 128
Demetrius 15, 17 f.
Demidova, N. F. 131, 154
Denisov, Andrej 149
Deržavin, G. R. 62, 70, 182
Deulino 19
Deutschland 110, 180
Dimsdale, Thomas 42
Dixon, S. 145
Dohrn, V. 183
Dorpat 180
Dostoevskij, F. M. 80
Drobižev, V. Z. 119
Družinin, V. G. 147
Dubnov, S. 166, 185
Dubrovin, A. I. 104
Düwel, W. 79
Dukes, P. 153
Dulov, A. V. 119
Dunning, Chester 18
Durova, Nadežda 68

Economakis, E. G. 122, 165, 193
Eklof, B. 189
Eliach, Y. 188
Elisabeth I. 44, 157
El'jaševič, V. B. 190
Emmons, T. 196
Engel, B. A. 165, 171
Engelstein, L. 124, 189
Esakov, V. A. 119
Etkes, I. 184
Esten 180

Faber, Johann 7
Faizova, I. V.
Farnsworth, B. 171
Fedor, Alekseevic 27 f.
Fedorov, A. S. 157
Fedorov-Čeljadnin, I. P. 138
Fedorov, Ivan 7
Fedorovič, Michail 20
Fedotov, G. 124
Fieseler, B. 172
Filipp II. 10, 141
Filofej 3
Finnland 65, 105
Fletcher, Giles 41
Florja, B. N. 140
Frankel, J. 187
Frazer, J. 123
Frederikshamn (Frieden von) 65
Freeze, G. 127
French, R. A. 120

Gapon 99
Gassenschmidt, C. 188
Gatrell, P. 118, 190, 192
Georgi, Johann Gottfried
Georgien 61
Geraci, R. P. 181
Gerschenkron, A. 97, 192
Geyer, D. 155, 189
Giers, N. K. 110
Glickman, R. 171
Glinskaja, Anna 3
Glück, Ernst 43
Gmelin, Johann Georg 161
Godunov, Boris 12–14, 17, 19, 23, 130
Goehrke, C. 115, 142, 170
Golicyn, S. F. 65
Golicyn, Vasilij 29
Gorbaty, Alexander 10, 138
Gorčakov, A. M. 177
Gordienko, E. A. 125
Goremykin, I. L. 103, 109, 113
Grasshof, H. 160
Gromyko, M. M. 122, 193

Haase, F. 125
Haimson, L. H. 109, 189
Haltzel, M. 180
Hanover, Nathan 20, 184
Hartley, J. M. 145
Haxthausen, August von 72

Orts- und Personenregister 253

Heller, W. 146
Hellie, R. 152
Henshall, N. 152
Herberstein, Sigismund von 8
Hernandez, R. 169
Herzen, Alexander 76, 78f., 92
Herzl, Theodor 186
Hildermeier, M. 192
Hittle, J. M. 164
Hoch, S. L. 145
Horsey, Jerome 41
Hosking, G. A. 190
Hudson, H. D. 52, 148, 154

Ignat'ev, N. P. 186
Ioakim 28f.
Ivan III. 3f., 7, 129, 144
Ivan IV. 3f., 7, 9, 12, 19, 22, 40f., 114, 118, 130, 136–138, 140, 142, 152, 194
Ivanits, L. 121, 193
Ivanovo-Voznesensk 165
Izvol'skij, A. P. 110

Jam Zapol'skij (Vertrag von) 11
Japan 98f.
Jaroslavl' 23, 52
Johanson, C. 172
Johnson, R. E. 165
Jones, R. E. 153
Jones, W. G. 159
Juchimenko, E. M. 147

Kachovskij, P. G. 71
Kafengauz, B. B. 148
Kahan, A. 53
Kaiser, D. H. 123, 194
Kalmücken 116, 125
Kaluga 52
Kanatčikov, Semen 169
Kankrin, E. F. 74
Kappeler, A. 181
Karamzin, Nikolaj 62, 64, 133, 141, 174
Kardis 26
Karelien 65
Karl IX. 16
Karl XII. 32
Kartašev, A. V. 124
Katharina I. 44
Katharina II. 41f., 44–46, 48f., 51, 53, 55, 59, 118f., 132, 150–152, 155, 159, 162, 182, 195

Katkov, M. N. 90f., 177
Kaufmann, Gen. 98
Kaukasus 61, 181
Kazan' 6f., 8, 47f., 63, 136
Keenan, E. 24f.
Khodarkovsky, M. 116
Kiev 26, 146, 149, 166
Kireevskij, Ivan 77
Kiselev, P. D. 74
Kivelson, V. A. 24f., 128
Klenck, Conrad van 43
Klier, J. D. 182
Ključevskij, V. O. 5, 17f., 115, 137–139, 141
Knabe, B. 52
Kobrin, V. B. 139
Kočubej, V. K. 62
Kokovcov, V. N. 108f.
Kolyčev, I. B. 138
Konovalov, A. I. 105
Koreckij, V. I. 143
Kosaken 15f., 19f., 26, 56, 147
Koschmal, W. 123
Kościuszko, Tadeusz 58
Kosoj, Feodosij 124
Kostroma 23
Koval'čenko, I. D. 119
Kozik, J. 180
Kozlova, N. V. 153
Krim 55–57, 81
Krimtataren 6, 10, 31
Küčük-Kainardža (Vertrag von) 48, 56
Kurbskij, Andrej 9, 130, 134, 136
Kurmačeva, M. D. 145
Kutuzov, Michail 67

Latkin, V. N. 131
Laue, Th. V. 165, 189
Lavrov, P. L. 92
Lazarevskij, N. I. 134
Lazzerini, A. J. 181
LeDonne, J. 153
Lenin, V. I. 100, 106
Leontovitsch, V. 188f., 191
Letten 180
Levin, E. 128, 170
Lévi-Strauss, C. 122
Lichačev, D. S. 40
Lilienblum, Moses Löb 187
Lilienthal, Max 183
Litauen 26, 59, 83, 116, 184

Litauer 180
Litvak, V. G. 127
Livland 9, 142, 158, 165
Ljapunov, Prokopij 16
Ljubavskij, M. K. 116
Lobanov-Rostovskij, Semen 8
Löwe, H.-D. 191
Loginov, K. K. 121
Lomonosov, Michail 132, 156f., 160
Loris-Melikov, M. T. 94, 135
Lotman, Ju. M. 40, 42
Lukashevich, S. 175

MacMaster, R. 175
Madariaga, I. d. 133
Mahler, E. 126f., 194
Makarij 3, 7, 140f.
Malia, M. 190
Mandschurei 98
Marasinova, E. N. 53
Marker, G. 162f.
Marx, Karl 92f., 100
McConnell, A. 160
McDaniel, T. 189
McKean, R. B. 189
McReynolds, L. 192
Meduševskij, A. N. 151
Menšikov, A. S. 81
Menšoj-Ušaty, S. J. 138
Merrick, John 18
Michajlovič, Aleksej 23, 27f., 41f., 131, 143, 146
Michajlovskij, N. K. 92
Michels, G. B. 121, 147, 150
Miechow, Mathias von 8
Miljukov, P. N. 31f., 105, 111, 113
Miljutin, D. A. 94
Minin, Kuz'ma 16, 68
Minsk 100
Mironov, B. N. 163
Mohyla, Petro 146
Montesquieu 45
Moon, D. 145, 193
Mordwinen 47
Moritsch, A. 191
Morozov, B. I. 20f., 190
Moskau 4, 20, 23, 43, 52, 63, 66–68, 115, 146, 165
Mousnier, R. 151
Müller, Gerhard Friedrich 119, 157, 161
Münnich, Burkhard Christoph 44

Mumenthaler, R. 164
Munro, G. E. 153, 191
Murav'ev-Apostol, S. M. 71
Murav'ev, N. M. 72

Napoleon 61, 64, 66–68, 72
Naryškin, A. A. 104
Narva 32
Nesterov, Aleksej 34
Neumann, D. 172
Neurussland 185
Neuville 29
Newlin, Th. 158
Nikola 41
Nikolaus I. 71, 73, 80f., 134, 179, 195
Nikolaus II. 102f., 113f., 189
Nikon 131, 146–148, 150
Nižnij Novgorod 23
Nolte, H.-H. 190
Nordrussland 120–122, 126, 131, 148f., 194
Norman, J. O. 190
Novgorod 4, 10, 18, 22, 40f., 125, 136, 140, 144, 146
Novikov, Nikolaj 60, 158–162
Novosil'cev, N. N. 62, 70, 182
Nystad (Vertrag von) 39

Odessa 56, 89, 165, 185
Odoevskij, Nikita 21
Ogarev, Nikolaj 78
Österreich 54
Oestreich, G. 153
Olearius, Adam 20, 25, 41
Omel'čenko, O. A. 151
Ostermann 44
Ostrowski, D. 129
Otrep'ev, Grigorij 14
Owen, Th. C. 190
Ozereckovskij, N. Ja. 121

Palen, K. I. 186
Pallot, J. 191
Panin, Nikita 53, 57, 61
Paris (Frieden von) 81
Pascal, P. 150
Paul I. 60f.
Pavlenko, N. I. 152
Pavlova, G. E. 157
Pekarskij, P. P. 161
Perejaslavl' 26

Peresvetov, Ivan 6
Perovskaja, Sofia 169
Pestel', P. I. 71 f.
Peter der Große 18, 24, 27, 29, 31, 33, 37, 39, 42–44, 48, 126, 141, 148, 151–153, 155, 157, 195
Peter II. 44
Peter III. 44 f., 132, 149
Peterson, C. 154
Petraševskij, M. V. 80
Petrov, F. A. 161
Philipp, W. 152
Picht, U. 175
Pinsker, Leon 186 f.
Pipes, R. 176, 190
Pistohlkors, G. v. 180
Platon 148, 159
Platonov, S. F. 17, 138 f., 141
Plechanov, G. V. 93, 100
Pleščeev, Leontij 21
Pleve, N. V. 104
Pleve, V. K. 101
Pljussa (Vertrag von der) 12
Pobedonoscev, K. P. 95, 176
Pogodin, M. P. 175
Pokrovskij, N. N. 148
Polen 27, 53–59, 65, 101, 105, 180 f.
Polenov, A. Ja. 53
Polev, German 140 f.
Poljanovka 19
Polockij, Simeon 149
Poltava 32
Polz, P. 162
Poniatowski, Stanisław August 54
Poršnev, B. F. 151
Port Arthur 98
Portmann, H.-P. 142
Portsmouth (Frieden von) 99
Pososhkov, Ivan 156
Potemkin, Grigorij 57
Potocki, St. 182
Požarskij, Dmitrij 16 f., 68
Preußen 54 f.
Prokopovič, Feofan 39 f.
Propp, V. Ja. 40, 122 f.
Prugavin, A. S. 150
Pskov 41, 140
Pugačev, Emel'jan 47 f., 56, 119
Puriškevič, V. M. 104
Puttkamer, J. v. 167

Radiščev, Alexander 60, 159 f.
Ransel, D. L. 145
Razin, Sten'ka 25, 47, 147
Reinhard, W. 154
Renner, A. 177
Repin, Ilja 95
Repnin, N. V. 54
Rest, M. 182
Riga 165, 181
Rjabušinskij 105, 190
Robson, R. 150
Rock, S. 128
Rodzjanko, M. V. 114
Romanov, Fedor 14 f.
Romanov, Filaret 17–20
Romanov, Michail 17–19, 26, 131, 151
Roosa, R. A. 189
Rossija 27
Rossijskij, D. M. 123
Rostopčin, Fedor 67
Rowland, D. 130
Roževstvenskij, Z. P. 99
Ruckman, J. A. 190
Rumjancev, Fm. 56
Russen 180
Ruthchild, R. G. 172
Ryan, W. F. 121, 193
Ryleev, K. F. 71

Sadikov, P. A. 139
Samarin, A. Ju. 162, 179
Samojeden 125
Samsonov, A. V. 112
Sazonov, S. D. 111, 113
Šaklovityj, Fedor 30
Ščepetov, K. N. 145
Scharf, C. 151
Schippan, M. 160 f.
Schlitte, Hans 6
Schulze, W. 153
Schwarze Erde 116, 185
Schwarzes Meer 56
Schweden 31, 54
Semenov, P. P. 117
Serbina, K. N. 25
Šeremetev, B. P. 33
Sevastopol' 81
Ševyrev, S. P. 161, 174
Sibirien 116, 122, 148
Sigismund III. 14, 16
Sil'vestr 4, 9

Sipjagin, D. S.   101
Skazkin, S. D.   151
Skrynnikov, R. G.   3, 138, 140
Skuratov, Maljuta   141
Smagina, G.   162
Smith, D.   162
Smolensk   16, 26f.
Smolitsch, I.   124, 148
Sof'ia   28–30, 132
Solovki   121, 147
Sophia Paläolog   3, 129
Speranskij, Michail   62–64, 73f., 133
Stackelberg, A. F.   167
Staden, Heinrich von   10, 137, 140, 194
Stanislawski, M.   183, 186
Starr, S. F.   52, 118
Steinberg, M. D.   168, 195
Stökl, G.   3, 152
Stolbovo (Friedensvertrag von)   18, 26
Stolypin, P. A.   96, 103, 107–109, 116, 189, 191
St. Petersburg   32f., 36, 52, 63, 165
Strešnev, Tichon   34
Stroganov, P. A.   62
Struve, P. B.   176, 178
Stürmer, B. V.   113
Šujskij, Ivan   12
Šujskij, Vasilij   13, 15–17, 130, 134
Suvorov, V.   168
Svjatopolk-Mirskij, P. D.   102
Sweeden, Johann van   27

Tartu   180
Tataren   47
Tatiščev, Vasilij   132, 141, 157f.
Tensina   13
Thaden, E. C.   179f.
Tichon   124
Timofeev, Ivan   9
Tokarev, S. A.   121, 194
Tolstoj, D. A.   90
Tomsinskij, S. M.   161
Torke, H.-J.   131
Trepov, F. F.   93
Tschenstochau   56
Tsushima   99, 102
Tula   52, 158

Ukraine   20, 25f., 146, 180, 184
Ukrainer   180

Umbrasko, K. B.   175
Ural   52, 148
Uspenskij, B. A.   130
Uvarov, S. S.   74, 75, 79f., 133, 135, 174, 177f., 183, 195

Val'denberg, V.   130
Valuev, P. A.   94, 179
Verner, A. M.   189
Veselovskij, S. B.   138f., 141
Viola, L.   171
Vipper, R. Ju.   137
Viskovatyj, Ivan   8, 10
Vladimir   24, 43
Vlasova, I. V.   121
Voznesenskij, A. V.   150
Vucinich, W. S.   196
Vyborg   65
Vyg   147, 149

Waldron, P.   190
Walicki, A.   174
Weber, Friedrich Christian   39
Weber, M.   134
Weeks, T.   180
Weißrussen   180
Weißrussland   26, 59
West, J. L.   190
Wheatcroft, St. G.   191
Whittaker, C. H.   132, 174
Williams, R. C.   194
Wilna   63
Witsen, Nicolaas   31
Witte, S. Ju.   96–99
Wolga   25, 148
Worobec, C.   193
Wortman, R. S.   134, 152

Yekelchyk, S.   180

Zajceva, L.   156
Zasulič, Vera   93
Zelenin, D. K.   121
Željabov, Andrej   169
Zen'kovskij, S.   148
Zguta, R.   126
Zimin, A. A.   3, 137, 139, 141
Zipperstein, S. J.   185
Zosima   3, 129

Sachregister

Aberglauben 41
Absolutismus 45, 150 f.
Adel 25, 35, 48 f., 51, 77, 83–86, 153, 156, 162, 196
– Dienstadel 138
Adelsmarschall 49, 51
Akademie 63, 157, 161
Allgemeiner Jüdischer Arbeiterbund 187
Allrussischer Bauernbund 99 f.
Alphabetisierung 42, 86, 118, 122, 167 f., 171, 178, 180
Altgläubige 47, 121, 124, 145, 147, 149
Ansiedlungsrayon 59
Antisemitismus 78, 96, 185 f.
Arbeiter 47, 75, 87, 89, 96, 100, 104, 106, 114, 166–169, 171, 188 f.
– Arbeiterinnen 171
Armee 28, 32, 152
Aufklärung 39, 80, 116, 156, 158–163
Aushebungen 37
Autokephalie 129, 146
Autokratie 8, 44, 52, 62 f., 77, 90, 118, 129–131, 133 f.
Autokrator 3, 129, 132, 151

Baba-Jaga (Hexe) 123
Bauern 47, 49, 63, 83–85, 97, 100, 103, 106 f., 121 f., 141, 145, 147, 156, 165 f., 169, 191, 193
– Adelsbauern 83
– Apanagebauern 83
– Bauernfrage 63, 73
– Bäuerinnen 171
– Gutsbauern 24, 64, 83
– Klosterbauern 24
– Kronsbauern 24
– „schwarze" Bauern 24
– Staatsbauern 84
Bauernbefreiung 29, 83 f.
Bauerngemeinde 91 f.
Befreiungsmanifest 132, 188
Berliner Kongreß 98
Bevölkerung 23 f., 85, 90, 118, 142, 164 f.
Bildungsreformen 63, 80
Bittschriften 47
Blutsonntag 99, 181

bobyli (landarme bzw. landlose Unterschicht) 24
Bojaren 4, 6, 19, 130, 138, 152
Bojarenduma 4 f., 21, 34
Bolschewiki 100, 106
– Bolschewikinnen 172
Boxeraufstand 98
Bräuche 121
Buchdruck 7, 43, 145, 162
Bund 187
Bürger 50, 156, 190
Bürgertum 153
Bürokratisierung 34, 42, 52, 73, 87, 94, 127, 131, 135, 154, 192

Chassidim 184
Cholopen 24 f.
Christianisierung 40, 125, 194

Dekabristen 71 f., 78, 174, 195
Demographie 85, 142 f., 192
Demokratisierung 100, 188
Dezentralisierung 31 f., 100
Dienstgut 144
Differenzierung 52, 77, 86, 133, 173
Diskriminierung 172, 181, 186
Disziplinierung 126
d'jaki (Schreiber) 23
dolja (Quote) 33
Doppelglaube *(dvoeverie)* 125, 128
Drittes Rom 129
Druckhof 145
Duma 23, 102 f., 108 f., 152
dvoeverie (Doppelglaube) 125, 128

edinoglasie 146
edinoverie 148
Eigenzeit 2, 194–196
Eisenbahn 75, 78, 88, 96, 114, 117
Erster Weltkrieg 109, 111
Ethnologie 120, 122 f., 193 f.
Expansionismus 78, 134

Feiertage 123, 125
Fiskale 34
Fortschritt 31, 75, 92
Frauen 89, 113, 128, 150, 165, 170, 173

Frauenbewegung 172
Freimaurer 162
Friedensvermittler *(mirovoj posrednik)* 85, 87
Fristjahre 23, 143
Frömmigkeit 122, 126 f.
Fruchtbarkeitsriten 121

Geheimes Komitee 61 f., 70
Geheimpolizei 73, 100
Gemeinde 107, 145, 171
Gemeinwohl 132
Generalreglement 35
Generalstreik 99
Geographie 115, 117 f., 120
– Historische Geographie 117, 119
Gerichtswesen 36, 49, 87
Geschlechtergeschichte 89, 165, 170
Gesellschaft 81, 91, 115 f., 133
Gewerkschaften 100, 189
Gnadenurkunden 51
Gottesnarren *(jurodivye)* 40–42, 140
Gouvernements 32, 48, 63, 117 f., 165
Gouvernementsreformen 32–34, 36, 48, 51
Grenzen 116, 120
Gutsherren 141
Gymnasien 63, 161

Hausgeist *(domovoj)* 122
Hexen 4, 123, 128, 168
Heilige 125
Heilige Allianz 70
Heiligster Synod 38, 155

Ikonen 1 f., 4, 39, 42 f., 124, 146, 150
Industrie 96
Industrialisierung 43, 75, 78, 81, 88, 189, 192
Instruktion 45–47, 132, 155
Intelligenz 80, 90, 106
Iskra 100
izbrannaja rada (Berater) 4, 8 f.

Jesuiten 146
Juden 87, 91, 96, 101, 179, 181–184
– Jüdinnen 173
jurodivye (Gottesnarren) 40–42
Justizreform 49, 87

Kadetten 103, 105, 107, 176

Kalender 2, 194 f.
Kapitalismus 106
Kaufleute 25, 50, 85
Kirche 12, 38 f., 42, 140
Kirchenspaltung 25, 41, 124, 145, 147–149
Klerus 127, 156
Klima 117
Kollegien 34 f., 60
Kollektives Gedächtnis 68
Kolonisation 115, 142, 148
Kolonisierung 116
Konfessionalisierung 154 f.
Konvention von Reichenbach 57
kormlenie (Beamtenversorgung) 5
Kriegsartikel 35
Krimkrieg 81, 83, 98

Läuflinge 25, 37, 137
Landhauptmann 95
Landräte 33
Legitimität 173, 196
Legitimitätsdefizit 174
Legitimitätskrise 178
Legitimitätsverfall 196
Leibeigenschaft 12, 24, 47, 60, 66, 72, 83, 85, 141, 144 f., 163
Leibkanzlei 34
Leserevolution 162
Liberale 80, 90, 105, 107, 188, 192
Liberalisierung 176
Linke 91, 103–105, 107
lubki (Volksbilder) 42 f., 123

Märchen 122
Magistrat 50
Marktwirtschaft 189
Marxismus 93
Menschewiki 100, 106
Mentalität 85, 92, 119, 192
meščane (Kleinbürger) 50
mestničestvo (Rangplatzordnung) 19, 23, 28, 152
Migration 165
Militär 37, 152
Militärartikel 131
Militärbezirke 28, 32
Militärstatut von 1715 155
Mission 125
mnogoglasie 146
Mobilität 86, 133, 192

Sachregister

Modernisierung 39, 96f., 101, 118, 123, 127, 170f., 173, 181, 192–194
Modernisierungstheorie 192–194
Moskauer Patriarchat 131
Moskovskie Vedomosti 90, 177

Nakaz 45f., 53, 163
namestniki (Statthalter) 5
Narodnaja Volja 93f.
Narodniki 92f., 100, 105, 127
narodnost' (Volkstümlichkeit) 79, 133
Nationalbewegungen 101, 180
Nationalismus 90f., 95, 104, 112, 122, 173f., 176, 178
Nationalisten 104, 107
Nationalitätenfrage 90, 101, 106, 173, 178f.
Nordbund 72
Nordisches System 53
Novoe Vremja 107, 111, 178

Oberprokuror 44
obščestvo (Gesellschaft) 91
Ochrana (Geheimpolizei) 100
odnodvorcy (Einhöfer) 38
Öffentlichkeit 80, 89, 167, 191
okol'ničie (ernannte Bojaren) 4, 23
Oktobermanifest 99, 101, 104f.
Oktobristen 103, 105, 107f.
Opričniki 10, 136
Opričnina 7, 9, 11, 22, 41, 130, 136–141, 152
Orthodoxie 8, 12, 38, 76, 91, 124, 155
Osvoboždenie truda 93

Panslavismus 78, 175
Panslavisten 90, 175
Patriarchat 38, 155
Pauperisierung 97
Poale Zion 187
Pogrome 96, 101, 181, 185
Policey 153
Politisierung 169, 193
Politische Kultur 24
Pomest'e (Dienstgut) 144
Popovcy 147
Post 27, 116
pravda (Gerechtigkeit des Herrschers) 6
Pravda 107
Pravda voli monaršej (Thronfolgeordnung) 40

Priesterlose *(bezpopovcy)* 147, 149
Prikaze 5
Privatobrigkeit 144
Progressisten 107, 176
Progressiver Block 113
Prokuror 34
Proletariat 88f., 93, 100, 106, 113, 167
Proletarisierung 89
Provinzen 36

Radikalisierung 82, 91, 167
Rangtabelle 35
Raskol 147–149
Rathaus 31f.
Rationalisierung 39, 128, 192
Rayon 182f.
raznočincy (Aufsteiger) 79
Reč' 105
Rechte 90, 104, 107
Rechtsstaat 173, 191
Regionen 83, 117
Repression 99
Restauration 95
Revision 38, 47, 74, 118
Revolution
– 1905 99, 101, 181
– Oktoberrevolution 124
Rogožskoe-Gemeinde 149
Romantik 80
Rückständigkeit 79, 192f.
Rus' 91
Russifizierung 179f.
Russkie Vedomosti 90, 177
Russkoe Bogatstvo 92
Russkoe Slovo 107, 178
Russkoe sobranie (Russische Sammlung) 104
Russkoe Znamja 107

Säkularisierung 39, 42f., 128, 155, 162, 175, 192
Schamanen 126, 128
Scheinkonstitutionalismus 191
Schollenbindung 12, 22f., 63, 141–145, 147
Schriftkultur 40, 53, 123
Schulen 63, 86, 166f.
Selbstherrschaft *(samoderžavie)* 132f., 174
Senat 34f., 44
skomorochi (Spielleute) 40–42, 126

Slavophile 60, 76–80, 91, 174
Slavophilie 174
Smuta 13, 16f., 19, 116
sobor (Landesversammlung) 5, 11, 19, 21, 91, 130, 151
Sovremmenik 91
Sowjets 99, 114
Sozialdemokraten 100, 103, 106f., 187f.
Sozialdisziplinierung 153
Sozialgefüge 23
Sozialismus 78f., 92
Sozialrevolutionäre 103, 106
Sozialstaat 89f.
Spielleute *(skomorochi)* 40–42, 126
Staatshaushalt 28, 32, 88
Städte 75, 87, 164, 166
Städter 50f., 164
Stände 50, 90, 94, 152f., 156, 163, 167
starina (überliefertes Recht) 6, 130
Statut von 1804 182
Stoglav 4, 40, 126
Steppe 116
Steuern 152
- Hofsteuer 28
- Kopfsteuer 28, 37f., 47f., 97, 152
- Steuerflüchter 19, 38
Streikbewegung 99f., 114, 120, 167, 171
Strelitzen 26, 28f.
Südbund 72
Synod 124
Svet 177

Teilungen Polens 53, 55f., 58
Terrorismus 93, 101
Theater 27, 152
Thronfolgeordnung *(Pravda voli monaršej)* 40
Tod 39, 123, 126, 194f.
Toleranz 150
Toleranzedikte 180
Trudoviki 103, 105–107

Uloženie 22f., 143, 151
Umweltschutz 119
Universität 62f., 161, 172
Universitätsdruckerei 161
Urbanisierung 23, 38, 75, 86, 145, 164, 170f.

Vaterländischer Krieg 68
Vedomosti 161
Verbotsjahre 23, 143
Verkehrswege 117
Verrechtlichung 154
Vertrag zu Zboriv 184
Verwestlichung 43, 60, 77, 151
Vielvölkerreich 104, 113, 123, 178
Voevoden 5, 36
Volksfrömmigkeit 127
Volksglaube 125
Volkskultur 40, 168
Volksschulen 86
Volkstümlichkeit *(narodnost')* 79, 133, 174f.
Volkszählung von 1897 90, 118

Westler 60, 78–80
Wirtschaftskrise 66, 100
Wüstungen 22, 142f.

zakladčiki (Steuerflüchter) 19, 38
Zeit 2, 194–196
Zeitungen 27, 90–92, 100, 105, 107, 111, 161, 176–178, 191
Zemlja i Volja 93
Zemščina 5, 9f., 136f., 140
Zemstva 86f., 94, 101, 108, 190f.
Zensur 78, 82, 102, 177, 191
Zentralisierung 5
Zentralverwaltung 32
Ziffernschulen 39, 43
Zionisten 186
Zivilgesellschaft 166, 190, 192
Zivilisation 76, 92

Die europäischen Gouvernements des Zarenreiches (19. Jh.)

OLDENBOURG GRUNDRISS DER GESCHICHTE

Herausgegeben von Jochen Bleicken, Lothar Gall und Hermann Jakobs

Band 1: *Wolfgang Schuller*
Griechische Geschichte
5. Aufl. 2002. 267 S., 4 Karten
ISBN 3-486-49085-0

Band 1A: *Hans-Joachim Gehrke*
Geschichte des Hellenismus
2. Aufl. 1995. 285 S.
ISBN 3-486-53052-6

Band 2: *Jochen Bleicken*
Geschichte der Römischen Republik
5., überarb. und erw. Aufl. 1999.
XV, 342 S.
ISBN 3-486-49665-4

Band 3: *Werner Dahlheim*
Geschichte der Römischen Kaiserzeit
3., überarb. und erw. Aufl. 2003. 452 S.,
3 Karten
ISBN 3-486-49673-5

Band 4: *Jochen Martin*
Spätantike und Völkerwanderung
4. Aufl. 2001. 336 S.
ISBN 3-486-49684-0

Band 5: *Reinhard Schneider*
Das Frankenreich
4., überarb. u. erw. Aufl. 2001. 222 S.,
2 Karten
ISBN 3-486-49694-8

Band 6: *Johannes Fried*
Die Formierung Europas 840–1046
2. Aufl. 1993. 302 S.
ISBN 3-486-49702-2

Band 7: *Hermann Jakobs*
Kirchenreform und Hochmittelalter
1046–1215
4. Aufl. 1999. 380 S.
ISBN 3-486-49714-6

Band 8: *Ulf Dirlmeier/Gerhard Fouquet/
Bernd Fuhrmann*
Europa im Spätmittelalter 1215–1378
2003. Ca. 390 S.
ISBN 3-486-49721-9

Band 9: *Erich Meuthen*
Das 15. Jahrhundert
3., erg. und erw. Aufl. 1996. 327 S.
ISBN 3-486-49733-2

Band 10: *Heinrich Lutz*
Reformation und Gegenreformation
5. Aufl., durchges. und erg.
v. Alfred Kohler 2002. 283 S.
ISBN 3-486-49585-2

Band 11: *Heinz Duchhardt*
Das Zeitalter des Absolutismus
3., überarb. Aufl. 1998. 302 S.
ISBN 3-486-49743-X

Band 12: *Elisabeth Fehrenbach*
Vom Ancien Régime zum Wiener Kongreß
4., überarb. u. erw. Aufl. 2001. 323 S.,
1 Karte
ISBN 3-486-49754-5

Band 13: *Dieter Langewiesche*
Europa zwischen Restauration
und Revolution 1815–1849
3., überarb. und erw. Aufl. 1993. 259 S.,
3 Karten
ISBN 3-486-49763-4

Band 14: *Lothar Gall*
Europa auf dem Weg in die Moderne
1850–1890
3., überarb. und erw. Aufl. 1997. 332 S.,
4 Karten
ISBN 3-486-49773-1

Band 15: *Gregor Schöllgen*
Das Zeitalter des Imperialismus
4. Aufl. 2000. 277 S.
ISBN 3-486-49784-7

Band 16: *Eberhard Kolb*
Die Weimarer Republik
6. Aufl. 2002. 335 S., 1 Karte
ISBN 3-486-49796-0

Band 17: *Klaus Hildebrand*
Das Dritte Reich
6. Aufl. 2003. 474 S., 1 Karte
ISBN 3-486-49096-6

Band 18: *Jost Dülffer*
Europa nach dem Zweiten Weltkrieg
1945 bis zur Gegenwart
In Vorbereitung

Band 19: *Rudolf Morsey*
Die Bundesrepublik Deutschland
Entstehung und Entwicklung bis 1969
4., überarb. und erw. Aufl. 2000. 343 S.
ISBN 3-486-52354-6

Band 20: *Hermann Weber*
Die DDR 1945–1990
3., überarb. und erw. Aufl. 2000. 355 S.
ISBN 3-486-52363-5

Band 21: *Horst Möller*
Europa zwischen den Weltkriegen
1998. 278 S.
ISBN 3-486-52321-X

Band 22: *Peter Schreiner*
Byzanz
2., überarb. und erw. Aufl. 1994. 260 S.,
2 Karten
ISBN 3-486-53072-0

Band 23: *Hanns J. Prem*
Geschichte Altamerikas
1989. 289 S., 4 Karten
ISBN 3-486-53031-3

Band 24: *Tilman Nagel*
Die islamische Welt bis 1500
1998. 312 S.
ISBN 3-486-53011-9

Band 25: *Hans J. Nissen*
Geschichte Alt-Vorderasiens
1999. 276 S., 4 Karten
ISBN 3-486-56373-4

Band 26: *Helwig Schmidt-Glintzer*
Geschichte Chinas bis zur mongolischen
Eroberung 250 v. Chr.–1279 n. Chr.
1999. 235 S., 7 Karten
ISBN 3-486-56402-1

Band 27: *Leonhard Harding*
Geschichte Afrikas im 19.
und 20. Jahrhundert
1999. 272 S., 4 Karten
ISBN 3-486-56273-8

Band 28: *Willi Paul Adams*
Die USA vor 1900
2000. 294 S.
ISBN 3-486-53081-X

Band 29: *Willi Paul Adams*
Die USA im 20. Jahrhundert
2000. 296 S.
ISBN 3-486-53439-0

Band 30: *Klaus Kreiser*
Der Osmanische Staat 1300–1922
2001. 252 S.
ISBN 3-486-53711-3

Band 31: *Manfred Hildermeier*
Die Sowjetunion 1917–1991
2001. 238 S., 2 Karten
ISBN 3-486-56179-0

Band 32: *Peter Wende*
Großbritannien 1500–2000
2001. 234 S., 1 Karte
ISBN 3-486-56180-4

Band 33: *Christoph Schmid*
Russische Geschichte 1547–1917
2003. 261 S., 1 Karte
ISBN 3-486-56704-7

www.ingramcontent.com/pod-product-compliance
Lightning Source LLC
Chambersburg PA
CBHW030437300426
44112CB00009B/1039